說文解字注

三

（清）段玉裁 撰

國家圖書館出版社

叒叹　桑今若字从口乃出籀文
叒本象葉重疊之皃桑以葉重之故从叒象形若与桑
桑　亦古魚唐二部相合之證

說文解字第六篇下

金壇段玉裁注

叒　日初出東方湯谷所登榑桑　句　叒木也　按當云叒木榑桑也日初出東方湯谷所登也榑桑巳見木部此處立文當如是宋本葉本宋刻五音韻譜集韵類篇皆作湯別刻作暘毛扆改湯爲暘非也尚書暘谷自說靑州嵎夷之地非日出之地也日出之地豈羲仲所能到天問曰出自湯谷次于蒙汜淮南天文訓曰日出于湯谷浴于咸池拂于扶桑是謂晨明墜形訓注曰扶木扶桑也在湯谷之南海外東經曰湯谷上有扶桑十日所浴大荒東經曰湯谷上有扶木一日方至一日方出皆載於烏按今天文訓作暘谷以王逸楚辭注史記索隱文選注所引正之則暘亦淺人改耳離騷總余轡乎扶桑折若木以拂日二語相聯葢若木即謂扶桑扶若字即榑叒字也　象形　枝葉蔽翳　而灼切五部　凡叒之屬皆从叒　叒　籀

六篇下　一

桑　蠶所食葉木从叒木　榑桑者桑之長也故字从叒桑不入木部而傳於叒者所貴者也息郎切十部

文二　重一

㞢　出也　引伸之義爲往釋詁曰之往是也按之有訓爲此者如之人也之德也之條條之刀刀左傳鄭人醯之三人也召南毛傳曰之事祭事也周南曰之子嫁子也此等之字皆訓爲是之有訓爲上出者戴先生釋梓人曰頰側上出者曰之下垂者曰而須鬣是也　象艸過屮　過屮也　枝莖漸益大有所之也　莖漸大枝亦漸大勢有日新不已者然　一者地也凡㞢之屬皆从㞢　止而切一部

㞷　艸木妄生也　㞷妄疊韵妄生猶怒生也　从㞢在土上讀若皇　戶光切十部

㞷　古文　按从㞢从王會意也鉉本無此然宋本文二之下有重一兩字則知固有此篆

妄生者疑謂其隨土即生不擇地也

與小徐本同辵部古文往作遑从此

文二　重一

帀　周也周各本作周誤今正勹部周帀徧也是爲轉注按古多假襍爲帀从反㞢而帀也反㞢謂倒之也凡物順屰往復則周徧矣子荅切七八部凡帀之屬皆从帀周盛說周盛者亦博采通人之一也

師　二千五百人爲師小司徒曰五人爲伍五伍爲兩五兩爲卒五卒爲旅五旅爲師師衆也京師者大衆之稱衆則必有主之者周禮師氏注曰師教人以道者之稱也黨正旅師閭胥注曰正師胥皆長也師之言帥也从帀从𠂤會意疎夷切十五部𠂤四帀衆意也𠂤下曰小𠂤也小𠂤而四圍有之是衆意也說會意之恉

[illegible]　古文師

文二　重一

出 進也本謂艸木引伸爲凡生長之偁又凡言外出爲內入之反象艸木益茲上出達也茲各本作滋今正茲艸木多益也艸木由才而中而屮而出日益大矣尺律切十五部凡出之屬皆从出

敖 游也游本旗游字假借爲出游字詩邶風曰以敖以游經傳多假敖爲倨傲字从出从放五牢切二部按此篆當刪說見四篇放部

賣 出物貨也周禮多言賣儥謂賣買也从出从買出買者出而與人買之也韵會作買聲則以形聲包會意也莫邂切十六部

糶 出穀也米部曰糶穀也出穀之字从出糶市穀之字从入糴从出从糶糶亦聲他弔切二部

⿰臬出 槷⿰臬出隉不安也此釋易也从出臬聲五結切十五部易曰槷⿰臬出槷一本作執非也困上六于臲卼釋文云臲說文作劓卼說文作⿰臬出云⿰臬出不安也陸云說文作劓與今本不同小徐本作易曰劓⿰臬出困于赤芾劓字與陸氏合而多困于赤芾四字則爲九五爻辭又不與陸合錯注仍引上六爻辭恐

𣎳　鍇云當言八亦聲

四字淺人所增也九五剶刖荀王作䡾䡹鄭云剶刖當爲倪伔則兩爻辭義同矣許作槷𣫬葢孟易也尚書邦之杌隉槷與隉䡾剶倪同𣫬與杌䡹卼伔同杌䡹卼伔皆兀聲以說文檮杌作檮柮例之則出聲兀聲同𣫬當是从臬出聲五忽切因不立臬部誤謂从出臬聲耳臬聲則與槷同音五結切非也許書有扤無杌

文五

𣎳　艸木盛𣎳𣎳然𣎳𣎳者枝葉茂盛因風舒散之皃小雅萑葦淠淠毛曰淠淠衆皃淠淠者𣎳𣎳之假借也小雅胡不旆旆毛曰旆旆旒垂皃旆旆者亦𣎳𣎳之假借字非繼旐之旆也魯頌作伐伐按玉篇𣎳作市引毛傳蔽市小皃玉裁謂毛詩蔽市字恐是用蔽厀之市字經傳韍多作芾作茀可證也象形謂中也不曰从中而曰象形者艸木方盛不得云从中也八聲八爲𡧍之入聲在十二部而合於十五部凡𣎳之屬皆从𣎳讀若輩普活切十五部

𣎵　艸木𣎵孛之皃當作𣎵孛艸木之皃

周易拔茅茹以其彙征吉釋文云彙古文作䔸从𣎵畀聲
按䔸卽𡴱字之異者彙則假借字也𡴱孛疊韵
于貴切十五部

𡴱孛也依全書通例補孛字春秋有星孛入于北斗穀梁曰孛之爲言猶茀也茀者多艸凡物盛則易亂故星孛字爲𡴱孛引伸之義詩悖字从孛

从𣎵从子二字今補會意蒲妹切十五部

人色也故从子故字今補說从子之意

論語曰色孛如也鄉黨篇文今作勃此證人色之說也艸木之盛如人色盛故从子作孛而艸木與人色皆用此字〇按各本孛篆在索篆之下非也今移正

索艸有莖葉可作繩索當云索繩也與糸部繩索也爲轉注而後以艸有莖葉可作繩索發明从𣎵之意今本乃淺人所刪耳爾雅曰紼繂也謂大索經史多假索爲索字又水部曰澌水索也索訓盡

从𣎵糸𣎵糸者謂以艸莖葉糾繚如絲也詩曰晝爾于茅宵爾索綯以艸者如蔽秆茅麻是以竹者竹部之筊是以木者欆𣘤之屬是穌各切五部

杜林說𣎵亦朱木字未詳疑當作索亦朱市字

从子二字當在人色二字上

𣎵人色也从子

从子二字疑當在从𣎵下段既補之又於从子上加故字、贅、

索 杜林說朱市字作𣎵故字从𣎵市說解

木書作𣎵云从巾象連帶之形索亦帶屬也

市者篆文韍也杜林說索爲韍字从糸𣎳聲與杜林說構爲㮯字㝵爲貶損字冓爲麒麐字鼂爲朝旦字正同

𣎵止也从𣎳盛而一橫止之也會意郎里切古音當在十五部詩萬億及秭與醴妣禮皆韵可證也而肯仕聲楊雄作胏又疑朿在一部

南艸木至南方有枝任也此亦脫誤當云南任也與東動也一例下乃云艸木至南方有枝任也發明从𣎳之意漢律麻志曰大陽者南方南任也陽氣任養物於時爲夏云艸木至南方者猶云艸木至夏也有枝任者謂夏時艸木暢楙丁壯有所枝格任載也故从𣎳按古南男二字相假借**从𣎳羊聲**那含切古音在七部**𡴍古文**

文六　重一

生進也象艸木生出土上下象土上象出此與屮出𣎳以類相從所庚切十一部

凡生之屬皆从生

丰艸盛丰丰也引伸爲凡豐盛之偁鄭風子之丰兮毛曰

丰豐滿也鄭曰面皃丰丰然豐滿方言好或謂之妦妦卽丰字也从生上下達也上盛者根必深敷容切九部

產生也从生彥省聲所簡切十四部通用爲嚚犍字按今南北語言皆作楚簡切

隆豐大也隆者漢殤帝之名不云上諱而直書其字者五經異義云漢幼小諸帝皆不廟祭而祭於陵既不廟祭似可不諱然漢志河內郡隆慮應劭曰隆慮山在北避殤帝名改曰林慮也又郡國志林慮故隆慮殤帝改漢制生而諱故孝宣更名此葢殤帝在位時所改而書成於和帝永元十二年以前未及諱至安帝建光元年許沖上書時不追改故不云上諱祜曰上諱者今天子之名又在開卷也林與隆合韵故毛詩臨衝韓詩作隆衝从生降聲力中切九部

甤艸木實甤甤也甤與蕤音義皆同甤之言垂也从生豕聲豕與甤皆在十六部鍇作豕聲取善鉉作豨省聲非也唐元應引亦云豕聲讀若綏綏當作緌禮家緌與蕤通用故知之儒追切古音在十六部

甡衆生竝立之皃大雅

毛傳曰甡甡衆多也其字或作詵詵或作駪駪或作侁侁或作莘莘皆假借也周南傳曰詵詵衆多也小雅傳曰駪駪衆多之皃 **从二生** 所臻切十二部 **詩曰甡甡其鹿**

文六

乇 艸葉也 當作艸華皃下云垂采上貫一華則有采葉不當言采也 **𠂹采** 直者莖也斜垂者華之采也禾篆亦以下垂象其采 **上毌一下有根** 在一之下者根也一者地也 **象形字** 謂雖中从一而於六書爲象形字也陟格切五部凡乇聲字皆在五部用以會意者古文𠂹字𠂇旁从此 **凡乇之屬皆从乇**

文一

𠂹 艸木華葉𠂹 引伸爲凡下𠂹之偁今字垂行而𠂹廢矣 **象形** 象其莖枝華葉也此篆各

書中直惟廣韵五支及夢英所書作𠂹是爲切古音在十七部凡𠂹之屬皆从𠂹[篆]古文地理志曰武功垂山古文㠯爲敦物豈古文𠂹與物字相似故與

文一　重一

𠌶艸木華也此與下文䔢音義皆同䔢榮也釋艸曰䔢荂也䔢荂榮也今字花行而䔢廢矣从𠂹亏聲況于切五部凡𠌶之屬皆从𠌶荂𠌶或从艸从夸夸聲亦亏聲也釋艸有此字郭曰今江東呼華爲荂音敷按今江蘇皆言花呼瓜切方言曰華荂晠也齊楚之閒或謂之華或謂之荂吳都賦曰異荂蓲蘛李善曰荂枯瓜切

韡盛也小雅傳曰韡韡光明也从𠌶韋聲于鬼切十五部詩曰咢不韡韡咢各本作蕚俗字也今正今詩作鄂亦非也毛云咢猶咢咢然言外發也鄭云承華者曰咢皆取咢布之意

文二　重一

𠌶 榮也 見釋艸艸部曰葩華也𦬇部曰𧆑華榮也按釋艸曰蕍芛蕫華榮渾言之也又曰木謂之華艸謂之榮榮而實者謂之秀榮而不實者謂之英析言之也引伸爲曲禮削瓜爲國君華之之字又爲光華華夏字 从艸𢎘 𢎘亦聲此以會意包形聲也戶瓜切又呼瓜切古音在五部俗作花其字起於北朝 凡𠌶之屬皆从𠌶

皣 艸木白華皃 皃各本作也今依文選西都賦注正賦曰蘭茝發色皣皣猗猗 从𠌶从白 不入白部者重華也皅下曰艸華之白也重白故入白部也左思白髮賦曰子觀橘柚一皜一皣貴其素華匪尚綠葉則音在八部也筠輒切

文二

禾 木之曲頭止不能上也 此字古少用者玉篇曰亦作礙非是礙在一部禾當在十

五十六部古兮切玉篇古瀱古兮二切 **凡禾之屬皆从禾**

積[篆] **積椒**逗二字各本無今補 **多小意而止也** 小意者意有未暢也謂有所妨礙含意未伸廣韵積椒皆訓曲枝果按積椒字或作枳椇或作枳枸或作枳句或作枝拘皆上字在十六部下字在四部皆詰詘不得伸之意明堂位俎殷以椇注椇之言枳椇也謂曲橈之也莊子山木篇騰蝯得柘棘枳枸之閒處勢不便未足以逞其能宋玉風賦枳句來巢空穴來風枳句空穴皆連緜字空穴即孔穴枳句來巢陸機詩疏作句曲來巢謂樹枝屈曲之處鳥用爲巢逸莊子作桐乳致巢乃譌字耳淮南書龍夭矯燕枝拘亦屈曲盤旋之意其入聲則爲迟曲積與枳枝迟椒與椇句枸拘曲皆疊韵也積椒與迟曲皆雙聲字也急就篇沽酒釀醪稽極程王伯厚云稽極當作積椒蓋詘曲爲酒經程寓止酒之義又按釋地枳首蛇枳本或作積此則借積枳爲岐字亦同部假借也故郭釋以岐頭蛇 **从禾从支** 支者枝格之意 **只聲** 職雉切按古音在十六部亦音支 **一曰木也** 一說積是木名也

椒[篆] **積**

穊也上篆下釋𥣖穊之義此祇云𥣖穊也全書之例如此从禾从又句聲俱羽切古音在四部讀如苟亦如勾又者从丑省說从又之意丑紐也紐者不伸之意一曰木名一說穊是木名也木名但謂單字

文三

稽　畱止也元應書引畱止曰稽高注戰國策曰畱其日稽畱其日也凡稽畱則有審愼求詳之意故爲稽攷禹會諸矦於會稽稽計也稽攷則求其同異故說尚書稽古爲同天稽同也如流求也之例从禾从尤取乙欲出而見閡之意旨聲古兮切十五部凡稽之屬皆从稽

𥡴　特止也鍇曰特止卓立也按如有所立卓爾當用此字从稽省卓聲此說形聲包會意卓者高也竹角切二部

𥣖　𥣖穊而止也𥣖穊謂之雙聲稽穊謂之疊韵从稽省咎聲讀若皓

古老切古音咎聲告聲皆在三部　賈侍中說稽𥢶𥡗三字皆木名有木名稽有木名𥢶有木名𥡗也皆別一義

文三

𡿺鳥在木上曰巢在穴曰窠穴部曰穴中曰窠樹上曰巢巢之言高也窠之言空也在穴之鳥如鴝鵒之屬今江蘇語言通名禽獸所止曰窠　从木象形象其架高之形鉏交切二部

凡巢之屬皆从巢

𡿺傾覆也周禮䄍蔟氏掌覆夭鳥之巢　从寸臼覆之寸巢猶䄍蔟也　寸人手也古寸與臼今又通用臼補　从巢省臼者巢之省以手施於巢傾覆之意也方斂切七部按解云從寸從臼而各本篆體作𡿺誤今依玉篇廣韵集韵類篇更正　杜林說吕爲貶損之貶此亦如以構爲枏以索爲市以鼂爲朝以畁爲麒也巢在上覆之而下則與貶損義相通

上林賦適足以㝵君自損晉灼曰㝵古貶字

文二

桼（篆）木汁可㠯髤物　木汁名桼因名其木曰桼今字作漆而桼廢矣漆水名也非木汁也詩書梓桼桼絲皆作漆俗以今字易之也周禮載師桼林之征二十而五大鄭曰故書桼林爲漆林杜子春云當爲桼林是則漢人分別二字之嚴今注疏譌舛爲正之如此周禮巾車注髤桼字皆作桼不作漆漢人多假桼爲七字史記六律五聲八音來始來始正桼始之誤尚書大傳漢律厤志皆作七始史漢同用今文尚書也　从木　各本無今補韵會作象木形亦誤　象形　謂左右各三皆象汁自木出之形也親吉切十二部　桼如水滴而下也　也字補說象形之意也左右各三象水滴下　凡桼之屬皆从桼

䰍（篆）桼也　韋昭曰㕞桼曰髤師古曰以桼桼物謂之髤今關東俗謂之捎桼捎卽髤聲之轉耳髤或作䰍按以桼桼物皆謂之

髼不限何色也鄉射禮記曰楅髤注云赤黑桼也巾車注云髤謂赤多黑少之色韋也漢書中庭彤朱殿上髤桼西都賦謂之彤庭玄墀然則或赤或黑或赤黑兼或赤多黑少皆得云髼从桼髟聲許尤切三部髟必由切

䰍桼垸已句復桼之垸者以桼䵒灰垸而髼也既垸之復桼之以光其外也从桼包聲舉形聲包會意也匹皃切古音在三部篇韵步交切

文三

束縛也糸部曰縛束也是爲轉注禮記曰納幣一束束五兩兩五尋从口木口音韋回也詩言束薪束楚束蒲皆口木也書玉切三部凡束之屬皆从束

柬分別簡之也釋詁曰流差柬擇也韵會無簡字爲長凡言簡練簡擇簡少者皆借簡爲柬也柬訓分別故其字從八一說當作分別簡之簡在也在存也从束八爲若干束而分別之也古限切十四部八分別也說從八之

剌　以物朿刀則割而斷之故爲戾

意

𣏟小朿也齊民要術曰𪎌葉欲小縛欲薄爲其易乾从朿幵聲讀若繭古典切十四部

剌戾也戾者韋背之意凡言乖剌剌謬字如此諡法愎很遂過曰剌从朿从刀刀朿者朿字今補刀朿如导下言寸臼剌之也既朿之則當藏弆之矣而又以刀毀之是乖剌也盧逢切十五部

文四

𣝣槖也廣韵曰槖大朿从朿圂聲胡本切十三部按五經文字云捆幺反廣韵云符霄切是以槖音爲槖音也凡槖之屬皆从槖

槖囊也按許云槖囊也囊槖也渾言之也大雅毛傳曰小曰槖大曰囊高誘注戰國策曰無底曰囊有底曰槖皆析言之也囊者言實其中如瓜瓤也槖者言虛其中以待如木㯻也元應書引蒼頡篇云槖囊之無底者則與高注互異許多用毛傳疑當云槖小囊也囊槖也則

同異皆見全書之例如此此葢有奪字又詩釋文引說文無底曰囊有底曰橐與今本絕異从橐省石聲他各切五部

囊橐也从橐省𣪊聲𣪊各本作襄省二字淺人改也今正奴郎切十部

櫜車上大橐云車上大橐者謂可藏任器載之於車也樂記注曰兵甲之衣曰櫜鞬櫜言閉藏兵甲也大雅周頌毛傳曰櫜韜也齊語垂櫜而入韋曰櫜囊也引伸之義凡韜於外者皆爲櫜周禮櫜物注云櫜當爲櫜蓮芡之實有櫜韜从橐省咎聲古勞切古音在三部詩曰載櫜弓矢周頌文

𡠞囊張大皃石鼓文其魚隹可隹鱮隹鯉可以櫜之隹楊及柳櫜讀如苞苴之苞蘇軾詩作貫非也从橐省缶聲符宵切古音在三部

文五

囗回也回轉也按圍繞週圍字當用此圍行而囗廢矣象回帀之形帀周也羽非切十五

部

凡囗之屬皆从囗

圜 天體也 圜環也呂氏春秋曰何以說天道之圜也精氣一上一下圜周復襍 高曰襍猶帀無所稽留故曰天道圜 何以說地道之方也萬物殊類殊形皆有分職不能相爲故曰地道方按天體不渾圜如丸故大戴禮云參嘗聞之夫子曰天道曰圓地道曰方盧云道曰方圓耳非形也淮南子曰天之圓不中規地之方不中矩白虎通曰天鎭也其道曰圓地諦也其道曰方許言天體亦謂其體一氣循環無終無始非謂其形渾圜也下文云圓圜全也斯爲渾圜許書圜圓圓三字不同今字多作方圓方員方圓而圓字廢矣依許則言天當作圜言平圓當作圓言渾圓當作圜 从囗瞏聲 王權切十四部

團 圜也 鄭風霝露團兮周禮假專爲團大司徒注曰專圜也 从囗專聲 度官切十四部

𡇈 規也 規有法度也 从囗肙聲 似沿切十四部

囩 回也 二字疊韵雲字下曰象雲回轉形沄字下曰轉流也凡從云之字皆有回轉之義 从囗云聲 形聲包會意也羽巾切十三部

圓 圜全

也全集韵類篇作合誤字也圖者天體天屈西北而不全圖而全則上下四旁如一是爲渾圜之物商頌幅隕既長毛曰隕均也按元鳥傳亦曰員均也是則毛謂員隕皆圓之假借字渾圜則無不均之処也箋申之曰隕當作圓圓謂周也此申毛非易毛从口員聲讀若員王問切十三部按古音如云回轉也淵回水也故顏回字子淵毛詩傳曰回邪也言回爲亶之假借也又曰回違也亦謂假借也亶裒也見亥部从口中象回轉之形中當作口外爲大口內爲小口皆回轉之形也如天體在外左旋日月五星在內右旋是也戶恢切十五部回古文古文象一气回轉之形圖畫計難也左傳曰咨難爲謀畫計難者謀之而苦其難也國語曰夫謀必素見成事焉而後履之謂先規畫其事之始終曲折歷歷可見出於萬全而後行之也故引伸之義謂繪畫爲圖聘禮曰君與卿圖事釋詁曰圖謀也小雅傳曰慮圖皆謀也从口規畫之意从啚啚逗難意也說從啚之意啚者嗇也嗇者愛濇也愼難之意同都切五

部

圛　回行也謂回曲而行　从口睪聲羊益切古音在五部　商書曰商各本譌尚今依廣韵玉篇正曰字各本無今補　曰圛句絕商書謂洪範曰圛唐衛包改爲曰驛而尚書正義詩齊風正義皆作曰圛此天寶以前未改之本也自貞觀以前史記宋世家集解云尚書作圛引鄭注圛色澤而光明也周禮大卜注引洪範曰雨曰濟曰圛曰蟊曰尅齊風鄭箋云古文尚書弟爲圛皆古文尚書作圛之明證也古文尚書弟爲圛者謂夏矦歐陽作弟古文尚書則作圛也言此者證詩之弟字亦當爲圛而訓明也知今文尚書作弟者宋世家作涕可證也今本鄭箋作以弟爲圛衍一字而不可通矣　圛者者字依廣韵五經文字補舊讀圛圛升雲爲句謨甚　升雲半有半無此釋書曰圛之義與本訓回行不同故箸之如莫席別於火不明望讒別於以土增大道文法正同升雲半有半無正某氏氣落驛不連屬王肅霍驛消滅如雲陰所本如許說則商書圛字正繹之假借　讀若驛

國　邦也邑部曰邦國也按邦國互訓渾言之也周禮注曰大曰邦小曰

國邦之所居亦曰國析言之也**从口从或**戈部曰或邦也古或國同用邦封同用古惑切一部

壼　宮中道釋宮曰宮中衖謂之壼郭云巷閤門道也按大雅室家之壼毛曰壼廣也箋云壼之言梱也室家相梱致皆引伸假借之義**从口象宮垣道上之形**從口象宮垣也餘象道按上當是從束省從束者內言不出於閫之意與玉篇此字入橐部苦本切郭呂竝邱屯反古音在十二部**詩曰室家之壼**

囷　廩之圜者从禾在口中去倫切十二部**圜謂之囷**見詩魏風傳考工記注吳語韋注急就篇顏注**方謂之京**管子曰新成囷京史記倉公傳見建家京下方石釋名曰京矜也寶物可矜惜者投之其中也急就篇門戶井竈廡囷京廣雅曰京庾廩鹿倉也按吳語注員曰囷方曰鹿鹿即京也鹿者鹿之俗

圈　養畜之閑也畜當作嘼轉寫改之耳閑闌也牛部曰牢閑養牛馬圈也是牢與圈得通偁也**从口卷聲**考公羊傳文十一年楚子伐圈音義云圈說文作圈而集韵廿五願云圈圈二

同養畜閑也類篇圈圏分出皆云養畜閑也疑說文本作圏後人改之耳渠篆切十四部

囿　苑有垣也　高注淮南曰有牆曰苑無牆曰囿與許互異葢有無互譌耳魏都賦曰繚垣開囿繚垣西京賦作繚亙繚亙綿聯卽西都賦之繚以周牆也周禮注曰囿今之苑按古今異名許析言之鄭渾言之也引伸之凡淵奧處曰囿夏小正正月囿有見韭囿也者園之燕者也四月囿有見杏囿也者山之燕者也又引伸之凡分別區域曰囿常道將引洛書曰人皇始出分理九州爲九囿九囿卽毛詩之九有韓詩之九域也域同或古或與有與囿通用　**从囗有聲**　于救切古音在一部　**一曰所㠯養禽獸曰囿**　養字依御覽補所㠯二字今補大雅靈臺傳曰囿所以域養禽獸也域養者域而養之周禮囿人掌囿游之獸禁牧百獸按韵會無一曰二字艸部云苑所㠯養禽獸也此云苑有垣則養禽獸在其中矣此句葢淺人增之

囿　籒文囿　艸部薗從此爲聲

園　所㠯樹果也　鄭風傳曰園所以樹木也按毛言木許言果者毛詩檀穀桃棘皆系諸園木可

以包果故周禮云園圃毓草木許意凡云苑園已必有艸木故以樹果系諸園 从口袁聲 羽元切十四部

圃 所目種菜曰圃 所目二字今補齊風毛傳曰圃菜園也馬融論語注曰樹菜蔬曰圃元應引倉頡解詁云種樹曰園種菜曰圃 从口甫聲 博古切五部

因 就也 就下曰就高也爲高必因丘陵爲大必就基阯故因從口大就其區域而擴充之也中庸曰天之生物必因其材而篤焉左傳曰植有禮因重固人部曰仍因也論語因不失其親謂所就者不失其親 从口大 於眞切十二部

𡆨 下取物縮臧之 謂攝取也今農人𠕁泥𠕁卽𡆨之俗字 从又 下取故從又 从口 縮藏之故從口 讀若聶 女洽切七部聶小徐作籋

囹 獄也 獄上當有囹圄二字幸部曰囹圄所目拘罪人盩許作囹圄與他書囹圄不同也月令鄭注曰囹圄所以禁守繫者若今別獄矣蔡邕云囹牢也圄止也所以止出入皆罪人所舍也鄭志崇精問曰囹圄何代之獄焦氏荅曰月令秦書則秦獄名也漢曰若盧魏曰司空 从口令

木在口中枝葉不能條達爲困義与上圄囚固圍相因故廣則又其引申之義

聲鍇曰圄㯯也櫳檻之名郎丁切十一部圄守之也从口吾聲魚舉切五部按韵會云圄說文本作圉蓋小徐本有圉無圄左傳圉伯嬴於轑陽而殺之囚繫也从人在口中似由切三部固四塞也四塞者無罅漏之謂周禮夏官掌固注云固國所依阻者也國曰固野曰險按凡堅牢曰固又事之已然者曰固即故之假借字也漢官掌故唐官多作掌固从口古聲古慕切五部圍守也从口韋聲羽非切十五部困故廬也廬者二畝半一家之居居必有木樹牆下以桑是也故字從口木謂之困者疏廣所謂自有舊田廬令子孫勤力其中也困之本義爲止而不過引伸之爲極盡論語四海困窮謂君德充塞宇宙與横被四表之義略同苞注曰言爲政信執其中則能窮極四海天祿所以長終也凡言困勉困苦皆極盡之義从木在口中苦悶切十三部[illegible]古文困廣雅麋機闑朱也按稚讓用朱爲梱字此可證四海困窮之義圂豕廁也少儀君子不食圂腴

注云周禮圂作豢謂犬豕之屬食米穀者也腴有似於人穢按云周禮圂作豢者豢人掌豢祭祀之犬是也豢從豕𢍏聲圂從口豕會意據許說本非一字豢以人之萎養而言圂以牢中溷濁而言少儀圂腴不煩改字謂豕廁爲圂因謂豕犬爲圂耳引伸之義人廁或曰圂俗作溷或曰清俗作圊或曰軒皆見釋名 **从口象豕在口中也會意** 象當作豕字之誤也胡困切十三部

囮　譯也 譯疑當作誘一說周禮貉隸掌與獸言夷隸掌與鳥言是其事也 **从口化聲** 今小徐本有聲字是五禾切十七部 **率鳥者繫生鳥以來之名曰囮** 率捕鳥畢也將欲畢之必先誘致之潘安仁曰暇而習媒翳之事徐爰曰媒者少養雉子至長狎人能招引野雉因名曰媒 **讀若譌** 囮者誤之也故讀若譌

䌛　囮或从繇 各本篆作圝解作繇今正按或當作也本二字一化聲一繇聲其義則同廣雅釋言曰囮圝也是可證爲二字轉注矣潘岳射雉賦恐吾游之晏起又良游呃喔引之規裏徐爰注雉媒江淮閒謂之游唐呂溫有由鹿賦游與由

囮
案譯疑誘之誤 譯與𨟻通 魯語於是乎設穽𨟻以實廟庖 韋注𨟻柞格所以誤獸也 [illegible]

皆卽圖字也從𦃃當作從口𦃃聲音由三部徐鉉云訛由二音誤也

文二十六七當作　重四三當作

員物數也本爲物數引伸爲人數俗偁官員漢百官公卿表曰吏員自佐史至丞相十二萬二百八十五人是也數木曰枚曰梃數竹曰箇數絲曰紽曰緫數物曰員小雅員于爾輻毛曰員益也此引伸之義也又假借爲云字如秦誓若弗員來鄭風聊樂我員商頌景員維河箋云員古文云从貝物之重者也口聲王權切古音云在十三部口聲在十五部合韵取近凡員之屬皆从員𩠐籒文从鼎鼎下曰籒文以鼎爲貝字故員作𩠐則作𠟭

䞫物數紛䞫亂也今䞫字作紜紜行而䞫廢矣紛䞫謂多多則亂也从員云聲讀若春秋傳曰宋皇鄖古假芸爲䞫老子夫物芸芸各歸其根宋皇鄖見左傳羽文切十三部

員　篆口象其渾成兼會意聲字疑衍
段說合韵未盡
段所云合韵大多勉強

詩歌說之合韵者也以鄭
說字者說之轉音不者說
之合韵

文二　重一

貝　海介蟲也介蟲之生於海者居陸名猋在水名蜬見釋魚猋作贆俗字也蜬亦當作函淺人加之偏傍耳虫部曰蜬毛蠹也則非貝名象形象其背穹隆而腹下岐博蓋切十五部古者貨貝而寶龜謂以其介爲貨也小雅既見君子錫我百朋箋云古者貨貝五貝爲朋周易亦言十朋之龜故許以貝與龜類言之食貨志王莽貝貨五品大貝壯貝幺貝小貝皆二枚爲一朋不成貝不得爲朋龜貨四品元龜當大貝十朋公龜當壯貝十朋侯龜當幺貝十朋子龜當小貝十朋此自莽法鄭箋詩云古者五貝爲朋注易以爾雅之十龜未嘗用歆莽說也周而有泉周禮外府掌邦布之入出以共百物而待邦之用泉府掌以市之征布斂市之不售貨之滯於民用者注云布泉也讀爲宣布之布其藏曰泉其行曰布取名於水泉其流行無不偏泉始葢一品周景王鑄大泉而有二品按許謂周始有泉而不廢貝也至秦廢貝行

錢秦始廢貝專用錢變泉言錢者周曰泉秦曰錢在周秦爲古今字也金部錢下鍇本云一曰貨也檀弓注曰古者謂錢爲泉布則知秦漢曰錢周曰泉也周禮泉府注云鄭司農云故書泉或作錢葢周人或用假借字秦乃以爲正字

凡貝之屬皆从貝

貨　貝聲也从小貝　聚小貝則多聲故其字從小貝引伸爲細碎之偁今俗瑣屑字當作此瑣行而貨廢矣周易旅初六旅瑣瑣陸績曰瑣瑣小也艮爲小石故曰旅瑣瑣也按瑣者貨之假借字玉部瑣玉聲穌果切十七部

賄　財也　周禮注曰金玉曰貨布帛曰賄析言之也許渾言之貨賄皆釋曰財　**从貝有聲**　呼罪切按古音在一部古假悔字爲之聘禮注曰古文賄皆作悔

財　人所寶也　寶珍也周禮注曰財泉穀也霝下云小雨財零也以爲今之纔字　**从貝才聲**　昨哉切一部

貨　財也　廣韵引蔡氏化清經曰貨者化也變化反易之物故字从化　**从貝化聲**　形聲包會意韵會無聲字呼臥切十七部

䝨　資也　按篇韵皆云賭也許無賭字　**从**

貝爲聲 詭僞切古音在十七部 或曰此古貨字 鍇本無此但云臣鍇按字書云古貨字按爲化二聲同在十七部貨古作賜猶訛譌通用耳鉉本此下更有讀若貴三字

資 貨也 貨者化也資者積也旱則資舟水則資車夏則資皮冬則資絺綌皆居積之謂資者人之所藉也周禮注曰資取也老子曰善人不善人之師不善人善人之資 从貝次聲 即夷切十五部

贎 貨也 廣韵云贎貨 从貝萬聲 無販切十四部

賑 富也 見釋言郭曰謂隱賑富有西京賦鄉邑殷賑薛曰謂富饒也匡謬正俗曰振給振貸字皆作振振舉救也俗作賑非 从貝辰聲 之忍切十三部

賢 多財也 財各本作才今正賢本多財之偁引伸之凡多皆曰賢人偁賢能因習其引伸之義而廢其本義矣小雅大夫不均我從事獨賢傳曰賢勞也謂事多而勞也故孟子說之曰我獨賢勞戴先生曰投壺某賢於某若干純賢多也 从貝臤聲 胡田切十二部

賁 飾也 易象傳曰山下有火賁序卦傳曰賁飾也按古假賁爲奔 从貝

賢 畧賢能字古本作臤 鍇曰臤者臣執事也小雅賢勞字正當作臤賢自為多財借為臤而臤遂不行自漢然矣

賁 當云从貝工省卉聲

芔聲彼義切十五部按亦音墳亦音肥文與微合韵取近

賀㠯禮物相奉慶也物字依韵會玉篇補相奉慶玉篇作相慶加爲長心部曰慶行賀人也是慶與賀二字互訓賀之言加也猶贈之言增也古假賀爲嘉覲禮余一人嘉之今文嘉作賀是也廣韵曰賀擔也勞也此謂或假賀爲儋何字也儋何俗作擔荷从貝加聲胡箇切十七部

貢獻功也貢功疊韵魯語曰社而賦事烝而獻功韋注社春分祭社也事農桑之屬也冬祭曰烝烝而獻五穀布帛之屬也周禮八則治都鄙六曰賦貢以馭其用注云貢功也九職之功所稅也按大宰以九貢致邦國之用凡其所貢皆民所有事也故職方氏曰制其貢各以其所有从貝工聲古送切九部

贊見也此以疊韵爲訓疑當作所以見也謂彼此相見必資贊者士冠禮贊冠者士昏禮贊者注皆曰贊佐也周禮大宰注曰贊助也是則凡行禮必有贊非獨相見也从貝从兟兟音詵進也鍇曰進見以貝爲禮也則旰切十四部

賮會禮也以財貨爲會合之禮也蒼頡篇

曰賮財貨也張載注魏都賦曰賮禮贄也又孟子曰行者必以賮辭曰餽賮或假進爲之如漢高紀曰蕭何爲主吏主進是也**从貝盡聲**徐刃切十二部

齎　持遺也周禮掌皮歲終則會其財齎注予人以物曰齎今時詔書或曰齎計吏鄭司農云齎或爲資外府共其財用之幣齎注齎行道之財用也聘禮曰問幾月之齎鄭司農云齎或爲資今禮家定齎作資玄謂齎資同耳其字以齊次爲聲從貝變易古字亦多或玉裁按此鄭君不用許書說謂齎資一字聲義皆同也許則釋資爲貨釋齎爲持而予之其義分別不爲一字近人則訓齎爲持矣**从貝齊聲**祖雞切十五部

貸　施也謂我施人曰貸也**从貝代聲**他代切一部

貣　從人求物也從人猶向人也謂向人求物曰貣也按代弋同聲古無去入之別求人施人古無貣貸之分由貣字或作貸因分其義又分其聲如求人曰乞給人之求亦曰乞今分去訖去旣二音又如假借二字皆爲求者予者之通名唐人亦有求讀上入予讀兩去之說古皆未必有是貣別爲貸又以改竄許書尤爲異耳

經史內貣貸錯出恐皆俗增入旁蟘字經典釋文五經文字皆作蟘俗作蟘亦其證也周禮泉府凡民之貸者注云貸者謂從官借本賈也廣韵廿五德云貣謂從官借本賈也其所據周禮正作貣而周禮注中借者予者同用一字釋文別其音亦可知本無二字矣　从貝弋聲　他得切亦徒得切一部按古多假貣爲差忒字

賂　遺也　見魯頌大賂傳箋云大猶廣也廣賂者賂君及卿大夫也按以此遺彼曰賂如道路之可往來也貨賂皆謂物其用之則有公私袤正之不同　从貝各聲　洛故切五部按各古有洛音鉉云賂當從路省聲非也

賸　物相增加也　賸增疊韵以物相益曰賸字之本義也今義訓爲贅疣與古義小異而實古義之引伸也改其字作剩而形異矣　从貝朕聲　以證切六部　一曰送也副也　人部曰倂送也賸訓送則與倂音義皆同副貳也貳副益也訓送訓副皆與增加義近

贈　玩好相送也　贈送疊韵秦風渭陽大雅韓奕皆云何以贈之毛傳鄭箋皆云贈送也崧高云以贈申伯傳云贈增也增與送義異

而同猶賸之訓增亦訓送也旣夕禮云知死者贈知生者賻何休云知死者賵賻知生者贈襚按以玩好送死者亦贈之一端也今人以物贈人曰送送亦古語也**从貝曾聲**昨鄧切六部

𧶋迻予也迻遷徙也展轉寫之曰迻書展轉予人曰迻予貱迻疊韵**从貝皮聲**彼義切古音在十七部

贛賜也釋詁曰贛賜也據釋文本作贛後人改作貢耳端木賜字子贛凡作子貢者亦皆後人所改淮南道應要略二訓注皆云贛賜也**从貝夅省聲**古送切按夅聲當在八部而讀同貢則音之轉也贛之古義古音皆與貢不同**贛籒文贛**集韵類篇作贑

賚賜也釋詁賚貢錫畀予況賜也又曰賚予也小雅毛傳云賚予也大雅傳云釐賜也釐者賚之假借也**从貝來聲**洛帶切一部按徐仙民音來**周書曰賚尒秬鬯**文矦之命文今尒作爾

賞賜有功也錯曰賞之言尚也尚其功也**从貝尚聲**書兩切十部

賜予也釋詁賚貢錫畀予況賜也七字轉注凡經傳云錫者

賜之假借也公羊傳曰錫者何賜也賜者與之通稱禹貢納錫大龜乃下與上之詞又玉藻言賜君子與小人者別言之統言則不別也方言曰賜盡也此借賜爲澌澌盡也盡之字俗作儩从貝易聲斯義切十六部

貤重次弟物也漢書注引作物之重次弟也重次弟者既次弟之又因而重之也漢武帝詔曰受爵賞而欲移賣者無所流貤應劭訓貤爲移上林賦說果樹曰貤丘陵下平原郭樸曰貤猶延也按賣爵者展轉與人蔓莚丘陵者層疊茲長皆重次弟之意也毛詩施于中谷施于孫子皆當作貤从貝也聲以豉切古音在十七部

贏賈有餘利也依韵會本訂左傳曰賈而欲贏而惡囂乎俗語謂贏者輸之對从貝𣎆聲按惟嬴羸字可云𣎆聲贏字當云從貝𣎆𣎆者多肉之獸也故以會意女部嬴當云𣎆省聲今本多誤以成切十一部

賴贏也高帝紀始大人常㠯臣亡賴應曰賴者恃也晉曰許慎云賴利也無利入於家也或曰江淮之閒謂小兒多詐狡猾爲亡賴按今人云無賴者謂其無衣食致然耳方言云賴讎也南楚

之外曰賴賴取也从貝剌聲洛帶切十五部負恃也左傳曰昔秦人負恃其衆貪於土地逐我諸戎孟子曰虎負嵎莫之敢攖从人守貝有所恃也會意房九切古音在一部樂記禮樂偩天地之情史記栗姬偩貴皆作偩俗字也一曰受貸不償凡以背任物曰負因之凡背德忘恩曰負貯積也此與宁音義皆同今字專用貯矣周禮注作䝪俗字也从貝宁聲直呂切五部貳副益也當云副也益也周禮注副貳也說詳刀部从貝弍聲形聲包會意而至切十五部弍古文二賓所敬也大宰八統八曰禮賓大宗伯以賓禮親邦國賓客渾言之也析言之則賓客異義又賓謂所敬之人因之敬其人亦曰賓又君爲主臣爲賓故老子曰樸雖小天下莫能臣也矦王若能守之萬物將自賓司馬相如引詩率土之賓莫非王臣从貝貝者敬之之物也𡧍聲必鄰切十二部𡦪古文鉉本無首畫玉篇集韵類篇皆有賒貰買也貰買者在彼爲貰在

我則爲賒也周禮泉府凡賒者祭祀無過旬日喪紀無過三月鄭司農云賒貰也从貝余聲式車切古音在五部

貰貸也泉府以凡賒者與凡民之貸者竝言然則賒與貸有別賒貰也若今人云賒是也貸借也若今人云借是也其事相類故許渾言之曰貰貸也高祖本紀常從武負王媼貰酒韋昭曰貰賒也按賒貰皆紓緩之詞从貝世聲神夜切按古音在五部聲類字林鄒誕生皆音勢劉昌宗周禮音乃讀時夜反

贅㠯物質錢若今人之抵押也漢嚴助傳賣爵贅子以接衣食如淳曰淮南俗賣子與人作奴婢名爲贅子三年不能贖遂爲奴婢按大雅傳曰贅屬也謂贅爲綴之假借也孟子屬其耆老大傳作贅其耆老公羊傳云君若贅旒史漢云贅壻此爲聯屬之偁又莊子云附贅縣肬老子云餘食贅行此爲餘賸之偁皆綴字之假借从敖貝會意之芮切十五部敖者猶放敖出游也放逐也敖與放義不同而可通故曰猶謂貝當復取之謂字依韵會補放者當復還贅者當復贖其義一也此十字釋敖貝之意

質㠯

物相贅。質贅雙聲。以物相贅。如春秋交質子是也。引伸其義爲樸也、地也。如有質有文是。小雅毛傳云旳質也。周禮射則充椹質。左傳策名委質。皆是。又緜詩抑詩傳曰質成也。禮謂平明爲質明。从貝从所。闕。闕者闕從所之說也。韵會從所作所聲。無闕字。之日切。十二部。

貿　易財也。衞風抱布貿絲。咎繇謨貿遷有無化居。从貝卯聲。莫候切。三部。

贖　貿也。堯典金作贖刑。从貝𧶠聲。殊六切。三部。

費　散財用也。論語曰君子惠而不費。从貝弗聲。房未切。十五部。

責　求也。引伸爲誅責責任。周禮小宰聽稱責以傳別。稱責即今之舉債。古無債字。俗作債。則聲形皆異矣。从貝朿聲。側革切。十六部。

賈　賈。此複舉字之未刪者。市也。市買賣所之也。因之凡買凡賣皆曰市。賈者凡買賣之偁也。酒誥曰遠服賈。漢石經論語曰求善賈而賈諸。今論語作沽者。假借字也。引伸之凡賣者之所得、買者之所出皆曰賈。俗又別其字作價。別其音入禡韵。古無是也。从貝襾聲。公戶切。五部。一曰坐賣售也六字蓋淺人妄增司市注通物曰商居賣物曰賈居賣物謂居積物亦兼賣之也居非謂坐此以坐與下行相對又贅以說文所無之售字殊無文理

賣行賈也白虎通曰商賈何謂也商之爲言章也章其遠近度其有亡通四方之物故謂之商也賈之爲言固也固其有用之物以待民來以求其利者也通物曰商居賣曰賈按白虎通古本如是漢律厤志商章也物成孰可章度也尚書我商賚女徐邈商音章商部商從章聲皆可證賣俗作賫經傳皆作商商行而賣廢矣渾言之則賣賈可互偁析言之則行賈曰賣行賈者通四方之珍異以資之从貝商省聲式陽切十部

販買賤賣貴者司市曰夕市夕時而市販夫販婦爲主注云販夫販婦朝資夕賣按資猶取也从貝反聲形聲包會意方願切十四部

買市也市者買物之所因之買物亦言市論語沽酒市脯从网貝會意莫蟹切十六部春秋襄三十一年莒人弑其君密州密州左傳作買朱鉏杜云買朱鉏密州之字按弑君未有書字者傳明云書曰莒人

弑其君買朱鉏然則左公所據之經實作買朱鉏不作密州也買爲密朱爲州皆音之轉朱鉏者猶邾之言邾婁也今本經與傳不合葢或以公穀經文改左氏經文**孟子曰登龔斷而网市利**見公孫丑篇此引以證从网貝之意也龔孟子作龍丁公箸讀爲隆陸善經乃讀爲龔謂岡龔斷而高者按趙注釋爲堁斷而高者也堁塵塺也高誘云楚人謂塵爲堁趙本葢作龙斷龙塵襍之皃蹞塵不到地勢略高之處也古書龙龍二字多相亂許書亦當作龙斷淺人以陸善經說改爲龔耳

𧶠物不賤也从貝𠔁聲居胄切十五部**𠔁古文蕢**見艸部〇按貴篆各本廁部末賏上非舊次也今更正

賤賈少也賈今之價字**从貝戔聲**才線切十四部

賦斂也周禮大宰以九賦斂財賄斂之曰賦班之亦曰賦經傳中凡言以物班布與人曰賦**从貝武聲**方遇切五部

貪欲物也心部惏女部婪皆訓貪**从貝今聲**他含切七部

貶損也从貝乏聲形聲包會意也鉉本

案龔今本作龍假借字丁陸二讀同段以趙釋為堁故改龍為龙亦自擾

作從貝從乏方斂切杜林作导

貧財分少也謂財分而少也合則見多分則見少富備也厚也則貧者不備不厚之謂从貝分分亦聲符巾切十三部

古文从宀分

賃庸也庸者今之傭字廣韵曰傭餘封切傭賃也凡僱僦皆曰庸曰賃从貝任聲尼禁切七部

賕以財物枉法相謝也枉法者違法也法當有罪而以財求免是曰賕受之者亦曰賕呂制五過之疵惟來馬本作惟求云有請賕也按上文惟貨者今之不枉法贓也惟求者今之枉法贓也从貝求聲形聲包會意巨畱切三部一曰戴質也載各本作戴今依韵會正謂載質而往求人儹貣也質謂以物相贅

購以財有所求也縣重價以求得其物也漢律能捕豺貀購錢百从貝冓聲古候切四部

𧵍齎財卜問爲𧵍卜問廣韵作問卜史記貨殖傳醫方諸食技術之人焦神竭能爲重糈也日者傳卜而有不審不見奪糈按糈皆當作𧵍同音假借𧵍所以讎卜者也祭神米

曰糈卜者必禮神故其字亦作糈从貝疋聲讀若所疏舉切五部

貲小罰㠯財自贖也貲字本義如是引伸爲凡財貨之偁从貝此聲卽夷切十五部漢律民不繇貲錢二十三繇傜古今字二十三各本作二十二今正漢儀注曰人年十五至五十六出賦錢人百二十爲一筭又七歲至十四出口錢人二十以供天子至武帝時又口加三錢以補車騎馬見昭帝紀光武紀二注及今四庫全書內漢舊儀按論衡謝短篇曰七歲頭錢二十三亦謂此也然則民不傜者謂七歲至十四歲貲錢二十三者口錢二十幷武帝所加三錢也

賨南蠻賦也後漢書南蠻西南夷傳曰槃瓠之傳蠻夷秦置黔中郡漢改爲武陵歲令大人輸布一匹小口二丈是謂賨布魏都賦曰賨幏積墆幏見巾部从貝宗聲徂紅切九部

𧶠衒也衒行且賣也𧶠字不見經傳周禮多言儥儥訓買亦訓賣胥師飾行儥慝賈師貴儥者蓋卽說文之𧶠字而說文人部儥見也則今之覿字也玉篇云𧶠或作粥鬻是𧶠鬻爲古今字矣按𧶠

隸變作賣易與賣相混從貝𡐓聲𡐓古文睦見目部讀若育余六切三部

賏　頸飾也从二貝駢貝爲飾也烏莖切十一部

文五十九　重三

邑　國也鄭莊公曰吾先君新邑於此左傳凡偁人曰大國凡自偁曰敝邑古國邑通偁白虎通曰夏曰夏邑商曰商邑周曰京師尚書曰西邑夏曰天邑商曰作新大邑於東國雒皆是周禮四井爲邑左傳凡邑有宗廟先君之主曰都無曰邑此乂在一國中分析言之从口音韋封域也先王之制尊卑有大小从卪尊卑謂公侯伯子男也大小謂方五百里方四百里方三百里方二百里方百里也土部曰公侯百里伯七十里子男五十里從孟子說也尊卑大小出於王命故從卪於汲切七部凡邑之屬皆从邑

邦　國也周禮注曰大曰邦小曰國析言之也許云邦國也國邦也統言之也周禮注又云邦

之所居亦曰國此謂統言則封竟之內曰國曰邑析言則國野對偁周禮體國經野是也古者城𩫏所在曰國曰邑而不曰邦邦之言封也古邦封通用書序云邦康叔邦諸侯論語云在邦域之中皆封字也周禮故書乃分地邦而辨其守地邦謂土畍杜子春改邦爲域非也 **从邑丰聲** 博江切九部 **㞢田古文** 從㞢田之適也所謂往卽乃封古文封字亦從之土

郡周制天子地方千里分爲百縣縣有四郡 逸周書作雒篇曰千里百縣縣有四郡高注六月紀云周制天子畿內方千里分爲百縣縣有四郡郡有監故春秋傳曰上大夫受縣下大夫受郡周時縣大郡小至秦始皇兼天下初置三十六郡以監縣耳按作雒篇與周禮不合鄭注月令但云四監主山林川澤之官百縣鄉遂之屬是不從作雒說也 **故春秋傳曰上大夫受縣下大夫受郡是也** 各本少受縣下大夫五字今從水經注河水篇所引補正趙簡子曰克敵者上大夫受縣下大夫受郡見左傳哀公二年 **至秦初天下置三十**

玉篇引作下大夫受縣上大夫受郡 下上互易 誤

六郡㠯監縣。戰國策甘茂曰宜陽大縣也名爲縣其實郡也秦武王時巳郡大縣小矣前此惠文王十年魏納上郡十五縣後十三年攻楚漢中取地六百里置漢中郡吳氏師道云或者山東諸侯先變古縣大郡小之制而秦效之是也至始皇卄六年始置三十六郡三十六郡者錢氏大昕曰地理志河東太原上黨東郡潁川南陽南郡九江鉅鹿齊郡琅邪會稽漢中蜀郡巴郡隴西北地上郡雲中鴈門代郡上谷漁陽右北平遼西遼東南海皆曰秦置長沙國曰秦郡河南曰故秦三川郡沛郡曰故秦泗水郡五原曰秦九原郡鬱林曰故秦桂林郡日南曰故秦象郡趙國曰故秦邯鄲郡梁國曰故秦碭郡魯國曰故秦薛郡數之適得三十六下文揔之曰本秦京師爲內史分天下作三十六郡此確然不易者也史記始皇本紀二十六年分天下爲三十六郡而略取陸梁地爲桂林象郡南海乃在三十三年裴駰以爲不當在三十六之內因舍三郡以內史鄣郡黔中足之內史別於三十六郡不待言故鄣郡雖見於志注而不系之秦黔中郡見昭襄王三十年而志不之數不可爲典要也史記之三十六與漢志同乃揔攝後事而言之故漢志說文高誘呂覽注應劭風俗通皇甫謐帝王世紀司馬彪郡國志皆言秦分三十六郡裴氏不從漢志之目而唐人作晉書乃造秦四十郡之說前此無言之者**从邑君聲**渠運切十三部按釋詁曰郡乃也此未得其說疑邪之誤也

都　有先君之舊宗廟曰都左傳曰凡邑有宗廟先君之主曰都無曰邑周禮大司徒注曰都鄙者王子弟公卿大夫采地其畍曰都鄙所居也載師注曰家邑大夫之采地小都卿之采地大都公之采地王子弟所食邑也大宰八則注曰都鄙公卿大夫之采邑王子弟所食邑周召毛聃畢原之屬在畿內者祭祀者其先君社稷五祀按據杜氏釋例大曰都小曰邑雖小而有宗廟先君之主曰都尊其所居而大之也又按左氏言有宗廟先君之主曰都許改云有先君之舊宗廟則必如晉之曲沃故絳而後可偁都恐非左氏意也左氏與周官合**从邑者聲**當孤切五部**周禮歫國五百里爲都**此周禮說也周禮載師注引司馬法曰王國百里爲郊二百里爲州三百里爲野四百里爲縣五百

里爲都大宰注曰邦中在城郭者四郊去國百里邦甸二百里家削三百里邦縣四百里邦都五百里

鄰　五家爲鄰見遂人職按引伸爲凡親密之偁从邑粦聲力珍切十二部

酇　百家爲酇遂人五家爲鄰五鄰爲里四里爲酇五酇爲鄙五鄙爲縣五縣爲遂酇聚也謂酇與欑儹音義皆同欑一曰叢木也儹冣也从邑贊聲作管切又作旦切南陽有酇縣漢地理志南陽郡酇矦國孟康曰音讚按南陽縣作酇沛郡縣作鄼許二字畫然不相亂也在沛者後亦作酇直由莽曰贊治而亂南陽酇音讚沛鄼及改作酇字皆音嵯音亦本不相亂蕭何始封之酇茂陵書文穎臣瓚顏師古杜佑皆云在南陽江統戴規姚察李吉甫今錢氏大昕皆云在沛在沛說是也始封於鄼高后乃封之南陽之酇與筑陽文帝至莽之酇矦皆在南陽故地理志於南陽云酇矦國而沛郡酇下不云矦國爲在沛者不久也諸家所傳班固作泗水亭高祖碑云文昌四友漢有蕭何序功第一受封於鄼以韵求之可以不惑

鄙　五酇爲鄙見遂人五百家

也又周禮都鄙王子弟公卿大夫采地其畍曰都鄙所居也按大司徒以邦國都鄙對言鄭注以邦之所居曰國都之所居曰鄙對言春秋經傳鄙字多訓爲邊者葢周禮都鄙距國五百里在王畿之邊故鄙可釋爲邊又引伸爲輕薄之偁而鄙夫字古作啚叚目云俗儒啚夫翫其所習可證也今則鄙行而啚廢矣 **从邑啚聲** 兵美切古音在一部故鄙否通段用也

郊 歫國百里爲郊 杜子春注周禮曰五十里爲近郊百里爲遠郊玉藻說郊祭曰於郊故謂之郊 **从邑交聲** 古肴切二部按周禮故書作蒿假借字

邸 屬國舍也 文帝紀曰入代邸顏注曰郡國朝宿之舍在京師者率名邸邸至也言所歸至也按今俗謂旅舍爲邸經典假借邸爲柢如典瑞四圭有邸是也釋器邸謂之柢當作柢謂之邸釋言曰柢本也鄭司農引作邸本也可證爾雅皆釋經之辭 **从邑氐聲** 都禮切十五部

郛 𩫏也 𩫏各本作郭今正公羊傳入其郛注郛恢郭也城外大郭也 **从邑孚聲** 甫無切古音在三部

郵 竟上行書舍 孟子德之

流行速於置郵而傳命釋言郵過也按經過與過失古不分平去故經過曰郵過失亦曰郵爲尤訧之假借字从邑垂會意羽求切古音在一部垂邊也說從垂之意在境上故從垂

𨛫國甸大夫稍稍所食邑載師注曰故書稍或作削按削當是𨛫之誤許所據正故書或本也太宰家削之賦當作家𨛫釋文曰家削本又作𨛫是也按國甸之下疑有奪文大宰曰三曰邦甸之賦四曰家𨛫之賦載師曰以公邑之田任甸地以家邑之田任𨛫地此云國甸即經之邦甸也邦甸去國二百里家𨛫三百里此當云國甸之外曰家𨛫大夫稍稍所食邑鄭曰家邑大夫之采地也稍與𨛫疊韵从邑肖聲所敎切二部周禮曰任𨛫地在天子三百里之內鄭說同

鄯鄯善逗西胡國也許書三言西胡皆謂西域也言西胡以別於匈奴爲北胡也漢西域傳云鄯善國本名樓蘭王治扜泥城去陽關千六百里去長安六千一百里元鳳四年傳介子誅其王更名其國爲鄯善爲刻印章是則此時初製鄯字也漢鄯善國城

在今哈密衞東南。中國山川維首在隴蜀，紀地者必始於西，故起西域而雍州。**从邑，善，善亦聲。**時戰切。十四部。

竆　夏后時諸侯夷羿國也。弓部曰：焸，帝嚳䠶官，夏少康滅之。羽部曰：羿，羽之羿風，亦古諸侯也。按焸羿古通用。云帝嚳射官，而夏少康滅之，則夏之夷羿卽帝嚳䠶官之後裔明矣。夷羿見左傳。虞箴，左傳魏絳云：夏訓有之曰，有竆后羿。昔有夏方衰，后羿自鉏遷於竆石，因夏民以代夏政。寒浞殺羿，靡滅浞立少康。有竆由是遂亡。今左傳作窮，許所據作竆，今古字也。左氏之竆石，杜不言其地所在。葢非山海經、離騷、淮南子所云弱水所出之窮石也。地理志、說文皆云弱水出張掖山丹，則山海經、離騷、淮南子所云竆石當在山丹。漢山丹今爲甘州府山丹縣，距夏都安邑甚遠，然許鄯善之下卽出竆字，固謂西北邊地。**从邑，竆省聲。**渠弓切。九部。

⿰契阝　周封黃帝之後於⿰契阝也。樂記曰：武王克殷及商，未及下車而封黃帝之後於薊。按⿰契阝薊古今字也。薊行而⿰契阝廢矣。漢地理志、郡國志皆作薊，則其字假借久矣。陸德明曰：薊，今涿郡薊縣是。

也即燕國之都也孔安國司馬遷及鄭皆云燕召公與周同姓案黃帝姓姬君奭蓋其後也或黃帝之後封薊者滅絕而更封燕召公乎疑不能明也而皇甫謐以召公爲文王之庶子記傳更無所出又左傳富辰言文王之昭亦無燕玉裁按地理志曰廣陽國薊燕召公所封然則班意謂封黃帝之後即召公也而周本紀以封堯後於薊封召公奭於燕燕竝言張守節疑薊爲燕所幷未知其審**从邑契聲讀若薊**古詣切十五部**上谷有⿱契邑縣**地理志廣陽國下曰高帝燕國昭帝元鳳元年爲廣陽郡宣帝本始元年更爲國郡國志廣陽郡注曰世祖省廣陽郡幷上谷永平八年復按許云上谷有薊縣依光武省幷而言也今京師順天府附郭大興縣治即古燕都許說漢制作⿰契阝則知漢時故作⿰契阝矣但不解今之漢志何以作薊也○又按此五字當如下文邰下⿰襄阝下之例作今上谷薊縣是也七字漢時字巳作薊如邰巳作斄⿰襄阝巳作穰古今字不同故著之以言其合假令漢時字本作⿰契阝則其立文當云上谷縣也周時黃帝之後所封如鄒下云魯縣古邾國帝顓頊之後所封之例矣然則⿰契阝者許所見

古字也薊者漢時字也

邰　炎帝之後姜姓所封周棄外家國大雅有邰家室毛傳曰邰姜嫄之國也堯見天因邰而生后稷故國后稷於邰使事天以顯神順天命是則邰本后稷外家之國名炎帝之後姜姓所封也國后稷於邰時蓋國姜姓於他處矣至武王克殷興滅國繼絕世乃封神農之後於焦

从邑台聲土來切一部

右扶風斄縣是也見地理志周人作邰漢人作斄古今語小異故古今字不同郡國志無斄縣郿下曰有邰亭蓋斄縣併入郿也邰亭杜預謂之斄鄉徐廣謂之斄鄉今陝西乾州武功縣縣西南二十二里故斄城是

詩曰有邰家室今生民詩有郎字考高誘注呂覽辨土引實穎實栗有邰家室亦無郎○宋本說文無郎與九經字㨾所引合一本有者非也

郊　周文王所封在右扶風美陽中水鄉經典有岐無郊惟漢地理志曰大王徙郊文王作酆匈奴傳曰秦襄公伐戎至郊師古曰郊古岐字岐專行而郊廢矣許所見豳岐作郊猶所見薊作鄚也地理志曰右扶風美陽

詩曰有邰家室　鍇本無此六字且鍇曰而有邰家室鍇鍇本亦無之或是引鍇語後人不察闌入說解又脫郎字而適與呂覽注合殺遂行之

禹貢岐山在西北中水鄉周大王所邑魯頌箋曰大王自豳徙居岐山之陽按此云文王所封要其終而言皇矣詩曰度其鮮原居岐之陽箋云乃始謀居善原廣平之地亦在岐山之南也文王自郊遷酆非文王始國郊也下云酆周文王所都則此當云大王矣戴先生曰美陽今爲陝西鳳翔府岐山扶風二縣漢志美陽岐山在西北今岐山縣東七十里岐山是 **从邑支聲** 巨支切十五部 **岐 郊或从山支聲因岐山㠯名之也** 郊或者岐之或字謂岐卽郊邑之或體也又云因岐山㠯名之則又郊邑岐山畫爲二字矣考岐山見於夏書雅頌漢志郊邑因岐山以名郊邑可作岐岐山不可作郊薛綜注西京賦引說文岐山在長安西美陽縣盼山有兩岐因以名焉此說文山部原文也山有兩岐當作山有兩枝山有兩枝故名曰岐山疑後人移入於此而刪改之學者讀此可以刪邑部之岐專入山部矣○按漢書地理志曰大王徙郊曰褒公將兵救周有功賜受郊酆之地郊祀志曰大王建國於郊梁匈奴傳曰秦襄公伐戎至郊皆作郊郊周字也而岐山字地理志皆作岐是

六篇下

因岐山以名之也疑當在中水鄉下說文傳本此部脫岐字後人因於此增岐篆及郊或从山支聲七字而移此七字於下耳

可證郊岐之别　㞳　古文郊从枝从山　古文郊當作古文岐此亦淺人改山部之文入此部耳亦當刪此入彼

邠　周大王國在右扶風美陽从邑分聲　補巾切十三部

豳　美陽亭卽豳也民俗㠯夜市有豳山从山从豩闕

按此二篆說解可疑豳者公劉之國史記云慶節所國非大王國疑一漢地理志毛詩箋郡國志皆云豳在右扶風栒邑不在美陽疑二地理郡國二志皆云栒邑有豳鄉徐廣曰新平漆縣之東北有豳亭漢右扶風之漆與栒邑皆是豳域不得美陽有豳亭疑三從山豩聲非有闕也而云從豩闕疑四假令許果以豳合邠當云或邠字而不言及疑五蓋古地名作邠山名作豳而地名因於山名同音通用如郊岐之比是以周禮籥師經文作豳注作邠漢人於地名用邠不用豳許氏原書當是豳岐本在山部而後人移之倂古今字爲一字抑或許書之變例有然未能定也經典多作豳惟孟子作邠唐開元十三年始改豳州爲邠州見通典元和郡縣志郭忠恕云因似幽而易誤也

豳

闕者蓋不得其形聲義所從故也豕部豩下亦云豳从此闕語正相應斤部所从二斤闕貝部賏从所闕邑部䣝字从此闕䣝都䣝凡䣝之屬皆从䣝闕與此同嚴氏校議謂闕字乃後人所注以此證之非也段謂豩聲蓋本毛冕說許注不云豩聲豩字大徐伯貧切韻因豳字之音而附會之又云呼關切與豳音絕遠玉篇火類切卽呼關轉音而古音不可考矣　火部燹豩聲錯許往反廣韻同許往卽火類也

扈

玉篇云夏后同姓所封之國告戰於甘之者字絲同　錯本在鄠下作有扈國也有甘亭似當從之

郿　右扶風縣　前後二志同大雅申伯信邁王餞于郿毛云郿地箋云時王蓋省岐周故于郿云正義云申在鎬京之東南自鎬適申涂不經郿時宣王蓋省視岐周申伯從王至岐自岐餞之按今鳳翔府郿縣縣東北十五里渭水之北有故郿城　从邑眉聲　武悲切古音媚十五部

郁　右扶風郁夷也　見地理志班引詩周道郁夷師古曰毛詩周道倭遲韓詩作郁夷字言使臣乘馬行於此道按古假借爲戫字如論語郁郁乎文哉是也戫有文章也其始借或爲戫其後又借郁爲彧今陝西鳳翔府隴州州西五十里有故郁夷城後漢建武二年鄧禹遣兵擊赤眉於郁夷在此處也　从邑有聲　於六切古音在一部

鄠　右扶風縣也　前後二志同今陝西西安府鄠縣縣北二里有故鄠城卽古扈國也　从邑雩聲　胡古切五部

扈　夏后同姓所封戰於甘者　尚書序曰啟與有扈戰於甘之野作甘誓馬融曰有扈姒姓之國爲無道又曰甘有扈南郊地名也左傳曰夏有觀扈五觀與扈皆夏同姓也　在鄠　謂夏

之有扈在漢之鄠縣也鄠卽扈如斄卽邰𨜶卽鄭皆古今字姚察史記訓纂云戶扈鄠三字一也按扈爲周字鄠爲秦字通典云至秦改爲鄠有扈谷甘亭此五字有脫誤當作有戶谷戶亭甘亭七字今漢書鄠下云古國有扈谷亭語不完當依元和郡縣志所引云古扈國有戶谷戶亭又有甘亭史記正義所引志云古扈國有戶亭疑正義尚脫戶谷二字許書當與漢志同戶扈同字姚察云戶扈鄠三字同是也从邑戶聲胡古切五部按左傳扈民無淫者也同屆蕩戶之之戶止也又離騷扈江離於辟芷王云楚人名被爲扈古文扈从山弖此未詳其右所從也鍇曰從辰巳之巳竊謂當從戶而轉寫失之

𨞪右扶風鄠鄉謂右扶風鄠縣有𨞪鄉也下仿此漢𨞪成侯周緤服虔音菅蒯之蒯蘇林音簿催反小顏小司馬皆云字從崩從邑功臣表𨞪成在長沙張守節引輿地志云𨞪成縣故陳倉縣之故鄉聚名也周緤所封與漢表說文皆乖異而穆天子傳天子西征至于𨞪又未詳其地从邑崩聲沛城父有𨞪鄉沛郡城父見地

理志城父者左傳襄元年昭九年之夷地今安徽潁州府亳州州東南七十里有故城父城是也史記索隱引三蒼云鄬鄉在城父縣音裴 讀若陪 許云崩聲則在第六部也讀若陪則音轉在一部也鄬城楚漢春秋作憑城師古云鄬又音普肯反皆本音也今音薄回切依讀若陪之云而入灰韵也

䢸 右扶風鄠鄉 从邑且聲 子余切五部

郝 右扶風鄠盩庢鄉 鉉本如此謂右扶風之鄠縣盩庢縣皆有郝鄉也玉篇作右扶風盩庢鄉無鄠字而錯本作右扶風鄠鄉盩庢縣脫落不完汲古毛扆乃取以改舊本可笑也前志曰右扶風盩庢按在今陝西西安府盩庢縣 从邑赤聲 呼各切五部

酆 周文王所都 詩書皆作豐左傳酆文之昭也字從邑前後二志亦作酆大雅曰既伐于崇作邑于豐杜預曰酆在鄠縣後志曰鄠在京兆杜陵西南 在京兆杜陵西南 京兆尹杜陵二志同今陝西西安府府東南十五里有故杜陵城 从邑豐聲 敷戎切九部

鄭 京兆縣 二志同今陝西同州

府華州州城北有故鄭城周厲王子友所封前志曰周宣王弟鄭桓公邑从邑奠聲直正切十一部宗周之滅鄭徙潧洧之上今新鄭是也桓公友之子武公與平王東遷取虢鄶鄢蔽補丹依疇歷華十邑之地右雒左濟前華後河食溱洧焉從其故名曰鄭至漢爲河南郡新鄭二志同今河南開封府新鄭縣西有故鄭城

郃左馮翊郃陽縣二志同應邵曰在郃水之陽也按今陝西同州府郃陽縣即其地从邑合聲侯閤切七部詩曰在郃之陽大雅文今詩郃作洽水經注引亦作郃按魏世家文矦時西攻秦築雒陰合陽字作合蓋合者水名毛詩本作在合之陽故許引以說會意秦漢間乃製郃字耳今詩作洽者後人意加水旁許引詩作郃者後人所改

京兆藍田鄉二志皆云京兆尹藍田今陝西西安府藍田縣縣治西十一里有藍田故城叩者鄉名今人叩擊字从卩不當作叩从邑口聲苦后切四部

京兆杜陵鄉水經注渭水篇沈水上承

皇子陂於樊川其地卽杜之樊鄉也漢祖至櫟陽以將軍樊噲灌廢丘最賜邑於此鄉按樊鄉見史漢樊噲傳索隱引三秦記曰長安正南山名秦嶺谷名子午一名樊川一名御宿樊鄉卽樊川也宋敏求長安志曰樊川在萬年縣南三十五里引十道志云其地卽杜陵之樊鄉凡言樊鄉卽許之鄻鄉也在今西安府府南三十里之樊川周語樊仲山父諫韋曰仲山父王卿士食采於樊毛傳曰仲山甫樊矦也按周襄王賜晉文公陽樊之田陽樊一名樊一名陽國語陽人不服而曰陽有樊仲之官守焉然則仲山甫之樊非此鄻也陽樊方輿紀要云或曰在今河南懷慶府濟源縣从邑樊聲附袁切十四部

鄜　左馮翊縣見地理志按封禪書秦文公作鄜畤今陝西鄜州洛川縣東南七十里有鄜城廢縣从邑麃聲甫無切按票聲麃聲當在二部而孟康鄜音敷者凡漢志地名皆隨其地語言爲音故也絫省作鄜

左馮翊郃陽亭謂左馮翊郃陽有鄜亭也各本作鄜陽亭誤今依集韵類篇王伯厚詩地理考正伯厚困學紀聞亦作鄜陽亭則宋時本固是非錯出也

大雅韓奕出宿于屠毛曰屠地名宋濬水李氏謂地在同州鄜谷是也按屠鄜古今字顧氏祖禹讀史方輿紀要作荼谷渡云在今陝西同州府郃陽縣東河西故城南从邑屠聲同都切五部

邮左馮翊高陵亭各本無亭字今依廣韵尤韵及玉篇補錫韵又曰邮鄉名在高陵按左馮翊高陵二志同今陝西西安府高陵縣即其地从邑由聲徒歷切古音在三部

䣆左馮翊谷口鄉左馮翊谷口見地理志今陝西西安府醴泉縣東北七十里有故谷口城从邑年聲讀若寧奴顛切十二部按廣韵奴丁切年聲而讀如寧合韵也

邽隴西上邽也見地理志郡國志曰漢陽郡上邽故屬隴西胡氏三省云秦本紀武公伐邽冀戎初縣之上邽縣故邽戎地也此爲上邽京兆有下邽今甘肅秦州西六十里有故上邽城从邑圭聲古畦切十六部

郶天水狄部地理志天水無狄部未詳顧氏祖禹曰漢天水郡今陝西鞏昌府以東秦州之境是其地从邑否聲蒲口切四部按廣韵曰部署也

郖　段云矦當作侯　案鍇單鏡反與鍇同玉篇徒透切又音兜廣韵當侯田候二切集韵亦丁候一音此侯字似不須改

許冣目曰分別部居不相雜廁

郖 **宏農縣庾地** 二志宏農郡首宏農縣郡縣同名故但言宏農縣也庾當作渡字之誤也水經注河水篇曰門水又北逕宏農縣故城東城卽故函谷關門水側城北流而注於河河水於此有逗津以河北有逗水南入於河故有逗津之名也穆天子傳天子自竇軨乃次於逗水之陽丁亥入於南鄭考其沿歷所踵路直斯津是知袁豹之徒竇津之說非矣按逗郖同字魏志杜畿傳畿遂詭道從郖津渡陳壽用字合許書也宋元嘉二十九年北魏將封禮自郖津南渡赴宏農拒柳元景在今河南陜州靈寶縣縣西十里 **从邑豆聲** 當矦切四部按矦當作侯

鄏 郟鄏逗二字依韵會補 **河南縣直城門官陌地也** 官趙抄宋本李仁甫本作宮今集韵作宮類篇作官似官是官陌卽今云官路也河南縣者二志皆云河南郡河南郡縣同名故但云河南縣以別於凡縣不云縣也若漢魏時碑則云河南河南矣漢雒陽縣周之成周也漢河南縣周之王城也今河南河南府府東北二十里有雒陽故城府城西北有河南故城河南故

城西有郟鄏陌或謂之郟山北二里曰邙山从邑辱聲而蜀切三部春秋傳曰成王定鼎于郟鄏宣三年左傳文按逸周書云周公作大邑成周於中土南繫於雒水北因於郟山以爲天下之大湊地理志曰河南郡河南故郟鄏地周武王遷九鼎周公致太平營以爲都是爲王城是則漢之河南縣左傳之郟鄏也周時郟鄏爲大名漢時專評城外官陌爲郟鄏陌舊名之僅存者故皇甫謐杜預皆云縣西有郟鄏陌也許君先舉漢陌後舉周地使文義相足別詳邙下鄻周邑也左傳昭廿九年王子趙車入于鄻以叛杜云鄻周邑从邑輦聲力展切十四部⿰祭阝周邑也左傳曰凡蔣邢茅胙祭周公之胤也按春秋經左傳國語史記逸周書竹書紀年凡云祭伯祭公謀父字皆作祭推穆天子傳云⿰祭阝父注云⿰祭阝父⿰祭阝公謀父⿰祭阝者本字祭者假借字韋注國語云祭畿內之國周公之後也爲王卿士謀父字也是則⿰祭阝本西都畿內邑名至東周時隱元年祭伯來莊廿三年祭叔來聘尚仍其西都舊偁許云周邑系諸河南河內之閒其諸東都亦有⿰祭阝與

抑如鄭之仍舊偁與**从邑祭聲**側介切十五部禮記葉公之顧命以周書祭公解正之葉乃祭之誤

邙　河南雒陽北雒各本作洛誤今正河南雒陽二志同**芒山上邑**芒宋本或作亡或作土玉篇集韻類篇作土今定作芒左傳昭廿二年杜注曰北山洛北芒也文選應休璉與從弟君苗君冑書曰登芒濟河李注引說文芒洛北大阜也今說文雖無此語然所據爲唐以前書郡國志雒陽下亦引皇覽縣北芒山道西呂不韋冢水經注穀水篇曰廣莫門北對芒阜是則山本名芒山上之邑則作邙後人但云北邙尟知芒山矣亡者譌字也土者淺人肊改之也北芒山在今河南河南府府北十里山連偃師鞏孟津三縣綿亙四百餘里左傳昭二十二年王田北山卽此按周書所謂郟山者北邙山也王城謂之郟者以山名之桓七年王遷盟向之民于郟襄二十四年齊人城郟周語晉文公旣定襄王于郟皆謂王城也然則云郟鄏者謂郟山下肥溽之地郟古字容當作夾**从邑亡聲**亦從芒省會意莫郎切十部

鄩　周邑也左傳昭廿二年郟鄩潰杜曰河

六篇下　三

南鞏縣西南有地名鄩中水經注洛水篇曰鄩水於訾城西北東入洛水京相璠云有鄩城葢周大夫鄩肸之邑也按鄩肸鄩羅皆子朝之黨見左傳今河南河南府鞏縣縣西南五十八里有故鄩城**从邑尋聲**徐林切七部

郗周邑也在河內左傳隱十一年王與鄭人蘇忿生之田溫原絺樊隰郕欑茅向盟州陘隤懷杜曰絺在野王縣西南按郗者本字絺者古文假借字也前志河內郡波縣孟康云有絺城後志亦云河內波有絺城按許但云河內不云某縣者有所未審也**从邑希聲**丑脂切十五部

鄆河內沁水鄉河內郡沁水二志同今河南懷慶府濟源縣縣東北有故沁水城是也沁水縣有鄆鄉**从邑軍聲**王問切十三部**魯有鄆地**見左氏春秋經傳公羊作運文公十二年成公九年襄公十二年昭公元年之鄆杜云莒別邑在城陽姑幕縣此在魯東者也成公十六年之鄆杜云魯西邑在東郡廩丘此在魯西境者也東鄆當在今山東青州府諸城縣西鄆在今山東曹州府鄆城縣有鄆城故城按此與沛城父有鄘鄉魯東有郤戎

爲一例別於前義

𨛜故商邑商畿內之地也邑國也商頌曰商邑翼翼、**自河內朝歌㠯北是也**河內朝歌二志同前志曰朝歌紂所都詩譜曰邶鄘衛者商紂畿內方千里之地武王伐紂以其京師封紂子武庚爲殷後三分其地置三監使管叔蔡叔霍叔尹而教之自紂城而北謂之邶南謂之鄘東謂之衛後三監導武庚叛成王殺武庚伐三監更於此三國建諸矦封康叔於衛使爲之長後世子孫稍幷彼二國混而名之從其國本而異之爲邶鄘衛之詩焉故邶城在今河南衛輝府府東北通典曰故鄘城在新鄉縣縣西南三十二里**从邑北聲**補妹切古音在一部

邘周武王子所封左傳曰邘晉應韓武之穆也**在河內野王是也**是也二字衍文河內野王二志同前志孟康注曰故邘國今邘亭是也後志曰野王有邘城尚書大傳曰文王受命一年斷虞芮之訟二年伐邘此商時之邘也武王子所封徐廣曰在野王縣西北按今河南懷慶府府西北十三里有故邘城**从邑亏聲**況于切五部**讀又若區**于聲

則讀如于矣又讀同區與四部合韵也。𨞾殷諸侯國。今商書西伯戡黎今文尚書作耆尚書大傳文王受命五年伐耆周本紀明年敗耆國是也或作阢或作飢皆假借字也許所據古文尚書作𨞾戈部作黎葢俗改也左傳曰赤狄奪黎氏地詩序曰狄人迫逐黎矦未知即商諸矦之後與否。在上黨東北。上黨郡名不言何縣者有未審也前志上黨壺關應劭曰黎矦國也今黎亭是後志同應說今山西潞安府治即漢壺關縣府西南三十五里有黎亭。从邑𥝢聲。郎奚切十五部。𥝢古文利。見刀部。商書西伯戡𨞾。商書篇名。

邵晉邑也。左傳襄二十三年齊矦伐衛遂伐晉入孟門登大行張武軍於熒庭戍郫邵杜曰取晉邑而守之杜不言郫邵二邑名據許則當是二邑也文六年賈季召公子樂於陳趙孟使殺諸郫此單言郫也後志河東垣縣有邵亭注引博物記縣東九十里有郫邵之阸趙孟殺公子樂於郫邵豈張華所見左傳有異歟按今山西絳州垣曲縣東有邵城後魏之邵郡後周之邵州皆此也依許則經典獨此字從邑召凡

周召字作邵者俗也後儒或謂坦曲邵城爲周召分陝之所其說不經　从邑召聲　寔照切二部

鄍　晉邑也　左傳僖二年荀息假道於虞曰冀爲不道入自顛軨伐鄍三門服虔曰謂冀伐晉也下文冀之既病亦唯君故謂虞助晉也將欲假道稱前恩以誘之按服說是也杜云鄍虞邑非也許同服說　从邑冥聲　莫經切十一部　春秋傳曰伐鄍三門是也

鄐　晉邢侯邑　按當云晉雍子邑許筆誤也左傳襄廿六年聲子曰雍子奔晉晉人與之鄐子靈即申公巫臣奔晉晉人與之邢昭十四年晉邢侯與雍子爭鄐田杜曰邢侯巫臣之子也　从邑畜聲　丑六切三部

鄇　晉之溫地　左傳成十一年晉郤至與周爭鄇田郤至曰溫吾故也杜曰鄇溫別邑今河內懷縣西南有侯人亭按鄇田今在河南懷慶府武陟縣劉歆遂初賦越侯田而長驅兮釋叔向之飛患巳下皆述叔向事則侯田正謂邢侯雍子所爭者也章樵以鄇田說之疑非　从邑侯聲　胡遘切四部　春秋傳曰爭鄇田

邲

晉邑也 杜曰郱鄭地按水經注濟水篇曰次東得宿胥水口濟水與河渾濤東注濟水於此又兼郱目春秋宣公十三年晉楚之戰楚軍於郱即是水也顧氏祖禹曰其地蓋郎滎口受河之處今在河陰縣西 从邑必聲 毗必切十二部 春秋傳曰晉楚戰于郱 宣十二年左傳文

郤 晉大夫叔虎邑也 叔虎之子曰郤芮以邑爲氏 从邑谷聲 綺戟切古音在五部

⿱非邑 河東聞喜鄉 鄉各本作縣今依廣韵正河東郡聞喜二志同今山西絳州聞喜縣漢縣地也廣韵曰⿱非邑鄉名在聞喜伯益之後封於⿱非邑鄉因以爲氏後從封解邑乃去邑從衣按今字裴行而⿱非邑廢矣 从邑非聲 薄回切十五部

⿰虔阝 河東聞喜聚 乑部曰邑落曰聚舜所居一年成聚二年成邑三年成都聚小於邑也 从邑虔聲 渠焉切蓋十四部

⿰匡阝 河東聞喜鄉 从邑匡聲 去王切十部

鄈 河東臨汾地 河東郡臨汾二志同今山西平陽府太平縣縣南二十五里臨汾故城是也漢

武帝紀元鼎四年立后土祠於汾陰脽上如淳曰脽者河之東岸特堆崛長四五里廣二里餘高十餘丈汾陰縣治脽之上后土祠在縣西汾在脽之北西流與河合也師古曰以其形高起如人尻脽故以名云一說地臨汾水之上地本名鄈音與葵同彼鄉人呼鄈音如誰因轉而爲脽字耳故漢舊儀云葵上玉裁按水經汾水又西過皮氏縣注曰汾水徑鄈丘北故漢氏之方澤也賈逵云漢法三年祭地汾陰方澤澤中有方丘故謂之方澤丘卽鄈丘也經又曰又西至汾陰縣北西注於河注曰水南有長阜背汾帶河阜長四五里廣二里餘高十丈汾水歷其陰西入河漢書謂之汾陰脽據酈氏此注鄈脽異處極明然封禪書郊祀志皆云始立后土祠汾陰脽上與武紀合水經注河水篇亦云河水東際汾陰脽縣故城在脽側城西北隅有脽丘上有后土祠是則鄈脽本無二漢志云汾陰許云臨汾者葢二縣地邊竟相接故似不當分別鄈脽爲兩地也 从邑癸聲 水經注引此揆唯切十五部 卽漢之所祭后土處

郱 周公子所封 左傳富辰曰凡蔣邢茅胙祭周公之胤也

杜曰邢國在廣平襄國縣地近河內懷前志趙國襄國故邢國後志同按襄國故城在今直隸順德府城西南許不云在趙國襄國而云地近河內懷者有所審定之辭也河內郡懷二志同今河南懷慶府武陟縣縣西南十一里有故懷城从邑幵聲戶經切按玉篇又輕千切十一十二部

鄔大原縣二志同前志曰晉大夫司馬彌牟邑按彌牟爲鄔大夫見昭二十八年左傳前此有鄔臧以邑爲氏戴先生曰今山西汾州府介休縣縣東三十五里有故鄔城漢縣也其北魏之鄔城在今介休縣東四十五里俗譌武城从邑烏聲安古切五部按據許字從烏以烏爲聲甚明此所以字林乙袪反郭樸三蒼解詁音於於庶反闞駰音厭飫之飫重言之也陸氏左傳音義乃云太原縣字從焉作鄢誤甚且云舊音烏戶反非當從於庶反夫於庶與烏戶亦南朝魚虞歛侈之辨耳安有是非也

祁大原縣二志同前志曰晉大夫賈辛邑按賈辛爲祁大夫見左傳昭廿八年前此已有祁奚祁午祁盈祁勝以邑爲氏今山西太原府祁縣縣東南七里有故祁城漢縣治也毛

傳於吉日云祁大也於采蘩大田云祁祁舒遲也祁祁徐皃也於七月云祁祁衆多也皆與本義不相關从邑示聲巨支切按古音在十五部當依廣韵渠脂切

鄴魏郡縣二志同漢魏郡治鄴縣今河南彰德府臨漳縣縣西二十里有故鄴城从邑業聲魚怯切八部

邢鄭地有邢亭云鄭地恐誤蓋京兆之鄭則篆文宜次於鄭之後若河南之新鄭則宜次於下文鄐邟郔之伍从邑井聲此上下文皆河內地不宜忽羼以河南地名也疑郎二志常山郡之井陘縣趙地也邢井蓋古今字井陘山穆天子傳作鈃山地理志上黨郡下謂之石研闗師古曰研音形玉篇邢子省切廣韵子郢切大徐戸經切十一部

邯趙邯鄲縣趙國邯鄲二志同左傳有邯鄲午秦始皇置邯鄲郡漢趙國故邯鄲郡也張晏曰邯山在東城下單盡也城郭從邑故加邑按今直隸廣平府邯鄲縣縣西南二十里有故邯鄲城从邑甘聲胡安切按甘聲當音含古在七部

鄲邯鄲也依張晏古字本作單後人加邑耳从邑單

聲都寒切十四部

郇周文王子所封國文各本作武誤今依篇韵正左傳富辰曰郇文之昭也毛傳曰郇伯郇矦也左傳曰軍於郇曰盟於郇曰必居郇瑕氏之地皆是也郇國爲晉所幷在晉地在二志之河東解縣今山西蒲州府臨晉縣東北十五里有故郇城从邑旬聲相倫切十二部讀若泓此合韵也疑當作淵

鄃清河縣前志清河郡鄃後志清河國鄃史記河渠書曰田蚡奉邑食鄃又呂嬰欒布皆封俞矦俞即鄃今山東臨清州夏津縣東北三十里有故鄃縣城从邑俞聲式朱切四部

鄗常山縣也从邑高聲呼各切古音在二部世祖所即位今爲高邑前志曰常山郡鄗世祖即位更名高邑後志曰常山國高邑故鄗光武更名按今直隸趙州栢鄉縣之縣北二十里有故鄗城是也春秋時晉邑左傳哀四年齊國夏伐晉取鄗杜曰鄗即高邑縣

鄡鉅鹿縣也二志同前志作鄡縣與梟一字但前志鉅鹿鄡縣豫章鄡陽縣玉篇廣韵皆鄡與鄡陽二縣字別然則許書此

讀若泓段疑淵案泓郇聲絕遠淵與泓形亦不似疑當作洵郇與洵同音國語無洵涕洵乃泣借旬在右音相近如絢字从旬音是也莊子女恂然眴音目之志李注釋文引眴謂眩也亦以聲近為訓玄隸或作云殄斁斁祝睦碑註以玄紘為紜字注之證泓有由來矣

字作鄗及後志二縣字皆作鄗非是許書當是淺人改之如県首之改爲梟首也盧氏文弨云仲尼弟子列傳鄡單鄡當作鄡鄡單葢卽檀弓縣亶縣乃字之誤按漢鉅鹿縣城卽今直隸順德府平鄉縣城唐通典曰漢鄡城在深州鹿城縣東**从邑梟聲**梟當作県篆文當作鄚牽遙切二部

鄚　涿郡縣見前志後志曰河閒郡鄚故屬涿史記曰扁鵲者勃海郡鄚人徐廣云鄚當爲鄚按司馬以鄚系勃海者境相際也扁鵲漢以前人不當繫以漢制耳今直隸河閒府任丘縣北十三里有莫州城往來孔道也唐開元十三年改鄚爲莫見通典舊唐書**从邑莫聲**慕各切五部今俗語如冒

郅　北地郁郅縣見前志漢北地郡今甘肅慶陽府北至寧夏衛是其境慶陽府附郭安化縣府城東有故郁郅城水經注謂之尉李城聲之誤也**从邑至聲**之日切十二部

鄋　北方長狄國也春秋文公十一年左傳鄋瞞侵齊遂伐我叔孫得臣獲長狄僑如穀梁傳曰身橫九畝**在夏爲防風氏在殷爲汪芒氏**芒或作茫作汒

六篇下

皆誤魯語仲尼曰昔禹致羣神於會稽山防風氏後至禹殺而戮之其骨節專車防風汪芒氏之君也守封嵎之山者也爲漆姓在虞夏商爲汪芒氏在周爲長翟今爲大人按國語本作在虞夏爲防風氏在商爲汪芒氏爲說苑說文王肅家語所本今國語及史記孔子世家皆誤奪數字耳韋注云防風汪芒氏之國名汪芒長翟之國名謂汪芒之國在夏爲防風氏之國長翟之國在商爲汪芒氏之國此依孔子防風汪芒之君也而言之今韋注譌爲汪芒氏之君名則不可解矣韋注云封嵎二山在今吳郡永安縣周世其國北遷爲長翟也吳之永安縣在今浙江湖州府武康縣顧氏祖禹曰鄋瞞在山東濟南府北境或云今青州府高苑縣有廢臨濟城古狄邑卽長狄所居按許以此篆廁涿郡北地之下則許意謂其地在西北方非在今山東也

从邑叜聲所鳩切三部

春秋傳曰鄋瞞侵齊

鄦炎帝大嶽之允甫侯所封炎帝神農氏之裔子爲大嶽詳呂部下大嶽封於呂其裔子甫侯又封於鄦鄦許古今字前志曰潁川郡許故國姜姓四岳後大叔所封大叔

𣞤　許鄦古音蓋讀若滸滸有虎音亦近

左傳隱十一年正義作文叔說文敘目云呂叔作藩俾侯於許然則鄦者文叔非甫侯也鄭注呂刑曰呂侯受王命入爲三公引尚書刑德放云周穆王以呂侯爲相古文尚書呂刑今文尚書作甫刑且據國語毛傳史記潛夫論諸書呂甫許皆姜姓封國詩王風申甫許三國竝言武王既封文叔於許矣豈待穆王封甫侯於許叔重言甫侯所封者甫侯即謂呂叔呂叔即謂文叔無二人也**在潁川**謂鄦在潁川許縣也潁川郡許二志同漢字作許周時字作鄦史記鄭世家鄦公惡鄭於楚蓋周字之存者今春秋經傳不作鄦者或後人改之或周時已假借未可定也不曰在潁川許縣者其字異形同音其地古今一也今河南許州州東三十里有故許昌城**从邑𣞤聲****讀若許**虛呂切五部

郋　潁川縣見前志今地理志云潁川郡周承休侯國元帝置元始二年更名鄭公攷後漢書黃瓊傳封邟鄉侯注引前書周承休侯國元始二年更名曰邟與顏本絕異今按李本顏本皆非事實志文當是邟字大書周承休侯國五字小書注於下此侯國不與他侯國同故不以縣名爲國名也元始

二年更名曰鄭公二年當依平帝紀外戚恩澤矦表作四年字之誤也郡國志無郱縣者幷省也幷省之故有郱鄉矣漢封殷周之後可攷者武帝紀元鼎四年巡省豫州封周孼子嘉爲周子南君此史記封禪書所謂以三十里封周後外戚恩澤矦表所謂初得周後復加爵邑也元帝紀初元五年以周子南君爲周承休矦此地理志所謂周承休矦國元帝時置也成帝紀綏和元年二月封孔吉爲殷紹嘉矦三月進爵爲公及周承休矦皆爲公此後漢書光武紀注所謂成帝封姬延爲周承休公是也平帝紀元始四年改殷紹嘉公曰宋公周承休公曰鄭公是則成帝先進周承休矦爲公平帝乃改周承休公爲鄭公地理志特約言之耳後漢書光武帝紀建武二年封周後姬常爲周承休公四年封殷後孔安爲殷紹嘉公葢亂後失其封故也建武十三年以殷紹嘉公孔安爲宋公周承休公姬常爲衞公則又易其地而因易其國名也地理志東郡觀應劭云世祖更名衞國以封周後又汝南新郪應劭曰章帝封殷後更爲宋郡國志曰東郡衞公國本觀光武更名汝南郡宋公國周名郪丠漢改爲新郪章帝建初四年徙宋

公於此云徙宋公則光武時宋公不在新郪未審在何地而成帝之殷紹嘉平帝之宋公地理志不載其封地據恩澤侯表及水經注則綏和元年始封於沛也前漢之周子南君據恩澤侯表在長社周承休在邟後漢光武紀注曰承休所封故城在今汝州東北通典曰汝州梁縣光武封姬常爲周承休公故城在今縣東方輿紀要曰承休廢縣在今汝州州治子城東光武封姬常於東郡觀縣曰衞公以邟縣廢入陽城然則始在邟縣後徙於觀爲衞公則非邟縣地矣○按東郡縣二十三畔觀二縣也今本漢書譌舛舉正於此　从邑亢聲　苦浪切十部

郾　潁川縣　二志同前志曰南陽郡雉衡山澧水所出東至鄎入汝鄎今本譌作郾全氏祖望勘以水經正之今河南許州郾城縣是其地　从邑匽聲　於建切十四部

郟　潁川縣　見前志故楚郟邑也左傳昭元年楚公子圍使公子黑肱城郟十九年令尹子瑕城郟秦二世元年陳勝將鄧寵將兵居郟在今河南汝州郟縣　从邑夾聲　工洽切八部按郟鄏之郟山名非此郟

郪　新郪　逗　汝南

縣見前志後志曰汝南郡宋公國周名鄟丠漢改爲新鄟章帝建初四年徙宋公於此按魏世家安釐王十一年秦拔我鄟丠是其地今安徽潁州府城東八里有城故新鄟城也 从邑妻聲 七稽切十五部

鄎 姬姓之國在淮北 左傳隱十一年鄭息有違言杜曰鄎國汝南新息縣按此經作息注作鄎國也釋文云鄎音息一本作息此爲注作音也自墨書朱字不分而學者惑矣左傳用古文假借字杜解用說文本字不與經同此鄭氏注經之例也左正義引世本曰息國姬姓許云姬姓之國本世本也息侯伐鄭君子謂其不親親以其同姓也左傳云息嬀者謂息所娶之陳嬀也今河南光州息縣淮水在縣南五里故息城在縣北三十里 从邑息聲 相即切一部 今汝南新息是也 新息大徐作新鄎誤汝南郡新息二志同孟康司馬彪皆曰故息國按漢字作息與左氏合地在今息縣

郋 汝南召陵里 召各本作邵誤今正汝南郡召陵二志同闞駰曰召者高也左傳僖四年楚屈完來盟于師盟于召陵又見昭十四年定四年傳杜曰召

陵潁川縣也晉改屬潁川也按今河南許州郾城縣縣東四十五里有故召陵城郋者召陵里名召陵又有萬歲里許君召陵萬歲里人也 **从邑自聲讀若奚** 自聲在十五部奚聲在十六部合韵也許蓋用其方言如是胡雞切

䣙 汝南鮦陽亭 汝南郡鮦陽二志同鮦孟康音紂此方言如是或云當作紂紅反者非也今河南汝寧府新蔡縣縣北有鮦陽故城又有鮦陽渠鮦者水名水經注葛陂東出爲鮦水俗謂之三丈陂是也䣙者鮦陽亭名疑卽左傳襄四年定四年之緐陽也 **从邑㫄聲** 步光切十部

郹 蔡邑也 地理志汝南郡有新蔡上蔡二縣沛郡有下蔡縣上蔡縣故蔡國周武王弟叔度所封度放成王封其子胡十八世徙新蔡新蔡縣蔡平侯自蔡徙此後二世徙下蔡下蔡縣故州來國爲楚所滅吳取之至夫差遷昭侯於此後四世侯齊竟爲楚所滅按杜預說同上蔡新蔡下蔡漢時用以名縣非周時有此名也上蔡新蔡漢時同在汝南郡今二縣皆屬汝寧府相距不遠若下蔡則距上蔡新蔡遠矣昭十九年左傳云楚子之在蔡也郹陽封人之女

奔之生大子建平王爲蔡公時蔡方滅尚未遷新蔡則郹陽當在上蔡矣左傳又云齊侯衞侯次于垂葭實郹氏則衞地非蔡地也从邑狊聲古闃切十六部春秋傳曰郹陽人女奔之按許當云郹陽蔡邑也以別於衞之郹氏

鄧曼姓之國左傳楚武王夫人曰鄧曼則知鄧國曼姓也前志曰鄧縣故國今屬南陽南陽郡鄧二志同今河南南陽府鄧州是其地从邑登聲徒亙切六部

鄾鄧國地也左傳桓九年楚子使道朔將巴客以聘於鄧鄧南鄙鄾人攻而奪之幣杜曰鄾在今鄧縣南沔水之北後志曰鄧有鄾聚水經注曰淯水又南逕鄧塞東又逕鄾城東古鄾子國也蓋鄧之南鄙也从邑憂聲於求切三部春秋傳曰鄧南鄙鄾人攻之

⿰号阝南陽淯陽鄉淯二志作育南陽郡育陽二志同今河南南陽府東育陽故城是也⿰号阝者漢時鄉名从邑号聲乎刀切二部

⿰棘阝南陽棘陽鄉棘各本作棗誤今依後漢書宦者傳注及玉篇正南陽郡棘陽

二志同今河南南陽府新野縣東北七十里有棘陽城是也鄉其鄉名也从邑巢聲鉏交切二部

⿰襄阝今南陽穰縣南陽穰二志同今河南南陽府鄧州東南二里穰縣故城是也本楚地後爲韓邑史記韓襄王十一年秦取我穰又秦武王封魏冄於此爲穰矦⿰襄阝者古字穰者漢字如⿰契阝薊鄦許鄎息邰斄之例葢許所見古籍作⿰襄阝漢時縣名字從禾也从邑襄聲汝羊切十部

⿰婁阝南陽穰鄉穰縣鄉名也从邑婁聲力朱切古音在四部

⿰葛阝南陽陰鄉南陽郡陰二志同師古曰左傳所云遷陰於下陰者也⿰葛阝者其鄉名从邑葛聲古達切十五部○按此篆舊在鄙篆後今依玉篇廁此

⿰里阝南陽西鄂亭南陽郡西鄂二志同今河南南陽府北五十里故西鄂城是也郢者漢時亭名从邑里聲良止切一部

⿰舞阝南陽舞陰亭南陽郡舞陰二志同水經曰潕水出潕陰縣西北扶予山東過其縣南凡水之南爲陰當因水在縣西北縣卽在水東南而名舞陰矣水作潕縣作舞者漢時

六篇下　一

縣字作舞也水經注作潕陰者依水改字也郲者漢時亭名庾信賦曰栩陽亭有離別之賦漢藝文志之別栩陽賦也栩陽亭豈即郲亭與**从邑羽聲**王榘切五部

郢　故楚都楚芈姓楚熊繹始居丹陽顧氏輿地志秭歸縣東有丹陽城周迴八里熊繹始封也按今湖北宜昌府歸州州東七里丹陽城是至文王熊貲始都郢**在南郡江陵北十里**南郡江陵二志同今湖北荊州府治江陵縣府治即故江陵城府東北三里有故郢城前志曰江陵縣故楚郢都楚文王自丹陽徙此後九世平王城之後十世秦拔我郢徙東按楚有二郢所都曰郢別邑曰郊郢左傳鬬廉曰君次於郊郢以禦四邑杜曰郊郢楚地此必非郢都也故前志曰江陵縣故楚郢都又曰郢縣楚別邑故郢劃然二縣故郢二字正故郊郢之奪誤也許君於他邑不言此今縣方向里數獨此云在南郡江陵北十里詳之者以見非漢郢縣之郢也水經注江水又東逕江陵縣故城南謂楚都也又東逕郢城南子囊遺言所城可知也謂楚別邑也**从邑呈聲**以整切十一部按孟子文王生於岐周卒於畢

郢郢者程字之假借也

𨛦 郢或省

鄢 南郡縣孝惠三年改名宜城 二志同前志曰宜城故鄢惠帝三年更名按今湖北襄陽府宜城縣縣西南九里故鄢城亦謂之宜城廢縣是也左傳昭十三年王沿夏將欲入鄢杜曰夏漢別名順流爲沿順漢水南至鄢也秦昭襄王廿八年白起攻楚取鄢鄧二十九年白起攻楚取郢爲南郡高誘曰秦兵出武關則臨鄢下黔中則臨郢也 从邑焉聲 於乾切十四部按釋文於建反又於晚反又按春秋經傳鄭伯克段于鄢晉及楚鄭戰于鄢陵說者謂潁川郡地也前志作傿陵

鄳 江夏縣 二志同地當在南陽江夏二郡之閒今河南信陽州湖北德安府應山縣之閒縣蓋以黽阸得名也左傳定四年楚司馬戌云塞大隧直轅冥阸三者漢東之隘道總名曰城口魏晉以後義陽有三關之塞三關者一曰平靖關亦名西關卽左傳之冥阸也今在信陽州東南九十里應山縣北六十五里一曰武陽關亦名東關卽左傳之大隧也在信陽州東南一百五十里西南至應山縣一百三十里一曰黃峴關卽左

六篇下　邑

傳之直轅也在信陽州南九十里南至應山縣亦九十里呂氏春秋淮南鴻烈皆云天下九塞冥阨其一戰國策史記二書或云黽阨或云黽塞或云黽阨之塞或云鄍隘或云冥阨之塞其實黽冥鄍一字阨隘一字而魏策無忌謂魏王作危隘之塞危即黽之字誤也黽古音讀如忙與冥字爲陽庚之轉冣近隋書地理志義陽郡鍾山縣舊曰鄳魏世家正義引水經注作鄳鄳者鄳之變宋書州郡志曰晉太康地志屬義陽作鄳永初郡國志何竝作鄳此字今正廣韵集韵皆云鄳在義陽今譌昌又通典申州羅山鍾山二縣下皆曰漢鄍縣地此處不當有鄍地二鄍字皆鄳字之誤 从邑黽聲 莫杏切古音在十部按庚韵音盲

邔 南郡縣也 郡各本誤陽今正南郡邔二志同後志俗本譌作卭水經曰禹貢三澨沱在南郡邔縣北今湖北襄陽府宜城縣縣北五十里有故邔城 从邑己聲 居擬切一部○按邔篆舊廁鄳郱之閒今正

鄂 江夏縣 二志同今湖北武昌府武昌縣縣西南二里故鄂城是也江夏有鄂縣故南陽之縣曰西鄂顧氏祖禹曰史記熊渠當周夷王時興

兵伐庸楊粵至於鄂又封中子紅爲鄂王孔氏以爲南陽之鄂誤矣時楚兵未能逾漢而北也 **从邑咢聲** 五各切五部

邾 江夏縣 二志同前志曰衡山王吳芮都按芮都邾見項羽本紀今湖北黃州府城去故邾城二里許是也今大江東流逕黃州府城南隔江相望者曰武昌縣水經曰又東過邾縣南鄂縣北是也酈善長曰楚宣王滅邾徙居於此王隱地道記劉昭郡國志注皆有此說但此事不見楚世家時楚之强未必滅此彈丸而尚以地居之蓋此地古名邾曾附庸國古名邾婁依許所說本不相謀無庸牽合 **从邑朱聲** 陟輸切古音在四部

鄖 漢南之國 左傳桓十一年鄖人軍於蒲騷宣四年若敖娶於鄖字或作䢵杜曰鄖國在江夏雲杜縣東南有鄖城按二志江夏皆有雲杜今湖北德安府府城即故鄖都也漢水自西北而東南德安在漢水北而云漢南者漢之下游地勢處南也春秋時楚滅鄖故有鄖公辛 **从邑員聲** 羽文切十三部

漢中有鄖關 地理志曰漢中郡長利有鄖關史記貨殖傳曰南陽西通武關鄖關按武關在今河南內

鄉縣西百七十里鄖關在今湖北鄖陽府西張守節注貨殖傳曰鄖關當爲洵關在金州洵陽縣玉裁按葢郎今鄖陽府舊上津縣唐室亂時用通貢道者東南通今鄖陽府西通今陝西興安府洵陽縣謂酈商傳之旬關郎鄖關可也其關隘延長不當謂兩地鄖關去鄖國甚遠其字同耳故別言之

鄘南夷國牧誓有庸蜀左傳文十六年庸人率羣蠻以叛楚楚滅之杜曰庸今上庸縣屬楚之小國按二志漢中郡皆有上庸縣今湖北鄖陽府竹山縣東四十里有故上庸城尚書庸地在漢水之南至江尚遠僞傳云在江南非也今字庸行而鄘廢於詩風之邶庸作鄘皆非也又按南夷國當作漢南國　从邑庸聲余封切九部

郫蜀縣也二志同今四川成都府郫縣縣北故郫城是　从邑卑聲符支切十六部

䣜蜀江原地蜀郡江原二志同故城當在今灌縣竟華陽國志曰縣在郡西渡大江濱文井江去郡一百二十里是也鄭注梁州之沱曰江原有䣜江首出江南至犍爲武陽又入江豈沱之類與前志曰䣜水首受江南至武陽入江水經注亦云江原

縣鄗江水出焉葢有鄗地而以名江也今則無鄗地鄗江之偁矣从邑壽聲市流切三部䣢蜀地也鍇曰按字書鄉名在臨邛从邑耤聲秦昔切古音在五部鄤蜀廣漢鄉也按蜀字衍漢有蜀郡有廣漢郡此云廣漢鄉上文云蜀地皆不舉縣名者未審也从邑蔓聲無販切十四部今集韵類篇又武粉切即此字而譌其體邡汁邡逗廣漢縣也汁各本作什非今正應劭注地理志曰汁音十如淳注功臣表曰汁音什漢王君平鄉道碑曰汁邡王卿是則漢時此縣名作汁字凡作什者以其音改之也廣漢郡汁邡二志同今四川成都府什邡縣是也从邑方聲府良切十部䣮存䣮逗犍爲縣宋本皆作存或作𨛜者俗又或譌爲郁矣前志犍爲郡存䣮今本存作郁而師古不爲音知故作存華陽國志晉書尚作存今四川敘州府府西南有𨛜䣮廢縣府西北百六十里有𨛜䣮灘从邑馬聲莫駕切古音在五部鄨牂柯縣二志同前志曰不狼山鄨水所出東入沅過郡

二行七百三十里按犍爲郡武帝建元六年開牂柯郡武帝元鼎六年開則鄨字鄨字必其時所製今貴州遵義府府城西有鄨縣故城是也方輿紀要曰雲南陸涼州州北有廢鄨縣非是　**从邑敝聲讀若鷩雉之鷩**　必袂切十五部

⿰包阝　地名　按字廁於此當是西南夷之地　**从邑包聲**　布交切古音在三部

那　西夷國　其地當在今四川之西史記自筰以東北君長以什數冄駹冣大在蜀之西又謂牂柯爲南夷邛筰爲西夷那葢郎冄駹之冄字古今字也按文王之子聃季賈逵韋昭皆云聃國名但其地闕史記作冄索隱云冄或作那終莫詳其地也左傳莊十八年有那處杜云那處楚地凡若此等異地同名者今皆不引以茲緐蕪　**从邑冄聲**　諾何切按冄聲本在七八部雙聲合韵也小雅商頌毛傳曰那多也釋詁曰那於也左傳棄甲則那杜云那猶何也今人用那字皆爲柰何之合聲越語吳人之那不穀亦又甚焉韋注那於也此釋詁之證郭失其解又魚藻箋云那安皃　**安定有朝那縣**　安定郡朝那二志同今陝西平涼府

府東南有朝邢故城許意蓋謂邢與朝邢異處如上文鄎與鄎闕之例如淳朝音株

鄱　鄱陽逗豫章縣也二志同前志云有鄱水西入湖漢則縣在鄱水之北城府南有鄱江是也楚世家昭王十二年吳伐楚取番按字本作番故史漢皆曰番君吳芮地理志作鄱陽者漢字也从邑番聲薄波切十七部按番聲在十四部合韵也

酃　長沙縣前志長沙國酃後志長沙郡酃今湖南衡州府治衡陽縣府東卅五里有故酃縣城是也有酃湖卽荆州記水經注所云湖水釀酒甚美謂之酃酒者也从邑霝聲郎丁切十一部

郴　桂陽縣二志同今湖南直隸郴州卽古郴縣漢桂陽郡治也从邑林聲丑林切七部

⿰耒阝　今桂陽⿰耒阝陽縣耒各本作⿰耒阝今正許謂⿰耒阝卽今之耒陽縣如言鄎卽今之新息鄿卽今之穫縣也其字旣異其地則一故言今以說之桂陽郡耒陽二志同今湖南衡州府耒陽縣縣東四十五里有耒陽廢城耒陽以耒水得名从邑耒聲盧對切十五部

鄮　會稽縣　二志同今浙江寧波府治鄞縣府治東三十里故鄮城是也陸士龍曰秦始皇身在鄮縣三十餘日　从邑貿聲　莫候切三部

鄞　會稽縣　二志同今浙江寧波府奉化縣有故鄞城是也說者謂以赤菫山得名越絕書所謂赤菫之山破而出錫是也葢其字初作菫後乃加邑越語曰句踐之地東至於鄞韋曰今鄞縣是也　从邑菫聲　語斤切十三部

郝　沛國也　鉉本作沛郡鍇本作沛國郡按當作沛國沛郡也謂後漢之沛國前漢之沛郡皆此郝也不言沛縣者言郡而縣可知矣二志字皆作沛郝沛古今字如郎息鄭穫邦耒之比今江蘇徐州府漢沛郡地　从邑朩聲　博蓋切十五部

邴　宋下邑　下邑猶言小邑左傳邴歡邴意茲邴泄邴夏皆非宋人公羊隱八年歸邴入邴九年會齊侯于邴皆非宋地十年取防防者宋地疑當作邴　从邑丙聲　兵永切古音在十部

𨞚　沛國縣　前志沛郡酇後志沛國酇陳勝攻銍酇苦柘譙謂此酇也今河南歸德府永城縣縣西南有故酇縣城　从邑虘聲　昨何

切通典引說文在何反是也古音在五部　**今酇縣**　謂本爲鄗縣今爲酇縣古今字異也班固泗水亭長碑曰文昌四友漢有蕭何序功第一受封于鄗正作鄗水經注曰渙水又東逕酇縣城南春秋襄公十年公會諸侯及齊世子光於鄗今其地鄗聚是也按今三經皆作柤酈所據作鄗此皆古字作鄗之證許云今酇縣者謂當時皆作酇故著之如邟縣既爲周承休矣而必存邟字以著其始也

⿰少阝　地名从邑少聲　書沼切二部

郋　地名从邑臣聲　植鄰切十二部

酁　宋地也　左傳哀十七年宋皇瑗之子麇有友曰田丙而奪其兄酁般邑以與之酁般猶祁午孟丙酁者般之邑也不詳其地在漢之何郡縣故但曰宋地　**从邑毚聲讀若讒**　士咸切八部

鄑　宋魯閒地　左傳莊元年齊師遷紀郱鄑郚杜曰三邑也北海都昌縣有訾城杜意訾卽鄑也許於下文郚曰東海縣故紀矦之邑此不云紀邑而云宋魯閒地者據莊十一年公敗宋師于鄑而言不謂紀邑也　**从邑晉聲**　卽移切按晉聲在古音十二部今部在五

支者葢由杜以呰城當之而同其讀耳集韵類篇皆有即刃切

郜 周文王子所封國 左傳富辰曰郜雍曹滕文之昭也杜云濟陰成武縣東南有郜城隱十年敗宋師取郜葢郜附庸於宋魯隱取其地桓又取郜鼎於宋僖二十年郜子來朝則魯未滅之也許不云在成武者許意以爲未宷也今山東兖州府城武縣東南二十里有故郜城 **从邑告聲** 古到切古音在三部

鄄 衛地 春秋莊十四年單伯會齊矦宋公衛矦鄭伯于鄄十五年復會于鄄十九年公子吉及齊矦宋公盟于鄄襄十四年衛獻公如鄄出奔齊哀十七年晉伐衛衛人出莊公而與晉平既而衛矦自鄄入杜曰鄄衛地今東郡甄城是也 **今濟陰鄄城** 二志同謂在周曰鄄在漢爲鄄城縣也今山東曹州府濮州州東二十里有鄄城廢縣 **从邑垔聲** 吉掾切古音在十二部左傳杜注作甄城音眞可證也

邛 **邛成** 逗成各本作地今正 **濟陰縣** 各本衍在字今刪今本地理志曰山陽郡郜成矦國宋氏祁云郜當作邛外戚矦表邛成屬濟陰與山陽相距不遠玉裁按宋

說是也玉篇邛字下曰山陽邛成縣此邛成之確證希馮葢以前志正說文而不知說文與表合前漢時容有改屬故志表不符耳志云侯國卽表之邛成共侯王奉先也邛成之譌郚成者以莽曰告成之故也郡國志成武有郚城與此無涉○又按水經注泗水篇曰黃溝又東逕邛城縣故城南地理志山陽縣也王莽更名之曰郚城矣故世有南郚北郚之論也此可證漢志本作邛水經注版本譌作卭戴先生校注文乃依漢志譌本改卭城爲郚成改郚城爲告成非是郚城本在成武縣東南自莽改邛城曰郚城於是謂在成武者北郚此曰南郚今本漢志作莽曰告成亦誤也地理中成城二字多淆猝難審定

从邑工聲渠容切九部

鄶　祝融之後妘姓所封潧洧之間鄭滅之鄭詩譜曰檜者古高辛氏火正祝融之墟檜國在禹貢豫州外方之北滎播之南居溱洧之閒祝融氏名黎其後八姓惟妘姓檜者處其地焉後爲鄭桓公之子武公所滅按鄶在外方之東非外方之北也滎播依小顏地理志注引作播鄭語云祝融其後八姓妘姓鄢鄶路偪陽也鄶以祝融之

後仍封祝融之墟左傳黎爲祝融大戴禮世本皆云祝融之弟吳回吳回生陸終陸終弟四子萊言是爲妘鄶人郎鄶之祖也萊亦作求妘亦作云鄶亦作會今河南許州密縣古鄶地**从邑會聲**古會切十五部按檜者假借字也左傳國語作鄶詩釋文曰檜本又作鄶

邧　鄭邑也左傳文四年晉侯伐秦圍邧新城以報王官之役廣韵云秦邑名是也今左傳鄭地無名邧者**从邑元聲**虞遠切十四部

郔　鄭地左傳宣三年晉侯伐鄭及郔杜曰郔鄭地釋文郔音延宋淳化本及明人補刻石經作延皆誤字也又宣十二年楚子北師次于郔實一地也若隱元年大叔收貳以爲己邑至於廩延當別是一地字不從邑**从邑延聲**以然切十四部

鄟　琅邪莒邑按當云莒邑也在琅邪如郚周邑也在河內之例**从邑叀聲**古杏切古音在十部**春秋傳曰取鄟**左傳昭十七年季平子伐莒取鄟杜云鄟莒邑

鄅　妘姓之國春秋昭十八年邾人入鄅左傳云鄅人藉稻杜云鄅妘姓國也正義云鄅爲妘姓世本文按韋昭曰

陸終弟四子求言爲妘姓杜曰鄅今琅邪開陽縣前志曰東海郡開陽故鄅國後志開陽屬琅邪開陽卽春秋經哀三年之啟陽也魯有鄅地爲啟陽荀卿則云襄賁開陽今山東沂州府府北十五里有故開陽城　从邑禹聲春秋傳曰鄅人藉稻服虔曰藉耕種於藉田也讀若規榘今王榘切五部

鄒魯縣古邾婁國帝顓頊之後所封魯國騶二志同二志作騶許作鄒者葢許本作魯騶縣如今汝南新息今南陽穰縣之比淺者乃刪去騶字耳周時或云鄒或云邾婁者語言緩急之殊也周時作鄒漢時作騶者古今字之異也邾婁各本無婁今依韵會所據正左穀作邾公羊檀弓作邾婁婁如字邾又夷也邾婁之合聲爲鄒夷語也國語孟子作鄒三者鄒爲正邾則省文故邾篆下不言春秋邾國此必依公羊作邾婁國也漢時縣名作騶如韓勑碑陰騶韋仲卿足證鄭語曰曹姓鄒莒韋云陸終第五子曰安爲曹姓封於鄒杜譜云邾曹姓顓頊之後有六終產六子其弟五子曰安邾卽安之後也周武王封其苗裔俠爲附庸居邾前志曰騶

故邾國曹姓二十九世爲楚所滅按左傳顓頊氏有子曰黎爲祝融祝融之後八姓妘曹其二也然則上文鄶祝融之後妘姓所封此云帝顓頊之後互文錯見也今山東兖州府鄒縣縣東南二十六里有古邾城○趙氏岐曰鄒本春秋邾子之國至孟子時改曰鄒此未知其始本名鄒也 **从邑芻聲** 側鳩切三部

𨛦 邾下邑地 邾當作鄒如鄭篆與鄧篆相聯之例地當作也周禮雍氏注伯禽以王師征徐戎劉本徐作𨛦音徐按魯世家頃公十九年楚伐我取徐州徐廣曰徐州在魯東今薛縣引後志曰魯國薛縣本國六國時曰徐州玉裁謂楚所取之徐州即𨛦地疑非薛齊湣王三年已封田嬰於薛不能至魯頃公十九年魯尚有薛也齊世家田常執簡公於徐州亦非此徐州 **从邑余聲魯東有𨛦城** 城當作戎許書之例未有言城者𨛦戎即周禮注所云伯禽以王師征𨛦戎今尚書作徐夷徐戎許鄭所據作𨛦鄒在魯東則𨛦在魯東可知矣書序曰徐夷竝興東郊不開昭元年傳周有徐奄徐蓋𨛦戎也鄒習於夷故左傳曰邾又夷也 **讀若塗** 塗當作涂同都切五

部

䣢附庸國王制曰不能五十里者不合於天子附於諸侯曰附庸鄭云不合謂不朝會也小城曰附庸附庸者以國事附於大國不能以名通也春秋襄十三年夏取邿邿者魯附庸也在東平亢父邿亭前志曰東平國亢父詩亭故詩國後志曰章帝元和元年分東平國爲任城國亢父屬任城國按前志當作詩亭故邿國許書當作東平亢父詩亭杜預左注亦當本作詩亭詩亭皆寫者亂之耳邿詩古今字也今山東濟寧州東南有故邿城从邑寺聲書之切一部春秋傳曰取邿

䣢魯下邑孔子之鄉論語孔注曰鄹孔子父叔梁紇所治邑也左傳杜注曰紇郰邑大夫仲尼父叔梁紇也檀弓郰曼父之母鄭云曼父之母與徵在爲鄰相善孔子世家曰孔子生魯昌平鄉郰邑杜曰郰邑魯縣東南莝城是也張守節曰夫子生在鄹之闕里長徙曲阜仍號闕里按杜云莝城者今不得其詳說者以爲今鄒縣西北之東鄒村西鄒集是也孔子世家言郰人輓父檀弓言郰曼父鄭注言郰叔梁紇蓋孔子之父魯人以郰人紇呼之如周禮之鄉以州

託誤托

名野以邑名非鄹爲所治邑也論語云鄹人之子者孔子弟子爲師諱紇字也鄹大夫之文始見於王肅私定家語而孔氏論語注乃肅輩僞托者从邑取聲側鳩切四部論語作鄹

郕魯孟氏邑今春秋三經三傳皆作成郕成古今字也左傳昭七年晉人來治杞田季孫將以成與之杜云成孟氏邑本杞田定十二年將墮成公斂處父曰墮成齊人必至于北門杜云成在魯北竟按孟氏邑非姬姓郕國之地也今左傳隱五年衛人入郕文十二年郕伯來奔僖廿四年管蔡郕霍文之昭也字皆正作郕而許不云姬姓之國者蓋許所據左氏郕成字互易不可以今所據繩許也公羊郕國之字則作盛古郕國在今兗州府汶上縣北二十里故郕城不在魯北竟从邑成聲氏征切十一部

𨛫周公所誅𨛫國在魯玉篇作周公所誅叛國商奄是也奄𨛫二字周時竝行今則奄行而𨛫廢矣單呼曰奄絫呼曰商奄書序孟子左傳皆云奄如踐奄歸自奄伐奄昭元年周有徐奄是也左傳又云商奄如昭九年蒲姑商奄吾東土也定四年因商奄之民命以伯禽而封

於少皞之虛是也大部曰奄覆也爾雅弇蓋也故商奄亦呼商蓋墨子曰周公旦非關叔辭三公東處於商蓋韓非子曰周公旦將攻商蓋辛公甲曰不如服衆小以劫大乃攻九夷而商蓋服矣商蓋卽商奄也奄在淮北近魯故許云在魯鄭注書序云奄在淮夷之北注多方云奄在淮夷旁是也祝鮀說因商奄之民封魯者杜云或迸散在魯是也今山東兖州府曲阜縣縣城東二里有奄城云故奄國卽括地志之奄里此可證迸散在魯之說豳風四國是皇毛傳云四國管蔡商奄也商謂武庚則此傳商奄爲二**从邑奄聲**依檢切八部

𨟶　魯下邑春秋經定十年齊人來歸鄆讙龜陰之田鄆公羊作運讙三經三傳皆同許作𨟶咨許所據異也應劭注前志引春秋哀八年取𨟶及闡字亦作𨟶賈服云鄆讙二邑名左傳桓三年杜注曰讙魯地濟北蛇丘縣西有下讙亭**从邑雚聲**呼官切十四部**春秋傳曰齊人來歸𨟶**按許引左氏則言春秋傳曰引公羊則言春秋公羊傳曰以別於左氏

郎　魯亭也春秋隱元年費伯率師城郎桓四年公狩于郎

十年齊侯衛侯鄭伯來戰于郎莊八年師次于郎以俟陳人蔡人三十一年築臺于郎哀十一年戰于郊檀弓作戰於郎鄭曰郎魯近邑也杜云郎魯邑高平方與縣東南有郁郎亭按以郎爲男子之偁及官名者皆㫗之假借字也

从邑㫗聲魯當切十部

𨛬奚仲之後湯左相仲虺所封國左傳定元年薛宰曰薛之皇祖奚仲居薛以爲夏車正奚仲遷於邳仲虺居薛以爲湯左相譜云薛任姓黃帝之苗裔奚仲封爲薛侯今魯國薛縣是也奚仲遷於邳仲虺居薛以爲湯左相武王復以其胄爲薛侯齊桓黜爲伯小國無記世不可知亦不知爲誰所滅按杜亦云仲虺奚仲之後與許合邳者所封國名如龐邦邰扈郱鄨邢鄷鄎鄧郜鄶鄅等字之例左傳昭元年云虞有三苗夏有觀扈商有姺邳周有徐奄皆國名也杜云姺邳二國商諸侯按蓋謂仲虺之後爲亂者也在魯句薛縣是也謂商之邳國在今漢之魯國魯國薛縣是其地也魯國薛二志同前志云夏車正奚仲所國後遷於邳湯相仲虺居之合班許所云蓋奚仲所遷之邳歫薛密邇如邾遷於繹之比

遷於邳則國名邳仲虺所居薛而邳名不改姚邳與觀扈徐奄同則國嘗滅矣周復封其後於邳爲薛侯也應劭注東海下邳曰邳在薛其後徙此故曰下臣瓚曰有上邳故曰下邳按呂后三年封楚元王子郢客爲上邳侯上邳卽薛也然則昭元年定元年杜注皆云邳下邳縣非是下邳在今江蘇徐州府之邳州薛縣在今山東兖州府滕縣縣南四十里有故薛城 从邑丕聲 敷悲切十五部

鄣 紀邑也 春秋經莊三十年齊人降鄣公羊穀梁皆曰鄣紀之遺邑也劉歆賈逵依之許說同杜云紀附庸國東平無鹽縣東北有鄣城歫紀太遠非許意也古紀國在今山東青州府壽光縣西南三十里紀城鄣邑當附近卽昭十九年左傳之紀鄣也紀鄣者本紀國之鄣邑猶齊語紀鄣謂本紀國之鄣邑也公穀云鄣紀之遺邑與左傳云紀鄣合杜云紀鄣在東海贛榆是也莊三十年之鄣卽此杜分爲兩地非今江蘇海州贛榆縣縣北七十五里有故紀鄣城亦曰紀城 从邑章聲 諸良切十部

邗 國也今屬臨淮 左傳哀九年吳城邗溝通江淮杜云於邗江築城穿溝東北通

射陽湖西北至末口入淮通糧道也今廣陵邗江是按左傳吳城邗爲句溝通江淮爲句曰城邗則知邗地名許云國者許必有所據矣本是邗國其地漢屬臨淮郡不言何縣者有未審也此與鄦在潁川鄧屬南陽一例地理志曰邗廣陵國江都有渠水首受江北至射陽入湖水經注曰邗城下掘深溝謂之韓江亦曰邗溟溝自江東北通射陽湖地理志所謂渠水也西北至末口入淮江都縣前志屬廣陵郡許云今屬臨淮者許意邗國地當在前漢臨淮郡不在廣陵也从邑干聲胡安切十四部一曰邗本屬吳錢氏大昕曰許前後兩說後說似卽前說用左氏吳城邗溝通江淮之文

䣜臨淮徐地前志曰臨淮郡徐故國盈姓春秋時徐子章禹爲楚所滅後志曰下邳國徐本國後志之下邳國卽前志之臨淮郡也今安徽泗州州北五十里有故徐城廢縣䣜者徐縣地名也从邑義聲魚羈切古音在十七部春秋傳曰徐䣜楚左傳昭六年徐儀楚聘于楚楚子執之杜云儀楚徐大夫按許所據左作䣜以邑爲氏古本古說也

郈東平無鹽鄉

東平國無鹽二志同杜預曰故宿國今山東東平州州東二十里有故無鹽城前志曰無鹽有郈鄉左傳昭二十五年臧會逸奔郈杜曰東平無鹽縣東南有郈鄉亭左正義曰此時尚爲公邑後爲叔孫私邑 从邑后聲 胡口切四部

郯東海縣 東海郡郯二志同今山東沂州府郯城縣縣西南百里有故郯城 帝少昊之後所封 前志曰郯故國少昊後盈姓按盈即嬴字宣四年經曰公及齊侯平莒及郯 从邑炎聲 徒甘切八部

郚東海縣 前志云東海郡郚鄉疑此當云郚鄉東海縣 故紀侯之邑也 春秋經莊元年齊師遷紀郱鄑郚杜云郚在東莞朱虛縣東南按前漢郚鄉縣後漢幷入琅邪之朱虛永初元年朱虛又屬北海國晉屬東莞郡故杜預劉昭皆云朱虛有郚城朱虛今山東青州府臨朐縣縣東六十里故朱虛城是也故郚城在今青州府安丘縣縣西南六十里 从邑吾聲 五乎切五部

酅東海之邑 春秋經莊三年紀季以酅入于齊前志甾川國東安平孟康注曰春秋之酅今酅亭是也後志

東安平屬北海國有酅亭。按前志云甾川國後幷北海。疑許當云北海之邑。酅亭在今山東青州府臨淄縣東。齊語曰正封疆地東至于紀酅。紀酅猶言紀郚。謂故紀國之酅也。**从邑。巂聲。**戶圭切。十六部。

鄫　姒姓國。按許書無姒字。漢碑姒作似。左傳衛成公命祀夏后相。甯武子不可曰杞鄫何事。國語韋注曰杞繒二國姒姓。夏禹之後。**在東海。**前志曰東海郡繒故國。禹後。後志曰琅邪國繒故屬東海。今山東兖州府嶧縣東八十里有故鄫城。按國名之字。左傳作鄫。國語作繒。公羊作鄫。穀梁作繒。左釋文於鄫首見處云亦作繒。據許則國名作从邑也。漢縣名从系。**从邑。曾聲。**疾陵切。六部。

邪　琅邪郡也。謂琅邪郡之字如此作也。前志曰琅邪郡。秦置。屬徐州。後志曰琅邪國。屬徐州刺史部。許從前漢之制。故曰郡。前志郡領東武等五十一縣。今山東兖州府東境。沂州府及青州府南境。莒州。萊州府南境。膠州一帶皆是其地。今兖州府諸城縣縣東南百四十里有故琅邪城。古齊琅邪邑也。其地有琅邪山。管子齊桓公將東遊。南至琅邪。孟子齊景公欲遵海而南。放於琅邪。

蘇秦說齊宣王曰齊南有泰山東有琅邪史記秦始皇屬竝海至琅邪子虛賦曰齊東陼鉅海南有琅邪皆謂今諸城縣山海經云琅邪臺在渤海郡閒非也趙岐曰琅邪齊東南境上邑越絕書句踐旣滅吳欲霸中國徙都琅邪立觀臺於山上周七里以望東海始皇立琅邪郡爲三十六郡之一而漢因之尋周時琅邪之名未知何解許君以其字從邑傳合郡名爲釋耳九經字樣曰郎邪郡名郎艮也邪道也以地居鄒魯人有善道故爲郡名今經典玉旁作艮者譌未知其說所出古書絕無作郎者且琅邪齊地非鄒魯地邪古書用爲衺正字又用爲辭助如乾坤其易之門邪乾坤其易之縕邪是也今人文字邪爲疑辭也爲決辭古書則多不分別如子張問十世可知也當作邪是也又邪也二字古多兩句竝用者如龔遂傳今欲使臣勝之邪將安之也韓愈文其眞無馬邪其眞不知馬也皆也與邪同

从邑牙聲。以遮切古音在五部按漢碑琅邪字或加玉旁俗字也近人隸書從耳作耶由牙耳相似臧三牙或作臧三耳

邞 琅邪縣也。前志琅邪郡邞後志無幷省也漢孝文元年封呂平爲侯國

一名純德前志曰莽曰純德从邑夫聲甫無切五部

⿰桼阝齊地也从邑桼聲親吉切十二部

郭齊之郭氏虛謂此篆乃齊郭氏虛之字也郭本國名虛墟古今字郭國既亡謂之郭氏虛如左傳言少昊之虛昆吾之虛大皞之虛祝融之虛也郭氏虛在齊境內善善不能進惡惡不能退是目亡國也郭何以爲虛職是故也事見韓詩外傳新序風俗通皆同亦有取此說春秋者按莊二十四年經云赤歸于曹郭公公羊傳曰赤者何曹無赤者蓋郭公也郭公者何失地之君也穀梁傳曰赤蓋郭公也何爲名也禮諸侯無外歸之義外歸非正也左無傳郭今以爲城𩫏字又以爲恢郭字又左傳虢國字公羊作郭从邑𩫏聲古博切五部

郳齊地从邑兒聲五雞切十六部春秋傳曰齊高厚定郳田左傳襄六年齊侯滅萊遷萊于郳高厚崔杼定其田杜云遷萊子於郳國正義云郳卽小邾小邾附屬於齊故滅萊國而遷其君於小邾按世本云邾顏居邾肥徙郳宋

仲子注郲顏別封小子肥於郳爲小郲子左傳曰魯擊柝聞於郲小郲者郲所別封則其地亦在郲魯不當爲齊地今鄒縣有故郲城滕縣東南有郳城皆魯地且郳之偁小郲久矣不應又忽評爲郳也許意郳是齊地非小郲國凡地名同實異者不可枚數如許書郲非鄒國是其例也據傳云遷萊於郳高厚崔杼定其田葢定其與萊君之田以郳田與之也

郣　郣地　此從錯本鉉作郣海地非是郣是復舉字之未刪者地謂有地名郣也今其地未聞葢春秋時齊地也若漢二志之勃海郡今直隸河間天津二府地其謂之勃海者師古曰在勃海之濵因以爲名也水部澥下曰勃澥海之別也漢書子虛賦音義曰勃澥海別枝也勃澥史記河渠書謂之勃海令靜海縣之海與山東遼東接境者卽勃澥司馬相如賦所以自瑯邪觀成山射之罘而浮勃澥始皇所以竝勃海以東過黃腄窮成山登之罘而南登瑯邪也齊都賦注曰海秀曰勃斷水曰澥勃與郣似可通然勃海郡勃澥字皆不作郣假令勃海郡字可作郣則許當云郣海郡也而不曰地　从邑孛聲　蒲沒切十五部　一曰地之起者

曰郭　周禮草人勃壤用狐鄭云勃壤粉解者廣雅埻塵也今俗謂粉之細者曰勃皆卽郭字地之起者謂虚昭

鄿　國也齊桓公之所滅　衛風曰譚公維私小雅曰東國困於役而傷於譏譚大夫作大東以告病左傳莊十年曰齊師滅譚譚無禮也譚子奔莒同盟故也今濟南府府東南七十里有故譚城在二志濟南郡之東平陵縣東平陵故城在今濟南府府東七十五里　从邑覃聲　徒含切古音在七部按詩春秋公穀皆作譚許書又無譚字葢許所據從邑齊世家譌作鄒可證司馬所據正作鄿鄿譚古今字也許書有譚長不作以古字廢今字也

郇　地名　左傳注多不言名如毛傳云水也山也地也皆是許君亦不言名如郭地也郇地也以及邑也國也皆是凡言名者後人所改　从邑句聲　其俱切四部

郂　陳留鄉　陳留郡二志同今河南開封府東至歸德府西皆是其境陳留郡屬有陳留縣此不云陳留縣鄉但云陳留鄉則是舉郡名不箸某縣也曷爲不箸有未審也郖下曰宏農縣鄏下曰河南縣是舉郡縣同名之例　从邑亥聲

古哀切一部　⿰𢦏阝　故國在陳畱　春秋經隱十年宋人蔡人衛人伐載三經皆作載惟穀梁音義曰載本或作戴而前志作戴古載戴同音通用耳許作𢦏左氏音義引字林亦作𢦏吕本許許所據從邑也前志云梁國畱故戴國後志云陳畱郡考城故菑注引陳畱志云古戴國今河南衛輝府考城縣縣東南五里有考城故城漢之畱縣古之𢦏國也畱與𢦏古音同𢦏古字畱漢字許云在陳畱者章帝改名考城屬陳畱也水經注汳水篇曰陳畱風俗傳曰秦之穀縣後遭漢兵起邑多災年故改曰菑縣王莽更名嘉穀章帝東巡詔曰菑縣名不善其改曰考城按莽章帝不達同音譌字之源委故不能正爲𢦏字而風俗傳云秦之穀縣則更無稽之言耳　从邑𢦏聲　作代切一部

酀　地名从邑燕聲　烏前切十四部齊有高酀郎高偃高傒之元孫左傳曰敬仲之曾孫者古人立文後裔統云曾孫

邱　地名从邑丘聲　去鳩切古音在一部今制諱孔子名之字曰邱

⿰如阝　地名从邑如聲　人諸切五部

⿰丑阝　地名从邑丑

聲女九切三部⿰几阝地名从邑几聲居履切十五部按西伯戡⿱㓞邑周本紀作耆徐廣曰一作阢阢蓋即⿰几阝字⿰翕阝地名从邑翕聲希立切七部⿰求阝地名玉篇曰邾鄉在陳畱从邑求聲巨鳩切三部⿰嬰阝地名从邑嬰聲於郢切十一部⿰尚阝地名从邑尚聲多朗切十部今俗以爲鄉黨字廣韵曰⿰黨阝地名說文作⿰尚阝郱地名从邑幷聲薄經切十一部前志齊郡臨朐應劭云有伯氏駢邑後志齊國臨朐有古郱邑按春秋莊元年齊師遷紀郱鄑郚杜云郱在東莞臨朐縣東南齊取其地然則伯氏駢邑即此地駢即郱字今山東青州府臨朐縣東南有郱城是也未知許意然不⿰虖阝地名玉篇云魯地名从邑虖聲呼古切五部邩地名从邑火聲呼果切十七部鄝地名从邑翏聲盧鳥切三部左傳文公五年楚滅蓼釋文云字或作鄝穀梁宣八年經楚人滅舒鄝釋文云本又作蓼小雅漸漸之石詩序注云舒舒鳩舒鄝舒庸

之屬釋文云鄝又作蓼按坊記陽矦繆矦郎淮南氾論訓之陽矦蓼矦繆者字誤耳前志六安國後志盧江郡皆作蓼許不謂此也

鄬　地名。从邑爲聲。居爲切十七部春秋經襄七年公會晉矦宋公陳矦衛矦曹伯莒子邾子于鄬杜云鄬鄭地

邨　地名。从邑屯聲。此尊切十二部按本音豚屯聚之意也俗讀此尊切又變字爲村

䣄　地名。从邑舍聲。式車切五部按玉篇引春秋徐入取䣄杜預云今盧江舒縣按僖三年三經皆作舒魯頌亦作舒二志盧江舒縣亦皆作舒未審希馮所據

⿰盇阝　地名。从邑盇聲。胡蠟切八部二志泰山郡皆有蓋縣孟子有蓋大夫廣韵蓋姓字書作⿰盍阝古盍切

⿰乾阝　地名。从邑乾聲。古寒切十四部

⿰酓阝　地名。从邑酓聲。讀若淫。力荏切七部

⿰山阝　地名。从邑山聲。所閒切十四部

⿰興阝　地名。从邑興聲。鉉無鍇有今按廣韵蒸韵集韵證韵皆引說文則有者是也虛陵切六部

⿰臺阝　地名。从邑臺聲。

徒郎切十部玉篇鄭鄧二同引續漢書云廣陵郡邑也按續漢書謂司馬彪郡國志也今志作堂邑云故屬臨淮春秋時曰堂考左傳襄十四年楚子囊師于棠以伐吳昭二十年棠君五尚字皆從木而廣韵引風俗通堂楚邑大夫五尚爲之其後氏焉字從土蓋今左傳從木或誤堂邑今江蘇江寧府六合縣是也許但云地名未知謂此地與否

臺古文堂字文字各本奪今補見土部

鄸姬姓之國廣韵曰馮姓也畢公高之後食采於馮城因而命氏左傳云畢者文之昭王肅注尚書云畢毛文王庶子然則鄸爲姬姓國其後以國氏省作馮也師古云馮歸姓恐非字廁於此者許不審鄸地所在从邑馮聲房戎切古音在六部○按許既知爲姬姓國則當知其地所在葢古本據其次第可推今本葢寫者奪之補綴於此

郙汝南安陽鄉汝南郡安陽二志同今河南汝寧府眞陽縣縣東故安陽城是也有鄉名郙从邑敝省聲敝宋版及小徐皆不從艸艸部蔽耳部瞥皆敝聲則固有敝字矣苦怪切十五部漢書鄜成侯周緤服虔音背蔽之蔽則服作郙成

侯

郙 汝南上蔡亭 汝南郡上蔡二志同今河南汝寧府上蔡縣縣西南十里故蔡城是也有亭名 从邑甫聲 方矩切五部○按郙鄘二篆當與鄒郎鄍等篆爲伍寫者奪之補綴於此

酈 南陽縣 南陽郡酈二志同秦二世二年沛公攻析酈皆下之則是秦所置縣今河南南陽府內鄉縣縣東北有故酈縣城 从邑麗聲 郎擊切十六部按蘇林如淳皆音擲小顏漢書注酈姓音歷縣名音同蘇如○按酈篆當與鄂鄭𨟚鄞郢六篆爲伍寫者奪之而補綴於此

𨟖 地名从邑䙴聲 七然切十四部

𨙨 从反邑𨛜字从此闕 闕謂其音闕也

文一百八十一 一宋本作四今依鍇補鄉則一百八十二

重六 邑部自邦至郇皆國邑殊名及國邑所有之地也自鄯以下則皆地名自西而東鄯竆西北之冣遠者也郱則近東北矣自郛至郅漢之三輔屬司隸邦部二文隴西天水郡也在三輔之西屬涼州自郿至邢宏農河南河

內河東四郡也在三輔之東亦屬司隸鄔郝大原郡也屬幷州自鄴至鄛魏郡趙國淸河常山鉅鹿郡也屬冀州鄚涿郡也屬幽州郅北地郡也屬涼州郯者近北地之狄自鄦至郥潁川汝南郡也屬豫州自鄧至郞南陽南郡江夏三郡也屬荆州自郞至邡漢中蜀廣漢犍爲牂柯五郡也屬益州自都至鄱豫章桂陽會稽三郡也屬楊州長沙在江南故附於豫章下長沙本屬荆州也自郝至鄣蓋漢豫州兗州之地自邗至郯臨淮東海琅邪三郡也屬徐州郭至郈齊地也當屬青州郯截陳留郡也屬兗州以下槩云地名則未審其在何所也

𨛜　鄰道也道當爲邑字之誤也其字從二邑會意　从邑从邑𨛜變作邠　凡𨛜之屬皆从𨛜闕闕者謂其音未聞也大徐云胡絳切依鄉字之音非有所本如餡字或依鬬字之音或依邑字之音皆非是

𨞮　國離邑離邑如言離宮別館國與邑名可互偁析言之則國大邑小一國中

離析爲若干邑**民所封鄉也**封猶域也鄉者今之向字漢字多作鄉今作向所封謂民域其中所鄉謂歸往也釋名曰鄉向也民所向也以同音爲訓也**嗇夫別治**別彼列切別治謂分治也百官公卿表曰縣大率十里一亭亭有長十亭一鄉鄉有三老有秩嗇夫游徼三老掌教化嗇夫職聽訟收賦稅游徼徼循禁盜賊司馬彪百官志曰鄉置有秩三老游徼鄉小者置嗇夫一人風俗通云嗇者省也夫賦也言消息百姓均其役賦按許不言三老游徼者舉一以該其二亦謂鄉小者但置嗇夫不置三老游徼也**从䢼皀聲**許良切十部

封圻之內六鄉六卿治之按封圻上當有周禮二字上云嗇夫別治言漢制此云六鄉六鄉治之謂周禮也封圻卽邦畿周禮方千里曰國畿六鄉地在遠郊以內五家爲比五比爲閭四閭爲族五族爲黨五黨爲州五州爲鄉鄉老二鄉則公一人鄉大夫每鄉卿一人許先舉漢制後言周禮者許書凡言郡縣鄉亭皆漢制漢表云凡縣道國邑千五百八十七鄉六千六百二十二亭二萬九千六百三十五許全書所舉某縣某鄉某亭

皆在此都數之中

𨞰 里中道也 不言邑中道言里中道者言邑不該里言里可該邑也析言之國大邑小邑大里少渾言之則國邑通偁邑里通偁載師注曰今人云邑居里此邑里通偁也高祖紀云沛豐邑中陽里人此邑里析言也應劭曰沛縣也豐其鄉也然則鄉可偁邑矣周禮五家爲鄰五鄰爲里里此周制也齊語五家爲軌十軌爲里此齊制也百官志曰里魁掌一里百家什主十家伍主五家以相檢察此漢制也里中之道曰巷古文作𨞰爾雅作衖引伸之凡夾而長者皆曰巷宮中衖謂之壼是也十七史言弄者皆卽巷字語言之異也今江蘇俗尚云弄 从𨛜共 會意 言在邑中所共 說會意之恉道在邑之中人所共由胡絳切共亦聲也九部

巷 篆文从邑省 巷爲小篆則知𨞰爲古文籒文也先古籒後篆者亦丄部之例巷今作巷

文三　重一

二十五部　文七百五十四宋本四作三鈕樹玉曰按實七百五十五

重六十宋本作六十一鈕曰實五十九　凡九千四百四十三字

凡弟六篇都數

說文解字弟六篇下　吳縣鈕樹玉校字

六篇下

尭

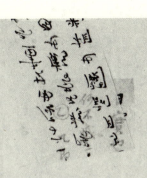

說文解字第七篇

金壇段玉裁注

𡆸 **實也** 以疊韵爲訓月令正義引春秋元命包云日之爲言實也釋名曰日實也光明盛實也 **大昜之精不虧** 故曰實 **从○一象形** ○象其輪郭一象其中不虧人質切十二部 **凡日之屬皆从日** **𡆸 古文象形** 葢象中有烏武后乃竟作囗誤矣

旻 秋天也 此爾雅釋天及歐陽尚書說也釋天曰春爲昊天夏爲蒼天秋爲旻天冬爲上天許鄭本如是孫炎郭樸本乃作春蒼夏昊 **从日文聲** 武巾切十三部 **虞書說** 說各本作曰今依韵會訂虞書說三字當作唐書說曰四字古文堯典欽若昊天說也 **仁覆閔下則偁旻天** 覆閔各本作閔覆誤今依玉篇廣韵皆作仁覆愍下謂之旻天訂此古尚書說也與毛詩王風傳同五經異義天號今尚書歐陽說堯典欽若

七篇上　一

昊天春曰昊天夏曰蒼天秋曰旻天冬曰上天總爲皇天爾雅亦云古尚書毛詩說天有五號各用所宜稱之尊而君之則曰皇天元氣廣大則稱昊天仁覆愍下則稱旻天自天監下則稱上天據遠視之蒼蒼然則稱蒼天許君曰謹按堯典羲和以昊天總勑以四時故昊天不獨昊春也左傳夏四月孔丘卒稱曰旻天不弔非秋也元之閒也爾雅者孔子門人所作以釋六藝之言蓋不誤也春氣博施故以廣大言之夏氣高明故以遠言之秋氣或生或殺故以閔下言之冬氣閉藏而清察故以監下言之皇天者至尊之號也六藝之中諸稱天者以情所求言之耳非必於其時稱之浩浩昊天求天之博施蒼天蒼天求天之高明旻天不弔求天之生殺當其宜上天同雲求天之所爲當順其時也此之求天猶人之說事各从其主耳若察於是則堯命羲和欽若昊天孔丘卒稱旻天不弔無可怪爾按許作五經異義不从爾雅从毛詩造說文兼載二說而先爾雅於毛與鄭說無不合蓋異義早成說文後出不待鄭之駮正而已權衡悉當觀此及祖下姓下皆與異義不同與鄭說相合可證

時　四時也本春秋冬

早　案上猶位也日在甲位時尚早也錯有宇字　甲字互字

夏之稱引伸之爲凡歲月日刻之用釋詁曰時是也此時之本義言時則無有不是者也廣雅曰時伺也此引伸之義如不能辰夜遠猶辰告傳皆云辰時也是也**从日寺聲**市之切一部**旹古文時从日㞢作**之聲也小篆从寺寺亦之聲也漢隸亦有用旹者

早晨也晨者早昧爽也二字互訓引伸爲凡爭先之偁周禮大司徒早物叚早爲草**从日在甲上**甲象人頭在其上則早之意也易曰先甲三日子浩切古音在三部

昒尚冥也冥者窈也幽也自日入至於此尚未日出也司馬相如傳曶爽暗昧得燿乎光明然則曶尚未明也按漢人曶昧通用不分故幽通賦昒昕寤而仰思曹大家曰昒昕晨旦明也韋昭曰昒昧忽兩音郭樸注三倉解詁云曶旦明也然則獨許分別曶爲未明昧爽爲且明以其時相際故說之者異**从日勿聲**大徐作昒古皆有之呼骨切十五部按韋音梅憒切字林音勿皆與昧通用之證

昧昧爽逗昧字舊奪今補**且明也**各本且作旦今正且明者將明未全明也牧誓時甲子昧

七篇上　二

爽王朝至于商郊牧野言昧爽起行朝旦至牧野左傳晏子述讒鼎之銘曰昧旦丕顯僞尙書演其辭曰昧爽丕顯坐以待旦郊祀志十一月辛巳朔旦冬至昒爽封禪書昒作昧旣言旦又言昧爽者以辛巳朔旦冬至合前文黃帝己酉朔旦冬至爲言明冬至均在朔之旦也繼云昧爽天子始郊拜泰一明未旦時卽郊拜泰一也內則成人皆雞初鳴適父母舅姑之所未冠笄者昧爽而朝後成人也昧與曶古多通用而許分別之直以昧連爽爲曶昧者未明也爽者明也合爲將旦之偁 **从日未聲** 莫佩切十五部 **一曰闇也** 闇者閉門也閉門則光不明明闇字用此不用暗暗者日無光也義異司馬相如傳阻深闇昧得燿乎光明

暏 且朙也 各本作旦明誤今正作且朙暏與昧爽同義許書有暏無曙而文選魏都賦謝康樂溪行詩李注竝引作曙古今字形異耳許本作暏後乃變爲曙署亦者聲也玉篇昒昧二文間出曙字市據切此顧希馮以今字易古字也後出暏字丁古切此孫强陳彭年輩所據說文妄增者也呂覽謂一朝爲一曙廣韵曰暏詰朝欲明也 **从日者聲** 當古

切廣韵亦睹入姥韵曙入御韵五部

晢各本篆體誤今正昭晢逗明也旦下曰明也明下曰昭也既昧爽則旦矣周易王弼本明辨晢也陳風明星晢晢傳曰晢晢猶煌煌也洪範明作晢鄭曰君視明則臣昭晢按昭晢皆从日本謂日之光引伸之爲人之明晢口部曰哲知也从日斷聲斷舊作折今正晢字日在下或日在旁作晣同耳旨熱切十五部禮曰晢明行事禮謂十七篇也許序例云其偁禮周官禮謂儀禮周官謂周禮也士冠禮宰告曰質明行事鄭云質正也許所據作晢明以戴記禮器昏義兩言質明推之戴記多从今文則知質明今文晢明古文也鄭不疊古文者畧也

曉明也此亦謂旦也俗云天曉是也引伸爲凡明之偁方言黨曉哲知也楚謂之黨或曰曉齊宋之閒謂之哲从日堯聲呼鳥切二部曉昕二篆鉉本奪而綴于末今依鍇本

昕且明也小徐本作旦也明也韵會作旦明也今正爲且明文王世子大昕鄭云早昧爽也是昕卽晨而未旦也士昏禮記曰凡行事必用昏昕齊風東方未晞顚倒裳衣傳曰晞明之

昭當爲佋

始升按蒹葭湛露傳皆云晞乾也此云明之始升則當作昕無疑昕與晞各形各義而昕讀同希因誤爲晞耳

日將出也按此亦言旦明而不次諸晢篆之前者正謂昧爽於旦猶遠昕於旦僅一閒耳故毛云明之始升許先列晢曉篆而以昕足之从日斤聲讀若希斤聲而讀若希者文微二韵之合齊風是以與衣韵也今讀許斤切則又合乎冣初古音矣十三部○説文讀若希見文王世子音義錯作讀若忻非鄭注樂記訢讀爲熹是其理也

昭日明也引伸爲凡明之偁廟有昭穆昭取陽明穆取陰幽皆本無正字叚此二字爲之自晉避司馬昭諱不敢正讀一切讀上饒反而陸氏乃以入經典釋文陋矣又别製佋字注云廟昭穆父爲佋南面子爲穆北面从人召聲此冣爲不通昭穆乃鬼神之偁其字當从示而从人何也無識者又取以竄入説文人部中其亂名改作有如此者今人部删佋从日召聲止遙切二部

晤明也晤旳曉曠四篆不必專謂日之明然莫明于日故四字皆从日而廁于此也晤者启之明也心部之悟㝱部之寤皆訓覺覺亦明也

同聲之義必相近从日吾聲五故切五部詩曰晤辟有摽邶風文今詩作寤此篇云耿耿不寐云我心匪石云如匪澣衣則當作寤訓覺晤其叚借之字也

旳明也旳者白之明也故俗字作的漢魯峻碑曰丞傳善齡暵矣旳旳引伸爲躲旳从日勺聲都歷切古音在二部詩發彼有勺叚勺爲旳字易曰爲旳顙說卦傳文旳顙白顛也馬部又有馰篆云馬白頟也引易馬馰顙疑馰後出非古

晃明也各本篆作晄篇韵皆云晃正晄同今正晃者動之明也凡光必動會意兼形聲字也楊雄賦北横幽都李善云横與晃音義同从日光聲胡廣切十部

曠明也廣大之明也會意兼形聲字也引伸爲虛空之偁从日廣聲苦謗切十部

旭日旦出皃邶風旭日始旦傳曰旭者日始出謂大昕之時旭與曉雙聲釋訓曰旭旭蹻蹻憍也郭云皆小人得志憍蹇之皃此其引伸叚借之義也今詩旭旭作好好同音叚借字也从日九聲讀若好好各本作勗誤今依詩音義訂按音

義云許玉反徐又許九反是徐讀如朽朽卽好之古音朽之入聲爲許玉反三讀皆於九聲得之不知何時許九誤爲許元集韵類篇皆云許元切徐邈讀今之音義又改元爲袁使學者求其說而斷不能得矣大徐許玉切三部

一曰明也此別義也明謂日之明明引伸爲凡明之偁

晉進也周易彖傳曰晉進也以疊韵爲訓凡進皆曰晉難進亦曰晉周禮凡田王提馬而走諸侯晉是也禮古文周禮故書皆叚晉爲箭日出而萬物進故其字从日从臸臸者到也以日出而作會意隸作晉卽刃切十二部易曰明出地上晉此引易象傳文以證从日之意也

暘日出也洪範八庶徵曰雨曰暘某氏云雨以潤物暘以乾物祭義夏后氏祭其闇殷人祭其陽周人祭日以朝及闇鄭云闇昬時也陽讀爲曰雨曰暘之暘謂日中時也朝日出時也暘之義當从鄭孟子秋陽以暴之亦當作秋暘从日易聲與章切十部虞書曰曰暘谷虞書宋本葉本如是他本作商非也各本少一曰字今補虞書當作唐書說見禾部

此古文尚書堯典文也

晵 雨而晝姓也 啓之言闓也姓者雨而夜除星見也雨而晝除見日則謂之啓亦謂之姓 啓 从日啓省聲 康禮切十五部按集韵又輕甸切語之轉也今蘇州俗語云啓晝不是好晴正作此音

暘 日覆雲暫見也 覆雲者揜於雲暫見者倏見也此與目部睗義畧同 从日易聲 羊益切十六部按當施隻切

昫 日出昷也 昷各本作溫今正詳水部 昫與火部煦義畧同樂記煦嫗淮南書作昫嫗廣韵直以爲一字周禮注曰司馬法旦明鼓五通爲發昫是知主初日出言也 从日句聲 火于切又火句切古音在四部 北地有昫衍縣 見前書地理志今甘肅寧夏府靈州東南花馬池境有昫衍廢縣是也俗譌作朐衍非

晛 日見也 毛詩見晛曰消毛云晛日氣也韓詩曣晛聿消韓云曣晛日出也二解義相足日出必有溫氣也廣雅釋詁云曣㬗煗也曣㬗即韓詩之曣晛煗即毛日氣之說荀卿非相篇引詩作宴然宴然即曣㬗也宴晏曣古通用玉篇曰㬗同晛 从日見

曣　星無雲也不詞　疑言[illegible]錯本作星無雲暫見也

形義卽見亦聲胡甸切十四部詩曰見晛曰消小雅角弓文

晏　天清也揚雄羽獵賦曰天清日晏李引許淮南子注曰晏無雲之處也漢天文志曰日餔時天星晏星卽今之晴字淮南書鶡日知晏陰蜡知雨晏對陰而言如淳注郊祀志云三輔謂日出清濟爲晏按郊祀之晏溫封禪書作曣㬈猶氤氳也郊祀志字異而義同如淳以日出清霽釋之謂晏而溫是爲異非是晏之言安也古晏安通用故今文堯典晏晏古文作安安左傳安孺子从日安聲烏諫切十四部

曣　星無雲也姚氏鼐曰星卽姓字按日開雨除亦曰姓無雲謂晴而無雲也晴容有有雲者其字亦作曣毛詩見晛曰消韓詩作曣晛聿消劉向上封事引之師古注云曣無雲也今漢書譌姸不可讀韓詩釋曣晛爲日氣許注淮南釋晏爲無雲此以天清釋晏以晴無雲釋曣言各有當不以音義相近而淆之也一說星無雲謂星而無雲如雨部云風雨土謂風而雨土也詩星言夙駕韓云星晴也卽許星而無雲之說从日燕聲於甸切十四部

景　日

光也日字各本無依文選張孟陽七哀詩注訂火部曰光者明也左傳曰光者遠而自他有耀者也日月皆外光而光所在處物皆有陰光如鏡故謂之景車舝箋云景明也後人名陽曰光名光中之陰曰影別製一字異義異音斯爲過矣爾雅毛詩皆曰景大也其引伸之義也从日京聲居影切古音在十部讀如姜

晧日出皃謂光明之皃也天下惟絜白者取光明故引伸爲凡白之偁又改其字从白作皓矣从日告聲胡老切古音在三部

暤晧旰也晧錯本作暤集韵類篇从之晧旰謂絜白光明之皃旰同日出光軏軏之軏非下文訓晚之旰也漢書上林賦采色澔旰史記作澔旰靈光殿賦澔澔涆涆曹植七啟云丹旗燿野戈殳晧旰此可證晧旰之爲古語古者大暤少暤葢皆以德之明得偁俗作大昊少昊晧旰雙聲字从日皋聲胡老切古音在三部俗从白作皞

曅光也也當作皃字之誤思元賦舊注云曄光皃漢書敘傳云世宗曄曄吳都賦云飾赤烏之韡曄从日𠌶鍇本日在𠌶上玉篇曰說文作曅大徐日在旁非也筍輒

切八部

暈　光也。 按光也二字當作日光氣也四字篆體暉當作暈周禮暈作煇古文叚借字眂祲掌十煇之法以觀妖祥辨吉凶一曰祲二曰象三曰鑴四曰監五曰闇六曰瞢七曰彌八曰敘九曰隮十曰想鄭司農云煇謂日光炁也按日光氣謂日光捲結之氣釋名曰暈捲也氣在外捲結之也日月皆然孟康曰暈日旁氣也篆體日在上或移之在旁此篆遂改爲暉改其訓曰光與火部之煇不別葢淺者爲之乃致鉉以暈爲新附篆矣

从日軍聲。 軍者圜圍也此以形聲包會意王問切十三部大徐許歸切非

旰　晚也。 襄十四年左傳杜注曰旰晏也

从日干聲。 古案切十四部

春秋傳曰日旰君勞。 昭十二年左氏傳文今本勞作勤

暆　日行暆暆也。 史記屈原賈生列傳曰庚子日施兮服集予舍施郎說文暆字也暆暆迆邐徐行之意暆暆猶施施詩毛傳曰施施難進之意

从日施聲。 弋支切十六十七部

樂浪 音洛狼 **有東暆縣。** 樂浪郡東暆見地理志樂浪今朝鮮國地東暆故城未聞魚部云東暆輸鰅魚

讀

旰　鍇作日晚也与藝文類聚引合

如䣷三字當在施聲之下

晷 日景也上文云景光也渾言之此云晷日景也不云日光析言之也以其陰別於陽郎今之影字也左傳謂之蔭云趙孟視蔭釋名曰晷規也如規畫也此謂以表度日大雅既景乃岡傳云考於日景參之高岡 从日咎聲居洧切古音在三部

昃 日在西方時側也蒙上日景言之日在西方則景側也易曰日中則昃孟氏易作稷穀梁春秋經戊午日下稷古文叚借字 从日仄聲此舉形聲包會意隸作昃亦作昗小徐本矢部又出昗字則複矣夫製字各有意義晏景晷旱之日在上皆不可易也日在上而干聲則爲不雨日在旁而干聲則爲晚然則昃訓爲日在西方豈容移日在上形聲之內非無象形也阻力切一部 易曰日昃之離離九三爻辭

晚 莫也莫者日且冥也从日在茻中見茻部引伸爲凡後之偁 从日免聲無遠切十四部

昏 日冥也冥者窈也窈者深遠也鄭目錄云士娶妻之禮以昏爲期因以名焉必以昏者陽往而陰來日入三商爲昏引伸爲凡闇之偁

𣈶　棄鍇魯刟切　玉篇力完切　廣韻落官切　与鉉同

…刟魯鍇叢

𣈶

从日氐省氐者下也　氐部曰氐者至也其引伸之義則爲下故此云氐者下也上部云下者氐也目部云氐目郎低目人部無低字昏字於古音在十三部不在十二部昏聲之字蟁亦作蚊𣪘亦作岐敃亦作忞昏古音同文與眞臻韻有斂侈之別字从氐省爲會意絕非从民聲爲形聲也蓋隸書淆亂乃有从民作昬者俗皆遵用唐人作五經文字乃云緣廟諱偏傍準式省从氏凡汦昏之類皆从氏以昏類汦其亦傎矣呼昆切寬韻者文韻之音變

一曰民聲　此四字蓋淺人所增非許本書宜刪凡全書內昏聲之字皆不从民有从民者譌也

𣈶日且昏時也　且各本作旦今正昏訓冥莫訓日且冥則𣈶即莫也𣈶之言蠻也蠻者文皃日將入而色有異也

从日䜌聲讀若新城䜌中　䜌他書作蠻地理志河南郡新城下蠻中故戎蠻子國也郡國志河南郡新城有鄤聚古鄤氏今名蠻中左傳昭十六年楚子誘戎蠻子殺之杜云河南新城縣東南有蠻城水經注伊水篇曰新城縣故蠻子國也縣有鄤聚今名蠻中漢新城故城在今河南河南府洛陽縣

南今左穀皆作鑾公羊作曼劉昭引左傳作鄤鑾音如鑾集韵謨還切者是大徐洛官切非也十四部

晻 不明也 北征賦曰晻晻其將暮漢書元帝紀三光晻昧南都賦晻曖蓊蔚吴都賦旭日晻時凡言晻藹謂陰翳也蜀都賦作菴藹 从日奄聲 烏敢切八部

暗 日無光也 集韵類篇皆以晻暗爲一字依許則義各殊明之反當用晻暗主謂日無光眂祲掌十煇之灋五曰闇鄭司農云闇日月食也暗者正字闇者叚借字也引伸爲凡深沈不明之偁 从日音聲 烏紺切古音在七部

晦 月盡也 朔者月一日始蘇朢者月滿與日相望似朝君字皆从月月盡之字獨从日者明月盡而日如故也日如故則月盡而不盡也引伸爲凡光盡之偁僖十五年春秋經晦震夷伯之廟公羊曰晦晝冥也穀梁曰晦冥也杜注左云與凡書晦同爾雅曰霿謂之晦 从日每聲 荒內切十五部

⿱能日 埃⿱能日 逗疊韵字 日無光也 埃⿱能日猶靉靆也通俗文雲覆日謂之靉靆 从日能聲 奴代切一部

曀 天陰沈也 各本作陰而風

也今正攷開元占經引作天地陰沈也大平御覽引作天陰沈也邶風曰終風且曀爾雅毛傳皆云陰而風曰曀釋名曀翳也言雲氣晻翳日光使不明也小爾雅曀冥也曀主謂不明爾雅毛傳因詩句兼風言耳故許易之陰沈當作霒霃

从日壹聲 於計切古音在十二部

詩曰終風且曀

旱 不雨也 从日干聲 乎旰切十四部

昆 望遠合也 合者望遠則其形不分其色不分其小大高下不分不分是也與杳字義略相近 从日匕 會意 匕 迡 合也 匕何以訓合比之省也猶會下云會益也會何以訓益增之省也是亦許書言叚借之一也昆何以省比有昆字在也 讀若窈窕之窈 窈古讀如黝音轉如杳烏皎切二部

昴 白虎宿星 召南傳曰昴畱也古謂之昴漢人謂之畱故天官書言昴律書直言畱毛以漢人語釋古語也元命包云昴六星昴之言畱物成就繫畱此昴亦評畱之義也 从日丣聲 丣古音讀如某丣古文酉字字別而音同在三部雖同在三部而不同紐是以丣聲之劉畱聊桺珋駵⿰鼠丣

萉䆓爲一紐卯聲之昴爲一紐古今音讀皆有分別丣聲之不讀莫飽切猶卯聲之不讀力九切也惠氏棟因毛傳之語謂昴必當从丣其說似是而非王氏鳴盛尙書後案襲之非也莫飽切古音在三部

曏　不久也士相見禮曰曏者吾子辱使某見請還贄於將命者注云曏曩也按禮注曏字或作鄉今人語曰向年向時向者卽曏字也又曰一晌曰半晌皆是曏字之俗　从日鄉聲許兩切十部　春秋傳曰曏役之三月僖廿八年左氏傳文曏猶前也城濮之役在四月前乎此役之三月正與不久之義合杜作鄉云鄉猶屬也殊誤

曩　曏也釋言文左傳曰曩者志入而已今則怯也晉語曰曩而言戲乎莊子曰曩子行今子止　从日襄聲奴朗切十部

昨　絫日也絫鉉本作壘誤鍇本作累絫累正俗字古書積累字皆作絫厽部云絫者增也絫日謂重絫其日也廣韵云昨日隔一宵也周禮司尊彝叚昨爲酬酢字　从日乍聲在各切五部

暇　閒也各本作閑俗字也今正酒誥曰不敢自暇自逸古多借假爲暇周書

尠當作尟

多方天惟須夏之子孫鄭云夏之言假大雅皇矣周頌武二箋皆作須假而孔本作暇孫卿子其爲人也多假日其出入不遠也賈逵國語注假閒也登樓賦聊假日以銷憂李善云假或爲暇引楚辭聊暇日以消時可見古假暇通用假訓大故包閒暇之義匡謬正俗似未識此意**从日叚聲**胡嫁切古音在五部

暫　不久也左傳婦人暫而免諸國今俗語云霎時閒卽此字也**从日斬聲**藏濫切八部

昪　喜樂皃小雅弁彼鸒斯傳曰弁樂也此昪之叚借也釋詁詩序皆云般樂也般亦昪之叚借也古三字同音盤故相叚借如此昪其正字而尠用之者**从日**从日者熙熙如春登臺之意**弁聲**皮變切十四部

昌　美言也咎繇謨曰禹拜昌言今文尚書作黨趙注孟子引尚書禹拜黨言逸周書祭公解拜手稽首黨言張平子碑黨言允諧劉寬碑對策嘉黨皆昌言字之叚借也至於讜言亦見漢人文字字林讜言美言也此又因黨言而爲之言傍謂之正俗字可**从日从曰**會意取縣諸日月不刊之意也不入曰部者日至尊也尺良切十部

一日日光也裴松之引易運期讖曰兩日並光日居午兩日昌字圖讖說字多不合本義裴引孝經中黃讖瞽爲日載東曹字亦本从曰非从日葢昌之本義訓美言引伸之爲凡光盛之偁則亦有訓爲日光者日光祇爲餘義例所不載一曰日光也五字恐魏時因許昌之說而妄增之詩曰東方昌矣齊風東方明矣朝既昌矣傳曰東方明則夫人纚笄而朝朝已昌盛則君聽朝云朝已昌盛與美言之義相應許幷二句爲一句當由轉寫筆誤

籀文暀光美也釋詁曰暀暀皇皇美也按暀見爾雅而不見他經泮水箋云皇皇當作暀暀暀暀猶往往也此易皇爲暀復訓暀爲往以作暀而後可訓往也少儀祭祀之儀齊齊皇皇注云皇皇讀爲歸往之往皇氏云謂心所繫往此處鄭不讀爲暀徐先民於況反非是从日往聲此舉形聲包會意謂往者衆也於放切十部

昄大也大雅土宇昄章釋詁毛傳皆曰昄大也从日反聲補綰切十四部

㫚日朙也日明各本作明日今依衆經音義及玉篇訂大元曰日以昱乎

晝月以昱乎夜注云昱明也日無日不明故自今日言下一日謂之明日亦謂之昱日昱之字古多段借翌字爲之釋言曰翌明也是也凡經傳子史翌日字皆昱日之段借翌與昱同立聲故相段借本皆在緝韵音轉又皆入屋韵劉昌宗讀周禮翌日乙丑音育是也俗人以翌與翼形相似謂翌卽翼同入職韵唐衞包改尙書六翌皆爲翼而昱日之義廢矣明部𠌻下曰翌也翌當爲昱𠌻从亡明晝夜之道亡明而明復矣昱之義引伸爲凡明之偁故顧命翌室某氏曰明室三輔決錄注釋左馮翊曰馮盛也翊明也翊卽翌**从日立聲**余六切古音在七部

㬈　𥁕溼也𥁕各本作溫今正說詳水部溫而生溼故其字从日**从日赧省聲**溫溼生黴亦有色赤者未必不从赤會意也集韵類篇㬈㬈小赤也**讀與赧同**女版切十四部

暍　傷暑也北山經北鄲之山鳥名鷩鵑食之已暍按今俗語謂鬱蒸之曰暍聲如遏卽此字**从日曷聲**於歇切十五部

暑　熱也暑與熱渾言則一故許以熱訓暑析言則二故大雅溫隆蟲蟲毛云溫溫而暑隆隆

㬎　眾微杪也　案杪木標末也秒禾芒也義雖近而禾芒微於木末據許意疑當作秒　或作眇　眇小也

而雷蟲蟲而熱也暑之義主謂溼熱之義主謂燥故溽暑謂溼暑也釋名曰暑煮也如水煮物也熱爇也如火所燒爇也**从日者聲**舒吕切五部

㬎安㬎逗疊韵字也**昷也**昷各本作溫今正說詳水部安㬎猶溫存也二字皆平聲廣雅云暍㬎煗也安作暍語之轉耳巾部云讀若水溫㬎則安亦作溫**从日㬎聲**奴案切十四部按廣韵集韵類篇㬎皆讀平聲入山韵玉篇㬎亦奴達切平則二字皆平去則二字皆去入則二字皆入是之謂疊韵

㬎眾微杪也从日中視絲此九字廣韵作眾明也微妙也从日中視絲十一字疑當作眾明也从日中見絲絲散眇也散者今之微字眇者今之妙字玉篇亦作妙日中視絲眾明察及微妙之意**古文㠯爲顯字**顯爲頭明飾㬎爲日中見微妙則經傳顯字皆當作㬎㬎者本義顯者叚借載籍既皆作顯乃謂古文作㬎爲叚借矣故曰古文以爲顯字頁部顯下曰从頁㬎聲是則㬎之讀如顯可知呼典切**或曰眾口皃讀若唫唫**此別一義也讀若唫唫當作讀若口唫之唫轉

七篇上　十

寫譌奪耳巨錦切○集韵不得其句乃於㝲韵云縣者絮中小𦇧渠飲切**或目爲𦇧**句謂或用爲𦇧字也其字从絲故或用爲𦇧字**𦇧者絮中往往有小𦇧也**蒙𦇧而釋之必釋之者此𦇧不同糸部訓蠶衣之𦇧也亦蠶衣之義之引伸也釋名云𦇧者幕也貧者著音褚褁衣也衣可以幕絡絮也或謂之牽離一煑熟爛牽引使離散如緜然也牽離卽糸部之繫𦃇繫𦃇一名惡絮繫牽奚切𦃇郎兮切與牽離爲一語之轉絓字下亦云𦇧滓也一名絓頭一名牽離按此蓋繅絲之餘滓亦可褏衣而中有纇結故云絮中歷歷有小𦇧𦇧之言結也釋名則謂可以煑爛牽引冪之絮外說無不合以縣爲此𦇧則縣古典切七部○巳上三義畫然三音大徐總曰五合切非也惟第二義讀若唫也故濕水字从之爲聲

曓晞也攷工記畫曓諸日孟子一日曓之引伸爲表曓曓露之義與夲部暴義別凡曓疾曓虐曓虎皆夲部字也而今隸一之經典皆作暴難於諟正**从日出𠬞米**日出而竦手舉米曬之合四字會意玉篇步卜切五經文字捕沃切廣韵蒲木切大徐薄報切非也三部

⿱麃日古文㬥从日麃聲

曬㬥也漢中山靖王傳白日曬光幽隱皆照从日麗聲曬與釃同意散其光也所智切音變則所賣切十六部

暵乾也乾上當有日字乾者上出也凡物乾者必上溼者必下王風傳曰暵菸皃周禮旱暵之事鄭云暵熱氣也皆引伸之義也耕暴田曰暵暴田曰暵因之耕暴田曰暵齊民要術論耕曰寧燥不溼燥雖耕塊一經得雨地則粉解溼耕堅垎數年不佳垎胡格反从日𦰩聲同一堇聲而讙𪉖入十三部漢暵難則入十四部且隸易其字从莫蓋部分甚相近故也呼旰切易曰燥萬物者莫暵乎火依韵會所據小徐本訂說卦傳文今易作熯

晞乾也元應書引作日乾曰晞小雅湛湛露斯匪陽不晞傳曰陽日也晞乾也陽日也者謂陽即暘之叚借也方言曬晞暴也暴五穀之類秦晉之閒謂之曬東齊北燕海岱之郊謂之晞又曰晞燥也从日希聲香衣切十五部

𦢊乾肉也周禮腊人掌乾肉凡田獸之脯腊膴胖之事鄭云大物解肆乾之謂

七篇上　三

之乾肉若今涼州烏翅矣腊小物全乾者鄭意大曰乾肉小曰腊然官名腊人則大物亦偁腊也故許渾言之从殘肉謂𠓛也象形日㠯晞之昨之殘肉今日晞之故从日鄭注腊人云腊之言夕也此可證周禮故作昔字後人改之㫺者古文籀文增肉作⿱㫺肉於義爲短昔肉必經一夕故古叚昔爲夕穀梁經辛卯昔恆星不見左傳爲一昔之期列子昔昔夢爲君皆是又引伸之則叚昔爲昨又引伸之則以今昔爲今古矣今古之義盛行而其本義遂廢凡久謂之昔周禮昔酒鄭云今之酋久白酒周語厚味實腊毒韋云腊亟也讀若酋昔酒焉味厚者其毒亟也韋意久與亟義相成積之久則發之亟思積切古音在五部與俎同意俎从半肉且薦之昔从殘肉日晞之其作字之恉同也故曰同意籀文从肉今隸作腊專用諸脯腊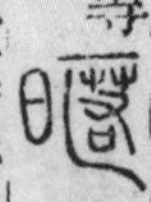日近也日謂日日也皆日之引伸之義也釋詁小雅傳皆云暱近也左傳不義不暱非其私暱誰敢任之从日匿聲舉形聲包會意尼質切古音在一部魚力切春秋傳曰私降暱燕昭廿五年

左傳文今本作昵　昵　或从尼作　攷工記凡昵之類不能方故書昵或作樴或爲䵒杜子春讀爲不義不昵之昵按古文叚尼爲昵古文尚書典祀無豐於尼釋詁云卽尼也孫炎曰卽猶今也尼近也郭樸引尸子悅尼而來遠釋文引尸子不避遠尼自衛包改尚書作昵宋開寶閒又改釋文而古文之讀不應爾雅矣

暬　日狎習相嫚也　嫚者侮易也小雅曾我暬御傳云暬御侍御也楚語居寢有暬御之箴韋云暬近也暬與䙝音同義異今則䙝行而暬廢矣　从日埶聲　各本篆作暬埶聲作執聲五經文字亦誤今正私列切十五部

𣅀　不見也从日否省聲　此字古籒中未見其訓云不見也則於从日無涉其音云否省聲則與自來相傳密音不合且何不云不聲也以理求之當爲不日也从不日王風曰不日不月謂不知其旋反之何日何月卽上章之不知其期也大雅不日成之箋云不設期日今俗謂不遠而不定何日亦曰不日卽形卽義許書有此例如止戈爲武日見爲晛是也其音美畢切者蓋謂遠不可期則讀如蔑近不可期則讀如密也

自讀許書者不解而妄改其字或改作𦣻廣韵改作𦣻意欲與覓之俗字作覔者比附爲一十一部

昆　同也夏小正昆小蟲傳曰昆者衆也由䰟由同猶䰟也者動也小蟲動也王制昆蟲未蟄鄭曰昆明也明蟲者得陽而生得陰而藏以上數說兼之而義乃備惟明明斯動動斯衆衆斯同同而或先或後是以昆義或爲先如昆弟是也或爲後後如昆命元龜釋言昆後也是也羽獵賦噍噍昆鳴**从日从比**从日者明之義也亦同之義也从比者同之義今俗謂合同曰渾其實當用昆用棞古渾切十三部

晐　兼晐也吳語一介嫡女執箕帚以晐姓於王宮韋云晐備也姓庶姓引曲禮納女於天子曰備百姓廣雅晐皆咸也按此晐備正字今字則該晐行而晐廢矣莊子淮南作晐今多作該**从日**日者天下所大同也故从之**亥聲**古哀切一部

普　日無色也此義古籍少用衣部袢下曰無色也讀若普㒳無色同讀是則普之本義實訓日無色今字借爲溥大字耳今詩溥天之下孟子及漢人引詩皆作普天趙岐曰普徧也**从日竝聲**小徐本如此韵會同

訓誤言

竝古音同傍普从竝聲又轉入虞模部袢讀若普知普古音亦讀若伴以雙聲爲用也滂古切五部

文七十　重六

旦　明也　明當作朝下文云朝者旦也二字互訓大雅板毛傳曰旦明也此旦引伸之義非其本義衛風信誓旦旦傳曰信誓旦旦然謂明明然也　从日見一上一地也　易曰明出地上晉得案切十四部　凡旦之屬皆从旦

暨　日頗見也　頗頭偏也頭偏則不能全見其面故謂事之略然者曰頗曰頗見者見而不全也釋言曰暨不及也此其引伸之義乑部曰臮者衆與詞也引唐書臮咎繇臮之叚借多作洎作暨公羊傳曰會及暨皆與也暨猶暨暨也按暨暨猶幾幾爾雅所謂不及也　从旦既聲　其冀切十五部旣小食也日不全見故取其意亦舉形聲包會意

文二

倝 日始出始式吏切光倝倝也从旦㫃聲古案切十四部凡倝之屬皆从倝

倝 闕且从三日在㫃中按此葢倝籀文也汗簡朝作⿰龺月翰作⿱龺龍亦可證矣闕且二字當作籀文二字从三日在㫃中則篆體罥下不當有一也

朝 旦也旦者朝也以形聲會意分別庸風崇朝其雨傳云崇終也從旦至食時爲終朝此謂至食時乃終其朝其實朝之義主謂日出地時也周禮春見曰朝注曰朝猶朝也欲其來之早毛詩叚輖爲朝周南惄如輖飢傳云輖朝也此謂叚借也从倝舟聲陟遙切二部按舟聲在三部而與二部合音冣近毛詩以周聲之調輖爲朝則朝非不可讀如舟也

文三當云文二　重一

㫃 旌旗之游㫃蹇之皃旌旗者旗之通偁旌有羽者其未有羽者各舉其一以該九旗也王逸九歌注云偃蹇舞皃大人賦說旌旗曰掉拮撟以偃蹇張揖曰偃蹇高皃从屮曲而垂下

㫃相出入也 此十一字當作从屮曲而下垂者游从入游相出入也十五字从屮者與豈旹屵同意謂杠首之上見者曲而下垂者象游游相出入者謂从風往復如一出一入然故从入大徐云此字从屮下垂當只作屮相承多一畫玉裁謂从屮謂竿首下垂謂游也鼎臣昧誤會 **讀若偃** 於幰切十四部 **古人名㫃字子游** 晉有籍偃荀偃鄭有公子偃駟偃孔子弟子有言偃皆字游今之經傳皆變作偃偃行而㫃廢矣

凡㫃之屬皆从㫃 **古文㫃字象旌旗之游及㫃之形** 此小徐本也大徐作象形及象旌旗之游皆不可通其篆形各本古文與上小篆文皆不可分別惟小徐本牽連其上端略異與古文四聲韵及汗簡合此等不能強爲之說或曰當是㫃古文以爲偃字七字之誤

熊旗五游㠯象伐星 五鄭本攷工記作六熊旗六游以象伐也司常職曰熊虎爲旗注曰畫熊虎者鄉遂出軍賦象其守猛莫敢犯也伐屬白虎宿與參連體而六星按記不言虎者舉熊以包虎 **士卒㠯爲**

期期旗疊韵釋名曰熊虎爲旗軍將所建象其猛如虎與衆期之於下也从㫃其聲渠之切一部

周禮曰率都建旗司常職文今周禮率作師師者帥之誤樂師注曰故書帥爲率然則許作率都者故書鄭作帥都者今書也聘禮注曰古文帥皆作率毛詩率時農夫韓詩作帥見文選注大司馬職仲秋教治兵軍吏載旗

旐龜蛇四游㠯象營室攷工記文也司常掌九旗之物名龜蛇爲旐鄭云畫龜蛇者象其扞難避害也爾雅曰緇廣充幅長尋曰旐是則九旗之帛皆用絳惟旐用緇攷工記注曰營室元武宿與東辟連體而四星故旐四游營室一名水左傳云水昏正而栽是一名定詩定之方中是也攸攸而長也小徐作悠悠今正古悠長字皆作攸攸而長故謂之旐攸旐音近以疊韵釋之也旐何以著其長以有繼旐之旆故也孫炎云帛續旐末亦長尋二尋則長丈六尺故獨長也从㫃兆聲治小切二部周禮曰縣鄙建旐司常職文大司馬職仲秋教治兵郊野載旐

旆繼旐之旗也旗者

旌旗之總名。下文云旗有衆鈴，旗曲柄，旗旖施，皆是。爾雅繼旐曰旆，郭云帛續旐末爲燕尾者。何休注公羊云繼旐如燕尾曰旆。釋名云旆以帛繼旐末也。小雅帛旆央央，毛曰帛旆繼旐者也。按帛蓋用絳。**沛然而垂。**沛旆疊韵。引伸爲凡垂之偁。出車傳曰旆旆旒垂皃。左傳昭十三年曰八月辛未治兵，建而不旆；壬申復旆之。杜云建立旌旗不曳其旆，旆游也。按不旆者卷而不垂，旆之者垂之也。定四年晉人假羽旌於鄭，鄭人與之，明日或旆以會。亦是垂旒之義。大雅荏菽旆旆，傳曰旆旆然長也。沛然而垂則長，故毛云爾也。又旆爲旗幟之總名，如左傳狐毛設二旆而退之，晉亡大旆之左旃，是也。又假茷爲旆，如左傳綪茷，茷即綪旆。詩帛茷央央，即帛旆是也。亦有與末通用者，士喪禮書銘於末曰某氏某之柩，注曰今文銘皆爲名，末爲旆。**从㫃𣎵聲。**蒲蓋切。十五部。

旌　游車載旌，司常職文。注云游車，木路也。王以田以鄙。**析羽注旄首也。**司常職曰析羽爲旌。爾雅釋天曰注旄首曰旌。李巡注爾雅曰以氂牛尾著旌首。郭云載旄於竿頭，如今之幢，亦有旒。鄭注周禮云全羽析羽皆五采繫之於旞旌之上所謂注旄於干首也周禮舉羽以晐旌爾雅舉旌以晐羽許鄭則兼舉之合周禮爾雅以立文鄭云明堂位曰夏后氏之綏綏以旄牛尾爲之綴於橦上所謂注旄於干首者蓋夏后氏但用旄牛尾周人加用析羽夏時徒綏不旒周人則注羽旄而仍有縿旒先有旄首而後有析羽注之故許云析羽注旄首孫炎云析五采羽注旄上也孫郭皆云其下亦有旒縿鄘風孑孑干旄傳云孑孑干旄之皃注旄於干首大夫之旃也此可證大常旂旃旐旗旟旞七者皆得注羽旄於首矣左傳言晉人假羽旄於鄭言范宣子假羽旄於齊則在春秋時諸侯少有此者

所㠯精進士卒也精旌疊韵釋名曰旌精也有精光也引伸爲凡表異之偁**从㫃生聲**子盈切十一部

旟錯革鳥其上鳥上各本有畫字妄人所增攷韵會所據小徐本無此字今刪司常職曰鳥隼爲旟爾雅曰錯革鳥曰旟小雅毛傳曰鳥章錯革鳥爲章也李巡云錯革鳥者以革爲之置於旐端孫炎云錯置也革急也言畫急疾之鳥於縿周官所謂鳥隼爲旟者矣郭云此謂合剥鳥皮毛置之竿頭

郎禮記云載鴻及鳴鳶三人釋革各不同許仍爾雅原文許意大約於孫說無異鄭注周禮云畫日月畫交龍畫熊虎鳥隼龜蛇是則鄭之說錯革鳥謂畫鳥隼孫說所本也許云其上者謂畫於正幅高處**所㠯進士衆**小雅大人占之旐維旟矣室家溱溱傳云溱溱衆也旐旟所以聚衆也

旟旟宋本集韵皆疊旟字**衆也**

从㫃與聲按此八字當作从㫃从與與與衆也與亦聲十一字轉寫譌舛耳楚茨箋云與與蕃廡皃旟从與會意以諸切五部**周禮曰州里建旟**司常職文大司馬仲秋教治兵百官載旟

旂旗有衆鈴爾雅曰有鈴曰旂司常職曰交龍爲旂許偁爾雅不偁周禮者錯見其說欲學者互攷也畫交龍於正幅一升一降象諸侯升朝下復也周頌曰龍旂陽陽和鈴央央傳云鈴在旂上李巡云以鈴著旐端郭樸云縣鈴於竿頭按李說近是惟羽旄注竿首鈴非注竿首之物也左傳錫鸞和鈴昭其聲也杜云鈴在旂李云以鈴著旐端公羊疏左傳疏同周頌疏旐作旐誤云旐者旐亦旗正幅之通偁**㠯令衆也**令鈴與旂疊韵令古音如

鄉

从㫃斤聲

渠希切按古音如芹十三部

此不偁諸侯建旂者亦錯見

旞　導車所載

各本作所以載今依御覽訂司常職曰道車載旞斿車載
旌注云道車象路也王以朝夕燕出入按道導字異許鄭
所據不同金氏榜曰九旗王建大常諸侯建旂孤卿建旜
大夫士建物師都建旗州里建旟縣鄙建旐此七旗蓋無
羽賓祭之所用也其曰旞曰旌則以有羽爲異道車謂象
路斿車謂革路木路變路言車闕孤卿大夫士也旞旌皆
張縿幅屬旒爲畫於縿如日月以下旜與物不畫夏采以
乘車建禭復於四郊禭當爲旞說文旞亦作旝因譌而爲
禭復者求之平生常所有事之處故以道車朝夕燕出入
者建旞以復禭記諸侯死於道以其綏復又曰大夫士死
於道以其綏復綏皆旞之譌言其旞者明異物天子以大
常諸侯以旂孤卿以旜大夫士以物鄭君謂去其旒異之
於生失之矣大司馬仲秋教治兵王載大常諸侯載旂軍
吏載旗師都載旜鄉遂載物郊野載旐百官載旟此指師
田所用者凡七旗卽謂斿車載旌者司馬辨於治兵司常
贊於大閱胥此也司馬所須旗物與司常互異禮尙相變

載旞者設旗宜從司常之序載旌者設旗宜從司馬之序司常王建大常以下文與下經皆畫其象爲緣起而與上贊司馬須旗物文不相屬**全羽㠯爲允**句允旞亦雙聲疊韵也詩仲允膳夫古今人表作膳夫中術術與遂古同音通用允古音如戈盾之盾是以漢之大子中盾後世稱大子中允允盾術遂四字音近御覽改此文云全羽允允而進也殊爲眛眛**允**逗**進也**此謂允卽𡕩之叚借夲部曰𡕩進也引易𡕩升大吉**从㫃遂聲**徐醉切十五部

旞（篆）或从遺作釋名字如此作轉寫譌爲旜

旝（篆）旌旗也旌旗有名旝者下文所傳詩及左傳皆是也**从㫃會聲**古會切十五部**詩曰其旝如林**大雅大明文今毛詩作會鄭箋以盛合其兵衆釋之然則毛作會三家詩作旝許偁毛而不廢三家也馬融廣成頌曰旃旝摻其如林季長所偁同許而旝爲旃之類則說亦同許也飛石起於范蠡兵法左傳云親受矢石恐尙非飛石**春秋傳曰旝動而鼓**桓五年左氏傳文杜曰旝旃也與馬許合葢左傳舊說多如此惟賈

侍中獨爲異說也**一曰**以下別一義**建大木置石其上發㠯機㠯槌敵**槌依小徐及五經文字大徐作追非也桓五年左傳疏云賈侍中以旝爲發石一曰飛石引范蠡兵法作飛石之事然則許之別義正用賈說也魏志大祖乃爲發石車號曰霹靂車裴注引魏氏春秋曰以古有矢石又傳言旝動而鼓說曰發石也於是爲發石車魏氏春秋所云說曰者卽謂賈侍中○按此條大小徐二本皆作建大木置石其上發以機以槌敵从㫃會聲春秋傳曰旝動而鼓詩曰其旝如林此非許書之舊今依韵會所據小徐本乃許書之舊也前一說旝爲旌旗故廁於旃旞旃三篆閒

旃　旗曲柄也漢田蚡傳曰前堂羅鐘鼓列曲旃蘇林云禮大夫立曲旃旃曲旃柄上曲也按蘇林所據禮正與周禮司常孤卿建旜大司馬帥都載旜合帥都遂大夫也左傳曰昔我先君之田也旃以招大夫正謂大夫用旃也鄘風傳曰干旄大夫之旃子虛賦靡魚須之橈旃張揖曰以魚須爲柄師古曰橈旃卽曲旃也**所㠯旃表士衆**旃當爲展以疊韵爲訓聘禮曰使者載旜注云

載之者所以表識其事也及竟張旜誓注云張旜明事在此國也此與仲秋治兵載旜皆展表士衆之義从㫃丹聲諸延切十四部叚借爲語助如尙慎旃哉傳曰旃之也周禮曰通帛爲旃司常職文注云通帛謂大赤從周正色無飾爾雅因章曰旃郭云因絳帛之文章不復畫之旜或从亶亶聲也周禮禮經皆如此作

旞旌旗之流也宋刊本皆作流作旒者俗从㫃攸聲以周切三部篇韵皆餘昭切

㫐旗屬从㫃要聲烏皎切二部

旖旖施、逗旗皃旖施疊韵字在十七部許於旗曰旖施於木曰檹施於禾曰倚移移皆讀如阿那檜風猗儺其枝傳云猗儺柔順也楚辭九辨九歎則皆作旖旎上林賦旖旎從風張揖曰旖旎猶阿那也文選作猗狔漢書作椅柅攷工記注則作倚移與許書禾部合知以音爲用製字日多廣韵集韵曰婀娜曰旑𣃰曰裹袲曰櫰欏皆其俗體耳本謂旌旗柔順之皃引伸爲凡柔順之偁倚移與旖施同許以从㫃从禾別之从㫃奇聲於离切古音在十七部旖旗旖施也大人賦說旌旗曰又旖旎以招搖施字俗改爲旎从尼聲殊失音理从㫃也聲式支切古音在十七部按經傳叚此爲敷𢻱字𢻱之形施之本義俱廢矣毛傳曰施移也此謂施卽延之叚借大雅施于條枚呂氏春秋韓詩外傳新序覶潢琬皆引作延上林賦貤丘陵下平原司馬彪曰貤延也按貤丘陵與詩施中谷施條枚同貤亦延之叚借齊欒施字子旗見左氏傳孔子弟子巫馬施亦字子旗知施者旗也自叚施爲𢻱而施从㫃之意隱矣故明之○此二篆各本轉寫譌舛據全書連緜字通例更正

旚旌旗旚繇也繇今之搖字小徐作搖旚今字作飄飄搖行而旚繇廢矣廣成頌曰羽旄紛其髟䰘髟䰘卽旚搖之叚借字也从㫃𤐫聲匹昭切二部

旚旌旗飛揚皃扶搖風曰飆義略相近从㫃猋聲甫遙切二部

游旌旗之流也流宋刊本皆同集韵類篇乃作旒俗字耳旗之游如水之流故得偁流也大常十有二游旂九游旟七游旗六游旐四游周禮王建大常十有

二游上公建旂九游侯伯七游子男五游孤卿建旜大夫士建物其游各視其命之數禮緯含文嘉云天子之旗九仞十二旒曳地諸侯七仞九旒齊軫卿大夫五仞七旒齊較士三仞五旒齊首皆不言其命數未可信旗之正幅爲縿游則屬焉節服氏六人維王之大常注王旌十二旒兩兩以縷綴連旁三人持之然則旗之制游屬於兩旁十二游者一旁六游九游則兩旁一四一五巳下可知也曳地齊軫皆謂游其正幅之長爾雅曰旐長尋餘未聞游亦曰旓楊雄賦有此字大人賦作髾游周禮省作斿引伸爲凡垂流之偁如弁師說冕弁之斿是又引伸爲出游嬉游俗作遊**从㫃汓聲**以周切三部此字省作斿俗作旒集韵云斿亦作旞按此說必有據上文旞篆與此同義而居非其次當移此下丌之曰游或作旞**𨒪古文游**从辵者流行之義也从学者汓省聲也俗作遊者合二篆爲一字

旇旌旗披靡也披靡當是指靡之誤淺人所改也爾雅曰旇謂之蘼集韵類篇皆作麾謂之旇爾雅蘼字卽許之旇字大人賦張揖注云指橋隨風指靡也今靡誤靡**从㫃皮聲**

敷羈切古音在十三部披靡皆上聲

旋 周旋逗**旌旗之指麾也**左傳曰師之耳目在吾旗鼓進退從之手部麾下曰旌旗所以指麾者也旗有所鄉必運轉其杠是曰周旋引伸爲凡轉運之偁**从㫃疋**句**疋**逗**足也**杠之柱地者是旋旗之足也似沿切十四部

旛 **幢也**劉熙曰幢童也其皃童童也廣雅曰幢謂之䎉爾雅曰翢纛也毛傳曰翿者纛也翳也羽部曰翳者翳也所以舞也人部曰儔者翳也按或用羽或用犛牛尾或兼用二者翢儔翿實一字纛俗作纛亦卽翳字古𠷎聲周聲與童聲轉移如詩以調韵同漢縣鯛陽讀如紂之比其始祇有翳字繼乃有纛繼乃有幢皆後出故許書不列纛幢二篆此釋旛必云幢不云翳者翳嫌舞者所持旛是旌旗之名漢之羽葆幢以犛牛尾爲之如斗在乘輿左騑馬頭上用此知古以犛牛尾注竿首如斗童童然故詩言干旛言建旛言設旛有旛則亦有羽羽或全或析言旛不言羽者舉一以晐二其字从㫃从毛亦舉一以晐二也以犛牛尾注旗竿故謂此旗爲旛因而謂

犛牛尾曰旄謂犛牛曰旄牛名之相因者也禹貢兩言羽旄周禮旄人旄舞皆謂犛牛尾曰旄也**从㫃毛聲**皋形聲包會意莫袍切二部

旛 旛胡也各本作幅胡也今依葉石林抄宋本及韵會所據本訂韵會作幡胡幡卽旛之俗序例所以書幡信字亦從俗叚巾部之幡爲旛而旛廢矣旛胡蓋古語如甗甎之名甑㦲見廣雅漢堯廟碑作播掬玉曰璠璵艸木盛曰緐廡皆雙聲字凡旗正幅謂之縿亦謂之旛胡廣韵云旛者旗旐總名古通謂凡旗正幅曰旐是則凡旗幅皆曰旛胡也吳語建肥胡韋注肥胡幡也幡卽旛字與許互相發明旛胡卽肥胡謂大也吳都賦作祀姑誤**謂旗幅之下垂者**集韵類篇韵會皆有此七字今據補**从㫃番聲**孚袁切十四部按當依符袁切

旅 軍之五百人大司徒五人爲伍五伍爲兩四兩爲卒五卒爲旅五旅爲師五師爲軍以起軍旅注云此皆先王所因農事而定軍令者也欲其恩足相恤義足相救服容相別音聲相識引伸爲凡衆之偁小雅旅力方剛傳云旅衆也又引伸之義爲陳小雅殽核維旅傳云旅陳

也又凡言羈旅義取乎廬廬寄也故大雅廬旅猶處處言言語語也又古叚爲盧盧弓之盧俗乃製[illegible]字从㫃从从从句从㫃者旌旗所以屬人耳目从逗俱也說从从之意力舉切五部[illegible]古文旅左傳仲子生而有文在其手曰爲魯夫人正義曰隸書起於秦末手文必非隸書石經古文虞作[illegible]魯作[illegible]手文容或似之者字以爲聲古文㠯爲魯衞之魯此言古文叚借也周本紀周公受禾東土魯天子之命卽書序旅天子之命旅者陳也

族矢鏠也今字用鏃古字用族金部曰鏃者利也則不以爲矢族字矣束之族族也族族聚皃毛傳云五十矢爲束引伸爲凡族類之偁从㫃从矢會意㫃所㠯標衆衆矢之所集此說从㫃之意㫃所以標衆者亦謂旌旗所以屬人耳目旌旗所在而矢咸在焉衆之意也韵會集韵類篇皆引此而衍一曰从三字則不可解矣昨木切三部

文二十三小徐本作二十二疑本無旇字　重五

日數十十六日而月始虧冥也
故从六會意易冥豫虞注坤爲冥
案依許書易之數陰變於六正於八六爲老陰
鼆疑即冥之別體
說解甚曲

冥 窈也 窈各本作幽唐元應同而李善思元賦歎逝賦陶淵明赴假還江陵詩三注皆作窈許書多宗爾雅毛傳釋言曰冥窈也孫炎云深闇之窈也郭本作幼釋云幼稺者多冥昧頗紆泂小雅斯干傳曰正長也冥窈也正謂宮室之寬長深窈處王肅本作幼其說以人之長幼對文與下君子攸寧不相屬然則三者互相證知皆當作窈穴部曰窈深遠也窈與杳音義同故杳之訓曰冥也莫之訓曰日且冥也昏之訓曰日冥也鄭箋斯干曰正晝也冥夜也引伸爲凡闇昧之偁 从日六从冖 从冖各本作冖聲下文曰冖亦聲則此祇當云从冖矣冖者覆也覆其上則窈冥 日數十十六日而月始虧冥也 冥各本作幽今依元應本冥也二字當作冥之意也四字此釋从日六之義也日之數十昭五年左傳文謂甲至癸也歷十日復加六日而月始虧是冥之意故从日六 冖亦聲 亦字舊奪依小徐說補冖今音莫狄切鼎蓋之鼏用爲聲蝕部鼆又用鼏爲聲冥在十一部莫經切以雙聲爲聲也 凡冥之屬皆从冥

鼆 冥也从冥黽

聲讀若黽蛙之黽黽蛙卽黽部之鼃黽武庚切古音在十部讀如芒此字見於經者文十五年左傳曰一人門于句鼆杜云魯邑名

文二

晶精光也凡言物之盛皆三其文日可三者所謂絫日也从三日子盈切十一部凡晶之屬皆从晶

曐萬物之精上爲列星管子云凡物之精此則爲生下生五穀上爲列星流於天地之閒謂之鬼神藏於胷中謂之聖人星之言散也引伸爲碎散之偁从晶从生聲桑經切十一部一曰象形从〇从三〇故曰象形也大徐〇作口誤古〇復注中故與日同古文从三〇而或復丨其中則與晶相似矣依此說則當入生部解云从生象形

曐古文所謂象形从〇

星或省春秋說題辭云星之爲言精也陽之榮也陽精爲日日分爲星故其

字日生爲星依此則又當入日部**曑商星也**商當作晉許氏記憶之誤也左傳子產曰后帝遷閼伯於商丘主辰商人是因故辰爲商星遷實沈於大夏主參唐人是因以服事夏商及成王滅唐而封叔虞故參爲晉星依此則商當爲晉明矣或云此以篆文曑連商句絕釋爲星也夫苟氾釋爲星安用商字參商之云起於漢時辭章聯綴不倫許君何取此於農舉國語農祥釋之於參舉晉星釋之一重民事一重分野也召南傳曰參伐也漢人參伐統評伐故毛以伐釋參**从晶㐱聲**㐱聲疑後人竄改當作㐱象形唐風傳曰三星參也天官書天文志皆云參爲白虎三星直者是爲衡石葢彡者象三星其外則象其畛域與今隸變爲參參用爲參兩參差字所今切七部

參或省卽今用參兩參差字也凡槮篸驂字用爲聲

曟房星爾雅曰天駟房也大辰房心尾也於天官爲東官蒼龍**爲民田時者**周語曰農祥晨正韋云農祥房星也晨正謂立春之日晨中於午也農事之候故曰農祥爾雅注曰龍星明者以爲時候故曰大辰**从晶辰聲**以晨解例

之當云从晶从辰辰時也辰亦聲上文爲民田時者正爲从辰發也農星字亦徑作辰周語辰馬農祥植鄰切十三部

曟　曟或省今之晨字作此

疊　楊雄說以爲古理官決罪三日得其宜乃行之从晶宜已上楊雄說也理官士也詩莫不震疊韓詩薛君傳曰震動也疊應也天下無不動而應其政教李固曰此言動之於內而應之於外者也按疊爲應卽得其宜乃行之之說也毛詩傳曰疊懼也今毛義行而韓義廢矣抑楊子所說者本義也故許述之毛詩之云謂疊卽慴之叚借字也故許不僃从晶宜會意徒叶切八部　亡新以从三日大盛改爲三田亡新不知三日爲絫日識其陋也今皆從之亦可已矣多部曰重夕爲多重日爲疊此今人用疊之義也

文五　重四

月　闕也大侌之精月闕疊韻釋名曰月鈌也滿則鈌也象形象不滿之形魚厥切十五部

疊　案晶精光也晶無不照宜無不當故詩以為震疊改从晶則从畾者也

部

凡月之屬皆从月。

朔　月一日始蘇也。朔蘇疊韵。日部曰：晦者，月盡也。盡而蘇矣。樂記注曰：更息曰蘇。息，止也，生也。止而生矣。引伸爲凡始之偁。北方曰朔方，亦始之義也。朔方，始萬物者也。**从月屰聲。**所角切。古音在五部。

朏　月未盛之明也。律歷志曰：召誥曰：惟三月丙午朏。周公七年復子明辟之歲，三月甲辰朔之三日也。畢命豐刑曰：惟十有二年六月庚午朏。王命作策豐刑。康王十二年六月戊辰朔之三日也。志引古文月采篇曰：三日曰朏。按尚書正義曰：周書月令云：三日粤朏。疑卽取諸漢志，而月采作月令，未知孰是。逸周書月令弟五十三，據牛弘傳，蔡邕、王肅時已亡，孟堅時未亡也。小顏漢書采字當從孔沖遠作令。小顏讀孟注而不察耳。**从月出。**會意。普乃切。又芳尾切。十五部。**周書曰：丙午朏。**

霸　月始生魄然也。霸魄疊韵。**承大月，二日；承小月，三日。**鄉飲酒義曰：月者，三日則成魄。正義云：前月大，則月二日生魄；前月小，則三日始生魄。馬注康誥云：魄，朏也。謂月三日始生兆朏名曰魄白虎通曰月三日成魄八日成光按已上皆謂月初生明爲霸而律歷志曰死霸朔也生霸望也孟康曰月二日以往明生魄死故言死魄魄月質也三統說是則前說非矣从月䨣聲普伯切書音義引說文匹革反古音在五部漢志所引武成顧命皆作霸後代魄行而霸廢矣俗用爲王霸字實伯之叚借字也周書曰哉生霸康誥顧命文𩂣古文或作此朖明也大雅高朗令終傳曰朗明也釋言曰明朗也从月良聲盧黨切十部今字作朗朓篆體今正晦而月見西方謂之朓朓朒皆言月之變也尚書五行傳曰晦而月見西方謂之朓朓則侯王其荼音舒注云朓條也條達行疾皃荼緩也日君象也月臣象也君政急則日行疾月行徐臣逡遁不進也蔡邕曰元首寬則望舒朓侯王肅則月側匿从月兆聲土了切二部朒朔而月見東方謂之縮朒尚書五行傳朔而月見東方謂之側匿側匿則侯王其肅注云側匿猶縮縮行遲皃肅急也君政緩則日

行徐月行疾臣放恣也按鄭注謌奪側匿與縮朒疊韵雙聲 从月肉聲 各本篆作朒解作肉聲今正女六切三部

期 會也 會者合也期者要約之意所以爲會合也叚借爲期年期月字其本字作稘期行而稘廢矣周禮質人士虞禮古文期年字作基 从月 月猶時也要約必言其時 其聲 渠之切一部

𣅡 古文从日六 日猶時也六聲

文八　重二

有 不宜有也 謂本是不當有而有之偁引伸遂爲凡有之偁凡春秋書有者皆有字之本義也 春秋傳曰日月有食之从月 日下之月行字也此引經釋不宜有之恉亦卽釋从月之意也日不當見食也而有食之者孰食之月食之也月食之故字从月公羊傳注曰不言月食之者其形不可得而觀也故疑言曰有食之引孔子曰多聞闕疑慎言其餘則寡尤 又聲 云九切古音在一部古多叚有爲又字

有

案有之義取於月疑爲月之始見日有食之意亦本此

凡有之屬皆从有

戫 有彣彰也 彣彰各本作文章誤今正彣下曰䵂也是其轉注也䵂古多叚或字爲之或者𢧢之隸變今本論語郁郁乎文哉古多作彧彧是以荀彧字文若宋書王彧字景文大戴公冠篇遵並大道邠或邠或即彬彧或謂彬彬或彧也小雅黍稷彧彧傳云彧彧茂盛皃即有彣彰之義之引伸也 从有𢧢聲 於六切古音在一部讀如域

龓 兼有也 此今牢籠字當作龓籠行而龓廢矣吳都賦曰沈虎潛鹿馬龓僒束按馬龓者縶而籠其頭也玉篇曰馬龓頭說文䩘下云龓頭繞者亦取兼包之意 从有龍聲讀若聾 盧紅切 九部

文三

朙 照也 火部曰照明也小徐作昭日部曰昭明也大雅皇矣傳曰照臨四方曰明凡明之至則曰明明明明猶昭昭也大雅大明常武傳皆云明明察也詩言明明者五堯典言朙朙者一禮記大學篇曰大學之道在明

明　今通行從古文是也大明在上豈獨月乎孫彖著明莫大乎日月人有目所共見抑月無光日照之而始明故从日月

明德鄭云明明德謂顯明其至德也有駜在公明明鄭箋云在於公之所但明明德也引禮記大學之道在明明德夫由微而著由著而極光被四表是謂明明德於天下自孔穎達不得其讀而經義隱矣**从月囧**从月者月以日之光爲光也从囧取窗牖麗廔闓明之意也囧亦聲不言者舉會意包形聲也武兵切古音在十部**凡朙之屬皆从朙**

明　古文从日云古文作明則朙非古文也蓋籀作朙而小篆隸从之干祿字書曰明通朙正顏魯公書無不作朙者開成石經作明從張參說也漢石經作明

朚　翌也翌也未闓當作昱昱朙也朚郎今之忙字亦作茫俗作忙[完]應書曰茫又作朚遽也朚朚人晝夜作無日用月無月用火常思明故从明或云朚人思天曉故字从明也按方言通俗文皆作茫方言茫遽也通俗文時務曰茫許書則有朚**从朙亡聲**呼光切十部按當依廣韵武方莫郎二切

文二　重一

囧 窗牖麗廔闓明也麗廔雙聲讀如離婁謂交延玲瓏也闓明謂開明也象形謂象窗牖玲瓏形凡囧之屬皆从囧讀若獷獷古音如廣囧音同也臦讀若誑臦聲之槑爲古文囧字可以證矣古音在十部今音俱永切賈侍中說讀與明同賈侍中說讀若芒也

盟 各本下从皿今正周禮曰國有疑則盟周禮司盟職掌盟載之法凡邦國有疑會同則掌其盟約之載及其禮儀鄭云有疑不協也諸侯再相與會十二歲一盟再相與會四字當作再朝而會再會六字轉寫之誤也昭十三年左傳曰明王之制使諸侯歲聘以志業閒朝以講禮再朝而會以示威再會而盟以顯昭明杜云三年而一朝六年而一會十二年而一盟北面詔天之司愼司命司盟職曰北面詔明神僖二十八年左傳曰有渝此盟以相及也明神先君是糾是殛襄十一年載書曰或閒茲盟司愼司命名山名川羣神羣祀先王先公七姓十二國之祖明神殛之按今左傳襄十一年盟與命

鍇本作从血囧聲　段改血爲皿　案从血正取歃血義當作从血囧聲　盟孟聲同段借耳

云聲字傳寫妄加

鍇本从囧从血

二字互譌陸孔皆不能正許合周禮左傳爲言謂司愼司命爲明神之首司愼司命葢大宗伯職之司中司命文昌宮弟五弟四星也尙書大傳注司中作司人○又按天之司盟見覲禮注然則左傳正文不容輕改

盟殺牲歃血朱盤玉敦㠯立牛耳　朱小徐及周禮作珠今依大徐本立當爲莅莅臨也曲禮曰莅牲曰盟是也玉府職曰若合諸侯則共珠槃玉敦鄭云合諸侯者必割牛耳取其血歃之以盟朱盤以盛牛耳尸盟者執之玉敦歃血玉器戎右職曰贊牛耳桃茢左傳曰諸侯盟誰執牛耳

从囧　囧明也左傳所謂昭明於神冡上詔司愼司命言

血聲　鍇血作皿云聲字衍鉉因作从皿刪聲字今與篆體皆正按盟與孟皆血聲故孟津盟津通用今音武兵切古音在十部讀如芒亦舉形聲包會意朱盤玉敦器也故从皿

𥂝　各本下从血今正

篆文从朙　朙小篆文也故盟爲小篆鍇本云古文从朙非也

盟　各本下从血今正

古文从明　明者朙之古文也故古文盟作盟鍇本云籒文非也盟者盟之籒文先籒後篆者以其囧之屬也今

鍇本作从囧

从囧血

人皆作盟不從小篆作盟者猶皆作明不作朙也

文二　重二

夕　莫也　莫者日且冥也日且冥而月且生矣故字从月半見旦者日全見地上莫者日在茻中夕者月半見皆會意象形也　**从月半見**　祥易切古音在五部　**凡夕之屬皆从夕**

夜　舍也　以疊韵爲訓　**天下休舍**　休舍猶休息也舍止也夜與夕渾言不別析言則殊小雅莫肎夙夜莫肎朝夕朝夕猶夙夜也春秋經夏四月辛卯夜卽辛卯夕也　**从夕亦省聲**　羊謝切古音在五部

夢　不明也　釋訓小雅民今方殆視天夢夢傳曰王者爲亂夢夢然曰夢夢亂也按故訓釋爲亂許云不明者由不明而亂也以其字从夕故釋爲不明也夢之本義爲不明今字段爲寢寐字夢行而寢廢矣　**从夕瞢省聲**　莫忠切又亡貢切古音在六部舉形聲包會意也

夗　轉臥也　謂轉身臥也詩曰展轉反側凡

夜者夕所止

夜即宮掖掖垣字

也　自白借爲晝夜字而本義晦矣

夗聲宛聲字皆取委曲意**从夕卪**會意**臥有卪也**釋从卪之意卪節古今字於阮切十四部

夤敬惕也此與十二辰之寅義各不同釋詁云寅敬也凡尚書寅字皆叚寅爲夤也漢唐碑多作夤者凡云夤緣者卽延緣云八夤者卽八埏皆雙聲叚借也**从夕寅聲**翼眞切十二部**易曰夕惕若厲**乾九三爻辭也厲各本作夤今正凡漢人引周易夕惕若厲不暇枚舉許書䗌字下亦作夕惕若厲此引者說从夕之意也夕惕者火滅修容之謂凡許書引易井者法也說荆从井之意引易地可觀者莫可觀於木說相从目木之意引易先庚三日說庸从庚之意引易豐其屋說寷从宀豐之意引易百穀艸木麗於地說蘁从艸麗之意引易突如其來如不孝子突出不容於內也說𠫓从倒子之意皆偁周易以說字形之意學者不憭往往誤會於是改厲爲夤改突爲𠫓而惠氏定字作周易述竟作夕惕若夤厲无咎𠫓如其來如矣

□籀文

夝雨而夜除星見也衛風靈雨既零命彼倌人星言夙駕韓詩曰星者精也按精者今晴

字史記天精而見景星漢書作天暒孟康曰暒者精明也漢書亦作精韋昭曰精者清朗也郭樸注三倉云暒者雨止無雲也古夝暒精皆今之晴而詩作星韓非子曰荆伐陳吳救之軍閒三十里雨十日夜星夜星卽夜夝也雨夜止星見謂之夝夝星疊韵引伸爲晝晴之偁故其字又作暒○按漢書亦作精故孟康曰精暒明也今本係後人所改史漢之天精卽晶之叚借 从夕生聲 疾盈切十一部

外 遠也 此下當有从夕卜三字 卜尚平旦今若夕卜於事外矣 此說从夕卜之意五會切十五部

外 古文 卜部曰𠁥古文卜

夙 早敬也 召南毛傳曰夙早也此言早敬者以字从丮故晨下曰臼辰爲晨丮夕爲夙皆同意是也大雅載震載夙毛云夙早也箋云夙之言肅也惟夙有敬意故鄭云爾 从丮夕 夕舊奪今補息逐切三部隸變作夙 持事雖夕不休早敬者也 此說會意之恉謂日莫人倦齋莊正齊而不敢懈惰是乃完今日之早敬基明日之早敬也抑夕者夜之通偁未旦而埶事有恪故字从丮夕

𢻨
㑭古文谷部曰㐁古文西讀若三年導服之導此从人从㐁聲也㑭古文谷部西本
亦古文㑭亦夙之古文宿从㑭聲𡖃宋也當云宋𡖃也轉寫佚字耳宋𡖃者夕之静也嗼者口之
静也宋𡖃者死之静也从夕莫聲莫白切古音在五部讀如莫

文九　重四

多緟也緟者增益也故爲多多者勝少者故引伸爲勝之偁戰功曰多言勝於人也从緟夕
會意得何切十七部夕者相繹也故爲多相繹者相引於無窮也抽絲曰繹夕繹疊韵說从重
夕之意緟夕爲多緟曰爲疊凡多之屬皆从多𡖋古文竝
夕有竝與重別者如棘棗是也夕有竝與重不別者㚢多是也夥齊謂多也方言曰大物盛多齊
宋之郊楚魏之際曰夥許𩲡字下曰讀若楚人名多夥此云齊語皆本方言也史記陳勝世家曰楚人謂多爲夥陳

勝楚人在楚言楚也**从多果聲**呼果切十七部**⿰多圣大也**與恢音義皆同**从多圣聲**古回切古音在一部**⿱尚多厚脣皃从多尚**陟加切按鍇本云尚聲而注云从多尚會意則聲字衍也依今音則當云多亦聲十七部

文四　重一按詩螽斯釋文引說文㚇字豈古本有之

毌穿物持之也从一橫毌各本毌作貫淺人所改也今正**毌象寶貨之形**各本脫毌今補毌者寶貨之形獨言寶貨者例其餘一者所以穿而持之也古貫穿用此字今貫行而毌廢矣毌之用廣如爾下云以物橫毌鼎耳而舉之也輈下云所以持輪也皆是貫之用專後有串字有弗字皆毌之變也毌不見於經傳惟田完世家宣公取毌丘索隱曰毌音貫**凡毌之屬皆从毌讀若冠**古丸切十四部

貫錢貝之毌也毌各本作貫今正錢貝之毌故其字从毌貝會意也漢書都內之錢

貫朽而不可挍其本義也齊風射則貫兮傳云貫中也詩及爾如貫昜貫魚以宮人寵左傳使疾其民以盈其貫皆其引伸之義也其字皆可作毌叚借爲摜字習也如孟子我不貫與小人乘是也亦借爲宦字事也如毛詩三歲貫女魯詩作宦是也毛詩串夷傳云串習也串即毌之隸變傳謂即慣字箋謂即昆字皆於音求之**从毌貝**古玩切十四部

虜獲也公羊傳爾虜焉故凡虜囚亦曰纍臣謂拘之以索也於毌義相近故从毌**从毌从力**左傳曰武夫力而拘諸原**虍聲**郎古切五部

文三

㔾嘾也口部曰嘾者含深也**艸木之𠌶未發圅然**圅之言含也深含未放**象形**下象承𠌶之莖上象未放之蓓蕾**凡㔾之屬皆从㔾讀若含**乎感切古音在七部

圅舌也舌在口所以言別味也圅之言含也含於口中也按大雅毛傳曰臄者圅也通俗文云口上曰

臄口下曰圅毛服之圅皆卽說文之顄字顄頤也故服云口下毛則渾言之口上口下不分耳陸氏音義引許圅舌也之云以釋毛去之遠矣許圅與顄各字各義毛服用圅爲顄圅借爲含如席閒圅丈圅人爲甲是也周頌實圅斯活傳曰圅含也謂叚借也**舌體𢎘𢎘从𢎘**舌有莖而如荂蕾故从𢎘**象形**二字各本譌在舌體上今正謂圅象舌輪郭及文理也小徐云說文篆如此李陽冰非之謂當作圅按如李說易與臽混今廣韵圅臽別爲二字則更非矣**𢎘亦聲**胡男切七部

肣　俗圅从肉今大雅音義引說文云圅舌也又云口裏肉也按口裏肉也四字當在此下釋从肉之意也从今者今聲也

𢎗　木生條也條者小枝也**从𢎘由聲**許書由聲之字不減數十淺人因許書無由字欲盡改爲𢎗省聲然則𢎗从由聲又何說也以州切三部**商書曰若顚木之有𢎗枿**般庚上篇文今書作由蘖許木部作𢎗巘枿卽巘蘖之異體也𢎗者生也左傳史趙曰陳顓頊之族也歲在鶉火是以卒滅陳將如之今在析木之津猶將復

由此以生滅對言由卽𢎘之叚借詩序曰由儀萬物之生各得其宜也此以生釋由以宜釋儀由亦𢎘之叚借下云古文言由枿則作𢎘者伏生歐陽夏侯之書也許於書偁孔氏而不廢伏生於此可見矣**古文言由枿**古文謂孔氏壁中書也伏作𢎘爲正字孔作由爲叚借字偁伏又偁孔者明叚借也不曰古文𢎘作由云古文言由枿者此偁經非說字也嫌其無別也故別之孟康注漢書黎民祖飢曰祖古文言阻

𢎘　艸木𢎘甬甬然也小徐曰甬之言涌也若水涌出也周禮鐘柄爲甬按凡从甬聲之字皆興起之意**从𢎘用聲**余隴切十部

文四大徐本部末有𢎘字云艸木𢎘盛也从二𢎘胡先切小徐本無今依小徐**重一**

𣐈　艸木𠌶𢎘實也艸字依玉篇補**从木𢎘**小徐本及大徐宋本皆同惟趙抄宋本作从木𢎘𢎘亦聲五音韵譜有同之者殊誤葢篆體一𢎘在木中寫者屈曲反覆似从二𢎘因改此解又於前部末增

邑篆耳邑音胡先切則用爲聲之篆不當胡感切也**㔾亦聲**胡感切古音在七部**凡束之屬皆从束**

𩏑　束也束之訓於从韋得之**从束**小徐曰言束之象木華實之相累也**韋聲**於非切十五部

文二

卤　艸木實垂卤卤然卤卤垂皃莊子曰之調調之刀刀之此也調調謂長者刀刀謂短者調調卽卤卤也卤之隸變爲卣周書雒誥曰秬鬯二卣大雅江漢曰秬鬯一卣毛云卣器也鄭注周禮廟用修曰修讀曰卣卣中尊凡彝爲上尊卣爲中尊罍爲下尊中尊謂獻象之屬按如許說則木實垂者其本義叚借爲中尊字也**象形凡卤之屬皆从卤讀若調**徒遼切二部按調本周聲中尊之義羊久反又音由乃部之逌用卤爲聲古三部與二部合音冣近

𠧪　籒文从三卤作然則卤爲古文小篆

用之

㮚　栗木也　三字句舊刪栗字非也叚借爲戰栗　**从鹵木**　鹵字今補會意力質切十二部　**其實下垂故从鹵**　說从鹵之意

𣡌　古文㮚　古鍇作籀今依大徐籀文鹵从三鹵則籀文㮚亦當从三鹵玉篇曰𣡌籀文是也疑許書本一古一籀並載轉寫佚亂之　**从西**　鹵部曰鹵古文鹵疑篆體當从鹵隸變作栗者竊取古文从西之意　**从二鹵徐巡說木至西方戰栗也**　引徐說說从西之意後漢書杜林傳曰沛南徐巡始師事衛宏後更受林學林於西州得桼書古文尚書一卷雖遭艱困握持不離衛徐能傳之於是古文遂行論語周人以栗曰使民戰栗字从西者取西方揫斂戰栗之意葢堯典臯陶謨寬而栗壁中古文尚書作𩒨而徐巡說之如此也㬅囟也亦徐說秦誓語

𥻆　嘉穀實也　禾下曰嘉穀也黍下曰禾屬而黏者也然則嘉穀謂禾黍也大雅曰誕降嘉穀惟秬惟秠惟䵆惟芑秬秠謂黍䵆芑謂禾許於秠下曰秬秠者天賜后稷之嘉穀也䵆下曰赤苗嘉穀也芑下曰白苗嘉穀也毛魏風傳釋苗爲嘉穀苗

者禾也生民傳釋黄爲嘉穀黄者黄粱謂禾也古者民食莫重於禾黍故謂之嘉穀穀者百穀之總名嘉者美也嘉穀字見詩生民許書及典引注可據改爲嘉種者非嘉穀之實曰粟粟之皮曰穅中曰米**从鹵**自其采言之**从米**自其蘊言之相玉切三部**孔子曰粟之爲言續也**孔子以疊韵爲訓也嘉種不絕蒸民乃粒禹稷之功也

[篆]籒文㮚

文三　重三

亝禾麥吐穗上平也象形从二者象地有高下也禾麥隨地之高下爲高下似不齊而實齊參差其上者蓋明其不齊而齊也引伸爲凡齊等之義古叚爲臍字亦叚爲𪗉字徂兮切十五部**凡齊之屬皆从齊**

𪗉等也齊等字當作此齊行而𪗉廢矣**从亝妻聲**妻者齊也此舉形聲包會意徂兮切十五部

文二

朿　木芒也芒者艸耑也引伸爲凡鑯鋭之偁今俗用鋒鋩字古祗作芒朿今字作刺刺行而朿廢矣方言曰凡草木刺人北燕朝鮮之閒謂之茦或謂之壯自關而東或謂之梗或謂之劌自關而西謂之刺江湘之閒謂之棘**象形**不言从木者朿附於木故但言象形也**凡朿之屬皆从朿讀若刺**七賜切十六部

棗　羊棗也羊蓋衍文羊棗即木部之梬爾雅諸棗中之一與常棗絕殊不當專取以爲訓蓋此當云棗木也棗樹隨地有之盡人所識赤心而外朿非羊棗也必轉寫妄改之誤**从重朿**釋木曰槐棘醜喬棘即棗也析言則分棗棘統言則曰棘周禮外朝九棘三槐棘正謂棗故注云取其赤心而外刺上句曰喬故从重朿會意子晧切古音在三部

棘　小棗叢生者此言小棗則上文謂常棗可知小棗樹叢生今亦隨在有之未成則爲棘而不實已成則爲棗魏風園有棘其實之食唐風肅肅鴇翼集于苞棘小雅有

棘棘匕毛傳曰棘棗也此謂統言不別也邶風吹彼棘心吹彼棘薪左傳除翦其荊棘此則主謂未成者古多叚棘爲亟字如棘人欒欒兮我是用棘匪棘其欲皆是棘亟同音皆謂急也 **从竝朿** 棘庳於棗而朿尤多故从並朿會意己力切一部

文三

片　判木也 謂一分爲二之木片判以疊韵爲訓判者分也周禮媒氏掌萬民之判喪服傳曰夫妻胖合也胖當作片片卽媒氏判字鄭注周禮云判半也得耦爲合主合其半成夫婦也按夫婦各半而合故取象於合巹漢書一半冰亦叚半爲片字 **从半木** 木字之半也匹見切十四部 **凡片之屬皆从片**

版　片也 舊作判也淺人所改今正凡施於宮室器用者皆曰版今字作板古叚爲反字大雅上帝板板傳云板板反也謂版卽反之叚借也 **从片反聲** 布綰切十四部

牑　片也 片各本作判今正副

者判也腷則判木也廣韵曰腷版出通俗文**从片畐聲**芳逼切一部**牘　書版也**牘專謂用於書者然則周禮之版禮經之方皆牘也小宰注曰版戶籍也宮正注曰版其人之名籍也聘禮注曰策簡也方版也李賢蔡邕傳注引說文而曰長一尺按漢人多云尺牘史記緹縈通尺牘此臣得用於君也漢書陳遵與人尺牘主皆藏去此施於儕輩者也木部云槧牘樸也然則粗者爲槧精者爲牘顏師古曰形若今之木笏但不挫其角耳**从片賣聲**徒谷切三部

牒　札也木部云札牒也左傳曰右師不敢對受牒而退司馬貞曰牒小木札也按厚者爲牘薄者爲牒牒之言枼也葉也竹部䈎義略同史記叚諜爲牒**从片枼聲**徒叶切八部

牑　牀版也方言曰牀其上版衞之北郊趙魏之閒謂之牒或曰牑按左傳牑柎藉幹義與牑近**从片扁聲讀若邊**方田切十二部

牖　穿壁㠯木爲交窗也交窗者以木橫直爲之即今之窗也在牆曰牖在屋曰窗此則互明之必言以木者字从片也古者室必有戶有牖

牖東戶西皆南鄉毛詩曰向北出牖也北或有穴通明至冬塞之然士虞禮祝啓牖鄉注云鄉牖一名明堂位達鄉注牖屬是南牖亦名向士喪禮寢東首於墉下喪大記作北墉下今本墉皆譌牖非也牖所以通明故叚爲誘召南吉士誘之大雅天之牖民傳皆訓曰道也道卽導 从片戶甫聲 葢用合韵爲聲也與久切三部 譚長㠯爲甫上 譚長者博采通人之一 句 日也非戶也牖所㠯見日 說从日之意也許篆作牖而偁譚說者字久从戶作譚說有理故偁之

牏 築牆短版也 木部栽下曰築牆長版也長版用於兩邊短版用於兩耑一縮一橫也此牏之本義史漢萬石君傳石建取親中裙廁牏身自浣滌蘇林曰牏音投賈逵解周官云牏行淸也孟康曰廁行淸牏行淸中受糞函者也東南人謂鑿木空中如曹謂之牏依蘇孟說則史漢之牏卽竇之叚借字穴部曰竇空中也徐廣謂讀牏爲竇是也至若晉灼云今世謂反閉小袖衫爲侯牏則尤爲叚借字釋名曰齊人謂如衫而小袖曰侯頭侯頭猶言解瀆辟直通之言是則其語本無正字

从片侖聲讀若侖度侯切四部徐廣曰音住葢本說文音隱住即侸一曰若紐此音則入三部

爿反片爲爿讀若牆各本無此按六書故云唐本有爿部葢從晁氏以道說也今不別立一部依彳部終於反彳爲亍之例補焉說詳木部牀下

文八新補一共文九

鼎三足兩耳和五味之寶器也三足兩耳謂器形非謂字形也九家易曰鼎三足以象三台也易曰鼎黃耳和當作盉許亦從俗通用象析木吕炊巳下次第依韵會所據小徐本訂爿者判木也反片爲爿一朩析爲二之形炊鼎必用薪故像之唐張氏參誤會三足兩耳爲字形乃高析木之兩旁爲耳唐人皆作鼎非也唐氏元度既辨之矣貞省聲大徐本無無此三字則上體未說此謂上體目者貞省聲也或曰離爲目巽爲木鼎卦上離下巽何不以此說字乎曰言易卦之取象則可若六書之會意必使二字相

合成文如人言止戈是目與木不相合也故釋下體爲象形上體爲諧聲古叚鼎爲丁如賈誼傳春秋鼎盛匡衡傳匡鼎來皆是鼎之言當也正也都挺切十一部**昔禹收九牧之金鑄鼎荆山之下入山林川澤者**此字依韵會補**离魅蛧蜽莫能逢之㠯協承天休**离俗用螭依内部則當作离此用宣三年左傳王孫滿說傳不言鑄鼎荆山之下尚書古文疏證云陝西同州朝邑縣西南三十二里有懷德城漢縣也漢志左馮翊褱德下曰禹貢北條荆山在南皇甫謐帝王世紀禹鑄鼎於荆山在馮翊懷德之南山下有荆渠酈氏水經注懷德縣故城在渭水之北沙苑之南禹貢北條荆山在南山下有荆渠卽夏后鑄九鼎處也**易卦巽木於下者爲鼎**此引易證下體象析木之意與晉下引易證从日一例**古文㠯貝爲鼎籒文㠯鼎爲貝**二貝字小徐皆作貞郭忠恕佩觿云古文以貞爲鼎籒文以鼎爲則亦誤今正京房說貞字鼎聲此古文以貝爲鼎之證也許說𠟭⿱口鼎⿱覀鼎⿰鼎攴者籒文之則員賈

妘字此籀文以鼎爲貝之證也

凡鼎之屬皆从鼎。

鼒　鼎之圜掩上者。周頌鼐鼎及鼒釋器曰圜弇上謂之鼒手部曰掩斂也小上曰掩𠬝部曰弇蓋也然則此依許作掩爲正字

从鼎才聲。子之切一部

詩曰：鼐鼎及鼒。

鎡　俗鼒从金茲聲。茲各本作茲今正

鼐　鼎之絕大者。釋器曰鼎絕大謂之鼐周頌傳曰大鼎謂之鼐小鼎謂之鼒傳與爾雅說鼒異說鼐則略同絕大謂函牛之鼎也九家易曰牛鼎受一斛羊鼎五斗豕鼎三斗乃者詞之難也故从乃爲大才者艸木之初也故从才爲小

从鼎乃聲。奴代切一部

魯詩說：鼐，小鼎。魯詩說謂傳魯申公之學者也惠氏棟云說苑曰詩自堂徂基自羊徂牛言自內及外以小及大也魯詩者劉向家學故說鼐小鼒大

鼏　以木橫貫鼎耳舉之。貫當作毌許亦從俗也禮經十七篇多言扃鼏注多言今文扃爲鉉古文鼏爲密按扃者叚借字鼏者正字鉉者音近義同字也以木橫毌鼎耳是曰鼏兩手舉其木之耑是

曰扛鼎鼏横於鼎蓋之上故禮經必先言抽扃乃後取鼏猶扃爲戶外閉之關故或以扃代之也

从鼎冂聲 五篇有冂部此从之爲聲古熒切十一部按大小徐篆皆作鼏解作冂聲莫狄切以鼎蓋字之音加諸横毌鼎耳之義誤矣廣韵集韵禮部韵略玉篇類篇皆佚此字然廣韵玉篇皆云亡狄切鼎蓋也則鼏字尚未亡集韵類篇引横貫鼎耳云云於錫韵冥狄切而鼏字亡矣惟匡謬正俗及毛晃禮部韵略增字獨不誤

周禮廟門容大鼏七箇 攷工記匠人文今本作大扃七箇許所據作鼏用此知禮經古文本亦作鼏古文以鼏密連文今文以鉉密連文鄭上字從古文下字從今文遂鼏鼏連文轉寫恐其易混則上字易爲扃耳韵會無大

卽易玉鉉大吉也 鼎上九爻辭金部鉉下曰所以舉鼎也易謂之鉉禮謂之鼏據此則許所據禮古文作鼏鄭則據禮今文作鉉同易也鼏鉉異字同義或讀鉉古冥反則非矣韵會無大吉也

鼏　鼎覆也　从鼎冖冖亦聲 此九字各本無以鼏篆鼏解牛頭馬脯而合之今補正鼏見禮經所以覆鼎用茅爲

之今本作鼏正字也禮古文作密叚借字也从鼏冖者一覆也冖亦聲者據冥字之解知之古者覆巾謂之幎鼏蓋謂之鼏而禮經時亦通用蛛部蠠从鼏聲亦作蜜虎部虙讀若鼏是知鼏古音同冥亦同密在十一十二部之閒今音則莫狄切

文四　今補一　共文五　重一

克　肩也周頌傳曰仔肩克也人部曰仔克也此曰克肩也然則周頌仔肩絫言之毛謂二字皆訓克也肩謂任任事以肩故任謂之肩亦謂之克釋詁云肩克也又曰肩勝也鄭箋云仔肩任也許云勝任也任保也保當也凡物壓於上謂之克今蘇常俗語如是釋言曰克能也其引伸之義左傳曰凡師得儁曰克於鄭伯克段於鄢曰如二君故曰克卽得儁之說也穀梁曰克者何能也何能也能殺也此釋言之說也公羊曰克之者何殺之也此以相勝爲義大雅毛傳云掊克自伐而好勝人也俗作剋　象屋下刻木之形　上象屋下象刻木彔

彔形木堅而安居屋下栔刻之能事之意也相勝之意也苦得切一部刻克疊韵　凡克之屬皆从克

古文克　亦古文克

文一　重二

刻木彔彔也　小徐曰彔彔猶歷歷也一一可數之皃按剝下曰彔刻割也彔彔麗廔嵌空之皃毛詩車歷錄亦當作歷彔　象形　盧谷切三部　凡彔之屬皆从彔

文一

禾嘉穀也　嘉禾疊韵生民詩曰天降嘉穀維虋維芑虋芑爾雅謂之赤苗白苗許艸部皆謂之嘉穀皆謂禾也公羊何注曰未秀爲苗巳秀爲禾魏風無食我黍無食我麥無食我苗毛曰苗嘉穀也嘉穀謂禾也生民傳曰黃嘉穀也嘉穀亦謂禾民食莫重於禾故謂之嘉穀嘉穀之連稿者曰禾實曰㮚㮚之人曰米米曰粱今俗云

禾　从木象其穗　於義亦未是　疑當作从木从象其穗

克　象屋下刻木之形　義不可通

小米是也。㠯二月始生，八月而孰，得之中和，故謂之禾。依思元賦注、齊民要術訂。和禾疊韵。禾，木也。木王而生，金王而死。謂二月生，八月孰也。伏生、淮南子、劉向所著書皆言張晉中種穀，呼禾爲穀。思元賦注引此，下有故曰木禾四字。从木，禾木也，故从木。象其穗。各本作从木从𠂹省𠂹象其穗九字，淺人增四字，不通。今正。下从木，上筆𠂹者象其穗，是爲从木而象其穗。禾穗必下垂。淮南子曰：夫子見禾之三變也，滔滔然曰：狐向丘而死，我其首禾乎。高注云：禾穗垂而向根，君子不忘本也。張衡思元賦曰：嘉禾垂穎而顧本。王氏念孫說：莠與禾絕相似，雖老農不辨。及其吐穗，則禾穗必屈而倒垂，莠穗不垂，可以識別。艸部謂莠揚生。古者造禾字，屈筆下垂以象之。戶戈切。十七部。凡禾之屬皆从禾。

秀　上諱。上諱二字，許書原文。秀篆，許本無，後人沾之。云上諱，則不書其字，宜矣。不書，故義形聲皆不言。說詳一篇示部。伏侯古今注曰：諱秀之字曰茂。葢許空其篆而釋之曰上諱。下文禾之秀實爲稼，則本作茂實也。許既不言當補之曰不榮而實曰秀从禾人不榮而實曰秀者釋艸毛詩文按釋艸云木謂之榮艸謂之華榮華散文則一耳榮而實謂之實桃李是也不榮而實謂之秀禾黍是也榮而不實謂之英牡丹芍藥是也凡禾黍之實皆有華華瓣收卽爲稃而成實不比華落而成實者故謂之榮可如黍稷方華是也謂之不榮亦可實發實秀是也論語曰苗而不秀秀而不實秀則已實矣又云實者此實卽生民之堅好也秀與采義相成采下曰禾成秀也采自其縱言之秀自其挺言之而非實不謂之秀非秀不謂之采夏小正秀然後爲萑葦周禮注荼茅秀也皆謂其采而實引伸之爲俊秀秀傑从禾人者人者米也出於稃謂之米結於稃內謂之人凡果實中有人本艸本皆作人明刻皆改作仁殊謬禾稃內有人是曰秀玉篇集韵類篇皆有秃字欲結米也而鄰切本秀字也隸書秀从乃而秃別讀矣息救切三部

䅋　禾之秀實爲稼　既言秀又言實者論語說也謂禾采之成曰稼也甫田曾孫之稼箋云稼禾也謂有稿者也

莖節爲禾　全體爲禾渾言之也聘禮禾三十車是也禹貢所謂總也莖節

爲禾別於采而言析言之也下文之稭稈也**从禾家聲**古訝切古音在五部**一曰稼家事也**此取从家爲義史記曰五穀蕃孰穰穰滿家邠風八月其穫謂禾可穫也九月築場圃十月納禾稼謂治於場而納之囷倉也此說與穡義略同**一曰在野曰稼**稼之言嫁也毛傳曰種之曰稼周禮司稼注曰種穀曰稼如嫁女以有所生此說與穡義別呂覽君守篇曰后稷作稼

穡　穀可收曰穡毛傳曰斂之曰穡許不云斂之云可收者許主謂在野成孰不言禾言穀者晐百穀言之不獨謂禾也古多叚嗇爲穡**从禾嗇聲**此舉形聲包會意所力切一部

種　埶也丮部曰埶種也小篆埶爲種之用切種爲先種後孰直容切而隸書互易之詳張氏五經文字種者以穀播於土因之名穀可種者曰種凡物可種者皆曰種別其音之隴切生民曰種之黃茂又曰實種實褎箋云種生不雜也**从禾童聲**之用切九部

稙　早種也此謂凡穀皆有早種者魯頌傳曰先種曰稙謂先種先孰也釋名曰青徐人謂長婦曰稙長禾苗先

生者曰稙取名於此也从禾凡氾言諸穀而字从禾者依嘉穀爲言也直聲常職切一部詩曰

稙稚尗麥魯頌閟宮文按稚當作穉郭景純注方言曰穉古稚字是則晉人皆作稚故穉稚爲古今字寫說文者用今字因襲之耳

種先種後孰也此謂凡穀有如此者邠風傳曰後孰曰重周禮內宰注鄭司農云先種後孰謂之種按毛詩作重叚借字也周禮作種轉寫以今字易之也从禾重聲直容切九部

稑疾孰也謂凡穀有如此者邠風傳曰先孰曰穋周禮內宰注鄭司農云後種先孰謂之稑按土宜物性卽同一種而有不同故大司徒必辨十有二壤之物而知其種司稼掌巡邦野之稼而辨種稑之種也从禾坴聲力竹切三部詩曰黍稷種稑邠風七月文按七月及閟宮皆作重許種下不傳而傳於稑下蓋本作重轉寫易之也

穋稑或从翏翏聲也今周禮作稑毛詩作穋

稺幼禾也魯頌毛傳曰後種曰穉許不言後種者後種固小於先種卽先種者當其未長亦穉也先

種而中有遲長者亦穉也故惟魯頌稙穉對言毛釋之小雅無害我田穉彼有不穫穉毛不釋者亦謂槩言幼禾引伸爲凡幼之偁今字作稚从禾屖聲屖者遲也直利切十五部

稹種穊也此與鬒爲稠髮同也引伸爲凡密緻之偁从禾眞聲之忍切十二部周禮曰稹理而堅攷工記輪人文鄭云稹致也致今之緻字

稠多也本謂禾也引伸爲凡多之偁小雅綢直如髮叚綢爲稠也从禾周聲直由切三部

穊稠也漢書劉章言耕田曰深耕穊種立苗欲疏非其種者鉏而去之引伸爲凡稠之偁从禾既聲己利切十五部

稀疏也去部曰疏通也稀與穊爲反對之辭所謂立苗欲疏也引伸爲凡疏之偁从禾希聲許書無希字而希聲字多有與由聲字正同不得云無希字由字也許時奪之今不得其說解耳香衣切十五部

䅑禾也蓋禾有名䅑者也廣韵曰莊子謂之禾也从禾蔑聲莫結切十二部

穆禾也蓋禾有名穆者也凡經傳所用穆字皆叚穆爲㣎㣎者細

文也从彡㝯省彡言文㝯言細凡言穆穆於穆昭穆皆取幽微之義釋訓曰穆穆敬也大雅文王傳曰穆穆美也**从禾㣎聲**莫卜切三部

私禾也葢禾有名私者也今則叚私爲公厶倉頡作字自營爲厶背厶爲公然則古祇作厶不作私**从禾厶聲**息夷切十五部**北道名禾主人曰私主人**北道葢許時語立乎南以言北之辭周頌駿發爾私毛曰私民田也

䆈稻紫莖不黏者也者字今補**从禾糞聲讀若靡**王氏念孫曰靡當作糜字之誤也扶沸切古音在十三部十五部之閒又按此爲稻屬則當廁於下文稻稌穬秔秏之類葢轉寫者亂之

稷齋也程氏瑤田九穀攷曰稷齋大名也黏者爲秫北方謂之高粱通謂之秫秫今又謂之蜀黍高大似蘆月令首種不入鄭云首種謂稷今以北方諸穀播種先後攷之高粱冣先管子書日至七十日陰凍釋而蓺稷百日不蓺稷日至七十日今之正月也今南北皆以正月蓺高粱是也凡經言疏食者稷食也稷形大故得疏偁按程氏九穀攷至爲精析學者必讀此而

後能正名其言漢人皆冒粱爲稷而稷爲秫秫鄙人能通其語者士大夫不能舉其字眞可謂撥雲霧而覩青天矣

五穀之長謂首種也月令注稷五穀之長按稷長五穀故田正之官曰稷五經異義今孝經說稷者五穀之長穀衆多不可徧敬故立稷而祭之古左氏說列山氏之子曰柱死祀以爲稷稷是田正周棄亦爲稷自商以來祀之許君曰謹按禮緣生及死故社稷人事之既祭稷穀不得但以稷米祭稷反自食同左氏義鄭君駁之曰宗伯以血祭祭社稷五祀五嶽社稷之神若是句龍柱棄不得先五嶽而食大司徒五地一曰山林二曰川澤三曰丘陵四曰墳衍五曰原隰大司樂五變而致介物及土示土示者五土之總神卽謂社也六樂於五地無原隰而有土祇則土祇與原隰同用樂也是以變原隰言土示詩信南山云畇畇原隰下云黍稷或或原隰生百穀稷爲之長然則稷者原隰之神若達此義不得以稷米祭稷爲難社者五土總神稷者原隰之神皆能生萬物者以古之有大功者配之句龍以有平水土之功配社祀之稷有播種之功配稷祀之按許造說文但引今孝經說則其說社稷當與鄭

意同玉裁謂異義早成說文晚出爲定說此亦一耑也**从禾畟聲**子力切一部古叚稷爲即小雅既齊既即毛云稷疾是也亦叚爲昃字如穀梁日昃作日稷是也**𥝩古文稷**按見蓋即古文畟字

穧稷也釋艸曰粢稷也周禮甸師齍盛注云粢者稷也穀者稷爲長按經作齍注作粢此經用古字注用今字之例周禮齍盛字鄭易爲粢者三甸師肆師大祝也小宗伯六齍注云齍讀爲粢六粢謂六穀黍稷稻粱麥苽云齍讀爲粢此易齍爲粢之證也粢本謂稷何以六穀統名粢則以稷爲穀之長故得槩之甸師注是其恉也六米本謂禾凡穀皆得名米粢盛之粢猶是矣甫田作齊亦作齍毛曰器實曰齍而左傳禮記皆作粢盛是可證齍粢之同字穀名曰粢用以祭祀則曰齍別之者貴之也今經典粢皆譌秶而秶字且不見於經典矣廣韵曰𪗉祭飯也玉篇曰黍稷在器曰𪗉知舊本經典故作𪗉盛**从禾齊聲**即夷切十五部**秶穧或从次作**鄭注周禮曰齎資字同其字以齊次爲聲从貝變易此亦以齊次爲聲从禾變易而今日經典粢盛皆从米作

秫稷之粘者　黏誤粘

則又粉餈之或字而誤段之

秫　稷之粘者　九穀攷曰稷北方謂之高粱或謂之紅粱其粘者黃白二種所謂秫也秫爲黏稷而不黏者亦通評爲秫秫而他穀之黏者亦段借通偁之曰秫陶淵明使公田二頃五十畝種秫稻之黏者也崔豹古今注所謂秫爲黏稻是也　从禾朮象形　下象其莖葉上象其采食聿切十五部鍇本作朮聲

朮　秫或省禾

穄　穈也　此謂黍之不粘者也黍部曰穈者穄也吕氏春秋飯之美者陽山之穄高注云關西謂之穈冀州謂之緊廣雅䵚穈穄也九穀攷曰據說文禾屬而黏者黍則禾屬而不黏者穈對文異散文則通偁黍內則飯黍稷稻粱白黍黃粱鄭注黍黃黍也黃黍者穈也穄也飯用之黏者釀酒及爲餌餈酏粥之屬不黏者評穈評穄而黏者乃專得黍名矣今北方皆評黍子穈子穄子穄與稷雙聲故俗誤認爲稷其誤自唐之蘇恭始　从禾祭聲　子例切十五部九穀攷曰簋簋實穈爲之以供祭祀故又異其名曰穄

稻　稌也　今俗槩謂黏者不黏者未去穅曰稻稬稻秈稻秔稻皆未去穅之偁也既去穅

則曰稬米曰秈米曰秔米古謂黏者爲稻謂黏米爲稻九穀攷曰七月詩十月穫稻爲此春酒月令乃命大酋秫稻必齊內則糝記並有稻醴左傳進稻醴粱糗是以稻爲黏者之名黏者以釀也內則糝酏用稻米籩人職之餌餈注亦以爲用稻米皆取其黏耳而食醫之職牛宜稌鄭司農說稌稉也是又以稉釋稻稉其不黏者也孔子曰食夫稻亦不必專指黏者言職方氏揚荊諸州亦但云其穀宜稻吾是以知稌稻之爲大名也玉裁謂稻其渾言之偁秔與稻對爲析言之偁稻宜水故周禮稻人掌稼下地從禾舀聲徒晧切古音在三部

稌稻也釋艸曰稌稻周頌毛傳同許曰沛國評稬而郭樸曰今沛國呼稌然則稌稬本一語而稍分輕重耳從禾余聲徒古切五部周禮曰牛宜稌食醫文

稬沛國謂稻曰稬襄五年穀梁傳仲孫蔑衛孫林父會吳於善稻吳謂善伊謂稻緩按謂善爲伊者古合韵也謂稻爲緩者卽沛國謂稻曰稬之理也緩古亦讀如暖昭五年狄人謂賁泉矢胎謂賁爲矢者卽今俗語謂糞爲矢也今矢胎作失台考誤從禾

耎聲奴亂切十四部今語奴臥切稴稻不黏者凡穀皆有黏者有不黏者秫則稷之黏者
也穄則黍之不黏者也稻有不黏者則稴是也今俗通謂
不黏者爲秈米集韵類篇皆云方言江南呼稉爲秈亦作
籼作粞按說文玉篇皆有稴無秈蓋秈即稴字从禾兼聲
音變而字異耳廣雅曰秈稉也渾言不別也
讀若風廉之廉風廉之廉疑當同食部作風溓溓力兼切亦胡兼切七部秔稻屬凡言
屬者以屬見別也言別者以別見屬也重其同則言屬秔
爲稻屬是也重其異則言別稗爲禾別是也周禮注曰州
黨族閭比鄉之屬別介次市亭之屬別小者屬別並言分
合並見也稻有至黏者稬是也有次黏者稉是也有不黏
者稴是也稉比於稬則爲不黏比於稴則尙爲黏稉與稴
爲飯稬以釀酒爲餌餈今與古同矣散文稉亦偁稻對文
則別魏都賦水澍稉稌陸蒔稷黍蜀都賦黍稷油油稉稻
莫莫皆稉稻並舉本艸經秔米稻米殊用陶貞白乃不能
分別其亦異矣从禾亢聲古行切古音在十部稉俗秔更聲也陸德明曰稉與粳皆俗秔字

秏　稻屬　漢書曰訖於孝武後元之年靡有孑遺秏矣孟康曰秏音毛無有秏米在者也秏米米名卽所謂稻屬也今本作毛米誤孟意若今言無有一粒存者水經注曰燕人謂無爲毛故有用毛爲無者又有用秏者初讀莫報切既又讀呼到切改禾旁爲耒旁罕知其本音本義本形矣大雅秏斁下土秏者乏之無之謂故韓詩云惡也

从禾毛聲　呼到切二部按當音毛音耄

伊尹曰飯之美者元山之禾南海之秏　呂氏春秋本味篇伊尹曰南海之秬高注南海南方之海秬黑黍也許所據伊尹書不同伊尹書見漢藝文志

穬　芒粟也　周禮稻人澤草所生種之芒種鄭司農云芒種稻麥也按凡穀之芒稻麥爲大芒粟次於此麥下曰芒穀然則許意同先鄭也稻麥得評粟者從嘉穀之名也

从禾廣聲　古猛切古音在十部

秜　稻今年落來年自生謂之秜　淮南書離先稻孰而農夫耨之不以小利傷大穫也注云離與稻相似耨之爲其少實疑離卽秜玉篇廣韵秜皆力脂切則音同也他書皆作穭力與切埤蒼

穭自生也亦作稆後漢書獻帝紀尚書郎以下自出采稆古作旅史漢皆云巂觿主葆旅事晉灼曰葆采也野生曰旅今之飢民采旅生按離秜旅一聲之轉皆謂不種而自生者也**从禾尼聲**里之切按之當依廣韵作脂十五部

䅊禾別也謂禾類而別於禾也孟子曰苟爲不孰不如荑稗左傳云用秕稗也杜云稗草之似穀者稗有米似禾可食故亦種之如淳曰細米爲稗故小說謂之稗官小販謂之稗販**从禾卑聲**旁卦切十六部**琅邪有稗縣**地理志琅邪郡稗縣郡國志無後漢省也稗當是本作稗莽曰識命蓋惡其名而易之今山東沂州府莒州州南有稗縣故城或曰本春秋時向國隱公二年莒人入向是也

䄻禾相倚移也相倚移者猶言虛而與之委蛇也呂氏春秋曰苗其弱也欲孤其長也欲相與俱其熟也欲相扶倚移連緜字疊韵讀若阿那攷工記鄭司農注兩引倚移從風今上林賦作旖旎從風說文於禾曰倚移於旗曰旖施於木曰檹施皆謂阿那也毛傳曰猗儺柔順也猗儺即阿那表記衣服以移之注移讀如禾氾移之移移猶廣

大也禾氾移蒸謂禾蕃多郊特牲其蜡乃通以移民也鄭曰移之言羨也古叚移爲侈如攷工記飾車欲侈故書侈爲移少牢饋食禮移袂皆是今人但讀弋支切爲遷移據說文則自此之彼字當作迻 **从禾多聲** 古音在十六部

一曰禾名 別一義

穎 **禾末也** 穎之言莖也頸也近於采及貫於采者皆是也大雅實穎實栗毛曰穎垂穎也禹貢鄭注曰百里賦入總謂入刈禾也二百里銍銍斷去稿也三百里秸秸又去穎也四百里入粟五百里入米者遠彌輕也禮器稾鞂之設鄭注穗去實曰鞂鞂與秸同物鄭注尚書曰去穎謂用其采也注禮器曰去實謂用其穎也史記曰錐處囊中穎脫而出非特其末見而已少儀刀卻刃授穎是則穎在錐則卻於末在刀則卻於刃在禾則卻於采也渾言之則穎爲禾末析言之則禾芒乃爲秒 **从禾頃聲** 頃余切十一部 **詩曰禾穎穟穟** 大雅生民文今詩作禾役毛曰役列也玉裁按役者穎之叚借字古支耕合韵之理也列者梨之叚借禾穰也此穎通穰言之下章之穎則專謂垂者

⿰禾來 **齊謂麥⿰禾來也**

來之本義訓麥然則加禾旁作來俗字而巳蓋薺字也據廣韵則埤蒼來麳字作⿰禾來 从禾來聲 洛哀切一部按上下文皆言禾中閒以麥疑皆非舊文

采 禾成秀人所收者也 依爾雅音義及元應書訂采與秀古互訓如月令注黍秀舒散郎謂黍采也人所收故从爪 从爪禾 會意小徐作爪聲非此與采同意徐醉切十五部

穗 俗从禾惠聲

𥝩 禾危采也 危采謂穎欲斷落也齊民要術云刈晚則穗折遇風則收減玉篇云𥝩亦懸物也則𥝩同方言之𠄏方言曰𠄏縣也趙魏之閒曰𠄏燕趙之郊縣物於臺之上謂之𠄏郭樸曰了𠄏縣物皃丁小反按元應書及集韵所引方言皆如是今本方言作佻妄人所改耳王延壽王孫賦𠄏瓜懸而瓠垂𠄏者象形字𥝩者諧聲字 从禾勺聲 都了切二部

穟 禾采之皃 大雅生民曰禾役穟穟釋訓曰穟穟苗也毛傳曰穟穟苗好美也按公羊傳注生曰苗秀曰禾苗禾一也釋訓毛傳與許說一也許以經言禾穎則穟穟指采言成就之皃 从禾遂聲 徐醉

切十五部詩曰禾穎穟穟按古音支清二部互轉役在支部郎穎之入聲蓋郎穎之叚借字許此句
蓋用三家詩如如鳥斯⿰革羽爲正字毛詩作革爲叚借字也⿱艸穟穟或从艸⿰禾耑禾采之皃
禾采必垂采重則秆垂从禾耑聲讀若端十四部今音丁果切取朵字之意⿰禾曷禾
舉出苗也何休曰生曰苗秀曰禾禾采初挺出於苗是曰褐既成則屈而下垂矣周頌曰驛驛其達有厭
其傑毛云達射也有厭其傑言傑苗厭然特美也毛鄭釋詩皆謂苗許云禾舉出苗則謂采手部揭者高舉也音義
略同从禾曷聲居謁切十五部廣韵入曷薛二韵秒禾芒也下文云禾有秒秋分而秒
定淮南書秒作蔈亦作標按艸部云蔈末也禾芒曰秒猶木末曰杪九穀攷曰粟之孚甲無芒芒生於粟采之莖
从禾少聲亡沼切二部穖禾穖也九穀攷曰禾采成實離離若聚珠相聯貫者謂之穖
與珠璣之璣同意呂氏春秋得時之禾疏穖而穗大得時之稻長稠疏穖高注云穖禾穗果蠃是也玉裁謂穖貴疏

者禾采緊密每顆皆綻而後能疏也穖疏而穗乃大从禾幾聲居豨切十五部

秠一稃二米从禾丕聲詩曰誕降嘉穀惟秬惟秠天賜后稷之嘉穀也按此解當云稃也从禾丕聲詩曰誕降嘉穀惟秬惟秠黑黍一稃二米天賜后稷之嘉穀也爲淺人改竄之耳詩生民惟秬惟秠釋艸曰秬黑黍秠一稃二米毛傳正同蓋黑黍一稃二米曰秬言秬而一稃二米已見經文以惟秠足句見黑黍之稃有異不比下文惟虋惟芑晝然二物故釋訓者以黑黍系秬以一稃二米系秠分屬之鄭志張逸問云鬯人職注秬如黑黍一秠二米按爾雅秠一稃二米未知二者同異荅曰秠卽其皮稃亦皮也爾雅重言以曉人更無異稱也據此知秠卽稃凡稃皆曰秠非必二米一稃也許於鬯部𩰫下云黑黍也一稃二米是可見一稃二米者謂秬非謂凡秠也此必俾經文惟秬惟秠而後總釋之曰黑黍一稃二米則爾雅毛傳訓詁之意明矣秠之本義與稃同故必先之曰稃也从禾丕聲而後引詩則知經義與字義無不合矣小徐本秠稃二篆相屬此必古本

穭

案裹乃其出聲古讀當如會稽之會廣韻公外切是也鉉音
苦檜鍇音苦會亦相近玉篇乃多公外一切失其讀矣

秠稃穭穅四篆同義後人墨守爾雅毛傳而不心知其意
乃妄改許書致文理不通而不可讀敷悲切字林匹几匹
九夫九三反匹九夫九二反則當从不聲玉篇作秠是也
古音在一部○今邑人注如黑黍一稃二米詩正義引作
一秠二米蓋正義所引是鄭作一秠爾
雅作一稃鄭意秠即稃故荅問云爾
稃　穭也　小徐本此篆與
秠篆相屬古本也玉篇次第正同自後人不知秠解而改
竄之乃又移易篆之次第矣甫田箋曰方房也謂孚甲始
生而未合時也古借孚爲稃　从禾孚聲　芳無切古音在三部
䊇　稃或从米付聲

穭　穅也从禾會聲讀若裹　苦會切十五部玉篇公臥公外二切公臥卽讀若裹之云會聲而讀若裹者合音也
穅　穀之皮也　云穀者晐黍稷稻粱麥而言穀猶粟也今人謂已脫於米
者爲穅古人不爾穅之言空也空其中以含米也凡康寧
康樂皆本義空中之引申今字分別乃以本義从禾引伸
義不从禾　从禾米庚聲　庚毛刻作康誤今正苦岡切十部
康　穅或省作　稃穭穅康

四篆大徐在秳稅二篆之下今以類移此

秨 禾繇皃 繇今搖字今俗語說動搖之皃曰秨卽此字也 从禾乍聲讀若昨 在各切五部

穮 耨鉏田也 各本作耕禾閒也今正周頌釋文引說文穮耨鉏田也表嬌反字林穮耕禾閒也方遙反然則今本說文淺人用字林改之穮者耘也非耕也周頌緜緜其麃毛傳曰麃耘也釋訓曰緜緜麃也孫炎云緜緜言詳密也郭樸云芸不息也左傳是穮是蔉杜云穮耘也許云耨鉏田者耨薅器也鉏立薅斫也薅者披田艸也或耨其田或鉏其田皆曰穮今吳下俗語說用鉏曰暴卽此字也 从禾麃聲 甫嬌切二部周頌叚麃爲之 春秋傳曰是穮是衮 左傳昭元年文衮之言畎也謂壅禾本也

轢 轢禾也 轢者車所踐也此轢讀如勞郎到切賈思勰曰古曰耰今曰勞說文耰摩田器今人鄙語曰摩勞齊民要術所謂勞也種穀之法苗既出壟每一經雨白背時輒以鐵齒鍽楱縱橫杷而勞之杷法令人坐上數以手斷去艸如此令地輭易鉏省力中鋒止苗高一尺鋒之按賈云鋒之謂鉏之也

勞之而後鋒之然則案之而後穮之矣**从禾安聲**櫟禾者所以安禾也形聲包會意烏旰切十四部

秄雝禾本雝俗作壅小雅或耘或耔毛曰耘除艸也耔雝本也食貨志后稷始甽田以二耜爲耦廣尺深尺曰甽長終畝一畝三甽一夫三百甽而播種於甽中苗生三葉以上稍耨隴艸因隤其土以附苗根故其詩曰或芸或芓黍稷儗儗芸除艸也秄附根也言苗稍壯每耨輒附根比盛暑隴盡而根深能風與旱故儗儗而盛也按班所據詩作芓古文叚借字說詩作秄小篆字詩言耘秄左傳言穮蔉蔉者甽也隤壟艸壅於甽中也耔蔉皆俗字**从禾子聲**即里切一部

穧穫刈也穫刈謂穫而芟之也刈同乂芟艸也刈之必齊故从齊小雅曰此有不斂穧謂已刈而遺於田未斂者也上文不穫穉謂幼禾留於田未刈者也釋詁曰馘穧穫也鄭注周禮云四秉曰筥謂一穧也**一曰撮也**撮者四圭也一曰兩指撮也然則穧之別義謂少也**从禾齊聲**上文既有穧字以禾在上禾在旁別其義在詣切十五部

穫刈穀也穫之言獲也刈

穀者以銍以鎌。从禾蒦聲。胡郭切五部。

⿰禾資　積禾也。⿰禾資積雙聲。廣雅曰⿰禾資積也。从禾資聲。卽夷切十五部。詩曰⿰禾資之秩秩。周頌文。今作積之栗栗。毛云栗栗衆多也。無⿰禾資積也之文。蓋許偁三家詩也。

積　聚也。禾與粟皆得偁積。引伸爲凡聚之偁。淇奧詩叚簀爲積。从禾責聲。則歷切十六部。

秩　積皃。皃各本作也。今正。積之必有次敘成文理。是曰秩。詩叚樂傳曰秩秩有常也。斯干傳曰秩秩流行也。巧言傳曰秩秩進知也。賓之初筵傳曰秩秩然肅敬也。釋訓曰條條秩秩智也。又曰秩秩淸也。皆引伸之義也。从禾失聲。直質切十二部。古叚⿱𢦏大爲秩。如秩秩大猷。大部作⿱𢦏大⿱𢦏大大猷。儀禮注云秩或爲⿱𢦏大。皆是也。詩曰⿰禾資之秩秩。

稛　絭束也。絭束謂以繩束之。國語垂橐而入。稛載而歸。韋注稛絭也。古亦叚麇爲之。如左傳羅無勇麇之。及潞麇之是也。方言稛就也。注稛稛成就皃。廣韵作成熟。蓋禾熟而刈之而絭束之。其義相因也。从禾囷聲。苦本切十三部。按本从囷聲。丘吻反。轉入慁韵爲苦本切。

是當作足

非从囷聲也稞穀之善者謂凡穀顆粒俱佳者廣韵云淨穀从禾果聲胡瓦切古音讀如顆十七部一曰無皮穀謂穀中有去秠者也此義當讀如裸秳舂粟不潰也水部曰潰漏也舂粟不潰者謂無散於臼外者也蓋舂之用力重則或潰用力輕則不是曰秳今俗謂輕舂曰桄古曠切卽秳之轉語也从禾𠯑聲戶括切按當古活切十五部⿰禾气秳也从禾气聲居气切十五部篇韵皆下沒切穛禾皮也禾皮者禾稿之皮也呂氏春秋曰得時之麥薄穛而赤色本謂稿皮因以評稍皮羔聲勺聲古音同在二部故穛音灼下文曰禾若秧穰曰把取禾若若卽穛今音相近又改其字耳从禾美聲之若切古音在二部平聲按春秋經有禚字齊地名今釋文五經文字皆作禚从示惟玉篇禾部穛下曰又齊地名而示部禚字在部末孫強等所沾然則希馮所據春秋字从禾稭禾稾去其皮祭天㠯爲席也禮器曰莞簟之安而稾鞂之設鄭注穗去實曰鞂引禹貢三百

里納鞂服禹貢釋文秸本或作稭然則稭秸鞂三形同又或作⿱艹黠亦同謂禾莖既刈之上去其穗外去其皮存其淨莖是曰稭鄭云穗去實猶云穎去穗也穎謂莖之近穗者鄭注禹貢云銍謂刈穗斷去稾也稭又去其穎也是謂下截爲稾近穗爲穎故三百里納秸者不惟去稾又去穎而納穗其注禮器云穗去實者正謂去穗用近穗之穎與許云稾去皮者少異許云稾者兼穎而言言稾得兼穎言穎不兼稾也从禾皆聲古黠切十五部

稈禾莖也謂自根之上至貫於穗者是也从禾旱聲古旱切十四部春秋傳曰或投一秉稈昭公廿七年左傳曰或取一編菅焉或取一秉秆焉國人投之此以二句合爲一句耳

秆稈或从干作干聲

稾稈也廣雅左傳注皆云秆稾也叚借爲矢榦之稾屈平屬艸稾之稾从禾高聲古老切二部

秕不成粟也按不成粟之字从禾惡米之字从米而皆比聲此其別也左傳若其不具用秕粺也杜云秕穀不成者僞古文云若粟之有秕呂覽云凡禾之患不俱生而俱死是

以先生者美米後生者多秕是故其糠也長其兄而去其弟按今俗評穀之不充者曰癟補結切卽秕之俗音俗字也引伸之凡敗者曰秕漢書曰秕我王度**从禾比聲**卑履切十五部

稍　**麥莖也**麥莖光澤娟好故曰稍一作藭潘岳射雉賦曰鬭閒藭葉是**从禾肙聲**古玄切十四部

䅖　**黍穰也**廣雅黍穰謂之䅖左傳使巫以桃茢先祓殯杜注云茢黍穰檀弓以巫祝桃茢執戈鄭注云茢萑苕按二物皆可爲彗二字可通用故注不同許說其本義也詩生民禾役穟穟毛傳役列也列蓋䅖之叚借禾穰亦得謂之䅖也**从禾列聲**良薛切十五部

穰　**黍䅖已治者**已治謂已治去其箬皮也謂之穰者莖在皮中如瓜瓤在瓜皮中也周頌傳曰穰穰衆也此叚借也**从禾襄聲**汝羊切十部

秧　**禾若秧穰也**若卽上文之䅖也若者擇菜也擇菜者必去其邊皮因之凡可去之皮曰若竹皮亦曰箬漢書印絫絫綬若若絫絫重積也若若如蘀若之多也秧穰疊韵字集韵曰禾下葉多也今俗謂稻之初生者曰秧凡艸木之幼可

移栽者皆曰秧此與古義別从禾央聲於良切十部⿰禾旁⿰禾旁⿰禾皇穀名廣雅曰⿰禾旁⿰禾皇穄也按許但云穀名不與穄篆爲伍則與張說異从禾旁聲薄庚切古音在十部⿰禾皇⿰禾旁⿰禾皇也二字疊韻从禾皇聲戶光切十部年穀孰也爾雅曰夏曰歲商曰祀周曰年唐虞曰載年者取禾一孰也从禾千聲奴顚切古音在十二部春秋傳曰大有年宣十六年經文穀梁傳曰五穀皆孰爲有年五穀皆大孰爲大有年穀此篆體依五經文字木部正續也穀與粟同義引伸爲善也釋詁毛傳皆曰穀善也又大雅傳曰穀祿也百穀之總名也周禮太宰言九穀鄭云黍稷稻粱麻大小豆小麥苽也膳夫食用六穀先鄭云稌黍稷粱麥苽也疾醫言五穀鄭曰麻黍稷麥豆也詩書言百穀穀種類繁多約舉兼晐之詞也惟禾黍爲嘉穀李善引薛君韓詩章句曰穀類非一故言百也从禾㱿聲㱿者今之殼字穀必有稃甲此以形聲包會意也古祿切三部稔穀孰也稔之言飪也

从禾念聲而甚切七部春秋傳曰不五稔是昭元年左傳文租田賦也从禾且聲則吾切五部稅租也从禾兑聲輸芮切十五部䆃䆃米也三字句各本刪䆃字改米爲禾自呂氏字林顏氏家訓時已然今正䆃擇也擇米曰䆃米漢人語如此雅俗共知者漢書百官表後書殤帝和帝紀皆有䆃官注皆云䆃官主擇米鄧后詔曰減大官䆃官自非共陵廟稻粱米不得䆃擇光武詔曰郡國異味有豫養䆃擇之勞凡作導者譌字也䆃米是常語故以䆃米釋䆃篆如河下云河水嶲下云嶲周之比淺人槩謂複字而刪之又改米爲禾呂忱徐廣顏之推司馬貞皆執誤本說文謂䆃是禾名豈知䆃果禾名則許書之例當與穖穆私三篆爲伍而不廁於此从禾道聲徒到切古音在三部司馬相如曰䆃一莖六穗也史漢司馬相如傳封禪文曰囿騶虞之珍羣徼麋鹿之怪獸䆃一莖六穗於庖犧雙觡共柢之獸獲周餘珍放龜於岐招翠黃乘龍於沼鄭德云䆃擇也一莖六穗謂嘉禾之米鄭語冣

明僚言於庖者擇米作飯必於庖也呂忱乃云禾一莖六穗謂之蘽蓋不讀封禪文而誤繇許書之句度矣

𥞩虛無食也爾雅果不孰爲荒周禮疏曰疏穀皆不孰爲大荒按荒年字當作𥞩荒行而𥞩廢矣从禾荒聲呼光切十部

穌杷取禾若也杷各本作把今正禾若散亂杷而取之不當言把也離騷蘇糞壤以充幃兮謂申椒其不芳王逸曰蘇取也韓信傳曰樵蘇後爨師不宿飽漢書音義曰樵取薪也蘇取草也此皆假蘇爲穌也蘇桂荏也蘇行而穌廢矣樂記蟄蟲昭蘇注云更息曰蘇據玉篇云穌息也死而更生也然則希馮所據樂記作穌从禾魚聲素孤切五部

稍出物有漸也漸依許當作趨漸行而趣廢矣稍之言小也少也凡古言稍稍者皆漸進之謂周禮稍食祿稟也云稍者謂祿之小者也从禾肖聲所教切二部

秋禾穀孰也其時萬物皆老而莫貴於禾穀故从禾言禾復言穀者晐百穀也禮記曰西方者秋秋之爲言揫也从禾龝省聲七由切三部

龝籒文

不省。𥡴伯益之後所封國。鄭詩譜曰：秦者，隴西谷名，於禹貢近雍州鳥鼠之山。堯時有伯翳者，實皋陶之子，佐禹治水。水土既平，舜命作虞官，掌上下草木鳥獸，賜姓曰嬴。歷夏商興衰，亦世有人焉。周孝王使其末孫非子養馬於汧渭之間。孝王封非子爲附庸，邑之於秦谷。至曾孫秦仲，宣王又命作大夫，始有車馬禮樂侍御之好，國人美之，秦之變風始作。按伯益伯翳實一人，皋陶之子也。今甘肅秦州清水縣有故秦城。漢地理志之隴西秦亭秦谷也。地宜禾。从禾，舂省。地宜禾者，說字形所以从禾从舂也。職方氏曰：雍州穀宜黍稷。豈秦穀獨宜禾與。匠鄰切。十二部。按此字不以舂禾會意爲本義，以地名爲本義者，通人所傳如是也。一曰秦，禾名。此別一義。𥢑籒文秦从秝。稱銓也。銓者，衡也。聲類曰：銓所以稱物也。稱俗作秤。按爯，幷舉也。偁，揚也。今皆用稱，稱行而爯偁廢矣。从禾，爯聲。處陵切。六部。廣韵又昌孕切，是也。等也，銓義之引伸。春分而禾生。上文云以二月生。日夏至，晷景可度。

禾有秒謂其時禾乃有芒也**秋分而秒定**上文云以八月孰孰時芒乃定**律數十二**句十二謂六律六呂也**十二秒而當一分**十二兩字舊奪今補下文云十髮爲程一程爲分十分爲寸然則十二禾秒而當十髮淮南天文訓作十二蔈而當一粟**十分而寸**天文訓作十二粟而當一寸**其㠯爲重**以衡輕重也**十二粟爲一分**此粟謂禾粟**十二分爲一銖**百四十四粟也天文訓曰十二粟而當一分十二分而當一銖十二銖而當半兩衡有左右因倍之故二十四銖爲一兩按金部銖下曰權十分黍之重也十分黍有譌依此則當云十二分粟之重也許用淮南說與說苑律歷志說異**故諸程品皆从禾**度起於十二秒權起於十二粟諸程品之字謂稱以下七篆也此釋稱从禾之意併釋科以下六字从禾之意也

程也廣韵曰程也條也本也品也又科斷也按實一義之引伸耳論語曰爲力不同科孟子曰盈科而後進趙岐曰科坎也按盈科爲盈等也**从禾斗**依韵會所

據小徐本苦禾切十七部斗者量也說从斗之意程程品也大徐無程字按此三字爲句與藁米也一例淺人槩謂複字而刪之品者衆庶也因衆庶而立之法則斯謂之程品上文言諸程品可證矣荀卿曰程者物之準也月令陳祭器按度程注程謂器所容也漢書張蒼定章程如淳云章厤數之章術也程者權衡丈尺斗斛之平法也十髮爲程一程爲分一俗本作十誤大小徐舊本漢制攷小學紺珠皆不誤百髮爲分斷無是理十分爲寸十髮爲程度起於此十髮當禾秒十二故字从禾从禾呈聲直貞切十一部稯布之八十縷爲稯按此當有奪文聘禮記曰禾四秉曰筥十筥曰稯十稯曰秅許下文五稯爲秭二秭爲秅正本記文若先之曰布八十縷爲稯則下文不爲四百縷爲秭八百縷爲秅乎知其斷不然矣葢必云禾四十秉爲稯从禾㚇聲一曰布之八十縷爲稯轉寫奪漏而亂之耳秉見又部云禾把也从又持禾云四十秉爲稯則上下相屬成文鄭注周禮云禾稾實并刈者也秉手把也稯猶束也國語其歲收

田一井出稯禾秉芻缶米不是過也稯禾謂禾四十秉秉芻謂芻一把韋注殊誤布八十縷爲稯者史記孝景本紀令徒隸衣七稯布索隱正義皆云蓋七升布用五百六十縷漢書王莽傳一月之祿十緵布二匹孟康云緵八十縷也攷鄭注喪服曰八十縷爲升升當爲登登成也今之禮皆登爲升俗誤已行久矣賈公彥云今亦云布八十縷謂之宗宗卽古之升也是則宗緵登升一語之轉聘禮今文作稯古文作緵許从今文故糸部無緵布縷與禾把皆數也故同名糸部總下云十五升布謂十五稯布也**从禾嵏聲**子紅切九部

籒文稯省嵏亦兇聲也

五稯爲秭禾二百秉也周禮掌客注有秅秭麻苔之文秅秭連文則非詩之秭也謂五稯也**从禾朿聲**將几切十五部**一曰數薏至萬曰秭**薏各本作億今依心部正周頌兩言萬億及秭毛曰數萬至萬曰億數億至萬曰秭定本集注釋文皆作數億至萬釋文所記別本及正義及前此甄鸞五經筭術皆作數億至億許書多襲毛傳此云數薏至萬曰秭似當出於毛然心部云十萬曰

與當作曰

意不從毛之萬萬曰億而從古數則說秭亦不必同毛蓋毛作數億至億曰秭許別有所受作數億至萬與秭不見他經惟見周頌鄭內則注萬億曰兆依許說則秭卽他經之兆與五經筭術曰黃帝爲法數有十等億兆京垓秭壤溝澗正載是也及其用也乃有上中下三等下數十十變之中數萬萬變之上數數窮則變以中數言之毛傳應云數垓至億曰秭而言數億至億曰秭有所未詳玉裁按十等之說起於漢末取周頌云秭國語云經姟者演之三等之說取鄭云今數古數者演之許鄭所不言未可盡信數億至萬亦不爲不多矣不必從毛之數億至億也秭之言積也韓詩云陳穀曰秭秭亦取積義如笫簀之爲一物其例也○釋詁云歷秭筭數也郭云今以十億爲秭

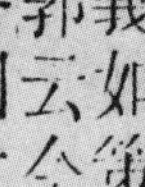

二秭爲秅禾四百秉也周禮掌客曰上公車禾眂死牢牢十車車三秅注云禾藁實幷刈者也聘禮四秉曰筥十筥曰稯十稯曰秅每車三秅則三十稯也聘禮注云一車之禾三秅爲千二百秉三百筥三十稯也○按小徐本作秭也廣韵從之是則秅卽秭爲今數二秭爲秅爲古數也小徐本非則奪字仍記於此**从禾乇聲**

宅加切古音在五部丁故反**周禮曰**周禮當是本作禮記淺人所改也許書之例謂周官經曰周禮謂十七篇曰禮十七篇之記謂之禮記如俯釿毛牛藿羊芐豕薇系之禮記是也四秉爲筥以下聘禮記文**二百四十斤爲秉**此七字妄人所增當刪聘禮記曰十斗曰斛十六斗曰籔十籔曰秉二百四十斗云二百四十斗者經致饔米三十車每車秉有五籔計之得二十四斛爲二百四十斗也此說米之數與禾無涉鄭君所謂米禾之秉筥字同數異妄人乃益之曰爲秉與下文言禾之四秉曰筥相屬而轉寫又斗譌斤曾謂許君而有此乎國語稷禾秉芻缶米韋注當本云稷禾四十秉也秉把也缶庾也庾米十六斗也聘禮曰十六斗曰庾四秉曰筥十筥曰稯今本亦不知何人妄改致不可讀要之許韋不可誣也若廣雅之謬説又無論矣**四秉曰筥**秉見又部曰禾秉也从又持禾秝部云持一禾爲秉持二禾爲兼詩毛傳云秉把也四秉冡又部言之謂禾四把也禾者稾實兼刈者也鄭注禮云筥穧名也若今萊陽之間刈稻聚把有名爲筥者詩云彼有遺秉又云此有不斂穧按鄭意筥

卽穧刈禾盈手曰秉盈手者四聚於一處爲一穧穧十而總束之則爲稯故曰稯猶束也周禮注云筥讀如棟梠之梠謂一穧也疑今禮注奪去一字 **十筥曰稯十稯曰秅四百秉爲一秅**

䄷 百二十斤也 律麻志曰五權之制銖者物繇忽微至於成著可殊異也本起於黃鐘之重一龠容千二百黍重十二銖兩者兩黃鐘律之重也二十四銖而成兩斤者明也十六兩成斤鈞者均也三十斤成鈞石者大也權之大者也四鈞爲石古多叚石爲䄷月令鈞衡石是也有假䄷爲山石者楚辭悲任䄷之何益是也 **稻一䄷爲粟二十斗禾黍一䄷爲粟十六斗大半斗** 斗宋刻皆譌升毛本又誤改斤今正稻亦可偁粟猶凡穀皆可偁米也䄷不專用諸穀而从禾故舉稻與禾黍之粟各一䄷合於量者言之 **从禾石聲** 常隻切古音在五部

稘 復其時也 言帀也十二月帀爲期年中庸一月帀爲期月左傳旦至旦亦爲期今皆假期爲之期行而稘廢矣 **从禾** 从禾者取舊穀沒新穀升也

稘从禾与朞同義

其聲居之切一部唐書曰稘三百有六旬堯典文今堯典作期葢壁中古文作稘孔安國以今字讀之易爲期也唐書大徐作虞書攷心部偁唐書五品不愻大小徐本同此則小徐作唐書大徐作虞書他偁堯典者凡二十五皆云虞書不云唐書參差不畫一未得其解竊謂尚書鄭贊云三科之條五家之教三科者古文家說虞夏書商書周書是也五家者今文家說唐書虞書夏書商書周書是也虞夏同科則自堯典至甘誓爲虞夏書湯誓以下爲商書大誓牧誓以下爲周書五家堯典爲唐書皐陶謨爲虞書禹貢甘誓爲夏書湯誓以下爲商書大誓牧誓以下爲周書論衡曰唐虞夏殷周者土地之名重本不忘始故以爲號若人之有姓矣說尚書謂五者功德之名盛隆之意唐之爲言蕩蕩也虞者樂也夏者大也殷者中也周者至也其褒五家大矣然而失其初意王充業今文此五家之說之證也伏生有五家之教故尚書大傳有唐傳虞傳夏傳殷傳周傳之目見唐人正義所偁引大傳既亡近惠氏定宇蒐集之爲書乃標堯典之首曰虞夏傳唐傳標禹貢之首曰虞夏傳夏傳以古文家

之目羼入今文家殊爲不可通許君云唐書者從今文家說也曷爲從今文家說也堯典紀唐事紀舜皆紀堯也則謂之唐書皋陶謨紀虞事則謂之虞書禹貢紀禹之功則謂之夏書勝於古文家之槩偁虞夏書未得其實也曷爲自言偁書孔氏古文而從今文說也古文今文家標目皆非孔子所題皆學之者爲之說耳說則可擇善而從無足異也若左傳以吞徽五典六句系之虞書以斁內以言三句系之夏書洪範一篇系之商書亦與古文家說不同許於洪範則依左傳謂之商書於堯典皋陶謨禹貢則依今文五家之教謂之唐書虞書夏書蓋合諸說而折其衷矣凡今本說文以堯典系虞書者二十五皆淺人所妄改許不應自相䑛牾如是

文八十七　重十三

秝　稀疏適秝也各本無秝字今依江氏聲王氏念孫說補適秝上音的下音歷疊韵字也玉篇曰稀疏厤厤然蓋凡言歷歷可數歷錄束文皆當作秝歷行而秝廢矣周禮遂師及窆抱磨鄭云磿者適歷執綍者

名也遂人主陳之而遂師以名行㪅之賈公彥云天子千八分布於六綍之上稀疏得所名爲適歷也王氏念孫廣雅疏證云子虛賦七發楊雄蜀都賦南都賦論衡譴告篇嵇康聲無哀樂論皆云勻藥伏儼文穎晉灼李善皆說是調和之名上丁削反下旅酌反勻藥之言適歷也周禮注及說文皆云適歷說文厤字下云治也㕁字下云調也凡均調謂之適歷**从二禾**禾之疏密有章也**凡秝之屬皆从秝讀若歷**郎擊切十六部

兼　幷也幷相從也**从又持秝**會意古甜切七部**兼持二禾秉持一禾**

文二

黍許云雨省聲則篆體當如是引孔子曰者其別說也**禾屬而黏者也**九穀攷曰以禾況黍謂黍爲禾屬而黏者非謂禾爲黍屬而不黏者也禾屬而黏者黍禾屬而不黏者穈對文異散文則通偁黍謂之禾

種黍誤種暑

屬要之皆非禾也今山西人無論黏與不黏統呼之曰穈黍太原以東則呼黏者爲黍子不黏者爲穈子黍宜爲酒爲著䉵之餌餈爲酏粥穈宜爲飯禾黍稻稷各有黏不黏二種按黍爲禾屬者其米之大小相等也其采與禾穗下垂如椎而粒聚黍采略如稻而舒散

以大暑而種故謂之黍大衍字也九穀攷曰伏生尚書大傳淮南劉向說苑皆云大火中種黍菽而呂氏春秋則云日至樹麻與菽麻正穈之誤又夏小正五月初昏大火中種黍菽穈穈字因下文誤衍諸書皆言種黍以夏至說文獨言以大暑葢言種暑之極時其正時實夏至也玉裁謂種植有定時古今所同非可叚借許書經轉寫妄增一字耳以暑種故謂之黍猶二月生八月孰得中和故謂之禾皆以疊韵訓釋

从禾雨省聲舒呂切五部

孔子曰黍可爲酒如稷與秫皆宜酒

故从禾入水也依廣韵補故从二字此說字形之異說也凡云孔子曰者通人所傳以禾入水不見其必爲酒故先雨省聲之說而禾入水會意之說次之今之隸書則从禾入水不从雨省

凡黍之屬

皆从黍。穈穄也。穄見禾部。穈黍之不黏者。如稴爲稻之不黏者。稷爲秫之不黏者也。高注吕氏春秋曰：穄，關西謂之穈，冀州謂之緊。九穀攷曰：特牲饋食禮尸嘏主人有摶黍之儀，必是炊穈爲飯，不相黏著，故令佐食者摶之而後授尸。按周禮士訓注云：荆揚地宜稻，幽并地宜麻。依李氏、聶氏皆忙皮反，則麻本作穈。九穀攷云：鄭據職方氏爲說也。幽州宜三種，并州宜五種，內皆有黍。从黍麻聲。靡爲切。古音在十七部。

䵗黍屬也。禾之別爲稗，黍之屬爲䵗。言別而屬見，言屬而別亦見。䵗之於黍，猶稗之於禾也。九穀攷曰：余目驗之，采與穀皆如黍，農人謂之野稗，亦曰水稗。从黍卑聲。并弭切。十六部。篇韵又皆平懈切。

黏相箸也。有叚溓爲黏者，如攷工記雖有深泥亦弗之溓也是。从黍占聲。女廉切。七部。

䵚黏也。从黍古聲。戶吳切。五部。俗作糊。粘，䵚或从米。作

䵑黏也。从黍日聲。尼質切。十二部。春秋傳曰：不義不䵑。隱元年左傳文。今左傳作暱。昵或暱字。日

近也攷工記弓人凡昵之類不能方故書昵或作樴杜子春云樴讀爲不義不昵之昵或爲䵒䵒黏也按許所據左傳作䵒爲長䵒與暱音義皆相近

⿰黍刃　䵒或从刃　刃聲也據杜子春說攷工記弓人昵或爲䵒方言曰䵒黏也齊魯青徐自關而東或曰䵒或曰⿰黍攵⿰黍攵黏也

黎　履黏也　釋詁曰黎衆也衆之義行而履黏之義廢矣古亦以爲黧黑字　从黍𥝌省聲　𥝌省者不欲重禾也郎奚切十五部　𥝌　此依刀部作　古文利作履黏以黍米也　說从黍之意

⿰黍畐　治黍禾豆下潰葉也　潰葉蒸殨恐其傷穀故必治之治之者當以杷以鉏此今農人所當知也　从黍畐聲　蒲北切一部

文八　汲古閣安增⿰黍元非　重二

香　芳也　艸部曰芳艸香也芳謂艸香則氾言之大雅曰其香始升　从黍从甘　會意許良切十部　春秋傳曰黍稷馨香　約舉左傳僖五年文此非爲香證說香必从黍之意也　凡香

𣪊从籀文磬　鍇本無此四字臣鍇曰殸古文磬字是鍇本誤以鍇案竄入說解

之屬皆从香馨香之遠聞也同大雅鳬鷖傳按唐風椒聊一章曰椒聊且遠脩且傳曰脩長也二章椒聊且遠條且傳曰條言馨之遠聞也今本前後章皆作條則毛不應別爲傳矣而足利古本尚可證經言脩者枝條之長條者芬香條鬯之謂傳馨字今譌聲从香殸聲呼形切十一部𣪊籀文馨

文二徐鉉新附馥字按毛詩苾字韓詩作馥許於艸部已錄苾故不收馥不從韓也

米粟實也鹵部曰粟嘉穀實也嘉穀者禾黍也實當作人粟舉連秠者言之米則秠中之人如果實之有人也果人之字古書皆作人金刻本艸尚無作仁者至明刻乃盡改爲仁鄭注冢宰職九穀不言粟注倉人掌粟入之藏云九穀盡藏焉以粟爲主粟正謂禾黍也禾者民食之大同黍者食之所貴故皆曰嘉穀其去秠存人曰米因以爲凡穀人之名是故禾黍曰米稻稷麥苽亦曰米舍人注所謂六米也六米即膳夫食醫之食用六穀也賓

客之車米筥米喪紀之飯米不外黍粱稻稷四者凡穀必中有人而後謂之秀故秀从禾人象禾黍之形大徐作禾實非是米謂禾黍故字象二者之形四點者聚米也十其閒者四米之分也篆當作四圍點以象形今作長點誤矣莫禮切十五部凡米之屬皆从米𥻆禾米也各本作米名也今正古訓詁多不言某名如毛傳但言水也山也艸也木也皆是上文粟與米皆兼禾黍言粱則專爲禾米故別言之淺人不得其解乃刪禾字矣生曰苗秀曰禾稾實幷刈曰禾其實曰粟粟中人曰米米可食曰粱禮經簠陳稻粱簋陳黍稷聘禮米百筥設於中庭十以爲列黍粱稻皆二行稷四行內則飯黍稷稻粱白黍黃粱食醫六食犬宜粱喪大記君用粱大夫用稷士用粱凡黍稷稻之米無別名禾之米則曰粱自糲以至於侍御皆粱也小雅黃鳥無啄我粟兼禾黍言之二章言粱三章言黍其目也粟言連秠粱黍言米又其別也从米粱省聲呂張切十部

䊪早取穀也內則稰穛注云孰穫曰稰生穫曰穛正義曰穛是斂縮之名明以生穫故其物縮斂

也按穛卽⿰米焦字亦作穱古爵與焦同音通用也大招七發皆云穱麥王逸云擇麥中先孰者也大招以爲飯七發以飤馬吳都賦云穱秀菰穗廣韵云穱者稻處種麥皆與早取之義合凡早取穀皆得名穱不獨麥也从米焦聲側角切二部一曰小謂穀之小者也取掔斂之意

粲稻重一秝爲粟二十斗見禾部爲米十斗曰毇此當有奪文當以爲米十斗句絕下云爲米九斗曰毇稻粟二十斗爲米十斗者九章筭術所謂稻率六十糲米率三十也稻粟二十斗爲米十斗今目驗猶然其米甚粗不得曰毇明矣爲米九斗曰毇者下文云米一斛舂爲九斗曰毇是也毇卽粺禾黍言粺稻言毇稻米九斗而舂爲八斗則亦曰糳八斗而舂爲六斗大半斗則曰粲猶之禾黍糳米爲七斗則曰侍御也禾黍米至於侍御稻米至於粲皆精之至矣不言亦曰糲不言爲米八斗亦曰糳者名各有所系欲讀者參伍而得之爲米六斗大半斗曰粲謂以八斗舂爲六斗大半斗也以今目驗言之稻米十斗舂之爲六斗大半斗精無過此者矣漢荆

法有鬼薪白粲白粲謂舂也粲米最白故爲鮮好之偁穀梁粲然皆笑謂見齒也鄭風傳曰粲餐也此謂粲爲餐之叚借　**从米𣦼聲**春之義亦與𣦼相近倉案切十四部

糲　粟重一䄷爲十六斗大半斗見禾部不言禾黍者粟本禾黍實之名稻評粟則借辭也**舂爲米一斛曰糲**粟十六斗大半斗爲米十斗卽九章筭術粟米之法粟率五十糲米三十也張晏曰一斛粟七斗米爲糲與九章筭術率異　**从米萬聲**今皆作糲从厲古从萬聲與牡蠣字正同漢書司馬遷傳糲粱之食與許篆體合洛帶切十五部

精　擇米也米字各本奪今補擇米謂簡擇之米也莊子人閒世曰鼓筴播精司馬云簡米曰精簡卽柬俗作揀者是也引伸爲凡最好之偁撥雲霧而見青天亦曰精韓詩於定之方中云星精也　**从米青聲**子盈切十一部

粺　毇也粺者糲米一斛舂爲九斗也大雅彼疏斯粺傳云彼宜食疏今反食精粺箋云米之率糲十粺九糳八侍御七按漢九章筭術云糲米三十粺米二十七糳米二十四御米二十一

卽鄭說所本粺謂禾黍米毇謂稻米而可互偁故以毇釋粺从米卑聲旁卦切十六部粗疏也大雅彼疏斯粺箋云疏麤也謂糲米也麤卽粗正與許書互相證疏者通也引伸之猶大也故粗米曰疏糲米與粺米按則糲爲粗稷與黍稻粱按則稷爲粗九穀攷云凡經言疏食者稷食也論語疏食菜羹卽玉藻之稷食菜羹左傳粱則無矣麤則有之麤對粱而言稷之謂也儀禮昏禮婦饋舅姑有黍無稷特著其文蓋婦道成以孝養不進疏食也按引伸叚借之凡物不精者皆謂之粗从米且聲徂古切五部今皆讀平聲粊惡米也粟之不成者曰粃米之惡者曰粊其音同也莊子塵垢粃康粃卽粊字从米比聲各本篆作粊解作粊云北聲今正粊在古音十五部不當用一部之北諧聲也經典釋文五經文字皆不誤若廣韵作粊注云說文作粊蓋由說文之誤已久玉篇作粊作糒作粊皆云惡米而皆粊之誤兵媚切十五部周書有粊𢷎尚書粊𢷎卽今所用衛包妄改本之費𢷎也周禮禮記曾子問鄭注皆云粊𢷎裴駰司馬貞注史記皆云尚書作粊司馬

貞當開元時衛包本猶未行至包乃改作費至宋開寶陳諤乃將尙書音義之粊改費學者莫知古本矣貞之改粊爲費也直謂粊卽季氏費邑不知漢費縣故城在今兖州府費縣西北二十里去曲阜且二百里粊誓全篇乃初出師時語未必遠在今費縣史記作肸誓徐廣曰一作鮮一作獮葢伏生作肸作鮮作獮古文作粊音正相近不當从一部北聲可知

糱牙米也牙同芽芽米者生芽之米也凡黍稷稻粱米已出於穅者不牙麥豆亦得云米本無穅故能芽芽米謂之糱猶伐木餘謂之蘖庶子謂之孼也按許云芽米葢容穀言之散文則粟得偁米月令乃命大酋秫稻必齊麴糱必時注云古者穫稻而漬米麴至春而爲酒按漬米漬麴是二事漬米卽大酋之糱也此糱不必有芽以凡穀漬之則有芽故名漬米曰糱**从米辥聲**魚列切十五部

粒糂也按此當作米粒也米粒是常語故訓釋之例如此與糱篆下云糱米也正同玉篇廣韵粒下皆云米粒可證淺人不得其解乃妄改之以與糂下一曰粒也相合不知粒乃糂之別義正謂米粒如妄改之文則粒爲以米和羹矣而一曰粒

也何解乎今俗語謂米一顆曰一粒孟子樂歲粒米狼戾趙注云粒米粟米之粒也皐陶謨烝民乃粒周頌立我烝民鄭箋立當作粒詩書之粒皆王制所謂粒食始食艱食鱻食至此乃粒食也**从米立聲**力入切七部按此篆不與糂篆相屬亦可證其解斷不作糂也

𩚬古文从食

釋漬米也大雅曰釋之叜叜傳曰釋淅米也叜叜聲也按漬米淅米也漬者初湛諸水淅則淘汏之大雅作釋釋之叚借字也**从米睪聲**施隻切古音在五部

糂以米和羹也古之羹必和以米墨子藜羹不糂十日呂覽作藜羹不斟七日不粒不斟正不糂之誤內則注曰凡羹齊宜五味之和米屑之糝**从米甚聲**桑感切七部**一曰粒也**今南人俗語曰米糝飯糝謂孰者也釋名曰糝黏也相黏數也按廣韵集韵類篇干祿字書皆有粽字云蜜漬瓜食也桑感切蓋糝有零星之義故今之小菜古謂之糝別製其字作粽通鑑盧循遺劉裕益智粽宋廢帝殺江夏王義恭以蜜漬目睛謂之鬼目粽廣韵二仙枸櫞樹皮可作粽南方艸物狀建安八年交州刺

史張津以益智子粽餉魏武帝俗多改粽字胡三省注通鑑曰角黍也蓋譌認爲送韵之粽字齊民要術引廣州記益智子取外皮蜜煮爲糝味辛徑作糝字

糣　籒文糂从朁朁聲甚聲同在七部

糝　古文糂从參參聲亦在七部周禮醢人內則皆如此作周頌潛有多魚傳曰潛糝也古本如此爾雅糝謂之涔涔卽詩之潛也小爾雅及郭景純改糝爲木旁謂積柴水中令魚依之止息字當从木也而舍人李巡皆云以米投水中養魚曰涔似其說各異不知積柴而投米焉非有二事以其用米故曰糝以其用柴故或製字作罧罧見淮南書糣糝皆魏晉閒妄作也

糪　炊句**米者謂之糪**炊謂飯與鬻也下言炊爨之失故先之曰炊釋器曰米者謂之糪米者謂飯之米性未孰者也李巡云飯米半腥半孰曰糪腥先定反廣韵引新字林云粫豆中小硬者義相近**从米辟聲**博厄切十六部

糜　糝糜也各本無糜字淺人所刪今補以米和羹謂之糝專用米粒爲之謂之糝糜亦謂之鬻亦謂之饘食部曰饘糜也釋名曰糜煮米使糜爛也粥淖

於穈粥粥然也引伸爲穈爛字从米麻聲靡爲切古音在十七部黃帝初教作穈各本無此六字今依韵會所據鍇本補初學記藝文類聚北堂書鈔皆引周書黃帝始亨穀爲粥此記化益作井揮作弓奚仲造車之例

𥻤穈和也穈和謂菜屬也凡羹以米和之曰糝穈或以菜和之曰𥻤从米覃聲讀若譚大徐譚作鄲鄲譚古今字也徒感切古音在七部

𥻗潰米也潰爛也謂米之棄於地者也禾部曰稃舂粟不潰也不拋散謂之不潰从米尼聲武夷切十五部交止有𥻗泠縣止俗作阯誤今正地理志交止郡麊泠後郡國志同麊者𥻗之誤應劭曰麊音彌孟康曰泠音螟蛉之蛉

䈞酒母也从米䈞省聲䈞或作𥳈則亦可云𥳈聲也駈六切三部

麴䈞或从麥鞠省聲作麴或以米或以麥故其字或从米或从麥

糟酒滓也內則曰重醴稻醴清糟黍醴清糟粱醴清糟注云重陪也糟醇也清泲也致飲有醇者有泲者陪飲之也周禮酒正共后之致飲於

糒糗二注糒皆誤精

賓客之禮醫酏糟注云糟醫酏不泲者泲曰清不泲曰糟按今之酒但用泲者直謂巳漉之粕爲糟古則未泲帶滓之酒謂之糟泛齊醴齊滓浮尤濁盎齊緹齊沈齊差清莊子音義元應書皆引許君淮南注曰粕巳漉粗糟也然則糟謂未漉者 **从米曹聲** 作曹切古音在三部大鄭周禮注引內則清糟字皆作莤云糟音聲與莤相似記之者各異耳按莤蓋从酒艸聲亦糟字也

醩 籒文从酉 大徐本作醩集韵從之小徐本作醩韵會從之汲古閣以小徐改大徐非也

糒 乾飯也 飯字各本奪今依李賢明帝紀注隗囂傳注李善文選注元應書補乾音干釋名曰干飯飯而暴乾之也周禮稾人注曰行道曰糧謂糒也止居曰食謂米也按干飯今多爲之者 **从米葡聲** 平祕切古音在一部

糗 熬米麥也 周禮羞籩之實糗餌粉餈鄭司農云糗熬大豆與米也粉豆屑也元謂糗者擣粉熬大豆爲餌餈之黏著以坋之耳按先鄭云熬大豆及米後鄭但云熬大豆注內則又云擣熬穀不同者黍粱朮麥皆可爲糗故或言大豆以包米或言穀以包米豆而許云熬

米麥又非不可包大豆也熬者乾煎也乾煎者鬻也鬻米豆舂爲粉以坋餌餈之上故曰糗餌粉餈鄭云擣粉之許但云熬不云擣粉者鄭釋經故釋粉字之義許解字則糗但爲熬米麥必待臬之而後成粉也粊誓峙乃糗糧某氏云糗糒之糧孟子曰舜之飯糗茹草趙云糗飯乾糒也左傳爲稻醴粱糗廣韵曰糗乾飯屑也此皆謂熬穀未粉者也

从米臭聲去九切三部

舂糗也米麥已熬乃舂之而後之成勃鄭所謂擣粉也而後可以施諸餌餈

从米臼臼亦聲此舉會意包形聲也其九切三部

糈　糧也凡糧皆曰糈離騷王注曰糈精米所以享神其一耑耳

从米胥聲私呂切五部

糧　穀食也周禮稾人凡邦有會同師役之事則治其糧與其食鄭云行道曰糧按詩云乃裹餱糧莊子云適百里者宿舂糧適千里者三月聚糧皆謂行道也許云穀食則兼居者行者言糧本是統名故不爲分析也

从米量聲呂張切十部亦作粮

粈　襍飯也食部曰飷襍飯也廣韵曰飷亦作粈然則飷粈一字今之糅襍字也

从米丑

聲女久切三部糴穀也糴者穀也故糴字从入糴會意揚雄蜀都賦糴米肥腯言食穀米之肥腯也轉寫作糴米誤矣从米翟聲他弔切二部按當依玉篇徒的徒弔二切䊳末也末小徐本作麩據玉篇云䊳或作麩則䊳麩一字大徐作麩麩乃麩之誤汲古後人又依小徐改作麩矣今正作末凡糜而粉之曰末麥部曰麵麥末也是也麵專謂麥末䊳則統謂凡米之末廣雅䊳謂之麵此謂麵亦䊳之一耳䊳者自其細蔑言之今之米粉麵勃皆是从米蔑聲莫撥切古在十二部粹不雜也劉逵引班固云不變曰醇不雜曰粹按粹本是精米之偁引伸爲凡純美之偁从米卒聲雖遂切十五部氣饋客之芻米也聘禮殺曰饔生曰餼餼有牛羊豕黍粱稻稷禾薪芻等不言牛羊豕者以其字从米也言芻米不言禾者舉芻米可以該禾也經典謂生物曰餼論語告朔之餼羊从米气聲許既切十五部今字叚氣爲雲氣字而饔餼乃無作氣者春秋傳曰齊人來氣諸侯事見左傳桓六年十年十

⿰米卷

案鍇本⿰米卷或从卷作則⿰米卷卽粉之異文

与鉉不同

年傳曰齊人餼諸侯許所據作氣左丘明述春秋傳以古文於此可見

槩 氣或从既 既聲也聘禮記曰日如其饔既之數注云古文既爲餼中庸篇曰既稟稱事注云既讀爲餼大戴朝事篇私覿致饔既戴先生曰既卽餼字按三既皆槩之省

𩚵 氣或从食 按从食而氣爲聲蓋晚出俗字在假氣爲气之後

粠 陳臭米 賈捐之傳太倉之粟紅腐而不可食師古曰粟久腐壞則色紅赤也按紅卽粠之叚借字 从米工聲 戶工切九部

粉 所以傅面者也 所已字舊奪今補小徐曰古傅面亦用米粉故齊民要術有傅面粉英按據賈氏說粉英僅堪妝摩身體耳傅人面者固胡粉也許所云傅面者凡外曰面周禮傳於餌餈之上者是也引伸爲凡細末之偁 从米分聲 方吻切十三部

⿰米卷 粉也 从米卷聲 去阮切十四部玉篇曰⿰米卷同

䊝 䊝糝也 䊝糝雙聲字今俗語尙如此言之歛曰䊝言之侈曰糝皆單評也絫評之曰䊝糝 从米悉聲 私列切十二部

⿱殺米 䊝糝散之也

𥼶者複舉字悉者衍字左傳正義兩引說文𥼶散之也可證左傳昭元年曰周公殺管叔而蔡蔡叔釋文曰上蔡字音素葛反說文作𥼶正義曰說文𥼶爲放散之義故訓爲放隷書改作巳失字體𥼶字不可復識寫者全類蔡字至有爲一蔡字重點以讀之者定四年正義同是𥼶本謂散米引伸之凡放散皆曰𥼶字譌作蔡耳亦省作殺齊民要術凡云殺米者皆𥼶米也孟子曰殺三苗於三危卽𥼶三苗也 **从米殺聲** 桑割切十五部

䊳碎也 石部云碎䊳也二字互訓王逸注離騷瓊爢云爢屑也爢卽䊳字廣雅糜字二見曰糜饘也與說文同曰糜糏也卽說文之䊳碎也糜與䊳音同義少別凡言粉碎之義當作䊳 **从米靡聲** 此字玉篇廣韵集韵皆忙皮切徐鼎臣乃云莫臥切而類篇從之葢誤認爲䃺字耳鼎臣所說不必皆唐韵也䊳古音在十七部

竊盜自中出曰竊 小徐曰所謂亂在內爲宄也按春秋曰盜竊寶玉大弓盜自中出也虎部曰竊淺也此於雙聲疊韵得之 **从穴米** 米自穴出此盜自中出之象也會意 **离廿皆聲也** 一字有以二字

竊 米离 盜自中出者 從言 失生於木 也
注皆當爲卑 以芊省 羊赤 强羊也 釋蟲 蛄蟹
强蝆 方言 蚍䖹謂之强羊 郭注今米穀
中蠹小黑蟲是也 离義無取 从穴米會意

形聲者千結切十五部廿古文疾童下亦曰廿古文以爲疾云以爲則本訓二十卄古文叚借以爲疾字也卄部疾下列古文仍與小篆不別葢轉寫之誤禼偰字也大徐作古文偰按内部禼蟲也讀與偰同是則音同而義異也此云偰字者葢古文叚借以禼爲偰猶見於漢書

文三十六　重七

毇糲米一斛舂爲九斗也九斗各本譌八斗糳下八斗各本譌九斗今皆正九章筭術曰糲米率三十粺米二十七糳米二十四御米二十一毛詩鄭箋米之率糲十粺九糳八侍御七米部曰粺毇也是則毇與粺皆一斛舂爲九斗明甚毇見粲下謂稻米也稻米之始亦得云糲此云糲米者兼稻米粟米言也从臼米依韵會本从殳从臼米者謂舂也从殳者殳猶杵也許委切十五部鉉本从臼米作从杲凡毇之屬皆从毇糳糲米一斛舂爲八斗曰糳此糲米亦兼粟米稻米言

也詩生民召旻音義左傳桓二年音義皆引字林糳子沃反糲米一斛舂爲八斗也與九章筭術毛詩鄭箋皆合然則許在張蒼之後鄭呂之前斷無乖異各本八斗譌九斗繆誤顯然經傳多叚鑿爲糳 **从毇丵省聲** 鍇有省字今依之篆體減一畫則各切古音在二部

文二

臼 舂臼也 各本無臼字今補杵下云舂杵也則此當云舂臼也明矣引伸凡凹者曰臼 **古者掘地爲臼** 見易毄辭傳葢黃帝時雍父初作如此 **其後穿木石** 或穿木或穿石 **象形** 口象木石臼也 **中象米也** 所舂也其九切三部 **凡臼之屬皆从臼**

臿 擣粟也 言粟以晐他穀亦言粟以晐米小徐本粟作米周禮有舂人廣雅曰臿䀐昁暘糳捶鬻𢿏橐碏舂也 **从𠬞持杵以臨臼** 會意書容切九部 **杵省** 此與日部匕合也會部會益也𠬞部允進也同皆六書之

段借也 古者雝父初作舂 太平御覽世本雍父作舂杵臼宋衷曰雍父黃帝臣也周本紀楚圍雍氏正義云括地志故雍城在洛州陽翟縣東北二十五里故老云黃帝時雍作杵臼所封也

𦥯 齊謂舂曰𦥯 按廣雅獨不載此字疑其臿即𦥯之誤而其䄍即許之臿也 从臼屰聲讀若膊 匹各切五部

臿 舂去麥皮也 示部䄍下曰讀若舂麥爲䄍之䄍臿䄍古今字也許於說解中用今字耳周禮䖈人大祭祀則共其接盛接即臿之段借凡穀皆得云臿也引伸爲凡刺入之偁如農器刺地者曰鍫臿 从臼干聲一曰干所以臿之 此依韵會所據鍇本干聲在十四部與十五部取近臿䄍字本在十五部臿又轉入於八部音楚洽切也一曰干所以臿之則爲會意干猶杵也

舀 抒臼也 生民詩曰或舂或揄或簸或蹂毛云揄抒臼也然則揄者舀之段借字也抒挹也既舂之乃於臼中挹出之今人凡酌彼注此皆曰舀其引伸之語也 从爪臼 會意以沼切今語也古音讀如由釋文引說文弋紹切音

隱巳如此詩曰或簸或舀此偁或舂或揄也簸字系一時筆誤耳舀揄不同則或許所據毛詩作舀或許取諸三家詩如毛作革韓作鞠之比皆不可定𢬵舀或从手宂从手宂聲也宂今音在九部古音當在三部周禮舂人奄二人女舂抌二人奚五人鄭曰抌抒臼也引詩或舂或抌禮有司徹篇執挑匕柄以挹湆注於疏匕鄭云挑讀如或舂或抌之抌拔鄭君注禮多用韓詩然則韓詩作抌卽舀也𦥸舀或从臼宂

臽小阱也阱者陷也臽謂阱之小者从人在臼上古者掘地爲臼故从人臼會意臼猶坑也戶猶切八部

文六　重二

凶惡也凶者吉之反象地穿交陷其中也此爲指事許容切九部凡凶之屬皆从凶

兇擾恐也杜注左曰兇恐懼聲从儿在凶下會意許拱切九

部

春秋傳曰曹人兇懼僖二十八年左傳文

文二

說文解字第七篇上

此篇釋函字與三篇上釋谷字乖異此云函訓舌彼以此舌也爲谷也之譌今案彼處說是函者口次肉以圅象其形下言舌體㔾㔾含於谷中故其字从㔾也象形二字在舌體㔾㔾之上不誤函谷也正與毛傳臄函也適合非毛之函卽顄也顄自𦣝言函自口次肉言陸氏引說文函谷也口次肉也而谷譌舌乃妄增又云字服虔云口上曰臄口下曰函者析言之毛許渾言之

受業歙江有誥校字

說文解字第七篇下

金壇段玉裁注

朩　分枲莖皮也謂分擘枲莖之皮也从屮象枲莖八象枲皮兩旁者其皮分離之象也此字與讀若輩之朩別凡朩之屬皆从朩讀若髕匹刃切十二部

𣏟　麻也鍇本作麻子也非玉篇云有子曰苴無子曰枲廣韵互易之誤也喪服傳曰苴麻之有蕡者也牡麻者枲麻也艸部曰萉枲實也萉者蕡之本字枲既無實之牡麻何以言枲實也枲亦爲母麻牡麻之大名猶麻之爲大名也芓者母麻一曰芓卽枲也是苴可評枲之證也周禮但言枲以晐麻艸之物九穀攷曰閒傳曰苴惡貌也斬衰貌若苴齊衰貌若枲以今日北方種麻事目驗之牡麻俗評花麻夏至開花所謂榮而不實謂之英者花落卽拔而漚之剝取其皮是爲夏麻夏麻之色白苴麻俗評子麻夏至不作花而放勃勃卽麻實所謂不榮而實謂之秀者八九

月閒子熟則落搖而取之子盡乃刈漚其皮而剝之是爲秋麻色青而黵不潔白閒傳所云若苴若枲殆以是與

从朩台聲鍇作辝省聲非也胥里切一部

𥿋籒文枲从𣏟从辝辝聲也

文二　重一

𣏟萉之總名也各本萉作葩字之誤也與呂覽季冬紀注誤同今正艸部曰萉枲實也䕈或萉字也萉本謂麻實因以爲苴麻之名此句疑尙有奪字當云治萉枲之總名下文云𣏟人所治也可證萉枲則合有實無實言之也趙岐劉熙注孟子妻辟纑皆云緝績其麻曰辟按辟音劈今俗語緝麻析其絲曰劈卽𣏟也

𣏟之爲言微也𣏟微音相近春秋說題辭曰麻之爲言微也𣏟麻古蓋同字

微纖爲功絲起於糸麻縷起於𣏟

象形按此二字當作从二𣎳三字𣎳謂析其皮於莖𣏟謂取其皮而細析之也匹卦切十六部

凡𣏟之屬皆从𣏟

檾枲屬類枲而非枲言屬而別見也檾者草名也周禮典枲

掌布絲縷紵之麻草之物注云草葛蕡之屬掌葛徵草貢之材於澤農注云草貢出澤蕡紵之屬可緝績者蕡即檾字之異者蕡紵出於澤與葛出於山不同又作顈襍記如三年之喪則既顈其練祥皆行鄭云顈草名無葛之鄉去麻則用顈詩兩言褧衣許於此偁檾衣於衣部偁褧衣而云褧檾也示反古然則褧衣者以檾所績爲之葢士昏禮所謂景也今之檾麻本草作苘麻其皮不及枲麻之堅韌今俗爲麤繩索多用之**从林熒省聲**去顈切十一部**詩曰衣錦檾衣**衞碩人鄭丰文今皆作褧

𣏟　分離也㪔潸字以爲聲㪔散行而㪇廢矣**从林从攴**會意穌旰切十四部**林分㪇之意也**說从林之意

文三

麻　枲也麻與枲互訓皆兼苴麻牡麻言之**从𣏟从广**會意莫遐切古音在十七部**𣏟人所治也在屋下**說从广之意𣏟必於屋下績之故从广然則未治謂之枲治之謂之麻以已治

之偁加諸未治則統謂之麻此條今各本皆奪誤惟韵會所據小徐本不誤今從之凡麻之屬皆从麻

⿸麻後未練治纑也系部曰纑布縷也劉熙孟子注曰緝績其麻曰辟練絲曰纑練絲謂取所緝之縷湅治之也練者湅也湅者㶕也汏諸水漂潎之也已湅曰纑未湅曰⿸麻後廣雅曰⿸麻後綃也綃是生絲未湅之縷如生絲然故曰綃也如成國謂已湅曰練絲从麻後聲空谷切三部按後之入聲如斛如大雅垢與谷韵是也

⿸麻取麻蘔也从麻取聲東方朔七諫曰莙蕗襍於黀蒸王注云枲翮曰黀熇竹曰蒸按蘔卽稭字之俗黀麻蘔卽艸部之菆麻蘔此部此篆葢淺人所增側鳩切四部

⿸麻俞⿸麻後屬⿸麻後爲枲類⿸麻俞又⿸麻後類也廣韵引字書云⿸麻俞麻一絜也从麻俞聲度侯切四部

文四

尗豆也尗豆古今語亦古今字此以漢時語釋古語也戰國策韓地五穀所生非麥而豆民之所食大

抵豆飯藿羹史記豆作菽

尗象豆生之形也尗象各本作象尗誤今正重言尗者著其形也豆之生也所種之豆必爲兩瓣而戴於莖之頂故以一象地下象其根上象其戴生之形式竹切三部今字作菽凡尗之屬皆从尗

枝配鹽幽尗也廣雅說飲食曰寖醃醬辟幽也幽與鬱同義以豆鬱之其味苦招魂曰大苦鹹酸辛甘行些王云大苦豉也辛謂椒薑也甘謂飴蜜也言取豉汁調和以椒薑鹹酢和以飴蜜則辛甘之味皆發而行也釋名曰豉嗜也五味調和須之而成乃可甘嗜故齊人謂豉聲同嗜也按齊民要術說作豉必室中溫煖所謂幽尗也云食經作豉法用鹽五升所謂配鹽也从尗支聲是義切十六部

豉俗枝从豆此可證尗豆爲古今字豆部之豋字豋字皆非古文所有也

文二　重一

耑物初生之題也題者頟也人體頟爲冣上物之初見即其頟也古發端字作此今則端行

七篇下

而耑廢乃多用耑爲專矣周禮磬氏巳下則摩其耑耑之本義也左傳履端於始假端爲耑也**上象生形**以才屯韭字例之一地也山象初生**下象根也**一下則象其根也多官切十四部**凡耑之屬皆从耑**

文一

韭　韭菜也三字一句**一種而久生者也故謂之韭**此與說禾同例韭久疊韻**象形**謂韭**在一之上一地也此與耑同意**耑亦象形在一之上也耑下不言一地也錯見互相足舉友切三部**凡韭之屬皆从韭**

䪥　韲也廣雅䪥葅也**从韭隊聲**徒對切十五部

䪢　䪥也周禮醢人王舉則共醢六十罋以五齊七醢七菹三臡實之注齊當爲齏凡醢醬所和細切爲齏全物若牒爲菹王氏念孫曰䪢者細碎之名莊子言䪢粉是也按艸部曰菹酢菜

一地也　鍇本無一地也三字臣鍇曰一地也故曰与耑同意疑許本無此三字故鍇釋之鍇附鍇語而後人竄入說解 [illegible]

也酢菜之細切者曰韲通俗文曰淹韭曰韲淹薤曰韲蓋其名起於淹韭淹韲故从韭从韭次朿皆聲二字皆聲米部糲字同也祖雞切十五部𪗉韲或从齊齊聲韱䪢菜也內則多言䪢釋草曰䪢鴻薈似韭从韭㲋聲胡戒切十五部俗作薤韱山韭也山韭謂山中自生者按夏小正正月囿有韭與四月囿有見杏皆謂自生者也釋草作藿山韭藿見艸部不云山韭然則許所據爾雅作韱山韭與从韭𢦏聲息廉切七部䪤小蒜也艸部曰蒜葷菜也南都賦曰其園圃則有諸蔗薑䪤李善引字書䪤小蒜也玉篇廣韵皆云百合蒜也按卽齊民要術所云百子蒜从韭番聲附袁切十四部

文六　重一

瓜蓏也蓏大徐作胍誤艸部曰在木曰果在地曰蓏瓜者縢生布於地者也象形徐鍇曰外象其

蔓中象其實古華切古音在五部凡瓜之屬皆从瓜

⿰瓜交小瓜也謂有一種小瓜名⿰瓜交一名瓞从瓜交聲蒲角切二部爾雅毛詩傳皆作瓝交聲勺聲同在二部也隋書瓝稍今之金瓜稚也宋人字作犦稍遂爲牛形因字譌而附會有如此者見文昌襍錄

瓞瓝也釋草曰瓞瓝其紹瓞按瓞瓝者一種艸結小瓜名瓞卽瓝瓜也云其紹瓞者瓝瓜之近本繼先歲之實謂之瓞也上云瓞瓝渾言之此析言之也大雅緜緜瓜瓞傳云瓜瓞瓜紹也瓞瓝也今本傳奪瓜瓞二字乃不可讀矣云瓜瓞瓜紹也者言瓜之近本繼先歲之實必小如瓝瓜之近本繼先歲之實亦小故亦謂之瓞也瓜紹不云瓞以瓝紹之名名之故曰瓜瓞又引爾雅瓞瓝說其本義也毛傳襲爾雅而文義不同詩言瓜瓞者興其先小後大陸氏佃曰今驗近本之瓜常小末則復大戴先生謂於詩意物理皆得之从瓜失聲徒結切十二部詩曰緜緜瓜瓞大雅緜文

⿰瓜弗瓞或从弗按弗當作弟篆體誤也尚書平秩亦作平蕛釋草稊亦曰荑是其例弟與失雙聲

𤬏小瓜也亦一種小瓜之名齊民要術引作小瓜瓞也从瓜熒省聲戶扃切十一部

𤬲瓜也有瓜名繇也从瓜繇省聲余昭切古音在三部

瓣瓜中實也衞風齒如瓠棲釋草及毛傳曰瓠棲瓠瓣也瓜中之實曰瓣實中之可食者當曰人如桃杏之人从瓜辡聲蒲莧切古音在十二部

㼌本不勝末微弱也从二瓜本者蔓也末者瓜也蔓一而瓜多則本微弱矣故污窬之窳惰嬾之㼌皆从此讀若庾以主切古音當在四部

文七　重一

瓠匏也包部曰匏瓠也二篆左右轉注七月傳曰壺瓠也此謂段借也从瓜夸聲胡誤切五部凡瓠之屬皆从瓠

瓢蠡也蠡者䔿也豆部曰䔿者蠡也以一瓠劙爲二曰瓢亦曰蠡亦曰䔿蠡一作欚見九歎方言一作盠見皇象書急就碑本其作蠡者見周禮鬯人注漢書東方朔傳詳豆部

从瓠省不入瓜部者瓠與瓜別也㶾聲符宵切二部玉篇作瓢

文二

宀交覆突屋也古者屋四注東西與南北皆交覆也有堂有室是爲深屋自部臱下曰宀宀不見也是則宀謂深也象形象兩下之形亦象四注之形武延切古音當在十二部凡宀之屬皆从宀

家凥也凥各本作居今正凥處也處止也釋宮牖戶之閒謂之扆其內謂之家引伸之天子諸侯曰國大夫曰家凡古曰家人者猶今曰人家也家人字見哀四年左傳夏小正傳及史記漢書家凥疊韵从宀豭省聲古牙切古音在五部按此字爲一大疑案豭省聲讀家學者但見从豕而已从豕之字多矣安見其爲豭省耶何以不云叚聲而紆回至此耶竊謂此篆本義乃豕之凥也引申叚借以爲人之凥字義之轉移多如此牢牛之凥也引伸爲所以拘罪之陛牢庸有異乎豢豕之生子冣多故人凥聚處借用其字久而忘其字

之本義使引伸之義得冒據之葢自古而然許書之作也盡正其失而猶未免此且曲爲之說是千慮之一失也家篆當入家部

家古文家按此篆體葢誤當从古文家作宊古文四聲韵引作寀似近是

宅人所託尻也依御覽補字託者寄也人部亦曰侂寄也引伸之凡物所安皆曰宅宅託疊韵釋名曰宅擇也擇揀吉處而營之从宀乇聲場伯切古音在五部宅古文宅宅亦古文宅侂从此

室實也以疊韵爲訓古者前堂後室釋名曰室實也人物實滿其中也引伸之則凡所居皆曰室釋宮曰宮謂之室室謂之宮是也从宀至聲大徐無聲字非也古至讀如質至聲字皆在十二部下文又言此字之會意式質切室屋皆从至所止也室屋者人所至而止也說从至之意室兼形聲屋主會意尸部亦言之

宣天子宣室也葢謂大室如璽大謂之瑄也賈誼傳孝文受釐坐宣室蘇林曰宣室未央前正室也天子宣室葢禮家相傳古語引伸爲布也明也徧也通也緩也散也

从宀亘聲。須緣切十四部

向　北出牖也。豳風塞向墐戶毛曰向北出牖也按士虞禮祝啓牖鄉注云鄉牖一名明堂位達鄉注云鄉牖屬是渾言不別毛公以在冬日可塞故定爲北出者引伸爲向背字經傳皆假鄉爲之　从宀从口。口舊作口按㐭下曰从口中有戶牖是皆从口象形也今正許諒切十部　詩曰塞向墐戶。

宧　養也。以雙聲爲訓周易頤卦亦訓爲養釋詁曰頤養也　室之東北隅。釋宮曰東北隅謂之宧　食所居。居當作凥邵氏晉涵云君子之居恒當戶戶在東南則東北隅爲當戶飲食之處在焉此許意也舍人云東北陽氣始起育養萬物故曰宧宧養也釋名與舍人略同　从宀臣聲。以形聲包會意與之切一部

宎　戶樞聲也。室之東南隅。二句一義古者戶東牖西故以戶樞聲名東南隅也釋宮曰東南隅謂之宦按釋名曰宎幽也非許意許宦窅義殊爾雅釋文引說文宦深皃譌以窅爲宦也　从宀皀聲。烏皎切二部禮經及他書作窔亦作突

窔　宛也

案窔之義亦近宛疑取會意非聲錯以从案爲古審字未能

宛奧雙聲宛者委曲也室之西南隅宛然深藏室之尊處也

室之西南隅从宀舜聲烏到切古音在三部按舜部舜讀若書卷則奧宜讀若怨而古音不介者取雙聲爲聲也

宸屋宇也屋者以宮室上覆言之宸謂屋邊故古書言梀振者卽棟宇也甘泉賦日月纔經於梀振伏虔曰梀中央也振屋梠也魏都賦旅楹閑列暉鑒梀振張載曰梀中央也振屋宇檼也是知梀振卽上梀下宇之謂梀卽央字振卽宸字西京賦消氛埃於中宸集重陽之清瀓中宸卽梀振韋昭注國語云宸屋霤也宇邊也若玉篇引賈逵云宸室之奧者當亦是國語注而其說異矣**从宀辰聲**植鄰切十三部

宇屋邊也豳風八月在宇陸德明曰屋四垂爲宇引韓詩宇屋霤也高誘注淮南曰宇屋檐也引伸之凡邊謂之宇如輪人爲蓋上欲尊而宇欲卑左傳云在君之宇下又云失其守宇皆是也宇者言其邊故引伸之義又爲大文子及三蒼云上下四方謂之宇往古來今謂之宙上下四方者大之所際也莊子云有實而無乎處者宇也有長而無本剽者宙也有實而無乎處謂四方

上下實有所際而所際之處不可得到从宀亏聲王榘切五部易曰上棟下宇繫辭傳文虞翻曰宇謂屋邊也寓籀文宇从禹禹聲也大徐本篆體从一非寷大屋也从宀豐聲此以形聲包會意當云从宀豐豐亦聲也敷戎切九部易曰豐其屋豐上六爻辭僃此說寷从宀豐會意之恉宀屋也豐大也故寷之訓曰大屋此與僃百穀艸木麗於地說蘼从艸麗同意經典釋文不得其解乃云麗說文作蘼豐說文作寷大小徐皆於引易作蘼寷之字其繆非一日矣寏周垣也寏之言完也西京賦曰繚亙綿聯四百餘里薛注曰苑之周圜也善曰西都賦之繚以周牆也从宀奐聲胡官切十四部院寏或从𨸏完聲完亦義也廣雅釋室云院垣也左傳繕完葺牆以待賓客李涪云完當爲宇按繕完葺三字成文猶下文云觀臺榭亦三字成文也安得以今人儷辭之法繩之必欲謂爲誤字則完當是院字葢惟子產盡壞館垣故措辭就垣言上文高其閈閎亦爲門不容車掩飾古人字無泛

設也又按鉉本云寏或从𨸏鍇多完聲二字皆非善本葢此篆當从宀阮聲與𨸏部从𨸏完聲之字別篆體及說解轉寫誤耳

宏　屋穼也　各本深下衍響字此因下文屋響而誤今依韵會集韵類篇正大小徐本皆不誤也或曰厷弘本一聲谷部曰谹谷中響也弓部曰弘弓聲也水部曰泓下深大也參伍求之葢宏訓屋深響弘其重文愚按此說近是但江賦以泓泧成文不妨宏弘各字也屋深者其內深廣也法言曰其中弘深其外肅括此宏字之義假弘為宏耳攷工記其聲大而宏大而宏者其聲外大而中宏也月令其器圜以閎鄭云閎謂中寬象土含物圜以閎呂氏春秋作圜以揜葢宏者深廣其中揜其外故禮記呂覽可互相足揜者斂也閎亦宏之叚借字　**从宀厷聲**　戶萌切古音在六部

宖　屋響也　長門賦曰擠玉戶以撼金鋪兮聲噌吰而似鐘音甘泉賦帷彌環其拂汨兮稍暗暗而靚深皆屋響之意魯靈光殿賦曰隱陰夏以中處宖寥窲以崢嶸今文選宖字皆誤惟韵會所據不誤　**从宀弘聲**　弓部曰弘弓聲也此舉形聲包會意也戶萌切古音在六部

寪

㝗 小字本作音良又力康切則音良二字明是銓音毛本誤又爲久段以良久連讀遂疑當作讀若錯本無此二字臣鍇曰吴都賦所謂聊㝗之野檢彼賦云相与騰躍乎莽㝗之野又云相与聊浪乎昧莫之坰無錯前引當由誤記

屋皃王逸注招隱士曰崎嶇閜寫从宀爲聲韋委切古音在十七部

㝩 屋㝩㝗也各本刪㝗字今補㝩㝗以疊韵成文方言㝩空也郭注漮㝗空皃从宀康聲苦岡切十部

㝗 㝩㝗也从宀良聲音良久說文少言音者當作讀若力康切十部

宬 屋所容受也宬之言盛也廣韵無所字从宀成聲氏征切

寍 安也此安寧正字今則寧行而寍廢矣僞古文萬邦咸寍音義曰寍安也說文安寧字如此寧願詞也語甚分明自衞包改正文李昉陳鄂又改釋文令人不可讀矣从宀心在皿上會意奴丁切十一部皿逗人之食飲器所㠯安人也故旣从宀而又从心在皿上

定 安也古亦叚奠字爲之从宀正聲依韵會本訂徒徑切十二部

寔 正也正各本作止今正召南毛傳曰寔是也韓奕鄭箋亦曰寔是也春秋桓六年寔來公羊傳曰寔來者何猶云是人來也穀梁傳曰寔來者是來也按許云正者是也然則

正與是互訓寔與是音義皆同此云寔正也卽公穀毛鄭之寔是也詩湜湜其止鄭箋尙以持正釋湜而古多有以實爲寔者韓詩實命不猶卽寔命不猶也大雅韓奕實墉實壑卽寔墉寔壑也周語咨於故實卽故寔故韋云故事之是者也實寔音義皆殊由趙魏之閒實寔同聲故相叚借耳若杜預注春秋寔來曰寔實也則非是也 **从宀是聲** 此舉形聲包會意常隻切古音在十六部廣韵入廿四職非

竫也 竫各本作靜今正立部曰竫者亭安也與此爲轉注青部靜者審也非其義方言曰安靜也以許書律之叚靜爲竫耳安亦用爲語詞 **从女在宀中** 此與寍同意烏寒切十四部

安也 此字經典作密密行而宓廢矣大雅止旅乃密傳曰密安也正義曰釋詁曰密康靜也康安也轉以相訓是密得爲安按上林賦宓汨去疾也義似異而實同孔子弟子子賤姓宓 **从宀必聲** 美畢切十二部

竫也 玉篇引蒼頡篇云安也 **从宀契聲** 於計切十五部

安也 引伸爲宴饗經典多叚燕爲之 **从宀晏聲** 晏見女部

安也。於甸切。十四部。五經文字曰字林作宴。

𡧘　無人聲也。从宀尗聲。前歷切。古音在三部。口部作啾。宗今字作寂。方言作家，云靜也。江湘九嶷之郊謂之家。

諔　宗或从言。

察　覆審也。而部云：而，覆也。覈，从而敫聲，實也。攷事而笮邀遮其辭得實曰覈。然則察與覈同意。釋訓曰：明明斤斤，察也。从宀祭聲。从宀者，取覆而審之。从祭爲聲，亦取祭必詳察之意。初八切。十五部。

寴　至也。至者，親密無閒之意。見部曰：親者，至也。然則寴與親音義皆同。故秦碑以寴輒爲親巡。廣韵眞韵曰：寴，古文親也。震韵曰：寴，屋空皃。此今義非古義。凡廣韵之例，今義與說文義異者，必先舉今義而後偁說文。故震韵先云屋空皃，而後云說文至也。从宀親聲。覆而親之也。初僅切。十二部。按玉篇且仁切。

完　全也。入部全作仝。仝，完也。是二字互訓。从宀元聲。胡官切。十四部。古文㠯爲寬字。此言古文叚借字。

富　備也。富與福音義皆同。釋名曰：福，富也。一曰厚也。从宀畐聲。方副切。古

音在一部

實富也引伸之爲艸木之實从宀貫會意神質切十二部貫爲貨物以貨物充於屋下是爲實

宲藏也藏當作臧宲與保音同義近从宀呆聲博褒切古音在三部按玉篇既云宲補道切又重出而云食質切古實字殊誤呆古文保見八部周書曰陳宲赤刀顧命文葢壁中古文如此今作寶

容盛也今字叚借爲頌皃之頌从宀谷聲此依小徐本谷古音讀如欲以雙聲諧聲也鉉本作从宀谷云屋與谷皆所以盛受也亦通余封切九部

容古文容从公公聲

宂㪚也从宀儿各本奪儿今補儿卽人也會意而隴切九部人在屋下無田事也說會意之恉周書曰宮中之宂食書當作禮轉寫之誤周禮稾人掌共外內朝宂食者之食許偁之涉校人宮中之稍食而誤記憶之過也

寡寡寡不見也寡與臱音義皆同毛詩綿綿韓詩作民民按綿綿民民皆謂密也卽寡寡不見之意莊子窅然喪其天下

焉郭象音武駢反是郭本作寡然也一曰寡寡上寡依集韻類篇正不省人大徐作不見省人見

字衍玉篇亦作一曰不省人从宀臱聲武延切古音讀如民在十二部寶珍也玉部曰珍

寶也二字互訓史記多假葆爲寶从宀玉貝玉與貝在屋下會意缶聲博晧切古音在三部

寚古文寶省貝廣韻曰古文作珤宭羣居也以疊韻爲訓論語曰羣居終日

从宀君聲渠云切十三部宦仕也人部曰仕者學也左傳宦三年矣服虔云宦學也曲禮宦

學事師注云宦仕也熊氏云宦謂學官事學謂習六藝二者倶是事師𧝧記宦於大夫左傳妾爲宦女按仕者習所

事也古事士仕通用貫宦通用故魏風三歲貫女魯詩作宦女从宀臣胡慣切十四部宰辠人

在屋下執事者此宰之本義也引伸爲宰制从宀从辛辛辠也辛卽辠之省作

亥切一部守守官也左傳曰守道不如守官孟子曰有官守者不得其職則去从宀从寸

从宀寺府之事也寸部曰寺廷也广部曰府文書藏也从寸法度也守从寸者會意書九切三部从宀以下十四字參韵會本訂

寵尊尻也引伸爲榮寵从宀龍聲丑壟切九部

宥寬也周頌夙夜基命宥密叔向毛公皆曰宥寬也宥爲寬故貰罪曰宥周禮大司樂假宥爲侑王制假又爲宥从宀有聲于救切古音在一部

宜所安也周南宜其室家傳曰宜以有室家無踰時者从宀之下一之上一猶地也此言會意多省聲按廣韵曰說文本作宜今據以正篆體多省聲故古音魚何切十七部今音魚羈切漢石經作宜

㝖古文宜

𡧪亦古文宜

寫置物也謂去此注彼也曲禮曰器之漑者不寫其餘皆寫注云寫者傳己器中乃食之也小雅曰我心寫兮傳云輸寫其心也按凡傾吐曰寫故作字作畫皆曰寫俗作瀉者寫之俗字周禮以澮寫水不作瀉从宀寫之則安矣故从宀舄聲悉也切古音在五部

宵夜也釋言毛傳皆曰

宵夜也周禮司寤禁宵行夜游者鄭云宵定昏也按此因經文以宵別於夜爲言若渾言則宵卽夜也有假宵爲小者學記之宵雅是也有假宵爲肖者漢志人宵天地之貌是也**从宀宀下冥也**謂日在下而窈冥地覆日如屋也**肖聲**相邀切二部

宿　止也凡止曰宿夜止其一耑也毛傳一宿曰宿再宿曰信卽左傳之凡師一宿曰舍再宿曰信過信曰次也止之義引伸之則爲素如史記云宿將宿學是也先期亦曰宿周禮世婦掌女宮之宿戒祭統宮宰宿夫人禮經宿尸皆謂先期戒飭鄭云宿讀爲肅**从宀佰聲佰古文夙**息逐切三部按去聲息救切此南北音不同非有異義也星宿宿留非不可讀入聲

寑　臥也李善引論語鄭注寑臥息也臥必於室故其字从宀引伸爲宮室之偁周禮宮人掌王之六寑之脩釋宮曰室有東西箱曰廟無東西箱有室曰寑寑又引伸之凡事止亦曰寑**从宀侵聲**今人皆作寢寢乃㝱部𡪢字之省與寑異義七衽切七部

寢　籀文寑省省人也水部濅下曰濅籀文寑

𡨦　冥合也冥合

者合之泯然無迹今俗云吻合者當用此字从宀丏聲莫甸切賓字以爲聲十二部讀若書曰藥不瞑眩謂讀若此瞑也十一十二部之合音按此許引孟子滕文公篇文也鄭注醫師亦引孟子藥不瞑眩厥疾無瘳趙注孟子云書逸篇也若今僞撰說命則采楚語爲之許鄭所未見者大徐本作讀若周書繆甚

𡩘屋寬大也廣韵曰裕也緩也其引伸之義也古文假完字爲之从宀莧聲苦官切十四部

𥧴寤也寐覺而有言曰寤𥧴之音義皆同也从宀吾聲五故切五部

寁凥之速也止部疌疾也疌爲凡速之詞从宀則爲居之速也鄭風不寁故也毛曰寁速也用寁以言凡速耳周易朋盍簪晁氏說之曰簪京本蜀才本作撍陰宏道案張揖古今字詁⿸广疌作撍埤蒼云撍疾也撍與簪同王元叔謂卽詩不寁字祖感反玉裁按⿸广疌卽寁古宀广通用蓋古今字詁今字作⿸广疌古字作撍也从宀疌聲子感切八部

寡少也引伸之凡倮然單獨皆曰寡从宀頒頒分也先鄭注周禮曰

案：貧寡二字皆从分，貧字从貝，貝者財也，財分則貧矣。寡从頁，頁首也，即人也，人分則居者寡矣，故从宀从頁从分。小徐得其義。

頒讀爲班布之班，謂分賜也。按頒之本訓大頭也，此云頒分也，謂叚借。宀分，故爲少也。依韻會所據小徐本訂。宀分者，合於上而分於下也。故始多而終少。古瓦切。古音在五部。

宛　屈艸自覆也。上文曰奧宛也，宛之引伸義也。此曰屈艸自覆者，宛之本義也。引伸爲宛曲宛轉，如爾雅宛中宛丘、周禮琬圭，皆宛曲之義也。凡狀皃可見者皆曰宛然，如魏風傳曰宛辟皃，唐風傳曰宛死皃，攷工記注惌小孔皃，皆是。宛與藴，藴與鬱，聲義皆通。故方言曰宛蓄也，禮記曰兔爲宛脾，春秋緐露曰鶴無宛氣，皆是。从宀，夗聲。夗轉臥也。亦形聲包會意。於阮切。十四部。

惌　宛或从心。函人爲甲，眡其鑽空欲其惌也。鄭司農云惌小孔皃，惌讀爲宛彼北林之宛。按爲當作如。先鄭不云宛惌同字，許乃一之。

客　寄也。字从各，各異詞也。故自此託彼曰客。引伸之曰賓客。賓所敬也，客寄也。故周禮大行人曰大賓大客，別其辭。諸侯謂之大賓，其孤卿謂之大客。司儀曰諸公諸侯諸伯諸子諸男相爲賓，諸公之臣侯伯子男之臣相爲客，是也。統言則不別耳。論語寢不尸，居不客，謂生

備當作備

不可似死主不可似客也今本誤作不容从宀所託也各聲苦格切古音在五部寄託也字从奇奇異也一曰不耦也言部曰託寄也方言曰餬託庇寓媵寄也从宀奇聲居義切古音在十七部寓寄也方言曰寓寄也左傳曰寓書史記曰木禺龍禺者寓之叚借也从宀禺聲牛具切四部庽寓或从广作窶無禮凥也邶風終窶且貧傳曰窶者無禮也貧者困於財箋云君於己祿薄終不足以爲禮又近困於財按無禮因於祿薄故釋言云窶貧也然倉頡篇云無財曰貧無財備禮曰窶則貧窶有別小雅云佌佌彼有屋蔌蔌方穀箋云小人富而窶陋將貴也然則有富而窶陋者矣許從毛益以居字者以其字从宀也無禮居謂宮室不中禮从宀婁聲其榘切古音在四部𡧆貧病也貧病者貧之病也从宀室如縣磬之意久聲居又切古音在一部詩曰煢煢在𡧆周頌文今詩作嬛嬛在疚毛曰疚病也按毛詩蓋本作𡧆毛釋以病者謂𡧆爲疚之叚借也左傳亦曰煢

縈余在疚窾寒凍也凍當作仌十一篇曰凍仌也冷寒也此可證矣釋名曰寒捍也捍格也左傳寒盟寒者尋之反尋卽爇字从人在宀下从茻上下爲覆此依小徐本上下皆得云覆也下有仌也合一宀一人二茻一仌會意胡安切十四部害傷也人部曰傷創也刀部曰創傷也詩書多假害爲曷故周南毛傳曰害何也俗本改爲曷何也非是今人分別害去曷入古無去入之分也从宀口言从家起也會意言爲亂階而言每起於袵席丰聲胡蓋切十五部𡩡入家搜也搜求也顏氏家訓曰通俗文云入室求曰搜按當作入室求曰索今俗語云搜索是也索經典多假索爲之如探嘖索隱是从宀入家故从宀索聲所責切古音在五部窾竆也窾竆雙聲毛傳曰於谷風南山小弁皆曰鞫竆也鞫皆窾之叚借也㚔部曰鞫竆治罪人也其字俗作鞫然則詩谷風南山小弁鞫字皆窾之叚借也毛傳於公劉曰鞫究也於節南山曰鞫盈也究與盈皆與竆義近若蓼莪傳曰鞫養也則就竆義而

變之所謂相反而相成也若棻芑傳云鞫告也則謂鞫卽告之叚借自淺人不得其義例多所改竄唐石經鞫鞠錯出至近日而盡改爲鞠矣鞠者革部蹋鞠之字其義相去遠詩借鞫爲簐義相近也鞫行而簐廢矣**从宀**覆而**之簐聲**簐或籟字也見夲部居六切三部

窾簐或从穴

宄姦也姦宄者通偁內外者析言之也**外爲盜內爲宄**凡盜起外爲姦中出爲宄成十七年左傳曰亂在外爲姦在內爲宄外傳晉語亦云亂在內爲宄在外爲姦魯語竊寶者爲宄用宄之財者爲姦亦謂莒太子僕竊莒寶爲內魯藏姦爲外三傳無異也惟亂在內故字从宀鄭注尚書云由內爲姦起外爲軌或後人轉寫誤也宄經史亦假軌爲之**从宀九聲讀若軌**居洧切古音九在三部

𡧍古文宄

𠕋亦古文宄

𡩋塞也廣雅𡩋塞也本此陸贇闕中事狀倘有賊臣盜𡩋**从宀𣪊聲**麤冣切十五部**讀若虞書曰**虞書當作唐書見禾部𥝩下**竄三苗之竄**二竄本皆作𡩋妄人所改也今

正說文者說字之書凡云讀若例不用本字倘尚書作竄
又不當言讀若也改此者直疑竄七亂反與竅音殊不知
易訟象傳宋玉高唐賦班固西都賦魏大饗碑張
協七命潘岳西征賦吕忱字林竄皆音七外反　宕過
也宕之言放蕩也穀梁傳引傳一曰洞屋洞屋謂通迵之
曰長狄兄弟三人佚宕中國　屋四圍無障蔽
也凡道家言洞天从宀碭省聲徒浪切十部汝南項有宕鄉汝
者謂無所不通　　　南
郡項縣地理志郡國志同春秋經之項
國也今河南陳州府項城縣是其地　宋凥也此義未見經傳
名子者不以國而魯定公从宀木讀若送蘇綜切九部㝅屋
名宋則必取其本義也
傾下也謂屋欹傾下陷从宀執聲都念切七部宗尊祖廟也
也與墊音義同
宗尊雙聲按當云尊也祖廟也今本奪上也字大雅公尸
來燕來宗傳曰宗尊也凡尊者謂之宗尊之則曰宗之大
雅君之宗之箋云宗尊也禮記別子爲祖繼別爲宗繼禰
者爲小宗凡言大宗小宗皆謂同所出之兄弟所尊也尊

宕
案从石之字多矣未易存石而知其為碭聲乎
宕篇謂从石从宀會意石通迵同迵似屋者也通迵之
義猶云穿穴引申為過義穀梁傳佚宕中
國猶言無阻隔

莫尊於祖廟故謂之宗廟宗从宀从示示謂神也宀謂屋也**从宀示**會意作冬切九部按唐韵當在一東

宔 **宗廟宔祏也**五經異義及鄭駁詳示部祏下經典作主小篆作宔主者古文也祏猶主也左傳使祝史徙主祏於周廟是也鄭說卿大夫無宔許說大夫以石爲宔**从宀主聲**之庾切古音在四部

宙 **舟輿所極覆也**覆者反也與復同往來也舟輿所極覆者謂舟車自此至彼而復還此如循環然故其字从由如軸字从由也訓詁家皆言上下四方曰宇往古來今曰宙由今溯古復由古沿今此正如舟車自此至彼復自彼至此皆如循環然莊周書云有實而無乎處者宇也有長而無本剽者宙也本剽即本末莊子說正與上下四方曰宇往古來今曰宙同亦謂其大無極其長如循環也許言其本義他書言其引伸之義其字从宀者宙不出乎宇也韋昭曰天宇所受曰宙**从宀**淮南覽冥訓燕雀以爲鳳皇不能與爭於宇宙之閒高注宇屋簷也宙棟梁也引易上棟下宇然則宙之本義謂棟一演之爲舟輿所極復再演之爲往古來今則从宀爲天

地矣由聲直又切三部

文七十一　重十六

宮室也釋宮曰宮謂之室室謂之宮郭云皆所以通古今之異語明同實而兩名按宮言其外之圍繞室言其內析言則殊統言不別也毛詩作于楚室傳曰室猶宮也此統言也宮自其圍繞言之則居中謂之宮五音宮商角徵羽劉歆云宮中也居中央唱四方唱始施生爲四聲綱也从宀躳省聲按說宮謂从宀呂會意亦無不合宀繞其外呂居其中也呂者膂骨也居人身之中者也居戎切九部凡宮之屬皆从宮

營帀居也帀各本作市今依葉抄宋本及韵會本訂攷集韵作帀類篇韵會作匝葢由古本作帀故有譌爲市者帀居謂圍繞而居如市營曰闤軍壘曰營皆是也西京賦通闤帶闠薛注闤市營也闠中隔門也崔豹曰市牆曰闤市門曰闠孫氏星衍曰營闤音近如自營曰厶今本韓非子作自環煢煢在疚亦作嬛

嬛是也諸葛孔明表云營中之事謂軍壘也**从宮**下體从宮不省引伸之爲經營營治凡有所規度皆謂之營今隸皆省誤也李文仲字鑒不誤**熒省聲**謂省去宊也與他熒省聲但省下火者異余傾切十一部

文二

吕　脊骨也象形吕象顆顆相承中象其系聯也沈氏彤釋骨曰項大椎之下二十一椎通曰脊骨曰脊椎曰膂骨或以上七節曰背骨第八節以下乃曰膂骨力舉切五部**昔大嶽爲禹心吕之臣故封吕侯**周語大子晉曰伯禹念前之非度釐改制量象物天地比類百則儀之于民而度之于羣生共之從孫四嶽佐之高高下下疏川道滯帥象禹之功度之于軌儀莫非嘉績克厭帝心皇天嘉之胙以天下賜姓曰姒氏曰有夏謂其能以嘉祉殷富生物也胙四嶽國命爲侯伯賜姓曰姜氏曰有吕謂其能爲禹股肱心膂以養物豐民人也按曰共之從孫賈逵韋昭皆曰共共工也外傳曰四嶽內傳曰大嶽一也官名也外傳以祉訓姒

以殷富訓夏以膂訓呂以養訓姜韋解云呂之爲言膂也是呂膂各字呂者國名以國爲氏許云大嶽爲禹心呂之臣故封呂侯膂爲小篆呂是許所據國語股肱心膂作股肱心呂本無二字後之爲國語學者不得其解乃以氏曰有呂作古文股肱心膂作小篆韋氏習而不察乃云呂之爲言膂矣以心呂之意名其地而侯之而氏之潛夫論曰宛西三十里有呂鄺道元徐廣司馬貞說皆同宛城今南陽府治附郭南陽縣是也許自序曰大岳左夏呂叔作藩俾侯於許世胙遺靈大岳者許之先也故詳之**凡呂之屬皆从呂**。**膂篆文呂从肉旅聲**呂本古文以古文爲部首者因躳从呂也此二部之例也秦誓旅力既愆小雅旅力方剛古注皆訓爲衆力不敢曰旅與膂同者知詩書假以心膂爲義則其字當从呂矣僞君牙襲國語云股肱心膂此未知古文無膂秦文乃有膂也急就篇尻寬脊膂要背僂股腳膝臏脛爲柱云要背僂曰脛爲柱辭意相對皇象碑本不誤若顏本膂呂重出師古不得不以脊肉肉脊骨分釋之似史游早不識字矣膂之譌或爲裔華陽國志孝子隗通爲母汲

江膂水天爲出平石至江中江膂水謂江心水也

身也廣雅同从呂从身从呂者身以呂爲柱也矦執信圭伸圭人形直伯執躳圭躳圭人形曲鞠躳者斂曲之皃也居戎切九部

俗从弓身弓身者曲之會意也

文二　重二

土室也引伸之凡空竅皆爲穴从宀覆其上也八聲胡決切十二部凡穴之屬皆从穴

北方謂地空因㠯爲土穴爲盜戶因地之孔爲土屋也廣雅盜窟也从穴皿聲讀若猛武永切古音若芒在十部

地室也今俗語以酒水等埋藏地下曰窨讀陰去聲从穴音聲於禁切七部

地室也大雅正義引作覆於地也四字按詩大雅陶復陶穴箋云復者復於土上鑿地曰穴皆如陶然庾蔚之云復謂地上累土爲之

穴則穿地也鄭庚之云與許云覆於地合覆於地者謂旁穿之則地覆於上穴則正穿之上爲中霤毛傳云陶其土而復之陶其壤而穴之土謂堅者堅則不患崩壓故旁穿之使上有覆蓋陶其土旁穿之也壤謂柔者柔則恐崩故正鑿之陶其壤謂正鑿之直穴之中爲中霤也鄭注月令云中霤猶中室也古者復穴是以名室爲霤云連複言之者文勢使然也毛之陶其土陶其壤蓋讀陶爲掏鄭則云皆如窯然特此爲異耳漢時陵墓築封土謂之復土義與此復土小異要亦上覆之言耳 **从穴復聲** 芳福切三部 **詩曰陶寝陶穴** 按毛作復三家詩有作寝者如斯干毛革韓鞠之比釋名說中霤云古者寢穴乃是寝穴之誤語與月令注同

竈炊竈也 炊者爨也竈者炊爨之處也 **周禮吕竈祠祝融** 各本無此七字今據史記孝武本紀索隱補賈逵注左傳云句芒祀於戶祝融祀於竈蓐收祀於門元冥祀於井吕氏春秋注曰行或作井淮南時則訓注曰井或作行后土祀於中霤淮南時則訓孟夏之月其祀竈高注云祝融吳回爲高辛氏火正死爲火神託祀於竈是

月火旺故祀竈此皆用古周禮說也五經異義竈神今禮戴說引禮器燔柴盆瓶之事古周禮說顓頊氏有子曰黎爲祝融祀以爲竈神許君謹案同周禮說鄭駁之云祝融乃古火官之長猶后稷爲堯司馬其尊如是王者祭之但就竈陘一何陋也祝融乃是五帝之神祀於四郊而祭火神於竈陘於禮乖也按許君說文有此七字是與五經異義不殊風俗通義亦從異義用古周禮說**从穴鼀省聲**鼀在古音三部入聲故竈古音亦在三部今音則到切周禮故書以竈爲造

竈　或不省作今人皆作竈

窯　燒瓦窯竈也窯似竈故曰窯竈韵會本作燒瓦窯也無竈字大徐本作燒瓦竈也非是緐詩鄭箋云復穴皆如陶然是謂經之陶即窯字之叚借也緐正義引說文陶瓦器竈也葢其所據乃缶部匋下語匋窯葢古今字**从穴羔聲**余招切二部

窐　空也楚辭曰圭璋襍於甑窐此甑下空也攷工記鳧氏爲鐘注隧在鼓中窐而生光高注淮南曰靨輔者頰上窐也然則凡空穴皆謂之窐矣**从穴圭聲**烏瓜切十六部按廣韵圭攜二音

㴱　深也。此以今字釋古字也。穼湥古今字。篆作穼湥，隸變作罙深。水部湥下但云水名，不言淺之反，是知古深淺字作罙，深行而罙廢矣。有穴而後有淺深，故字从穴。毛詩罙入其阻，傳曰罙深也。此罙字見六經者。毛公以今字釋古字，而許襲之。此罙之音義原流也。鄭箋易罙爲冞，訓爲冒也。蓋以字形相似易之。罙在侵韵，冞在脂韵。鄭注經有易字之例，他經云某讀爲某，箋詩不尒。讀經者誤謂毛鄭同字，作音義者當各字各音分別載之，云毛作罙，式針反，深也；鄭作冞，面規反，冒也。說文罙作穼，冞作罙，乃爲明析。而陸釋文則曰罙，面規反，毛深也，鄭冒也，說文作冞，从网米，云冒也。此條之弊有七：以罙切面規，絕非毛音，一也；以鄭箋作罙，非鄭所易字，二也；以說文之冞作罙，而不知說文罙作穼，冞別一字，或體作㝥，與穼無交涉，三也；穼字不見他經，惟見商頌，而陸亡其音，遂亡其義，四也；許用商頌毛傳造說文，而失許之原本，致許書穼下義晦，罙下遂有妄人添詩曰罙入其阻六字，鄭箋所改之字，許時代在前，安能用其說，五也；穼隸作罙，猶湥隸作深，而各字書韵書因陸罙切面規，穼下不敢載罙，張參五經文字曰粲罙音彌上說文下釋文相承隸省見詩集韵類篇皆曰罙罙㝥三形同字此皆陸爲作甬六也唐石經作罙尚不誤自宋及今日毛詩刻本竟作罙不罙不罙爲從古所無之字陸實召之七也許水部不載深淺一義故全書深淺字用𥨍今發其例於此**一曰竈突**突廣雅竈窻謂之堗呂氏春秋云竈突決則火上焚棟蓋竈上突起以出烟火今人謂之煙囱卽廣雅之竈窻今人高之出屋上畏其焚棟也以其顚言謂之突以其中深曲通火言謂之𥨍廣雅突下謂之𥨍今本正奪𥨍字耳漢書云曲突徙薪則有曲之令火不直上者矣趙宧光欲盡改故書之竈突爲竈𥨍眞贅說也**从穴火求省**穴中求火𥨍之意也此會意字式針切七部**讀若禮三年導服之導**導服卽禫服也說詳木部棪下按𥨍卽湥淺字不當有異音蓋竈突可讀如禫與突爲雙聲

穿　通也从牙在穴中召南曰誰謂鼠無牙何以穿我墉昌緣切十四部

寮　穿也倉頡篇曰寮小空也西京賦曰交綺豁以疏寮薛曰疏刻穿之也善曰倉頡篇云寮小窗魏都賦皦日籠

光於綺寮按大雅及爾同寮左傳曰同官爲寮毛傳曰寮官也箋云與汝同官俱爲卿士葢同官者同居一域如俗云同學一處爲同窗也亦假僚字爲之左傳泉丘人女奔孟僖子其僚從之杜注鄰女爲僚友 从穴尞聲 洛蕭切二部俗省作寮 論語有公伯寮 憲問篇

⿱穴叏 穿也从穴叏聲 大徐作決省聲此不知古音者爲之也於決切十五部

⿱穴抉 深抉也 抉之深故从穴 从穴抉 此以會意包形聲小徐作抉聲亦通於抉切十五部

竇 空也 空孔古今語凡孔皆謂之竇古亦借瀆爲之如周禮注四竇郎四瀆左傳襄三十年墓門之瀆徐音豆是也 从穴賣聲 徒奏切四部按古音去入不分

竅 空也 空孔古今字老子常有欲以觀其竅 从穴敫聲 牽弔切二部

空 竅也 今俗語所謂孔也天地之間亦一孔耳古者司空主土尚書大傳曰城郭不繕溝池不修水泉不修水爲民害責於地公司馬彪曰司空公一人掌水土事凡營城起邑浚溝洫修墳防之事則議其利建其功是則司空以治水土爲

職禹作司空治水而後晉百揆也治水者必通其瀆故曰司空猶司孔也**从穴工聲**形聲包會意也苦紅切九部

𥦗空也空虛孔穴本無二義但有孔穴則是空虛也**从穴巠聲**去徑切十一部**詩曰缾之𥦗矣**小雅蓼莪文今詩作罄傳曰罄空也與爾雅釋詁合空與盡義相因

穵空也鉉本作空大也非是廣韵引同亦誤本耳今依小徐及玉篇今俗謂盜賊穴牆曰穵是也**从穴乙聲**烏黠切十五部按此篆當是从乙鳥之乙非甲乙也

𥨍空皃孔之皃也**从穴矞聲**呼決切十五部

窠空也雙聲爲訓其字亦作窾高誘曰窾空也是或借科爲之孟子盈科而後進是或借薖爲之如衞風碩人之薖毛云寬大皃鄭云飢意皆是**从穴果聲**苦禾切十七部**一曰鳥巢也**一曰者義近而別者也蜀都賦曰窠宿異禽**在樹曰巢在穴曰窠**此析言之也與巢部合

窻通孔也从穴悤聲楚江切九部按此篆淺人所增古本所無當刪十篇囪下曰在牆曰

牖在屋曰囱囱或从穴作窗古祇有囱字窗已爲或體何取乎更取悤聲作窻字哉自東江韵分淺人多所僞撰據廣韵四江窻下云說文作窗通孔也則篆體之不當有心明矣依廣韵宜囱部去窗篆此窻篆改爲窗然囱窗本一字宜囱部仍舊而此從刪也許但作空不作孔此云通孔也則非許氏原文

窊　污衺逗下也史記甌窶滿篝污邪滿車司馬虒曰污邪下地田也按凡下皆得謂之窊水部洿者窊下也吳都賦窊隆異等从穴瓜聲烏瓜切五部

窳　污窬也污窬蓋與污衺同亦謂下也以衺與窊同韵窬與窳同韵故分別其辭也史記舜陶河濱器不苦窳裴駰曰窳病也按器窳者低陷之謂亦汙窬之意也釋詁曰窳勞也郭云勞苦者多惰窳大雅毛傳曰訿訿窳不供事也史記呰窳偷生晉灼曰呰病也窳惰也許於此部呰下亦云窳也蓋即用毛傳毛詩訿即呰也此等窳皆訓惰嬾亦皆污窬引伸之義釋元應屢引揚承慶字統說嬾者不能自起如瓜瓠在地不能自立故字从㼌又嬾人恒在室中故从穴夫穴訓土室不必从宀而後爲室也而召旻正義曰艸木皆

自豎立惟瓜瓠之屬臥而不起似若嬾人常臥室故字从宀宀音眠此亦用字統說而與元應所據有異且陸氏釋文孔氏正義皆引說文寙嬾也而說文無此語閒疑載疑不敢於宀部妄補寙篆**从穴㼌聲**以主切古音在四部按字統說㼌爲會意許則云形聲**朔方有寙渾縣**朔方郡寙渾縣地理志有郡國志無讀史方輿紀要曰故寙渾城在故夏州西北漢縣故夏州城在榆林衞西北二百里

窞　坎中更有坎也各本作坎中小坎今依易釋文訂易坎初六曰入於坎窞虞翻曰坎中小穴稱窞釋文引說文坎中更有坎也字林坎中小坎也然則今文爲後人以呂改許明矣**从穴臽臽亦聲**徒感切八部**易曰入于坎窞一曰旁入也**干寶釋易正用旁入之義

窌　窖也攷工記匠人注曰穿地曰窌呂覽穿竇窌月令淮南皆作窖**从穴丣聲**丣聲各本作卯聲今正窌見左傳釋文音力救力到二反則从丣雙聲可知矣漢公孫賀南窌侯表作南窌字皆从丣音力救切譌从卯乃匹皃切矣三部

窖

地臧也月令穿竇窖注曰入地隋曰竇方曰窖通俗文曰藏穀麥曰窖从穴告聲古孝切古音在三部

窬穿木戶也淮南氾論訓古者爲窬木方版以爲舟航高誘曰窬空也方並也舟相連爲航也按窬木爲舟卽易毄辭刳木爲舟也儒行篳門圭竇鄭云門旁窬也穿牆爲之如圭矣左傳篳門圭竇杜曰竇小戶也穿壁爲戶狀如圭形郭樸三蒼解詁云窬門旁小竇也是則於門旁穿壁以木衺直居之令如圭形謂之圭窬若論語本作穿踰釋爲穿壁踰牆似無煩與此牽混从穴俞聲羊朱切古音在四部一曰空中也孟康漢書注曰東南謂鑿木空中如曹曰⿸广俞曹當作槽⿸广俞者窬之或體玉篇云⿸广俞木槽也是也⿸广俞與牏古通用古音投音豆

窵窵窅逗突也窅見目部深目也杜詩動影窵窕沖融閒从穴鳥聲多嘯切二部

窺小視也从穴規聲去隓切十六部

竀正視也从穴中正見正亦聲敕貞切十一部

窡穴中見也从穴叕聲丁滑切十五部

窋物在穴中皃靈光殿賦曰綠房紫菂窋咤垂珠謂蓮房之實窋咤然見於房外如垂珠也上文云反植荷蕖故曰垂珠从穴出聲丁滑切十五部后稷之子不窋

窴𡨄也𡨄各本譌作塞今正玉篇曰窴今作塡按窴塡同義塡行而窴廢矣从穴眞聲待秊切十二部

窒𡨄也各本𡨄譌塞今正𡨄窒也見㠭部此二字互訓也𡨄之隷體爲𡨄土部曰塞隔也𠂤部曰隔塞也塞於義不爲窒邊塞其本義也自用塞爲塡𡨄字而𡨄廢矣且有讀𡨄爲𨭼者則𡨄愈失其本音本義矣說詳㠭部釋言豳傳皆曰窒塞也从穴至聲陟栗切十二部曾論語以室爲窒

突犬从穴中暫出也引伸爲凡猝作之稱从犬在穴中徒骨切十五部一曰滑也義小别

竄匿也周易逋竄左氏無所伏竄是也堯典竄三苗于三危與言流言放言極一例謂放之令自匿故孟子作殺三苗卽左傳𥻘蔡叔之𥻘𥻘爲正字竄殺爲同音叚借从鼠在穴中漢書曰奉頭鼠竄七亂切古音在十五部

窣

從穴中卒出卒猝古今字子虛賦媻姍敎窣上乎金隄韋昭曰媻姍敎窣匍匐上也按媻姍謂徐行勃
窣謂急行从穴卒聲穌骨切十五部窘迫也小雅又窘陰雨毛傳窘困也按箋云窘仍也仍
者仍其舊而不能變亦是困意从穴君聲渠隕切十三部字林巨畏反文微合音也窕穼肆
極也窕與窘爲反對之辭釋言曰窕肆也大戴禮王言七者布諸天下而不窕內諸尋常之室而不塞淮南俶
眞訓處小隘而不塞橫扃天地之閒而不窕要略訓置之
尋常而不塞布之天下而不窕氾論訓舒之天下而不窕
內之尋常而不塞齊俗訓大則塞而不入小則窕而不周
兵略訓入小而不偪處大而不窕墨子尚賢中此道也大
用之天下則不窕小用之則不困尚同下大用之治天下
不窕小用之治一國一家而不橫荀卿子曰充盈大宇而
不窕入郤穴而不偪管子宙合曰夫成軸之多也其處大
也不窕入其小也不塞司馬法曰凡戰之道位欲嚴政欲
栗力欲窕氣欲閑又曰擊其勞倦避其閒窕凡此皆可證
窕之訓寬肆凡言在小不塞在大不窕者謂置之小處而

小處不見充塞無餘地置之大處而大處不見空曠多餘地高誘曰不窕在大能大也今本管子墨子窕誤作究非是毛詩傳曰窈窕幽閒也幽訓窈閒訓窕方言美狀爲窕言外之寛綽也美心爲窈言中之幽靜也左傳泠州鳩論樂曰小者不窕大者不槬則和於物此可以諸子釋之小者不窕謂雖小而處大不使多空廖之處也大者不槬謂雖大而處小不使偪塞莫能容也莊周書云瓠落無所容以注槬字甚合郭注爾雅云輕窕者多放肆眞憒憒之說也左傳曰楚師輕窕此窕義之引伸寬然無患謂之輕窕唐石經左傳譌作宨从宀釋言窕肆也窕閒也其字其義皆同而唐石經亦於肆也作宨从宀與閒也作窕从穴別異皆字之偶誤耳而或據以爲說分別訓詁改之許書本無从宀之字 从穴兆聲讀若挑 徒了切二部

穹 窮也 窮者極也幽風穹窒熏鼠毛傳曰穹窮窒塞也穹窮雙聲大雅以念穹蒼釋天毛傳皆曰穹蒼蒼天也按穹蒼者謂蒼天難窮極也韗人爲皐陶穹者三之一注謂鼓木腹穹隆居鼓三之一今人皆謂高爲穹隆 从穴弓聲 去弓切古音在六部

究　窮也　釋言同小雅常棣傳曰究深也釋詁及大雅皇矣傳曰究謀也皆窮義之引伸也　从穴九聲　居又切三部

窮　極也　从穴躳聲　渠弓切九部或假爲躳字如鞠躳古作鞠窮

窅　冥也　冥者窈也　从穴皀聲　烏皎切二部

窔　窅窔　逗　㴱也　也爾雅音義作皃上林賦曰巖窔洞房窔亦作穾郭樸曰於巖穴底爲室潛通臺上也按郭以通釋洞小顏改㴱爲穾於郭注巖穴底爲室之下輒增如竈穾然四字其亦妄矣　从穴交聲　烏叫切二部

邃　㴱遠也　从穴遂聲　雖遂切十五部

窈　㴱遠也　周南毛傳曰窈窕幽閒也以幽釋窈以閒釋窕方言曰美心爲窈美狀爲窕陳風傳又曰窈糾舒之姿也舒遲也　从穴幼聲　烏皎切古音在三部

窱　杳窱也　廣雅曰窈窱深也西京賦曰望窅窱以徑廷薛曰過度之義也集韵曰窅同窈　从穴條聲　徒弔切二部

穿　穿地也　周禮小宗伯冢人皆曰甫竁注曰甫始也鄭大夫讀竁皆爲穿杜子春讀

二脆字當作脃

竁如毳皆謂葬穿壙也今南陽名穿地爲竁聲如腐脆之脆按此注讀竁爲穿者易其字也讀竁如毳者擬其音也下文鄭仲子春之說以南陽語證子春說之不誤 **从穴毳聲** 充芮切十五部 **一曰小鼠聲** 謂鼠聲之小者也聲字依玉篇補宋本小鼠下皆空一字必是聲字耳竁入聲如猝於鼠聲相似 **周禮曰大喪甫竁**

窆 葬下棺也 土部曰堋葬下土也春秋傳朝而堋禮謂之封周官謂之窆按禮謂十七篇也士喪禮下篇曰及窆主人哭踊無筭注窆下棺也今文窆爲封然則許十七篇從今文鄭從古文而疊今文也凡載記皆作封載記從今文也周官謂之窆者周禮鄉師云及窆執斧以涖匠師先鄭云窆謂葬下棺春秋傳所謂傰禮記所謂封也按堋窆封三字分蒸侵東三韵而一聲之轉 **从穴乏聲** 方驗切古音在七部 **周禮曰及窆執斧**

窀 窀穸 逗各本刪此二字今依全書例補厚釋窀夕釋穸 **葬之厚夕也** 襄十三年左傳曰惟是春秋窀穸之事所以從先君於禰廟者杜曰窀厚也穸夜也厚夜猶長

夜春秋謂祭祀長夜謂葬薶按窀淳同音窀訓厚从穴屯聲陟輪切十三部春秋傳曰窀

穸從先君於地下與今左傳異

穸　窀穸也从穴夕聲孔宙碑作窀夕

乃蒙上穴而省耳詞亦切古音在五部

窜　入脈刺穴謂之窜蓋古醫經之言齊民要術說相牛有窜字从穴甲聲烏狎切八部

文五十一　重一

㝱　寐而覺者也寐而覺與醒字下醉而覺同意今字叚夢爲之夢行而㝱廢矣从宀从爿夢聲宀者覆也爿者倚著也夢者不明也夢亦聲古音在六部今莫鳳切周禮㠯日月星辰占六㝱之吉凶鄭注詳矣一曰正㝱鄭云無所感動平安自夢也二曰咢㝱咢者譁訟也借爲驚遻之遻周禮作噩夢杜子春云當爲驚愕之愕謂驚愕爲夢也三曰思㝱鄭云

覺時所思念之而夢也思小徐作𢘓誤　四曰寤㝱鄭云覺時所道之而夢也寤大徐作悟　五曰喜㝱鄭云喜悅而夢也　六曰懼㝱鄭云恐懼而㝱也巳上周禮占夢文　凡㝱之屬皆从㝱

病臥也寑者臥也𥨊者病臥也此二字之別今字槩作寢矣　从㝱省𡨦省聲𡨦者籒文寑七荏切七部

臥也俗所謂睡著也周南毛傳曰寐寑也　从㝱省未聲蜜二切十五部

寐覺而有言曰寤有言今鍇本作省信鉉本作有信皆誤今依韵會所據鍇本釋元應引倉頡篇覺而有言曰寤左傳季寤字子言是其證按周南毛傳曰寤覺也衞風鄭箋同言其大略而巳鄭釋周禮寤夢云覺時道之而夢亦與倉頡篇同也古書多叚寤爲悟　从㝱省吾聲五故切五部　一曰晝見而夜㝱也蓋亦周禮寤夢之說陳風傳云晤遇也箋云晤對也寤與晤義相通

籒文寤周禮占夢釋文云寤本又作𧃍此用籒文而小變也

楚人謂寐曰

𥨊 𥨊猶𥹖也 𥹖黏也 从㝱省女聲 依倨切廣韵亦音女五部

𥧌 寐而厭也 鉉本作未厭誤甚胡身之通鑑釋文辨誤引作米厭米卽𥧌之譌葢古本作𥧌而𥧌厭一譌作米再譌作未要不若小徐本爲長廣雅曰寱𥩭厭也按厭魘正俗字大徐於鬼部增魘字云夢驚也由不解此處厭字故耳倉頡篇曰伏合人心曰厭字苑曰厭眠內不祥也皆見玄應書廣韵五十琰厭注厭魅二十九葉厭注惡夢可見魘字之晚出取俗矣西山經翼望之山鳥名鵸鵌服之使人不厭此用厭字之最古者寱古多叚借眯爲之郭注山海經引周書服之不眯爲不厭之證莊子天運彼不得夢必且數眯焉司馬彪曰眯厭也通鑑劉曄曰臣得與聞大謀常恐眯夢漏泄以益臣罪語本裴松之引傅子胡身之引說文𥧌字解之 从㝱省米聲 此篆今本說文作𥧌攷廣雅作寱玉篇廣韵皆作寱不載𥧌字可知古本說文作寱也若集韵云𥧌或作寱類篇有𥧌無寱則鉉本盛行之故耳今正莫禮切十五部

𥩭 孰寐也从㝱省水聲讀若悸 求癸切十五部按大徐用

唐韵也。玉篇、廣韵、集韵、類篇皆祇渠季切一音。

寎　臥驚病也。以疊韵爲訓。爾雅三月爲寎月，作此字。从寎省丙聲。皮命切。古音在十部。

寱　瞑言也。瞑目翕也。瞑言者，寐中有言也。寱亦作寱，俗作囈。从寎省臬聲。牛例切。十五部。

寣　臥驚也。廣雅曰：寣，覺也。義相近。今江蘇俗語曰睡一寣。一曰小兒號寣寣。別一義也。寣寣者，號聲。一曰河內相評也。又別一義也。評者，召也。今字作呼。相召曰寣，如言咄少卿、良苦、言嚄大姊之比。河內人語如此。从寎省从言。會意。火滑切。十五部。

文十　重一

疒　倚也。倚與疒音相近。人有疾痛也。也字玉篇有。象倚箸之形。橫者直者相距，故曰象倚箸之形。或謂卽牀、狀、牆、戕之左旁，不知其音迥不相同也。女戹切。十六部。凡疒之屬皆从疒**𤵸**病也析言之則病爲疾加渾言之則疾亦病也按經傳多訓爲急也速也此引伸之義如病之來多無期無迹也止部曰疌疾也从疒矢聲矢能傷人矢之去甚速故从矢會意聲字疑衍秦悉切十二部**𤕫**籀文疾从廿者古文疾也从⿰矢亏者⿰矢亏省也**廿**古文各本篆體作脨是仍與小篆無異今正攷竊篆下曰廿古文疾童篆下曰廿古文以爲疾此廿爲古文疾之明證而集韵類篇皆曰廿古文疾⿰矢亏籀文疾此丁度所見不誤之明證也其曰籀文作⿰矢亏又作脨者乃當其時已有誤本同今本而因倂入之又譌古爲籀也**𤶜**病也从疒甬聲他貢切九部**㾕**疾加也苞咸注論語曰疾甚曰病从疒丙聲皮命切古音在十部**瘣**病也从疒鬼聲胡罪切十五部詩曰譬彼瘣木今小雅小弁作壞木傳曰壞瘣也謂傷病也箋云猶內傷病之木內有疾故無枝也按疑今毛傳壞瘣二字互譌許及樊光所引皆作瘣木爲是一曰腫旁出也此別一義釋木瘣木苻婁

郭云謂木病尫傴㾱腫無枝條攷工記凡揉牙外不廉而內不挫旁不腫注腫瘣也

痾病也鴻範五行傳鄭注同从疒可聲烏何切十七部五行傳曰時即有口痾五行傳者伏生鴻範五行傳也言之不從是謂不乂時則有口舌之痾

痡病也釋詁毛傳同从疒甫聲普胡切五部詩曰我僕痡矣周南卷耳文

瘽病也釋詁曰瘽病也字亦作懃从疒堇聲巨斤切

瘵病也釋詁曰瘵病也小雅菀柳毛傳同箋云瘵接也則謂詩叚瘵爲際也从疒祭聲側介切十五部

瘨病也大雅雲漢傳同按今之顛狂字也廣雅瘨狂也急就篇作顛疾从疒眞聲都年切十二部一曰腹張張汲古閣作脹誤今依宋本訂古無脹字左傳晉侯獳將食張如廁即今之脹字也瘨與䐜瞋字意略同集韵稱人切

瘼病也小雅曰亂離瘼矣釋詁毛傳皆云瘼病也方言曰瘼病也東齊海岱之閒曰瘼从疒莫聲慕各切五部

疞腹中急痛

也痛字依小徐及廣韵補今吳俗語云絞腸刮肚痛其字當作疝也古音讀如糾釋詁云咎病也咎蓋疝之古文叚借字从疒丩聲古巧切古音在三部

𤸷病也从疒員聲王問切十三部

𤸱病也从疒間聲戶閒切十四部按今俗語皆呼閒切方書小兒有五癇王符貴忠篇云哺乳多則生癇病元應引聲類云今謂小兒瘨曰癇也

𤸳病也从疒出聲五忽切十五部

疵病也古亦叚玼爲之从疒此聲疾咨切十六部廣韵疾移切是也

癈固病也按此當云癈固病也癈固爲逗淺人刪癈字耳下文痼爲久病癈固則經傳所云廢疾也其義不同錯本作痼疾也則尤誤矣癈猶廢固猶錮如瘖聾跛躃斷者侏儒皆是癈爲正字廢爲叚借字亦有叚癈疾字爲𢍰廢字者从疒發聲方肺切十五部按廢癈可入發伐可去南人作韵書分別遂若約定俗成矣古無去入之別

瘏病也周南卷耳曰我馬瘏矣釋詁毛傳皆曰瘏病也豳風鴟鴞傳同从疒者聲同都切五

部　詩曰我馬瘏矣　瘲　病也从疒從聲　將容切九部按廣韻集韻將容切內皆不收此字葢與瘲瘲爲二病　⿸疒辛　寒病也　古多借洒爲⿸疒辛晉語狐突曰玦之以金銑寒之甚矣韋注玦猶離也銑猶洒也洒洒寒皃唐人舊音云洒或爲洗本艸爲色洗洗是寒皃玉裁謂凡素問靈樞本艸言洒洒洗洗者其訓皆寒皆⿸疒辛之叚借古辛聲先聲西聲同在眞文一類國語注洒音銑不誤　从疒辛聲　所臻切十二部

⿸疒或　頭痛也从疒或聲　吁逼切一部　讀若溝洫之洫　按洫聲在十二部或聲在一部然毛詩洫作淢古文閾作⿵門洫是合音之理也

痟　酸痟　逗　頭痛也　周禮疾醫春時有痟首疾注云痟酸削也首疾頭痛也疏曰春時陽氣將盛惟金沴木故有痟首之疾　从疒肖聲　相邀切二部　周禮曰春時有痟首疾

疕　頭瘍也　周禮醫師凡邦之有疾病疕瘍者造焉則使醫分而治之注云疕頭瘍亦謂禿也　从疒匕聲　卑履切十五部

瘍　頭創

也按頭字葢賸上文疕下曰頭瘍則見瘍不專在頭矣鄭注周禮云身傷曰瘍以別於頭瘍曰疕許則疊韵爲訓疕得評瘍他瘍不得評疕也檀弓曰居喪之禮身有瘍則浴從疒昜聲與章切十部魯頌假瘍爲揚

痒瘍也小雅癙憂以痒傳曰癙痒皆病也釋詁亦曰痒病也按今字以痒爲癢字非也癢之正字說文作蛘從疒羊聲似陽切十部

⿸疒馬目病一曰惡气箸身也一曰蝕創凡三義蝕創者敗創也從疒馬聲莫駕切古音在五部

㾷散聲也方言㾷噎也楚曰㾷又曰嘶散也東齊聲散曰㾷秦晉聲變曰㾷器破而不殊其音亦謂之㾷按與斯嘶字義相通馬嘶字亦當作此從疒斯聲先稽切十六部

㾍口咼也口部曰咼口戾不正也此亦疊韵爲訓從疒爲聲韋委切古音在十七部

疦㾍也廣韵云瘡裏空也今義也從疒夬聲古穴切十五部

瘖不能言也從疒音聲於今切七部

癭頸瘤也下文云瘤腫也

此以頸瘤與頸腫別言者頸瘤則如囊者也頸腫則謂暫時腫脹之疾故異其辭釋名曰癭嬰也嬰在頸纓理之中也青徐謂之脰博物志曰山居多癭飲水之不流者也凡楠樹樹根贅肬甚大析之中有山川花木之文可爲器械吳都賦所謂楠瘤之木三國張昭作楠瘤枕賦今人謂之癭木是也癭木俗作影木楠瘤俗本作楠橊皆誤字耳

从疒嬰聲（於郢切十一部）

瘻　頸腫也（淮南說山訓雞頭已瘻高注瘻頸腫疾也雞頭水中芡也鍇本作頭腫蓋淺人恐與頭瘤不別而改之腫癰也頭腫卽釋名之癰喉）从疒婁聲（力豆切四部）

疣　顫也（與頁部頫疣音義同）从疒又聲（于救切古音在一部）

瘀　積血也（血積於中之病也九辯曰形銷鑠而瘀傷）从疒於聲（依據切五部）

疝　腹痛也（釋名曰心痛曰疝疝詵也氣詵詵然上而痛也陰腫曰隤氣下隤也又曰疝亦言詵也詵詵引小腹急痛也）从疒山聲（所晏切十四部）

疛　小腹病（小當作心字之誤也隸書心或作小因譌爲小耳玉篇云疛心腹疾也仍

篆誤當作痀

古本也小雅曰我心憂傷惄焉如擣傳曰擣心疾也釋文擣本或作㿒韓詩作疛義同按疛其正字㿒其或體擣其譌字也玉篇引呂氏春秋曰身盡府種二字皆誤高誘曰疛腹疾也今本呂覽作身盡疛腫 从疒肘省聲 陟栁切三部詩音義除又切

𤺋 滿也 毛詩傳曰不醉而怒曰奰則奰謂氣滿㶊舉形聲包會意也 从疒奰聲 平秘切十五部

㽱 俛病也 方言曰短東陽之間謂之府按俛者多庳方言與許義相近 从疒付聲 方榘切四部

痀 曲脊也 玉部玖下曰讀若人句脊之句二句字皆痀之誤也 从疒句聲 其俱切古音讀如茍在四部

瘚 屰气也 釋名曰厥逆氣從下厥起上行入心脅也高誘呂覽注曰厥逆寒疾也 从疒从屰从欠 欠猶气也居月切十五部

欮 瘚或省疒 厂部厥用爲聲

㾩 气不定也 心部曰悸心動也義相近玉篇曰痵亦作悸 从疒季聲 其季切十五部

痱 風病也 非風雙聲釋詁曰痱病也郭注見詩按小雅百卉具

疛 壽 疑疛字本从壽省聲不省則作㿒擣其叚借字𤎫易林解我胷舂即擣義

腓李善注文選戲馬臺詩云韓詩云百卉具腓薛君曰腓變也毛萇曰痱病也今本作腓據李則毛詩本作痱與釋詁合**从疒非聲**蒲罪切十五部按當扶非切亦作疿**瘤　腫也**釋名曰瘤流也流聚而生腫也**从疒畱聲**力求切三部**痤　小腫也**玉篇曰癤也**从疒坐聲**昨禾切十七部春秋經宋公殺其世子痤是此字三傳同以隱疾名子也**一曰族絫病**左傳曰牲不疾瘯蠡瘯者族之俗蠡與絫同部杜注以皮毛無疥癬釋之按季良以民力溥存釋博以碩大蕃滋釋碩以不疾瘯蠡釋肥以備腯咸有釋腯釋文云說文蠡作瘰云瘯瘰皮肥也此說文二字有譌當是別本作瘰注云不疾瘯瘰皮肥也奪不疾二字**疽　久癰也**後漢書劉焉傳注玄應一切經音義皆引久癰與小徐合癰久而潰沮洳然也**从疒且聲**七余切五部**⿸疒麗　癰也从疒麗聲**郎計切十六部**一曰瘦黑讀若隸**

癰　腫也肉部曰腫癰也按腫之本義謂癰引伸之爲凡墳起之名如上文瘤腫也痤小腫也則非

謂癰也。釋名曰：癰，壅也。氣壅否結裹而潰也。从疒雝聲。於容切，九部。

瘜　寄肉也。肉部腥下曰：星見食豕，令肉中生小息肉也。息肉即瘜肉。廣韵曰：惡肉。从疒息聲。相即切，一部。

癬　乾瘍也。乾音干。瘍之乾者也。釋名曰：癬，徙也。浸淫移徙處日廣也。故青徐謂癬爲徙也。从疒鮮聲。息淺切，十四部。

疥　搔也。搔音穌到切。疥急於搔，因謂之搔。俗作瘙，或作瘙，穌到切。今四川人語如此。禮記釋文引說文：疥，瘙瘍也。文選登徒子好色賦注引：疥，瘙也。皆以俗字改正字耳。後漢書烏桓傳曰：手足之蚧搔。章懷音新到反。蚧同疥。釋名曰：疥，齘也。癢搔之，齒類齘也。从疒介聲。古拜切，十六部。

痂　疥也。按痂本謂疥，後人乃謂瘡所蛻鱗爲痂。此古義今義之不同也。葢瘡鱗可曰介，介與痂雙聲之故耳。南史劉邕嗜食瘡痂，謂有蝮魚味。从疒加聲。古牙切，十七部。

瘕　女病也。按女字必是衍字。詩：厲假不瑕。箋云：厲、假皆病也。正義引說文：癘，瘕病也。或作癩，瘕病也。是唐初本無女字也。倉公傳曰：潘滿如小腹痛。臣意診其

瘕　鈕云：玉篇注云病也，腹中病，引說文音遐。則女乃久之譌。洪云：山海經南山經麗䴔之水多沛育，佩之無瘕疾。郭璞注：瘕，蟲病也。左氏昭元年傳：是謂近女，室疾如蠱。則瘕是女病，不宜删女字。

脈曰遺積瘕也女子薄吾病甚臣意診其脈曰蟯瘕也瘕蓋腹中病**从疒叚聲**乎加切玉篇曰說文本音遐史記索隱亦曰舊音遐按古音在五部○錢氏大昕曰唐公房碑癘蠱不遐即鄭箋之癘瘕不瑕也

癘　惡疾也按古義謂惡病包內外言之今義別製癩字訓爲惡瘡訓癘爲癘疫古多借厲爲癘公羊傳作痢何注云痢者民疾疫也大戴禮及公羊何注說七出皆云惡疾出何休曰惡疾棄者不可以奉宗廟也論語伯牛有疾苞氏曰牛有惡疾不欲見人故孔子從牖執其手也韓詩曰芣苢傷夫有惡疾也薛君曰芣苢澤瀉也臭惡之草詩人傷其君子有惡疾人道不通求己不得發憤而作以事興芣苢雖臭惡乎我猶采采而不已者以興君子雖有惡疾我猶守而不離去也**从疒蠆省聲**按大徐厲作蠆不誤洛帶切十五部

瘧　寒熱休作病謂寒與熱一休一作相代也釋名曰瘧酷虐也凡疾或寒或熱耳而此疾先寒後熱兩疾似酷虐者周禮曰秋時有瘧寒疾**从疒虐虐亦聲**魚約切二部

痁　有熱瘧有熱無寒之瘧也

从疒占聲。失廉切七部。春秋傳曰：齊侯疥遂痁。左傳昭二十年文。按梁元帝及袁狎、顏之推欲改疥爲痎，所謂無事而自擾也。陸氏德明既辨之矣。

痎，二日一發瘧也。今人謂間二日一發爲大瘧。顏之推云：兩日一發之瘧，今北方猶呼痎瘧，音皆。从疒亥聲。古諧切。古音在一部。

痳，疝病也。釋名曰：淋，懍也。小便難，懍懍然也。按痳篆不與疝伍者，以有疝痛而不痳者也。从疒林聲。力尋切。七部。

痔，後病也。从疒寺聲。直理切。一部。

痿，痹也。如淳曰：痿音蹞。踒弩病兩足不能相過曰痿。張揖曰：痿不能行。師古曰：蹞踒弩名見音令，煩蕤二音。按古多痿痹聯言，因痹而痿也。素問曰：有漸於濕，肌肉濡漬，痹而不仁，發爲肉痿。从疒委聲。儒隹切。古音在十六部。玉篇曰：說文音蕤。

痹，溼病也。素問痹論、痿論名爲篇。岐伯曰：風寒溼三氣襍至，合而爲痹也。从疒畀聲。必至切。十五部。

㾫，足氣不至也。玉篇云：足氣不至，轉筋也。从疒畢聲。毗至切。十

痳 痎

二日一发瘧謂二日之間一发瘧乃間
一日也大瘧間二日顔之推所謂痁今
人言三陰瘧

二部

瘃中寒腫覈趙充國傳手足皸瘃文穎曰瘃寒創也按腫覈者腫而肉中鞕如果中有覈也覈核古今字从疒豖聲陟玉切三部㾫半枯也尚書大傳禹其跳湯扁其跳者踦也鄭注云其發聲也踦步足不能相過也扁者枯也注言湯體半小扁枯按扁卽㾫字之叚借㾫之言偏也从疒扁聲匹連切十一部瘇脛气腫小雅巧言既微且尰釋訓毛傳皆曰骭瘍爲微腫足爲尰按云脛氣腫卽足腫也大徐本云脛氣足腫非从疒童聲時重切九部詩曰既微且瘇

尰籒文左从允烏光切右从籒文童爾雅音義云尰本或作尰同並籒文瘇字也按籒文本作尰又或變爲尰耳非有兩籒文也㿉跛病也廣韵曰㿉短氣也此今義也从疒盍聲讀若脅又讀若掩烏盍切八部疻疻痏逗毆傷也疻痏二字各本無依全書通例補漢書薛宣傳廷尉引傳曰遇人不以義而見疻者與痏人之罪鈞惡不直也應劭曰以杖手毆擊人剝其皮膚起

青黑而無創瘢者律謂疻痏按此應注譌脫急就篇顏注云毆人皮膚腫起曰疻毆傷曰痏葢應注律謂疻下奪去六字當作其有創瘢者謂痏文選嵇康詩怛若創痏李善引說文痏瘢也正與應語合皆本漢律也疻輕痏重遝人不以義而見疻罪與痏人等是疻人者輕論見疻者重論故曰惡不直也創瘢謂皮破血流 从疒只聲諸氏切十六部

痏 疻痏也 按依許全書之例則疻下云疻痏毆傷也此但云疻痏也而義已足此等往往爲淺人妄刪致文理不可讀矣或曰依應仲遠則疻痏異事何爲合之也曰應析言之許渾言之許曰毆傷則固兼無創瘢有創瘢者言之文選注引倉頡篇痏毆傷也與許正合 从疒有聲榮美切古音在一部 一曰痏 逗 瘢也 據文選嵇康詩注補此五字此析言之與應劭引律合

⿸疒巂 創裂也 一曰疾⿸疒巂 玉篇作一曰疾也 从疒巂聲以水切當依廣韵羊捶切十六部

⿸疒冄 皮剝也 剝裂也 从疒冄聲讀若枏又讀若襜 小徐有此七字赤占切七部

痕

各本下从𠬝今按尸部𠬝字也故正之

籀文从𠬝

𤺋痛也从疒農聲奴動切九部

痍傷也成十六年晉侯及楚子鄭伯戰于鄢陵楚子鄭師敗績公羊傳曰敗者稱師楚何以不稱師王痍也王痍者何傷乎矢也按周易夷傷也左傳察夷傷皆假夷字爲之从疒夷聲以脂切十五部

瘢痍也長楊賦啖鋋瘢耆孟康曰瘢耆馬脊者創瘢處按古義傷處曰瘢今義則少異从疒般聲薄官切十四部

痕胝瘢也胝瘢謂胝之傷肉部腄下云瘢胝也與此同義胝下云腄也則不必傷者也按今義與此亦異皆逐末而忘本也韵會無胝字从疒艮聲戸恩切十二部

痙彊急也本艸經曰术主痙疸廣韵曰風強病也按急就篇癰疽瘛瘲痿痹疲疾即痙顏云體強急難用屈伸也从疒巠聲其頸切十一部

痋動病也痋即疼字釋名曰疼旱氣疼疼然煩也按詩旱旣太甚蘊隆蟲蟲韓詩作鬱隆烔烔劉成國作疼疼皆旱熱人不安之皃也今義疼訓痛从疒蟲省聲徒冬切九

部𤸱臞也肉部曰臞少肉也从疒叜聲所又切四部今字作瘦疢熱病也其字从火故知爲熱病小雅疢如疾首箋云疢猶病也此以疢爲煩熱之偁从火从疒會意丑刃切十二部癉勞病也大雅下民卒癉釋詁毛傳皆云癉病也小雅哀我癉人釋詁毛傳曰癉勞也許合云勞病者如嘽訓喘息皃幝訓車敝皃皆單聲字也癉與疸音同而義別如郭注山海經師古注漢書皆云癉黃病王砅注素問黃疸云疸勞也則二字互相假而淆惑矣癉或假憚或作⿸疒亶从疒單聲丁幹丁賀二切十四部疸黃病也素問曰溺黃赤安臥者黃疸目黃者曰黃疸从疒旦聲丁幹切十四部㾜病息也病息謂病之鼻息也心部瘱从此从疒夾聲苦叶切八部痞痛也廣韻曰腹內結痛从疒否聲符鄙切古音在一部瘍脈瘍也脈瘍疊韵字脈瘍者善驚之病也方言曰脈瘍欺漫也又曰衇慧也郭注今名黠爲鬼衇又曰慧自關而東趙魏之閒謂之黠或謂

痞　玉篇云腹內結病　疑痛當為病　形近而譌

瘍　脈瘍也脈疑當作眽　眽財視也潘岳賦無見自眽亦眽之誤
小徐云脈跳動也非

⿸疒朮　疑⿸疒朮疑即礼運獸不狘之狘彼注云驚走也玉篇狘
獸走貌篆文朮戌戉三字形相近洪範五行傳
聽於怵攸注怵讀曰獸不狘之狘漢書武紀注怵音如
戌亥之戌說文無怵狘字或借⿸疒朮爲之

之鬼郭注言鬼脈也潘岳賦靡閒而驚無見自脈徐爰注言雖性驚鬼黠按蜥蜴跂跂脈脈亦是此意漢書所云易病者當是瘍之叚借王子侯表樂平侯訢病狂易**从疒易聲**羊益切十六部

㾁狂走也春秋經甲戌己丑陳侯鮑卒公羊傳曰曷爲以二日卒之怴也注曰怴者狂也齊人語甲戌之日亡己丑之日死而得君子疑焉故以二日卒之也按㾁怴蓋同字**从疒术聲讀若欶**欶見欠部今字譌作欶食聿切十五部

疲勞也經傳多假罷爲之**从疒皮聲**符羈切古音在十七部

㾓疲也从疒肙聲烏懸切十四部按各本無此篆今依謝靈運發臨海嶠詩李善注引說文補篇韵皆云痟骨節疼也今俗謂痟酸

⿸疒朿瘕也古本皆作瘕惟小徐及毛本及集韵作瘕恐是譌字耳⿸疒朿之言疵也**从疒朿聲**側史切古音在十五部

疧病不翅也翅同啻口部啻下曰語時不啻也倉頡篇曰不啻多也古語不啻如楚人言夥頤之類世說新語云王文度弟阿至惡乃不翅晉宋閒人尚作此語帝聲

支聲氏聲同在十六部故疧以病不翅釋之取疊韵爲訓也爾雅釋詁詩無將大車白華傳皆云疧病也何人斯叚借祇爲疧故毛傳曰祇病也言假借也又按古書或言不啻或言奚啻啻皆或作翅國語曰奚啻其聞之也韋注云奚何也何啻言所聞非一也孟子奚翅食重奚翅色重趙注翅辭也若言何其重也今刻本作何其不重也乃大誤

从疒氏聲　渠支切十六部爾雅音義云或丁禮反非是

㽺　病劣也　劣猶危也　从疒及聲　呼合切七部

⿸疒殹　劇聲也　劇者病甚也⿸疒殹者病甚呻吟之聲酉部醫下曰殹病聲也殹葢⿸疒殹之省　从疒殹聲　於賣切古音在十五部

⿸疒罷　罷病也　病當作癃罷者廢置之意凡廢置不能事事曰罷癃平原君傳躄者自言不幸有罷癃之病然則凡廢疾皆得謂之罷癃也師古注漢書改罷病作疲病非許意　从疒隆聲　力中切九部

⿸疒夅　籀文癃省　按篇韵皆作⿸疒夅疑篆體有誤漢書高帝紀年老⿸疒夅病景祐本及韵會所引皆作⿸疒夅

疫　民皆疾也　鄭注周禮兩言疫癘之鬼　从

當云从心㓞聲也

疒役省聲營隻切十六部

瘛　小兒瘛瘲病也急就篇亦云瘛瘲師古云卽今癇病按今小兒驚病也瘛之言掣也瘲之言縱也蓺文志有瘛瘲方从疒恝聲徐鍇等曰說文無恝字疑从疒从心恝省聲也尺制切十五部

瘍　馬病也从疒多聲丁可切十七部詩曰瘍瘍駱馬小雅四牡曰嘽嘽駱馬口部既偁之訓喘息皃與毛傳合矣此復偁作瘍瘍訓馬病其爲三家詩無疑也單聲之字古多轉入弟十七部此其異字異音之故漢書大人賦衍曼流爛瘍以陸離史記瘍作壇

㿃　馬脛瘍也瘍廣韵作傷从疒兌聲徒活切十五部一曰將傷將疑當作捋捋㿃疊韵小徐本作持

痼　久病也多假固爲之月令十二月行春令則國多固疾注曰生不充其性有久疾癈疾爲錮疾痼謂久疾故許異其義从疒固聲古慕切五部

𤻲　治也方言曰療治也周禮注云止病曰療詩陳風泌之洋洋可以樂饑傳云可以樂道忘饑箋云可飲以𤻲饑是鄭讀樂爲𤻲也經文本作樂唐石

七篇下

經依鄭改爲⿸疒樂誤矣从疒樂聲讀若勞力照切二部療或从尞尞聲瘌楚人謂藥毒曰痛瘌方言曰凡飲藥傳藥而毒南楚之外謂之刺北燕朝鮮之閒謂之癆東齊海岱之閒謂之眠或謂之眩自關而西謂之毒瘌痛也郭云癆瘌皆辛螫也按瘌如俗語言辛辣从疒刺聲盧達切十五部癆朝鮮謂藥毒曰癆从疒勞聲郎到切二部郭音聊瘥瘉也通作差凡等差字皆引伸於瘥从疒差聲楚懈切又才他切十七部⿸疒衰減也減亦謂病減於常也凡盛衰字引伸於⿸疒衰凡等衰字亦引伸於⿸疒衰凡喪服曰衰者謂其有等衰也皆⿸疒衰之叚借从疒衰聲楚追切古音在十七部一曰耗也耗之本義禾名也亦謂無爲耗讀如眊瘉病瘳也釋詁及小雅角弓毛傳皆曰瘉病也渾言之謂瘳而尙病也許則析言之謂雖病而瘳也凡訓勝訓賢之愈皆引伸於瘉愈卽瘉字也从疒俞聲以主切古音在四部瘳疾瘉也

二字互訓也从疒翏聲敕鳩切三部癡不慧也心部曰慧者儇也犬部曰儇者急也癡者遲鈍之意故與慧正相反此非疾病也而亦疾病之類也故以是終焉从疒疑聲丑之切一部

文一百二今增瘖爲百三重七

冖覆也覆者葢也从一下垂一者所以覆之也覆之則四面下垂廣韵引文字音義云以巾覆从一下垂莫狄切十六部按冥下曰冖聲鼏亦一聲則亦在十一部支耕之合也凡冖之屬皆从冖

冠絭也疊韵爲訓所以絭髮絭者纕臂繩之名所以約束褎者也冠以約束髮故曰絭髮引伸爲凡覆葢之偁弁冕之總名也析言之冕弁冠三者異制渾言之則冕弁亦冠也从冖元會意元猶首也元亦聲古丸切十四部冠有法制謂尊卑異服故从寸古凡法度之字多从寸者

冣積也冣與聚音義皆同與冃部之最音義皆別公羊傳曰會猶冣也何云冣之

爲言聚周禮太宰注曰凡簿書之冣目劉歆與楊雄書索方言曰欲得其冣目又曰頗願與其冣目得使入錄按凡言冣目者猶今言摠目也史記殷本紀大冣樂戲於沙丘冣一作聚張釋之馮唐列傳誅李牧令顏聚代之漢書聚作冣爾雅灌木叢木也毛傳叢木作冣木說文凡字下曰冣栝也儹字下曰冣也史記周本紀周冣文選過秦論周冣今各書此等冣字皆譌作最讀祖會反音義俱非葢字林固有冣字音才句反見李善選注至乎南北朝冣最不分是以周續之劉昌宗陸德明輩皆不能知毛傳之本作冣木顧野王玉篇一部無冣而冃部有最云齊也聚也廣韵本唐韵而廣韵十遇才句一切無冣字然則唐韵葢亦本無冣字學者知有最字不知有冣字久矣玉篇云最者齊也聚也子會切是以冣之義爲最之義而廣韵十四泰云最極也祖外切亦是冣之義誤以爲最之義也何以言之古凡云殿冣者皆當作从冖字項岱曰殿負也冣善也韋昭曰第上爲冣極下爲殿孫檢曰上功曰冣下功曰殿漢書周勃傳曰冣從高帝云云師古云冣凡也摠言其攻戰克獲之數又衛青霍去病傳曰冣大將軍青凡七出云

云文法正同此皆與冣目之冣同又周勃傳曰攻槐里好畤冣又曰擊趙賁內史保於咸陽冣又曰攻上邽東守嶢關擊項籍攻曲遇冣樊噲傳曰攻趙賁下郿槐里柳中咸陽灌廢丘冣此皆殿冣之冣張晏曰冣功第一也如淳曰於將帥之中功爲冣也此正如葬書所言凡山顚可葬者名上聚之穴漢蔡湛碑三載勳冣其字正作冣以許君訓積求之積則必有其高處今人冣美冣惡之云讀祖會切葢於形於音皆失之古必作冣讀才句切**从冖取**冖其上而取之**取亦聲**才句切四部

[seal]**奠酒爵也**大徐作奠爵酒今依韵會所據訂周書顧命曰王三宿三祭三詫某氏注曰酌者實三爵於王王三進爵三祭酒三奠爵六部曰奠置也**从冖**禮器必有冪也故从冖**託聲**當故切五部**周書曰王三宿三祭三詫**

文四

[seal]**重覆也**下一覆也上又加冖是爲重覆**从冂一**會意**凡冃之屬皆从冃**

冃　冡同象形二束之也古童子未冠以巾裹頭蠻夷無冠蓋亦如之

讀若艸苺苺汲古閣作艸苺之苺之字誤賸今依宋本苺當作每每屮部曰每艸盛上出也每隸書作每左傳輿人誦曰原田每每杜注晉君美盛若原田之草每每然魏都賦蘭渚莓莓每上加艸非按古音蓋在之尤二部閒今音莫保切

同　合會也从冃口口皆在所覆之下是同之意也徒紅切九部

肯　幬帳之象巾部曰幬襌帳也帳張也从冃幬帳所以覆也㞢其飾也帳必有飾凡殸鼓右皆像垂飾苦江切按古音在三部殳部殸从殳肯聲凡⿱殸木⿱殸韋⿱殸心字从殸聲

冡　覆也凡蒙覆僮蒙之字今字皆作蒙依古當作冡蒙行而冡廢矣艸部蒙艸名也从冃豕會意莫紅切九部

文四

冃　小兒及蠻夷頭衣也謂此二種人之頭衣也小兒未冠夷狄未能言冠故不冠而冃荀卿曰古之王者有務而拘領者矣楊注務讀爲冒拘與句同淮南書曰古者有鍪而綣領以王天下者高注古者

蓋三皇以前也鍪著兜鍪帽言未知制冠按高注兜鍪二字蓋淺人所加務與鍪皆讀爲冃冃即今之帽字也後聖有作因冃以制冠冕而冃遂爲小兒蠻夷頭衣**从冂二其飾也**古報切古音在三部**凡冃之屬皆从冃**

冕大夫以上冠也冠下曰弁冕之總名渾言之也此云冕者大夫以上冠析言之也大夫以上有冕則士無冕可知矣周禮王之五冕皆玄冕朱裏延紐五采繅十有二就皆五采玉十有二玉笄朱紘諸侯之繅斿九就瑉玉三采其餘如王之事繅斿皆就戴先生曰實六冕而曰五冕者陳采就玉之數止於五也亦以見服自十二章至一章而六冕璪自十二旒至三旒而五其天子大裘之冕無旒也槩舉諸侯又申之曰繅斿皆就者明九旒至於三旒其就數九公侯伯子男無降差同也**邃延垂瑬紞纊**邃深遠也延者鄭云冕之覆周禮弁師王之五冕皆玄冕朱裏延紐謂延上玄下朱以表裏冕版也古者以三十升布爲之故尚書論語謂之麻冕用三十升布上玄下朱爲延天子至大夫所同也其字左傳作綖垂瑬詳玉部瑬下紞纊糸部

曰紞者冕冠塞耳者也按紞所以懸瑱也瑱亦謂之纊詳糸部紞下據許紞系於延左右據周禮注王后之祭服有衡垂於副之兩旁當耳其下以紞懸瑱是專謂后服也然左傳衡紞紘綖昭其度也似男子有衡簪於冕覆而系紞

从冃免聲亡辡切按古音當在十三部讀如問許書無免字而俛勉字皆免聲葢本有免篆而佚之或曰古無免免之分俗強分別者非也冕之義取前俛則與低頭之俛關通

古者黃帝初作冕大平御覽引世本曰黃帝作旃冕宋衷注云通帛曰旃應劭曰周始加旒周易繫辭曰黃帝堯舜垂衣裳而天下治葢取諸乾坤

絻　冕或从糸作从糸作者謂冕延用三十升布也周禮曰元冕朱裏謂元表朱裏注云冕延之覆在上是以名焉延之覆猶云延之表也是以名焉者釋經文元冕之冕字也以其冣居上故專得冕名也覲禮注云今文冕皆作絻許或之者許意從古文也亦見管子荀卿子及封禪書

冑　兜鍪也兜部兜下曰兜鍪首鎧也按古謂之冑漢謂之兜鍪今謂之盔**从冃由聲**直又切三部

𩊚　司馬

冣

犯取也　小字本作犯而取也　案小徐作犯取臣鍇曰犯而取也此亦鍇釋許義誤入說解者犯取正合段冣冣之義段則謂後冣則突前段以段冣冣當从冡取未確

冣後小徐有冐見犯而見也从冃从見也大徐失之

冓誤冉

法冑从革荀卿子鹽鐵論大元皆作軸

冒　冡而前也　冡者覆也引伸之有所干犯而不顧亦曰冒如假冒如冒白刃如貪冒是也邶風下土是冒傳曰冒覆也此假冒爲冃也　从冃目　會意冃目者若無所見也冃亦聲目報切古音在三部

𣍘　古文冒　汗簡同

冣　犯取也　鍇曰犯而取也按犯而取猶冡而前冣之字訓積最之字訓犯取二字義殊而音亦殊顏氏家訓謂冣爲古聚字手部撮字从最爲音義皆可證也今小徐本此下多又曰會三字係淺人增之謟會無之是也最俗作冣六朝如此作○莊子秋水鴟鵂夜撮蚤察毫末晝出瞋目而不見丘山釋文撮崔本作最此可證最撮古音同蚤謂齧人跳蟲也或誤爲聚爪云夜入人家索人指甲可笑也　从冃取　會意小徐衍聲字非也祖外切十五部

文五　重三

㒳　再也　冓部曰再者一舉而二也凡物有二其字作㒳不作兩兩者二十四銖之稱也今字兩行而㒳

廢矣从冂覆其上也从从入部曰从二入也网从此與此正相印合而鉉本此作从一闕其誤甚矣从二字今補蓋爲二入丨之介也良獎切十部易曰參天网地說卦傳文蓋孟氏易如此凡网之屬皆从网㒳二十四銖爲一兩一字行禾部曰十二粟爲一分十二分爲一銖律厤志曰衡權本起於黃鍾之重一龠容千二百黍重十二銖兩之爲兩二十四銖爲兩按兩者网黃鍾之重故从网也从一网會意网逗平分也网小徐作兩誤今正也字今增此說从网之意网亦聲良獎切十部㒼平也廣韵曰無穿孔狀按周禮鼈人掌取互物注云互物謂有甲㒼胡龜鼈之屬从廿二十幷也五行之數二十分爲一辰此說从廿之意五行每行得廿分分之適平其法未聞从网从字今補网各本作㒼誤今正平也此說从网之意讀若蠻母官切十四部

段引畢曰罕車以證罕爲小网長也罕小网
鳥也故叚以爲尟義

文三

网　庖犧氏所結繩㠯田㠯漁也以田二字依廣韵太平御覽補周易毄辭傳文从冂冪其上也下象网交文从象网目文紡切在十部五經文字曰說文作网今依石經作罒凡网之屬皆从网

𦊁　网或加亡亡聲也

網　或从糸以結繩爲之也

𠕈　古文网从冂亡聲

㓁　籒文从冂

罨　罕也蜀都賦曰罨翡翠从网奄聲奄覆也此舉形聲包會意於業切八部

罕　网也謂网之一也吳都賦注曰畢罕皆鳥網也按罕之制蓋似畢小网長柄故天官書畢曰罕車經傳叚爲尟字故釋詁云希寡鮮罕也从网干聲呼旱切十四部五經文字曰經典相承隸省作罕

䍝　网也网之一也从网繯會意糸部曰繯落也落者今之包絡字繯网主於圍繞故从繯繯亦聲古眩切十四部俗作罥一曰

綰也此別一義糸部綰下曰綃也綃卽羉字俗書叚借也周禮冥氏注曰弧張罿罦之屬所以扃絹禽獸翨氏注曰罝其所食之物於絹中鳥來下則掎其腳亦皆假絹爲羉綰之言絆也下文云䍴者羉獸足是其義

䍚网也网之一也篇韵皆曰雉网从网每聲莫桮切古音在一部

䍴网也一网之一也从网巽聲思沇切十四部

⿰足䍴䍴或从足巽逸周書曰不卵不䍴以成鳥獸周書文傳解曰山林非時不升斤斧以成草木之長川澤非時不入网罟以成魚鼈之長不麛不卵以成鳥獸之長許所據有不䍴二字䍴者羉獸足故从足

冞网也各本作周行也詩釋文引作冒也乃涉鄭箋而誤今尋上下文皆网名篇韵皆云冞罟也更正蓋冞亦网名其用主自上冒下故鄭氏箋詩殷武改毛之罙入其阻爲冞入云冒也就字本義引伸之此鄭箋之易舊非經本有作冞者也各本米聲下有詩曰冞入其阻六字似許用鄭本恐後人所增今刪从网米聲武移切按古音在十五部

罧

冞　鍇本及集韻類篇引但作周也周蓋网之誤冞入其阻今詩作罙箋改爲冞罙冞字形相近疑許氏所見本同段據傳刪引詩非是

罙或从𠧪𠧪者列骨之殘也从𠧪亦网罟殘害之意也【罩】捕魚器也小雅南有嘉魚烝然罩罩釋器曰籗謂之罩毛傳曰罩籗也劉逵吳都賦注曰罩籗也編竹籠魚者也按竹部曰籱罩魚者也从网卓聲都教切二部【罾】魚网也文穎曰罾魚網也師古曰形如仰繖蓋四維而舉之从网曾聲作騰切六部【罪】捕魚竹网竹字蓋衍小徐無竹网二字从网非聲聲字舊鈌今補本形聲之字始皇改爲會意字也徂賄切十五部秦目爲辠字文字音義云始皇以辠字似皇乃改爲罪按經典多出秦後故皆作罪罪之本義少見於竹帛小雅畏此罪罟大雅天降罪罟亦辠罟也【罽】魚网也廣雅罽罔也从网𦇧聲居例切十五部𦇧籀文銳見金部【罛】魚罟也衛風碩人曰施罟濊濊釋器毛傳皆曰罛魚罟从网瓜聲古胡切五部詩曰施罛濊濊按此可以正今本水部濊濊大部濊濊之譌【罟】网也小雅小明傳曰罟网

備誤備

也按不言魚网者易曰作結繩而爲网罟以田以漁是网罟皆非專施於漁也罟實魚网而鳥獸亦用之故下文有鳥罟兔罟**从网古聲**公戶切五部

罶曲梁寡婦之笱魚所畱也釋訓曰凡曲者爲罶釋器曰嫠婦之笱謂之罶小雅魚麗苕華傳合之曰罶曲梁也寡婦之笱也許說本之按邶風傳云梁魚梁衞風傳曰石絕水曰梁曹風傳云梁水中之梁邶風傳云笱所以捕魚也句部云笱曲竹捕魚也葢曲梁別於凡梁寡婦之笱別於凡笱曲梁者僅以薄爲之寡婦之笱笱之敝者也魚麗美物盛多能備禮也故言此曲梁寡婦之笱而魚之多如是若之華大夫閔時也師旅並起因之以飢饉言三星在罶則無魚可知也梁與笱相爲用故詩云敝笱在梁言逝梁必言發笱若魯語曰古者大寒降土蟄發水虞於是乎講罛罶取名魚則非止曲梁寡婦之笱矣**从网畱畱亦聲**力九切三部

䍡罶或从婁三部四部合音**春秋國語曰溝罛䍡**魯語文溝疑誤古本葢作冓冓猶交加也今魯語作講

罜罜麗逗**小**

魚罟也魯語曰鳥獸成水蟲孕水虞於是禁罝罜麗設穽鄂以實廟庖畜功用也韋曰罝當作罛罜麗小網也西京賦曰設罜麗从网主聲之庾切四部按古音獨

罜麗也从网鹿聲盧谷切三部

罧積柴水中㠯聚魚也从网林聲毛詩潛有多魚韓詩潛作涔釋器曰槮謂之涔毛傳曰潛糝也爾雅毛傳糝本从米舍人李巡皆云以米投水中養魚曰涔从米是也自小爾雅改作槮改米爲木云槽改水爲木槮也積柴水中而魚舍焉郭景純因之云今之作槮者聚積柴木於水魚得寒入其裹藏隱因以薄圍捕取之槮非古字至若罧字雖見淮南鴻烈然與槮皆俗字也毛詩爾雅音義皆云字林作罧不云出說文疑或取字林羼入許書古本當無此篆所今切七部按舊皆山沁反

罠所㠯釣也所以二字今補召南曰其釣維何維絲伊緡傳曰緡綸也箋云以絲爲之綸則是善釣也按糸部曰緡釣魚繁也此曰罠所以釣也然則緡罠古今字一古文一小篆也吳都賦注曰罠麋網廣韵曰罠罠彘網則又古今義殊○釋器彘

七篇下

罟謂之羉本或作罠罠張載七命布飛羉張修罠則羉與罠非一字也从网民聲武巾切十二部自罩至此十一篆皆謂以漁者也

羅以絲罟鳥也釋器鳥罟謂之羅王風傳曰鳥網為羅从网从維會意魯何切十七部或作羅俗異用古者芒氏初作羅蓋出世本作篇

罬捕鳥覆車也釋器曰繴謂之罿罿罬也罬謂之罦罦覆車也郭云今之翻車也有兩轅中施罥以捕鳥展轉相解廣異語按又見糸部从网叕聲陟劣切十五部

輟罬或从車作按車部有輟篆義殊

罿罬也王風毛傳同从网童聲尺容切九部

䍖覆車也王風雉離于罦傳曰罦覆車也从网包聲縛牟切三部詩曰雉離于䍖今毛傳作罦

罦䍖或从孚作古包聲孚聲同在三部

罻捕鳥网也王制注曰罻小網也从网尉聲於位切十五部

罘兔罟也郭璞注子虛賦曰罘罝也从网否聲縛牟切古音在

一部秦刻石可證也䋣作罘⿱罒互罟也廣韵曰兔網从网互聲胡誤切五部罝兔网也周南肅肅兔罝釋器毛傳皆曰兔罟也从网且聲子邪切古音在五部⿱罒組或从組作⿱罒虘籀文从虘虘聲自羅至此八篆皆以田者也⿱罒舞牖中网也中字牖或曰當作戶牖网如招魂之网戶王逸曰网戶綺紋鏤也此似网非眞网也故次於此从网舞聲文甫切五部署部署也部署猶處分疑本作罘署後改部署也項羽本紀曰梁部署吳中豪傑爲校尉候司馬急就篇曰分別部居不雜廁魯語孟文子曰夫位政之建也署位之表也署所以朝夕虔君命也按官署字起於此各有所网屬也从网网屬猶系屬若网在綱故从网者聲者別事詞也此舉形聲包會意常恕切五部罷遣有辠也引伸之爲止也休也周易或鼓或罷論語欲罷不能周禮有罷民鄭曰民不愍作勞有似於罷齊語有罷士罷女韋曰罷病也無作曰病按罷民罷士謂偷惰之人

罷之音亦讀如疲而與疲義殊少儀師役曰罷鄭曰罷之言疲勞也凡曰之言者皆轉其義之詞从网能會意薄蟹切古音在十七部讀如婆論語音杷网辠网也補四字依韵會言有賢能而入网卽貰遣之周禮曰大司寇職文議能之辟是也說會意之恉

置赦也攴部曰赦置也二字互訓置之本義爲貰遣轉之爲建立所謂變則通也周禮廢置以馭其吏與廢對文古借爲植字如攷工記置而搖之卽植而搖之論語植其杖卽置其杖也从网直徐鍇曰與罷同意是也直亦聲陟吏切一部

罯覆也从网音聲烏感切七部

詈罵也从网言力智切十六部

罵詈也从网馬聲莫駕切古音在五部

䍜馬落頭也落絡古今字許書古本必是作落引伸之爲羈旅从网馽馽絆也旣絆其足又网其頭居宜切十六部

䩥䍜或从革今字作羈俗作覊

文三十四　重十二

襾　覆也。从冂，上下覆之。下字牋冂者自上而下也凵者自下而上也故曰上覆之覆者覂也从一者天也上覆而不外乎天也凡襾之屬皆从襾。讀若晋。呼訝切古音在五部

覂　覆也。武帝紀泛駕之馬師古曰泛覆也音方勇反字本作覂後通用耳廣韵正作覂駕之馬食貨志大命將泛孟康曰泛音方勇反玉篇正作大命將覂从襾，乏聲。方勇切古音在七部

覆　覂也。反也覆覂反三字雙聲又部反下曰覆也反覆者倒易其上下如襾从冂而反之爲凵也覆與復義相通復者往來也从襾，復聲。此舉形聲包會意芳福切三部一曰蓋也。此別一義艸部曰蓋者苫也苫者蓋也上文云一者覆也皆此義古本與上義同一音南音乃別此義爲敷救切

覈　實也。凡有骨之偁也骨下曰肉之覈也蔡邕注典引曰有骨曰覈周禮其植物曰覈物謂梅李之屬按詩小雅肴覈維旅典引及注不誤

蜀都賦作榻叚借字也今本作榎傳譌也周禮經作覈注作榎葢漢人巳用榎爲覈矣　攷事而笮邀遮其辭得實曰覈襾者反覆之笮者迫之徼者巡也遮者遏也言攷事者定於一是必使其上下四方之辭皆不得逞而後得其實是謂覈此所謂咨於故實也所謂實事求是也　从襾敫聲下革切古音當在二部

𩅎　覈或从雨亦襾意

文四　重一

巾　佩巾也帶下云佩必有巾佩巾禮之紛帨也鄭曰紛帨拭物之佩巾也按以巾拭物曰巾如以帨拭手曰帨周禮巾車之官鄭注巾猶衣也然吳都賦吳王乃巾玉路陶淵明文曰或巾柴車或櫂孤舟皆謂拂拭用之不同鄭說也陶句見文選江淹雜體詩注今本作或命巾車不可通矣玉篇曰本以拭物後人著之於頭　从冂巾可覆物故从冂周禮幂人注以巾覆物曰幂　丨象糸也有系而後佩於帶居銀切十二部　凡

覈亦从雨　从雨無義乃襾雨形相近而譌女覈之作覈疑後人竄入

巾之屬皆从巾

帉　楚謂大巾曰帉　方言大巾謂之帉內則曰左佩紛帨鄭云紛帨拭物之佩巾今齊人有言紛者釋文曰紛或作帉按紛者叚借字也帉帉同　从巾分聲　撫文切十三部

帥　佩巾也从巾𠂤聲　聲字大徐奪所律切十五部

帨　帥或从兌聲　今音稅此二篆今人久不知爲一字矣召南毛傳曰帨佩巾也鄉飲酒禮鄉射禮燕禮大射儀公食大夫禮有司徹皆言帨手注帨拭也帨手者於帨帨佩巾據賈氏鄉飲公食二疏知經注皆作帨別無捝字內則盥卒授巾注云巾以帨手卽用禮經帨手字也㕞者拭也刷亦同㕞左傳藻率鞞鞛服虔曰藻爲畫藻率爲刷巾禮有刷巾許於刀部刷下亦云禮有刷巾是則刷巾卽左傳之率率與帥古多通用如周禮樂師故書帥爲率聘禮古文帥皆作率韓詩帥時農夫毛詩作率皆是佩巾本字作帥叚借作率也鄭曰今文帨古文作說是則帥率帨說㕞刷六字古同音通用後世分文析字帨訓巾帥訓率導訓將帥而帥之本義廢矣率導將帥字在許書作達作衛而不作帥與率

段以帥帨率同字是矣左傳藻率鞞鞛　率當所律切陸音律非也服虔云禮有刷巾卽下𢄼字解禮巾也傳文上下俱以一字爲一物杜注以藻率連文非是然服以藻爲畫之藻亦未然孔疏云繅得之

六書惟同音叚借之用冣廣㡧禮巾也从巾埶聲篆體二徐皆作㡧大徐曰从執小徐曰埶聲皆誤今正㡧輸芮切十五部今不見經典恐亦帗之或體然廣雅已兼載帗㡧矣

帗一幅巾也幅布帛廣也一幅巾者巾廣二尺二寸其長當亦同也此與鄭注周禮帗舞義絕殊葢許君周禮作翇舞與鄭司農說同見羽部从巾犮聲讀若撥北末切十五部

㠵枕巾也葢加枕以藉首爲易污也今俗所謂枕頭衣廣雅亦曰㠵巾也从巾刃聲而振切十二部亦作[忍巾]

幋覆衣大巾也从巾般聲薄官切十四部或㠯爲首幋首幋未聞當依李善思元賦注作首飾

帤巾帤也方言幏巾也大巾謂之帉嵩嶽之南陳潁之間謂之帤巾亦謂之幏挍巾帤葢方俗語从巾如聲女余切五部一曰幣巾幣當爲敝字之誤也如衣部褩爲敝衣糸部絮爲敝絮虞翻注易曰袽敗衣也盧氏曰袽者殘幣帛可拂拭器物也音義皆略同弓人厚其袽注謂弓中裨也內景黃庭

經曰人閒紛紛臭帑如**幣帛也**帛者繒也聘禮注曰幣人所造成以自覆蔽作幣者誤謂束帛也愛

之斯欲飲食之君子之情也是以享用幣所以副忠信**从巾敝聲**毗祭切十五部**幅布帛**

廣也凡布帛廣二尺二寸其邊曰幅左傳曰夫富如布帛之有幅焉爲之制度使無遷也引伸爲邪幅小雅邪

幅在下傳曰幅偪也所以自偪束也**从巾畐聲**方六切古音在一部**㡃設色之工治**

絲練者攷工記設色之工㡃氏掌湅絲湅帛此云治絲謂湅絲云治練謂湅帛也糸部曰練湅繒也此謂帛

爲練者渾言之也湅見水部**从巾㐬聲**呼光切十部**一曰㡃**逗**隔也**也字今補詩曰

葛藟荒之傳曰荒掩也隔之義謂網其上而葢之卽詩所謂荒之也玉篇曰㡃幏也**讀若荒**攷工記先鄭注

曰讀爲芒芒禹迹之芒讀爲當是讀如之誤**帶紳也**糸部曰紳大帶也**男子鞶帶婦**

人帶絲古本皆如此毛本依小徐誤內則曰男鞶革女鞶絲革部鞶下云大帶也男子帶鞶婦人帶絲按古

有大帶有革帶革帶以繫佩韍而後加之大帶則革帶統於大帶故許於紳於鞶皆曰大帶實則內則之鞶專謂革帶此偁內則者謂鞶統於紳紳佩繫於鞶也象繫佩之形謂卌也佩必有巾从重巾謂帀也當蓋切十五部

幘髮有巾曰幘方言曰覆髻謂之幘巾或謂之承露或謂之覆鬏獨斷曰幘古者卑賤執事不冠者之所服也漢以後服之其制日詳詳見司馬氏輿服志从巾賁聲側革切十六部

[巾旬]領耑也从巾旬聲相倫切十二部篇韵皆無此字

帔宏農謂帬帔也謂帬曰帔也方言曰帬陳魏之閒謂之帔自關而東謂之襬从巾皮聲披義切古音在十七部

帬繞領也方言繞袊謂之帬廣雅本之曰繞領句帔句帬也袊領今古字領者劉熙云總領衣體爲端首也然則繞領者圍繞於領今男子婦人披肩其遺意劉熙曰帔披也披之肩背不及下也葢古名帬宏農方言曰帔若常則曰下帬言帬之在下者亦集衆幅爲之如帬之集衆幅被身也如李善引梁典任昉諸子冬

月著葛巾帔練裙自是上下三物水經注淮南王廟安及八士像皆羽扇裙帔巾壺枕物一如常居亦帬帔竝言自釋名裙系下帔系上後人乃不知帔帬之別擅改說文矣**从巾君聲**渠云切十三部按此篆之解各本改爲下裳也無義又移其次於常下帴上今皆更正

裠 帬或从衣

常 下帬也釋名曰上曰衣下曰裳裳障也以自障蔽也士冠禮爵弁服纁裳皮弁服素積玄端玄裳黃裳襍裳可也禮記深衣續衽鉤邊要縫半下今字裳行而常廢矣**从巾尚聲**从巾者取其方幅也引伸爲經常字市羊切十部

裳 常或从衣

帴 帬也衣部禮下曰帴也**一曰帔也**帔一幅巾也**一曰婦人脅衣**釋名所謂心衣小徐作脅巾**从巾戔聲讀若末殺之殺**末殺亦見漢書谷永傳服虔注左傳作末縩皆卽水部之瀎滅拭滅皃也今京師有此語所八切古音十四十五部合韵

幝 幒也方言褌陳楚江淮之閒謂之䘰釋名褌貫也貫兩腳上繫腰中也按今之套褌古之絝也今之

滿襠褌古之褌也自其渾合近身言曰幝自其兩襱孔穴言曰幒方言無祠之袴謂之襣郭云卽犢鼻褌从巾軍聲古渾切十三部褌幝或從衣幒幝也从巾悤聲職茸切九部方言錯一曰帙也書衣幒或从松方言作衳幨楚謂無緣衣也方言無緣之衣謂之襤又曰裯謂之襤又云楚謂無緣之衣曰襤紩衣謂之褸又曰襜褕以布而無緣敝而紩之謂之襤褸从巾監聲魯甘切八部幎幔也謂冡其上也周禮注曰以巾覆物曰幎禮經鼏有冪尊彝有幎其字亦作冪俗作羃箄家幎積是此字魏都賦注引左傳冪館宮室塗曁曰冪者亦謂冡其上也今本作塓乃俗字从巾冥聲莫狄切古音在十一部周禮有幎人天官所屬掌供巾幎今周禮作冪幔幎也幎各本作幕由作冪而誤耳今正凡以物冡其上曰幔與幎雙聲而互訓釋名玉篇廣韻以帷幔釋之今義非古義也从巾曼聲莫半切十四部幬禪帳也禪不重也

幕

覆食案亦曰幕 御覽引作蒙之覆覆案食亦曰幕 案周礼冪人掌共巾冪 玉篇冪帋 冂以巾覆物今為冪 㝠帋 莫狄歷切 蓋食巾 說文無冪 㝠冪 此幕下所云覆食案者即冪字亦即㝠冪字也 段刪此六字非

空刪

古樂府紅羅複斗帳則帳多複者召南抱衾與裯傳禪被也箋云裯牀帳也按鄭謂裯爲幬之叚借也不言禪者統辭也釋訓曰幬謂之帳引伸爲覆幬見左傳及中庸中庸注曰幬或作燾 **从巾𠷎聲** 直由切三部

㡘 帷也 釋名曰㡘廉也自障蔽爲廉恥也戶㡘施之於戶外也按與竹部簾異物㡘以布爲之簾以竹爲之 **从巾** 鄭云帷以布爲之 **兼聲** 力鹽切七部

帷 在旁曰帷 周禮注同釋名曰帷圍也所以自障圍也 **从巾隹聲** 洧悲切十五部

匚 古文帷 鍇曰从匚象周帀

帳 張也 以疊韻爲訓釋名曰帳張也張施於牀上也小帳曰斗帳形如覆斗也古亦借張字爲之 **从巾長聲** 知諒切十部

幕 帷在上曰幕 周禮注曰在上曰幕幕或在地展陳於上疏云聘禮布幕官陳幣史展幣皆於幕下又賓入境至館皆展幕是幕在地展陳於上也按大徐本此下有覆食案亦曰幕六字葢淺人所增 **从巾莫聲** 慕各切五部按周禮有幄帟字鄭云四合象宮室曰幄王所居之帳也帟王在幕

若幄中坐上承塵皆以繒爲之許無幄字者木部有楃本巾車帟則葢段亦爲之亦之言重也其皆周禮故書與方

[篆]㡜裂也謂殘帛裂也急就篇曰帗敝囊橐不直錢言器破而未離南楚之閒謂之攱聲同義近亦作帗从巾匕聲畢履切十五部[篆]殘帛也廣韵曰㡜縷桃花類篇曰今時剪繒爲華者按與碎音義略相近从巾祭聲所例切廣韵音雪十五部[篆]正褍裂也褍各本作耑今正衣部曰褍衣正幅也此謂帛之正褍以別於上文帗謂殘帛之裂从巾俞聲山樞切古音在四部

[篆]帛書署也木部曰檢書署也木爲之謂之檢帛爲之則謂之帖皆謂標題今人所謂籤也帛署必黏黏引伸爲帖服爲帖妥俗製貼字爲相附之義製怗字爲安服之義从巾占聲他叶切七部

[篆]書衣也書衣謂用裹書者亦謂之幒陸德明撰經典釋文三十卷合爲三袟今人曰函从巾失聲直質切十二部[篆]帙或从衣[篆]幡幟也幡幟旛識之俗字也古有旛無

幡有識無幟許書本作旛識淺人易之旛識者旗有幅可爲表識蓢之言箋也箋謂表識从巾前聲則前切十四部

徽　徽識也三字一句各本刪徽字識作幟今正**以絳帛**句**箸於背**各本絳下衍徽字誤移識上之徽於此也今刪六月詩識文鳥章鄭箋識徽識也將帥以下衣皆箸焉周禮司常掌九旗之物名各有屬以待國事鄭注屬謂徽識也大傳謂之徽號今城門僕射所被及亭長箸絳衣皆其舊象司常又曰及國之大閱贊司馬頒旗物王建大常諸侯建旗孤卿建旜大夫士建物帥都建旗州里建旟縣鄙建旐道車載旞斿車載旌皆畫其象焉官府各象其事州里各象其名家各象其號鄭云徽識旌旗之細也士喪禮爲銘各以其物以緇長半幅赬末長終幅廣三寸書名於末此蓋其制也大閱禮象而爲之兵凶事若有死事者則以相別也左傳曰揚徽者公徒也杜注曰徽徽識也大傳曰殊徽號鄭曰徽號旗之名也覲禮曰公侯伯子男皆就其旂而立賈公彥云此旂鄭雖不解鄭注夏官仲夏辨號名此表朝位之旂與銘旌及在軍徽識同皆以尺易仞小而爲之也按古

拭誤抵

朝覲軍禮皆有徽識而徽各書作徽容是叚借識各書作幟則是俗字唐初釋元應曰幟與識本無二音若毛詩作織則亦叚借字也許書及杜注皆徽識也三字爲句淺者皆刪去一字不完以絳帛者用絳帛爲之周禮九旗之帛皆用絳則其細亦皆用絳可知也箸於背者專謂軍禮象銘旌而爲之者下文云若今救火衣鄭注周禮云今城門僕射所被及亭長箸絳衣皆其舊象葢此等皆箸於背以爲表識也衣部卒下曰衣有題識者卽鄭所云亭長箸絳衣也**从巾微省聲**許歸切十五部**春秋傳曰揚徽者公徒**昭公二十一年左傳文按曰揚則旌旗而非箸背者**若今救火衣然也**此與箸於背相屬

**幖識也**亦三字一句各本作幟也二字今正通俗文曰微号曰幖私記曰幟周禮肆師表齍盛告絜鄭注故書表爲剽剽表皆謂徽識也按剽表皆叚借字幖其本字也凡物之幖識亦曰徽識今字多作標牓標行而幖廢矣**从巾㶾聲**方招切二部

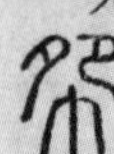**幡也**幡者下文云書兒抵觚布也與上文幟下云幡幟迴別許書㫃部旛下曰

旛胡也謂旗幅之下垂者與幡各義自俗書從便旗旛字皆作幡冣目曰鳥蟲書所以書旛信也今本亦改爲幡信而此部蕳之幡識鮮知其當作旛矣蕳與微幖伍旌旗類也帑與幡同物拭觚布也廣韵繙字下云繙帑亂取此今義非許義从巾夗聲於袁切十四部

幡　書兒拭觚布也拭本作飾淺人所改也飾拭正俗字許書有飾無拭顏師古曰觚者學書之牘或以記事削木爲之其形或六面或八面皆可書觚者棱也以有棱角故謂之觚即孔子所歎也按觚以學書或記事若今書童及貿易人所用粉版既書可拭去再書楊雄齎油素四尺亦謂素之可拭者也拭觚之意布謂之幡亦謂之帑反覆可用之意从巾番聲甫煩切十四部

⿰巾剌　刜也刜當作拂字之誤也刀部曰刜擊也手部曰拂過擊也過擊者所過而擊箸與拭之義近上下文皆言拭可證必當作拂矣玉篇注作拂也廣韵注作拂箸从巾刺聲盧達切十五部

⿰巾韱　拭也其義少見字林幖⿰巾韱記則音義同籤从巾韱聲精廉切七部

⿰巾叙　叙也又部曰叙飾也

二篆爲轉注飾拭古今字許有飾無拭凡說解中拭字皆淺人改飾爲之而彡下云毛飾畫文也聿下云聿飾也皆郎拭字淺人不解而不之改若㕞下云飾也則五經文字所據尚不誤周禮司尊彝注云涗酌者捝飾勺而酌也釋文作飾今本作拭實無二義凡物去其塵垢卽所以增其光采故㕞者飾之本義而凡踵事增華皆謂之飾則其引伸之義也若席下云純飾璂下云弁飾縟下云緐采飾是也凡許書之義例依此求之無不可得者聘禮拭圭字今作拭蓋古經必作飾鄭云拭清也此必經文作飾而以清訓之倘經本作拭又何用此注乎釋詁云拭清也爾雅少古字故往往與經典不合古本當不作拭耳管子輕重曰桓公使八使者式璧而聘之式者飾之叚借

从巾拭物者巾也**从人**用巾者人也**从𩙿聲讀若式**賞隻切按廣韵賞職切與唐韵異一部飾篆各本皆在幠後幃前此不知許因上文四篆言飾故緊承以飾篆而誤移其次也**一曰襐飾**此別一義衣部襐下曰襐飾也急就篇曰襐飾刻畫無等雙漢平帝后傳曰令孫建世子襐飾將醫往問疾顏注襐飾盛飾也一曰

各下脫本字

首飾在兩耳後刻鏤而爲之廣韵曰𥿋未笄冠者之首飾也玉篇曰首飾也

幝　車敝皃　敝各譌作弊今正皃釋文引作也小雅杕杜曰檀車幝幝傳曰檀車役車也幝幝敝皃釋文曰幝韓詩作緂糸部曰緂偏緩也○按古本當是巾敝皃故从巾詩以爲車敝字則其引伸之義也釋文引說文巾敝也从巾單今本釋文乃巾譌車殊失陸意　**从巾單聲**　昌善切十四部　**詩曰檀車幝幝**

幏　蓋衣也　覆蓋物之衣也法言震風淩雨然後知夏屋之爲帡幪也幪卽幏之俗尚書大傳下刑墨幏方言幏巾也與許義稍異大雅麻麥幪幪傳曰幪幪然茂盛也按此亦引伸之義謂徧覆於地也　**从巾冡聲**　莫紅切九部

幭　蓋幭也　幭之言幎也大雅淺幭傳曰淺虎皮淺毛也幭覆式也按幭之本義不專爲覆軾而覆軾其一端也司馬彪徐廣曰乘輿車文虎伏軾龍首衡軛文虎伏軾卽經之淺幭龍首衡軛卽經之金厄也說詳詩經小學曲禮素簚注簚覆苓也釋文簚本又作幭幭者正字簚者叚借字也篇韵皆以帊幞釋幭今義也　**从巾蔑聲**　莫結

既當爲許

切十五部一曰禪被別一義被寑衣也

幠覆也喪大記幠用斂衾釋詁幠大也幠有也皆覆義之引伸也投壺曰無幠無敖注曰幠敖皆慢也又其引伸也斯干以芋爲幠从巾無聲荒烏切五部

幃囊也離騷蘇糞壤以充幃王逸曰幃謂之幐幐香囊也按凡囊皆曰幃曰幐王依文爲說則謂之香囊耳或曰爾雅婦人之禕亦作幃是許所云幃也今按此與爾雅之禕無涉釋器曰婦人之禕謂之縭縭緌也郭云即今之香纓女子既嫁之所著示繫屬於人義見禮記攷士昏禮注曰婦人十五許嫁笄而禮之因著纓明有繫也蓋以五采爲之其制未聞內則婦事舅姑衿纓注曰婦人有纓示繫屬也詩親結其縭毛云縭婦人之禕也母戒女施衿結帨孫炎釋爾雅婦人之禕云帨巾也禮之纓必以采繩詩爾雅之禕縭乃帨巾其不相涉明甚景純注非許以囊釋幃亦斷非釋器及毛詩之禕也从巾韋聲許歸切十五部

帣囊也集韻曰囊有底曰帣或借爲絭字史記淳于髡帣韝鞠幐帣韝謂以韝約袖糸部曰絭纕臂繩也今鹽官三斛

爲一帣舉漢時語證之捂字下曰今鹽官入水取鹽爲捂皆漢時鹽法中語从巾𢍏聲居倦切十四部

帚所以糞也所以二字淺人刪之今補糞當作𡊄土部曰𡊄埽除也不言埽言𡊄者𡊄亦帚也曲禮言糞少儀曰氾埽曰埽埽席前曰拚拚即𡊄之叚借字𡊄與埽對文則二散文則一帚亦謂之鬣从又持巾埽冂內冂舊作冖非今按當作冋冂字音扃介也凡埽除以潔清介內持巾者埽之事昉於拂拭因巾可拭物乃用萑芀黍梨爲帚拂地矣合三字會意支手切三部古者少康初作箕帚秫酒太平御覽云世本曰少康作箕帚又云世本曰儀狄始作酒醪變五味少康作秫酒按許酒下亦曰古者儀狄作酒醪杜康作秫酒少康杜康也葬長垣嫌少康即夏少康故釋之文選注引王著與杜康絕交書曰康字仲寧或云黃帝時宰人號酒泉太守按此葢以文爲戲之言未可爲典要

席藉也此以疊韵爲訓戶護門聞之例也藉本祭藉引伸爲凡藉之偁竹部曰竹席曰筵賓通偁耳禮謂周官經天子

七篇下

帚解秫酒二字曼衍無根且酒字下已舉之何煩錯出疑後人所增

諸侯席有黼繡純飾此約周禮司几筵之文莞筵紛純次席黼純鄭司農云紛讀爲和粉之粉謂白繡也純緣也後鄭云斧謂之黼其繡白黑采从巾其方幅如巾也庶省聲此形聲非會意祥易切古音在五部⿸厂囚古文席从石省下象形上从石省聲幐囊也離騷蘇糞壤以充幃王注幃謂幐幐香囊也按凡囊皆曰幐王望文爲說耳玉篇曰兩頭有物謂之幐擔廣韵曰囊可帶者或借縢爲之从巾朕聲徒登切六部𢅻以囊盛穀大滿而裂也𢅻之言坌也坌者隤也玉篇曰叉弓筋起从巾奮聲方吻切十三部⿰巾盾載米⿰𢇍宁也宁部曰⿰𢇍宁⿰巾盾也所以盛米也二字相轉注从巾蓋其體方盾聲讀若易屯卦之屯陟倫切十三部⿰巾及蒲席⿰𢇍宁也甾部曰⿰𢇍宁者⿰巾及也楊雄以爲蒲器然則⿰𢇍宁與⿰巾及一物也从巾及聲讀若蛤古沓切七部幩馬纏鑣扇汗也衛風碩人曰朱幩鑣鑣傳曰幩飾也人君以朱纏鑣扇汗

且以爲飾幨幨盛皃金部曰鑣者馬銜也以朱帾纏鑣馬銜之上而垂之可以因風扇汗故謂之扇汗亦名排沫以其用帾也故从巾从巾賁聲符分切十三部詩曰朱幩幨幨幨幨各本及詩經皆作鑣鑣今依玉篇人部訂希馮所據詩不誤孔沖遠正義已誤矣○按廣雅亦曰鑣鑣盛也則不必改

𢅜墀地也也字今補土部曰墀者涂地也然則墀地即涂地也漢書楊雄傳曰𢅜人亡則匠石輟斤而不敢妄斲服虔曰𢅜古之善塗塈者施廣領大袖以仰塗而領袖不污按服注不言涂地然仰涂如此其善則涂地更可知矣𢅜人郎莊子郢人㠯巾撋之从巾說从巾之意也撋蓋即手部揟字今之挼字揟者撫也涂地以巾挼而摩之如今之擦漆故其字从巾巾撋廣韵作巾抐集韵作巾撋从巾夒聲讀若水溫䨲夒聲各本作憂聲篆體各本皆誤作𢅜今正按許讀如䨲大徐據唐韵乃昆切玉篇奴昆切蓋古溫䨲之䨲讀乃昆切玉篇曹憲廣雅音廣韵又乃回奴回切則乃昆之轉脂文之合廣韵又奴案切則依說文䨲字今音莊子釋文引漢書音義

音溫一本作溷與乃昆一音相近韋昭乃回反則乃回一音之所本也乃昆之音因於𢙣聲𢙣者古文婚字見女部車部⿰車𢙣以爲聲亦讀若閔然則此爲𢙣聲而非憂聲明甚憂在尤幽部轉入蕭宵肴豪部斷不得反以乃昆也顧憂孰𢙣生說文及漢書⿰巾𢙣乃譌⿰亻𢙣賴可據音以證其形而師古注漢書妄云乃高反是其形終古不可正矣今漢書字竟作獶莊子釋文竟作優莫能諟正近盧召弓重刻莊子音義又改音溫作音鐃可不急辨其非哉乃昆之音可爲乃回而斷不可爲乃高斯聲音自然之理學者所當究心也十三部○又按廣韵集韵六豪內皆無⿰巾𢙣乃高切之語且師古明云⿰巾𢙣技拭也故謂塗者爲獶人其語故依傍說文及漢書音義其音必同漢書音義斷不自造乃高一反先於乃回一反也蓋師古之後字誤作⿰亻𢙣而後有妄改顏注者耳

一曰箸也 箸直略反此別一義

帑 金幣所藏也 此與府庫廥等一律帑讀如奴帑之言囊也以幣帛所藏故从巾 从巾 奴聲 乃都切五部小雅常棣傳曰帑子也此叚帑爲奴周禮曰其奴男子入於罪隸女子入於舂槀本謂罪人

之子孫爲奴引伸之則凡子孫皆可偁奴又叚帑爲之鳥尾曰帑亦其意也今音帑藏他朗切以别於妻帑乃都切

枲織也 其艸曰枲曰萉析其皮曰𣏟曰朩屋下治之曰麻緝而績之曰綫曰縷曰纑織而成之曰布布之屬曰紨曰𦅾曰絟曰總曰緆曰緰貲曰㡎曰幏古者無今之木綿布但有麻布及葛布而已引伸之凡散之曰布取義於可卷舒也外府注曰布泉也其藏曰泉其行曰布泉者今之錢也衛風抱布貿絲傳曰布幣也箋云幣者所以貿買物也此幣爲凡貨之偁布帛金錢皆是也 从巾父聲 博故切五部隸變作布

幏 南郡蠻夷賨布也 貝部曰賨者南蠻賦也文選魏都賦注引風俗通曰槃瓠之後輸布一匹小口二丈 後漢書少小口二字是爲賨布廩君之巴氏出幏布八丈 後漢書云八丈二尺幏亦賨也故統謂之賨布 从巾家聲 古訝切古音在五部

㡎 㡎布也 各本刪㡎字今補布名也 出東萊 地理志郡國志東萊郡皆有㡎縣葢以布得名也㡎縣故城在今山東登州府黃縣南百二十里○按廣韵㡎布名

㡤縣名在東萊集韵亦云㡤縣名㡤布名出東萊㡤縣而魏地形志晉地理志皆作㡤縣字从小今本郡國志亦从小未能是正 从巾兹聲 胡田切十二部師古音堅

[illegible] 髼布也 髼者桼也廣韵集韵十遇作髼巾 一曰車衡上衣 衡上各本誤倒今依小徐及廣韵玉篇集韵類篇訂廣韵曰帑轅上絲 从巾敄聲讀若項 莫卜切三部按此字集韵六引皆不云出說文

幦 髼布也 既夕禮玉藻少儀鄭注公羊傳昭廿五年何注皆曰幦覆笭也按車覆笭與車笭是二事車笭者周禮之蔽毛詩爾雅之第說文之䈂鄭曰車旁禦風塵者也覆笭者禮經周禮禮記公羊傳之幦大雅曲禮之幭今周禮之幎蓋乎軾上者也以禦旁之名名之也車笭多以竹故字从竹覆笭不用竹用皮巾車曰王喪之車犬複鹿淺複然複豻複各用其皮也大雅之淺幭虎皮也與玉藻之羔幦鹿幦皆諸侯大夫士之吉禮也曲禮之素幭郎士喪禮之白狗幦大夫士之凶禮也然則車覆笭古無用桼布者許以髼布釋幦幦之本義也經典用爲車覆笭之字也 从巾辟聲

莫狄切十六部周禮曰駹車犬辟巾車職文按巾車云木車犬䄙素車犬䄙駹車然䄙蓋許一時筆誤如或簸或舀之比䄙辟不同蓋故書今書之異車覆笭之字當是幭爲正字上文云蓋幭是也幦爲叚借字大雅毛傳曰幭覆軾然則幦者主謂軾覆輿服志曰文虎伏軾經之淺幦也士喪禮記曰古文幦爲冪又可證禮古文不作幦

𢂚領耑也从巾耴聲陟葉切八部按此篆與㡇篆同義篇韵皆有𢂚無㡇集韵乃兼有之蓋此書當刪㡇而存𢂚於㡇處

文六十二　重八

巿韠也韋部曰韠韍也二字相轉注也鄭曰韠之言蔽也韍之言亦蔽也祭服偁韍[元]端服偁韠上古衣蔽前而巳巿㠯象之鄭注禮曰古者佃漁而食之衣其皮先知蔽前後知蔽後後王易之以布帛而獨存其蔽前者不忘本也天子朱巿諸矦赤巿卿大夫葱衡卿大

韍 臣鉉等曰今俗作紱非是 鍇本俗作紱三字上脫去臣鍇曰蓋遂涵之說解段注承其誤而疑當出一篆失檢 鋆案

夫下當有赤市二字奪文也斯干箋云芾天子純朱諸侯黃朱𥻆芑傳曰芾黃朱芾也鄭注易云朱深於赤則黃朱爲赤也乾鑿度曰困九五文王爲紂三公故言困於赤紱至於九二周將王故言朱紱方來引孔子曰天子三公九卿朱紱諸侯赤紱玉藻曰一命緼韍幽衡再命赤韍幽衡三命赤韍蔥衡鄭注緼赤黃之閒色所謂韎也衡佩玉之衡也同𧙃幽讀爲黝黑謂之黝青謂之蔥周禮公侯伯之卿三命其大夫再命其士一命子男之卿再命其大夫一命其士不命按云赤市蔥衡者以別於再命之赤市也

从巾象連帶之形謂一也玉藻云頸五寸肩革帶博二寸鄭曰頸五寸亦謂廣也頸中央肩兩角皆上接革帶以繫之肩與革帶廣同分勿切十五部凡市之屬皆从市𩎟篆文市从韋从犮犮聲也此爲篆文則知市爲古文也先古文後小篆此亦二部之例以有从市之𢂐故以市爲部首而韍次之假令無从市之字則以韍入韋而以市次之俗作紱疑當出一篆而注之按經傳或借黻爲韍如明堂位注曰韍或作黻是也或借芾爲之如詩矦

人斯干采菽是也或借沛爲之如易豐其沛一作芾鄭云蔽厀是也芾與沛蓋本用古文作市而後人改之或借茀爲之如詩釋文所載及李善所引詩皆是也或作紱如今周易乾鑿度朱紱赤紱是也倉頡篇曰紱綬也韍佩廢而存其係縫秦乃以采組連結於縫光明章表轉相結受故謂之綬亦謂之紱糸部曰綬韍維也然則韍廢而綬乃出韍字廢而紱字乃出

袷　士無市有袷。大夫以上祭服用元冕爵弁服其韠曰韍士與君祭之服用爵弁服其韠曰袷不曰韍故曰士無韍有袷也玉藻之縕韍卽韎韐則非不可偁韍也

制如榼缺四角。玉藻曰韠天子直四角直無圜殺也公侯前後方殺四角使之方變於天子也所殺者去上下各五寸大夫前方後挫角圜其上角變於君也韠以下爲前以上爲後士前後正士賤與君同不嫌也正直方之閒語也天子之士則直諸侯之士則方按許云韐缺四角者正謂如公侯殺四角使之方也所謂殺四角使之方者合上下成八角之形方之言柧也正義云既殺而補之使方非是云如榼者古榼之制蓋八角故木部椑下云圜榼也可以見榼之有

棱而不正圜也韠之制下廣二尺上廣一尺長三尺韐之制則大體圜而八角故毛公云韐所以代韠也士冠禮注云韐之制似韠許云士無韍有韐葢其制不同惟鉠四角者略同諸侯大夫之韠耳**爵弁服**見士冠禮**其色韎**韋部曰茅蒐染韋一入曰韎瞻彼洛矣傳曰韎韐者茅蒐染韋一入曰韎句韐所以代韠也箋云韎者茅蒐染也茅蒐韎聲也韐祭服之韠合韋爲之士冠禮注曰韎韐緼韍也合韋爲之士染以茅蒐因以名焉今齊人名蒨爲韎句韐之制似韠按凡言韎韐者韐謂其物韎謂其色故士喪禮設韐帶不連韎緼言自六朝人不知韎韐二字可分析詩傳鄭箋禮注鄭志皆譌亂不可讀矣**賤不得與裳同**士喪禮曰爵弁服纁裳純衣緇帶韎韐纁淺絳也三入爲纁韎則茅蒐一入而已不與裳同色也凡韠同裳色上文云天子朱市諸侯赤市卿大夫赤市蔥衡葢天子朱裳諸侯卿大夫赤裳士賤則裳韠色不同若皮弁服素韠則士亦與裳同色也此下鉉本有司農曰裳纁色六字恐是淺人增注司農者不詳其何人許自賈侍中而外無擧官者**从市**亦市也故从市**合**

錦襄邑織文也小徐作襄色臣鍇曰襄襍色也漢魏郡有縣能織錦綺因名襄邑也據此則許本作襄色或鍇因鍇語改爲邑御覽引亦作邑

聲鄭云合韋爲之則形聲可兼會意古洽切七部

韐帢或从韋按經典有韐無帢韐行帢廢矣

文二　重二

帛繒也糸部曰繒帛也聘禮大宗伯注皆云帛今之璧色繒也从巾白聲旁陌切古音在五部凡帛之屬皆从帛

錦襄邑織文也漢地理志郡國志陳留郡屬縣有襄邑今河南歸德府睢州治即故縣地地理志云縣有服官李善引陳留記云襄邑涣水出其南睢水經其北傳云睢涣之閒出文章故其黼黻絺繡日月華蟲以奉宗廟御服焉司馬彪輿服志云襄邑歲獻織成虎文按許以漢法釋古謂若今之襄邑織文即經典之錦文也毛傳貝錦文也禹貢厥匪織貝鄭注云貝錦名也凡爲織者先染其絲乃織之則成文矣禮記云士不衣織从帛金聲居飲切七部

文二

白　西方色也陰用事物色白从入合二　出者陽也入者陰也故从入　二陰數　說从二之恉旁陌切古音在五部　凡白之屬皆从白　古文白

皎　月之白也　上文云物色白不一其物則不一其白故皆爲分別之詞　从白交聲　古了切二部　詩曰月出皎兮　陳風月出文傳曰皎月光也箋云喻婦人有美色之白皙

曉　日之白也　先月後日者月陰日陽月之白其正色也　从白堯聲　呼鳥切二部

皙　人色白也　鄘風揚且之皙也傳曰皙白皙也　从白析聲　今字皆省作晳非也先擊切十六部

皤　老人白也　易釋文文選兩都賦注皆作老人皃非是老人之色白與少壯之白皙不同故以次於皙兩都賦曰皤皤國老周易賁六四賁如皤如引伸爲凡白素之偁也　从白番聲　薄波切古音在十四部白蒿曰蘇是其理也　易曰賁如皤如

皤或从頁　然則白髮亦偁皤

皠　鳥

白　从入合二二陰數　案此解牽合不倫竊謂白中一與日同中空象日所照外◯象光自上照下莊子虛室生白釋文引崔注白者日光所照也荀子注白明白也又白彰明也又白道明道也又白明顯之貌漢書注白晝白日也言白者謂不隱晦也又顏師古注白駒謂日景也古書白訓明者甚多是白字當从◯从日省象形兼會意許說未敢信

之白也景福殿賦曰皠皠白鳥李善曰皠與翯音義同从白隺聲胡沃切古音在二部

皚霜雪之白也辭賦家多用皚皚字从白豈聲五來切古音在十五部

皅艸葩之白也葩字从此靈樞經曰紛紛皅皅終而復始紛紛皅皅盖言多也从白巴聲普巴切古音在五部

皦玉石之白也王風有如皦日傳曰皦白也按此叚皦爲曉也論語皦如也何曰言樂之音節分明也此其引伸之義也从白敫聲古了切二部

𡭴際見之白也際者壁會也壁會者隙也見讀如現壁隙之光一綫而已故从二小从白上下小見會意起戟切古音在五部

皛顯也顯當作㬎顯頭明飾也㬎衆明也顯行而㬎廢矣許云古文以㬎爲顯則小篆以顯爲㬎久矣倉頡篇曰皛明也按蜀都賦皛貙氓於葽艸貙氓貙人也江漢有貙人能化爲虎然則皛者謂顯其形也李善云當爲拍誤通白曰皛四字依李善注陶淵明赴假還江陵詩引補从三白會意讀若皎

烏皎切二部

文十一　重二

㡀　敗衣也　此敗衣正字自敝專行而㡀廢矣　从巾象衣敗之形　毗際切十五部

凡㡀之屬皆从㡀

敝　帗也　帗者一幅巾也　一曰敗衣　引伸爲凡敗之偁　从㡀从攴　會意　㡀亦聲　毗祭切十五部

文二

黹　箴縷所紩衣也　箴當作鍼箴所以綴衣鍼所以縫也紩縫也縷綫也絲亦可爲綫矣以鍼貫縷紩衣曰黹釋言曰黹紩也臯陶謨曰絺繡鄭本作希注曰希讀爲黹黹紩也周禮司服希冕鄭注引書希繡又云希讀爲黹或作絺字之誤也今本周禮注疏傳寫倒亂今俗語云鍼黹是此字按許多云希聲而無希篆疑希者

古文黹也从巾上象繡形从㡀丵省象刺文也韵會有此四字丵者叢生艸也鍼縷之多象之陟几切十五部凡黹之屬皆从黹

⿰黹虘會五采鮮皃本作合五采鮮色今依廣韵韵會訂曹風蜉蝣曰衣裳楚楚傳曰楚楚鮮明皃許所本也⿰黹虘其正字楚其叚借字也盩三家詩有作⿰黹虘⿰黹虘者如毛革韓翺之比从黹虘聲創舉切五部詩曰衣裳⿰黹虘⿰黹虘

黼白與黑相次文攷工記文鄭曰文章黼黻繡五采所用也繡以爲裳次文者言刺繡从黹甫聲方榘切五部

黻黑與青相次文攷工記文从黹犮聲分勿切十五部

䵝會五采繒也也本作色今依廣韵訂五采繒者五采帛也大人賦綷雲蓋如淳云蓋有五色也吳都賦孔雀綷羽以翺翔按綷者或䵝字从黹卒聲各本作綷省聲今正子對切十五部

黺衮衣山龍華蟲黺畫粉也皋陶謨曰日月星辰山龍華蟲作繪宗彝藻火粉米黼黻絺繡鄭注云畫者爲繪刺者爲

繡繡與繪各有六衣用繪裳用繡許書繪下云會五采繡也藻作璪粉作黺米作絲鄭粉米爲一事許黺絲爲二事鄭說粉米爲繡許說黺爲畫粉絲爲繡文如聚米蓋許時鄭說未出許以說黺系諸衛宏但今鈌有閒矣且尙書山龍華蟲不與粉相屬許書恐轉寫有奪誤畫粉葢何晏賦所謂分閒布白从黹分聲各本作从粉省今正方吻切十三部衞宏說衞宏治古文尙書者

文六

五十六部　文七百一十四　重百一十五

凡八千六百四十七字

歸安嚴元照校字

說文解字七篇下

說文解字第八篇上

金壇段玉裁注

人　天地之性冣貴者也　冣本作最性古文以爲生字左傳正德利用厚生國語作厚性是也許偁古語不改其字禮運曰人者其天地之德陰陽之交鬼神之會五行之秀氣也又曰人者天地之心也五行之端也食味別聲被色而生者也按禽獸艸木皆天地所生而不得爲天地之心惟人爲天地之心故天地之生此爲極貴天地之心謂之人能與天地合德果實之心亦謂之人能復生艸木而成果實皆至微而具全體也果人之字自宋元以前本艸方書詩歌紀載無不作人字自明成化重刊本艸乃盡改爲仁字於理不通學者所當知也○仁者人之德也不可謂人曰仁其可謂果人曰果仁哉金泰和閒所刊本艸皆作人藏袁廷檮所　此籒文　此對儿爲古文奇字人言之如大之有古文籒文之別也字多从籒文者故先籒而後古文　象臂脛之

人以從生貴於橫生故象其形上臂下脛如鄰切十二部凡人之屬皆从人

僮未冠也辛部曰男有辠曰奴奴曰童按說文僮童之訓與後人所用正相反如穜種二篆之比今經傳僮子字皆作童子非古也襍記注曰童未成人之稱學記注曰成童十五以上引伸爲僮蒙玉篇引詩狂僮之狂也且傳曰狂行僮昏所化也廣雅曰僮癡也若召南僮僮竦敬也則又如愚之義也从人童聲徒紅切九部

保養也宣帝紀阿保之功臣瓚曰阿倚保養也賈誼說大師大傅大保曰保者保其身體按保全保守皆其引伸之義南山有臺傳曰保安也从人𤓽省聲博裦切古音在三部孚聲亦在三部也𤓽古文孚各本誤今正見爪部

𠊷古文不省

𠈃古文按此蓋古文以孚爲保也

仁親也見部曰親者密至也从人二會意中庸曰仁者人也注人也讀如相人偶之人以人意相存問之言大射儀揖以耦注言以者耦之事成於此意相人耦也聘禮每曲揖注以相人耦爲敬也公食大夫禮

賓入三揖注相人耦詩匪風箋云人偶能亨魚者人偶能輔周道治民者正義曰人偶者謂以人意尊偶之也論語注人偶同位人偶之辭禮注云人偶相與爲禮儀皆同也按人耦猶言爾我親密之詞獨則無耦耦則相親故其字从人二孟子曰仁也者人也謂能行仁恩者人也又曰仁人心也謂仁乃是人之所以爲心也與中庸語意皆不同如鄰切十二部

忎　古文仁从千心作　从心千聲也

𡰥　古文仁或从尸　按古文夷亦如此

企　舉歱也　歱各本作踵非今正歱者跟也企或作跂衞風曰跂予望之檀弓曰先王之制禮也過之者俯而就之不至焉者跂而及之方言跂登也梁益之閒語

从人止　按此下本無聲字有聲非也今正止部曰止爲足說文無趾止即趾也从人止取人延竦之意渾言之則足偁止析言則前止後歱止鐏於前則歱舉於後矣企跂字自古皆在十六部寘韵用止在一部非聲也去智切

企　古文企从足　足止同物

仞　伸臂一尋八尺　按此解疑非許之舊恐後人改竄爲之尺部下

云周制寸尺咫尋常仞諸度量皆以人之體爲法假令尋仞同物許不當兩舉之矣諸家之說仞也王肅趙岐王逸曹操李筌顏師古房元齡鮑彪諸人並曰八尺而鄭周禮儀禮注包咸論語注高誘注呂氏春秋王逸注大招招魂李謐明堂制度論郭璞注司馬相如賦用司馬彪之說陸德明莊子釋文則皆謂七尺淮南子原道訓注八尺而覽冥訓注則云七尺百仞者七百尺證以呂氏春秋注則原道注可疑近歙程氏瑤田通藝錄有說曰言七尺者是也楊雄方言云度廣曰尋杜預左傳仞溝洫注度深曰仞者二書皆言人伸兩手以度物之名而尋爲八尺仞必七尺者何也同一伸手度物而廣深用之其勢自不得不異人長八尺伸兩手亦八尺用以度廣其勢全伸而不屈而用之以度深則必上下其左右手而側其身焉身側則胸與所度之物不能相摩於是兩手不能全伸而成弧之形弧而求其弦以爲仞必不能八尺故七尺曰仞亦其勢然也說文測下云深所至也玉篇云度深曰測測之爲言側也余說與之合矣玉裁謂程說甚精仞說可定矣考工記廣二尋深二仞謂之澮倘其度同八尺何不皆曰二尋如上文

宧當爲官

廣二尺深二尺之例也許書於尺下既尋仞兼舉尋者八尺也見寸部則仞下必當云七尺今本乃淺人所竄易耳程氏又曰小爾雅云四尺應劭云五尺六寸此其繆易見也**从人刄聲**而震切十二部或借爲牣滿字

孟子掘井九軔借軔爲之**仕學也**訓仕爲入官此今義也古義宧訓仕仕訓學故毛詩傳五言士事也而文王有聲傳亦言仕事也是仕與士皆事其事之謂學者覺悟也事其事則日就於覺悟也若論語子張篇子夏曰仕而優則學學而優則仕公冶長篇子使漆雕開仕注云仕仕於朝也以仕學分出處起於此時矣許說其故訓**从人士聲**鉏里切一部

佼交也佼見管子明法解曰羣臣皆忘主而趨私佼又曰養所與佼而不以官爲務又曰小臣持祿養佼不以官爲事其訓皆交也而韵會引小徐本作好也錯引史記後有長姣美人按小徐本女部姣好也引史記長姣美人韵會移入此甚誤**从人交聲**下巧切二部按交義當依廣韵古肴切

僎具也具者共置也論語有公叔文子之臣大夫僎鄉飲酒禮遵者降席注曰今文遵爲僎

或爲全禮記從今文禮作僎 从人異聲 士勉切十三部

俅 冠飾皃 周頌絲衣曰載弁俅俅釋訓曰俅俅服也傳曰俅俅恭順玉篇作慎皃按許以上文絿屬衣言之則俅俅亦當屬冠言之故此用爾雅易傳義而絿下不易傳也 从人求聲 巨鳩切三部 詩曰戴弁俅俅 毛詩戴作載鄭箋云載猶戴也按載戴古書多互譌者

佩 大帶佩也 大帶佩者謂佩必系於大帶也古者有大帶有革帶佩系於革帶不在大帶何以言大帶佩也革帶統於大帶也許於系部之紳革部之鞶皆曰大帶實則紳爲大帶鞶爲革帶也佩者內則左右佩用是 从人凡巾 从人者人所以利用也从凡者所謂無所不佩也从巾者其一耑也蒲妹切古音在一部俗作珮 佩必有巾故从巾 故字依韵會補巾部之帥也說从巾之意 巾謂之飾 巾部曰飾㕞也又部曰㕞飾也飾拭古今字巾以飾物故謂之飾禮經詳帨左氏偁卒巾者冣切於用者也故倉頡製佩帶二文皆箸巾

儒 柔也 以疊韵爲訓鄭目錄云儒行者以其記有

道德所行儒之言優也柔也能安人能服人又儒者濡也以先王之道能濡其身玉藻注曰舒儒者所畏在前也

術士之偁曰儒有六藝以教民者大司徒以本俗六安萬民四曰聯師儒注云師儒鄉里教以道藝者按六藝者禮樂射御書數也周禮謂六德六行六藝曰德行道藝自眞儒不見而以儒相詬病矣**从人需聲**人朱切古音在四部

傑　材過千人也大徐本無過字尹文子曰千人才曰俊萬人曰傑淮南泰俗訓曰智過萬人者謂之英千人者謂之俊百人者謂之豪十人者謂之傑春秋繁露曰萬人者曰英千人者曰俊百人者曰傑十人者曰豪皋陶謨鄭注曰才德過千人爲俊百人爲又呂氏春秋孟秋紀高注曰才過萬人曰桀千人曰俊王逸注懷沙曰千人才爲俊一國高爲桀諸家說俊皆同惟月令正義引蔡氏辨名記云十人曰選倍選曰俊萬人曰桀其說不同方言曰孑俊也遵俊也○又按月令疏蔡氏下奪引字辨名記卽白虎通之別名記古文記二百十四篇之一也禮運及左傳宣十五年疏皆引辨名記云倍人

曰茂十人曰選倍選曰俊千人曰英倍英曰賢萬人曰桀倍桀曰聖語較完而白虎通引別名記五人曰茂十人曰選百人曰俊千人曰英倍英曰賢萬人曰傑萬傑曰聖又不同乖異**从人夋聲**子峻切十三部按尚書以畯爲俊山海經以俊爲舜

傑　埶也以曡韵爲訓埶本種埶字引伸爲勢力字傑者言其勢傑然也衞風毛傳曰桀特立也**材過萬人也**辨名記尹文子高誘趙岐王逸說同以上七字大徐作傲也二字非古義且何不與傲篆相屬而廁之俊篆下乎二傳相屬則義相近全書之例也**从人桀聲**渠列切十五部

僤　人姓从人軍聲吾昆切十三部按此篆必淺人所增許書自女部外罕有言人姓者且廣韵此字䰟韵兩見云女字又姓出纂文此姓既出何氏之書安得云出許書乎

伋　人名以此爲解亦非例也古人名字相應孔伋字子思仲尼弟子燕伋字子思然則伋字非無義矣人名二字非許書之舊也荀卿曰空石之中有人焉其名曰觙其爲人也善射以好思闢耳目之欲遠蚊䖟之聲閑居靜思則通思仁若是可謂微乎此

伋　人名。案玉篇云孔鯉子伋字子思，廣韵云孔伋字子思。此但云人名，殆非許氏元文。段謂伋与思字義相應，殊為穿鑿。案古書傳伋或作汲，汲其志，汲其志与靜思義近。伋當同播，播然變動貌，故播有變動義，當

與幡同。攖左傳播于後，釋文播本作幡，蓋形近互譌。孟子既而幡然改曰，注幡反也。幡然者思改計也，即所謂變動也。詩曰不思其反，其幡然亦有思義

葢設言善思之人名之以敂乎敂與伋音義葢相近**从人及聲**居立切七部

伉　人名非例也左傳施氏婦曰不能庇其伉儷杜注曰伉敵也儷偶也**从人亢聲**苦浪切十部**論語有陳伉**按論語作陳亢字子禽與爾雅亢鳥嚨故訓相合作陳伉似非也然古今人表陳亢陳子禽爲二人

伯　長也釋詁正月傳同載芟傳云伯長子也伯兮傳云伯州伯也一義之引伸也凡爲長者皆曰伯古多假柏爲之**从人白聲**傅陌切古音在五部

仲　中也白虎通同伯仲叔季爲長少之次伯仲見於此子部曰季少偁也叔則少之假借字也古者幼名冠字冠字者爲之且字且字也者若尼甫嘉甫是也五十以伯仲乃偁伯某甫仲某甫以伯仲而後成字伯仲之下一字爲且字且者薦也爲伯仲之薦也伯仲生而已定故士冠禮字辭曰伯某甫雖定此字而五十以前但偁某甫也女子笄而字則曰伯姬曰仲姬毛傳於大明曰仲中女也於燕燕曰仲字也皆言婦人也二傳其實一也古中仲二字互通**从人中中亦聲**直衆切九部

伊　殷聖人阿衡也殷聖人之上當有伊尹二字傳寫奪之阿衡見商頌毛傳曰阿衡伊尹也箋云阿倚衡平也伊尹湯所依倚而取平故以爲官名伊與阿尹與衡皆雙聲然則一語之轉也許云伊尹殷聖人阿衡也本毛說不言伊尹爲姓名也諸家或云伊氏尹字或云名摯皆所傳聞異辭耳禮記所偁古文尚書兩言尹躬則尹實其名尹治天下者从人尹尹治猶言治平此說从人尹之意也言阿衡者尹治天下者也故又謂之伊尹而伊字亦从尹於脂切十五部釋詁毛傳皆曰伊維也爲發語辭詩雄雉蒹葭東山白駒之伊字鄭箋云當爲緊緊猶是也

𠈌　古文伊从古文死以死爲聲

偰　高辛氏之子爲堯司徒殷之先也爲字依玉篇補左傳曰高辛氏有才子八人伯奮仲堪叔獻季仲伯虎仲熊叔豹季貍舜臣堯舉八元使布五教於四方父義母慈兄友弟恭子孝內平外成偰即八元之一人也毛詩傳曰元王契也經傳多作契古亦假离爲之米部曰离古文偰言古文假借字也从人契聲私列

古文伊从古文死　小徐作古文伊从死死亦聲　臣鍇曰古文死字　案鍇二徐本皆有誤當作 𠈌 古文伊从死　死亦聲　臣鍇曰死古文死字

倩　案前槊字奉倩　槊鮮好貌　倩与槊義相配

切十五部

倩　人美字也　依韵會本訂朱邑傳陳平雖賢須魏倩而後進師古曰倩士之美稱也葢本說文而改人爲士改字爲稱其實可無改也倩猶甫也穀梁傳曰父觗猶傳也男子之美稱也男子之字有稱甫者儀甫嘉甫是有偁倩者蕭長倩東方曼倩韋昭云倩魏無知字也皆是倩好也毛傳說倩曰好口輔以詩言巧笑故知爲口輔好也　从人青聲　倉見切古音在十一部　東齊壻謂之倩　方言曰青齊之閒壻謂之倩按此葢亦以美偁加之耳郭云言可借倩也借倩讀七政七見二切葢方俗語謂請人爲之

伃　婦官也　漢書外戚傳婦官十四等昭儀位視丞相比諸侯王倢伃視上卿比列侯韋昭曰倢承伃助也漢舊儀云皇后爲倢伃下輿禮比丞相按婦官上當有倢伃二字淺人刪之倢之本訓佽也見下　从人予聲　以諸切五部亦作好

伀　志及眾也　與公同義其音當同引伸爲夫兄曰兄伀之字或作妐若方言廣雅之征伀卽今怔忪字也　从人公聲　職茸切九部

儇　慧也　心部慧下曰儇也是二字

睘誤睘

互訓也。齊風揖我謂我儇兮傳曰儇利也。此言慧者多便利也。方言儇慧也。荀卿子曰鄉曲之儇子。从人睘聲。許緣切。十四部。

倓　安也。倉頡篇曰倓恬也。荀卿子曰桓公倓然見管仲之能足以託國也。洞簫賦時恬倓以綏肆。按蠻夷贖罪貨曰倓。此夷語耳。字亦作賧。从人炎聲。讀若談。徒甘切。八部。

倓或从剡。剡亦炎聲。

侚　疾也。五帝本紀黃帝幼而侚齊。裴駰曰侚疾齊速也。素問上古天眞論黃帝幼而侚齊長而敦敏。王注侚疾也。按侚今本譌作徇。司馬貞乃云未見所出矣。釋言宣侚徧也。侚本又作徇。墨子年踰五十則聰明思慮不侚通矣。侚亦當作侚。史記侚齊。大戴禮作叡齊。亦作慧齊。从人旬聲。辭閏切。十二部。

傛　不安也。與水波溶溶意義略同。皆動盪皃也。从人容聲。余隴切。九部。一曰華。按華上當本有傛字。淺者刪之。傛華亦婦官。外戚傳注婦官十四等。弟三等傛華視眞二千石。比大上造。此義餘封切。

僷　宋衛之閒謂華僷僷。華容華也。僷僷好皃。方言曰奕僷容

也凡美容謂之奕或謂之僷宋衞曰僷陳楚汝潁之閒謂之奕按僷亦作偞廣韵曰偞偞輕薄美好皃**从人**

葉聲與涉切八部

佳　善也廣韵曰佳善也又曰好也又曰大也老子佳兵者不祥淮南說林訓曰佳人不同體美人不同面而皆說於目**从人圭聲**古膎切十六部按唐人入於下平九麻

侅　奇侅逗**非常也**漢書藝文志五行家有五音奇侅用兵二十三卷五音奇侅刑德二十一卷如淳曰胲音該史記扁鵲倉公列傳臣意卽避席再拜謁受其脈書上下經五色診奇咳集解曰奇音羈咳音該按據張守節正義則史記奇咳本亦作奇胲肉部訓胲爲足指毛皮然則侅正字胲其假借字耳淮南兵略訓明於星辰日月之運刑德奇賌之數背向左右之便此戰之助也注云奇賌之數奇祕之數非常術其字又作賌亦假借也葢奇侅與今云奇駭音義皆同是以左氏春秋無駭穀梁春秋作無侅若莊子侅溺於馮氣據徐音乃是假侅爲礙**从人亥聲**古哀切一部篇韵皆又胡改切

傀　偉也方言傀盛也注言瓌瑋也廣雅傀盛也司馬注

莊子曰傀大也字林傀偉也从人鬼聲公回切十五部周禮曰大傀異烖大司樂職文周禮作裁裁篆文也許作烖籀文也鄭注傀猶怪也大傀異裁謂天地奇變若星辰奔霣及震裂爲害者

瓌 傀或从玉裹聲

偉 奇也莊子曰偉哉夫造物者从人韋聲于鬼切十五部元應曰埤蒼作瑋

份 文質備也備當作葡許訓葡曰具訓備曰愼說解內字多自亂其例葢許時所用固與古不同許以後人又多竄改二者皆有之矣論語雍也篇文質彬彬然後君子包咸注曰彬彬文質相襍之皃也鄭注曰彬彬襍半皃也按古謂集爲襍襍集聚也从人分聲府巾切古音在十三部論語曰文質份份

彬 古文份今論語作彬古文也从彡林彡者毛飾畫文也飾畫者拭而畫之也从彡與彫彰同意林者从焚省聲猶彫从彡周聲也按彬份字古或借豳字爲之如上林之玢豳文鱗是也或借邠字爲之如太元斐如邠如是也俗份作斌取文武相半意潘岳藉田賦之頒斌郎上林

彬　从彡林林者从焚省聲
此解内字重複非例小徐無林者二字然從焚省亦無義疑當云从彡楚省聲与份从分聲同

賦之玢豳

僚好皃陳風皎人僚兮傳曰僚好皃此僚之本義也自借爲同寮字而本義廢矣从人尞聲力小切二部

佖威儀也按此當作威儀媟嫚也小雅賓之初筵曰威儀怭怭傳曰怭怭媟嫚也許所據作佖佖自奪媟嫚字韵會廣韵徑注云有威儀矣从人必聲毗必切十二部詩音義曰說文作佖平一反詩曰威儀佖佖

僝具也馬注尚書同五帝本紀曰旁聚布功釋以布也从人孨聲士戀切十四部玉篇廣韵作僝讀若汝南潺水汝南潺水未聞水部無潺虞書曰虞書當作唐書說詳禾部稘下旁救僝功堯典文作方鳩者古文尚書也作旁逑者歐陽夏侯尚書也辵部逑下偁旁逑孱功此作救彼作孱皆駁文小徐本此作方鳩

儳長壯儳儳也左傳昭七年十七年國語楚語皆云長鬣鬣者儳之假借字也韋昭杜預釋爲美須顧誤廣雅曰儳長也按儳儳長壯皃辭賦家用獵獵字葢當作儳儳从人巤聲良涉切八部春秋傳曰長儳者相

之左傳昭七年曰使長鬛者相

儦 行皃齊風載驅曰行人儦儦傳曰儦儦衆皃許曰行皃者義得互相足也廣雅亦曰儦儦行也玉篇曰儦儦盛皃也从人麃聲甫嬌切三部詩曰行人儦儦

儺 行有節也衛風竹竿曰佩玉之儺傳曰儺行有節度按此字之本義也其歐疫字本作難自假儺爲歐疫字而儺之本義廢矣其曹風之猗儺則說文之旖施也从人難聲諾何切古本音葢在十四部詩曰佩玉之儺

倭 順皃倭與委義略同委隨也隨從也廣韵作愼皃乃梁時避諱所改耳从人委聲於爲切十六部音轉則烏何切詩曰周道倭遲小雅四牡文傳曰倭遲歷遠之皃按倭遲合二字成語韓詩作威夷故與順訓不同而亦無不合也

僓 嫺也嫺者雅也从人貴聲吐猥切又魚罪切十五部一曰長皃廣韵曰長好皃

僑 高也僑與喬義略同喬者高而曲也自用爲寄寓字而僑之本義廢矣字林始有⿱宀喬字云寄客爲⿱宀喬按春秋有叔孫僑如有公孫僑

字子產皆取高之義也从人喬聲巨嬌切二部

僑大也此僑之本義也自經傳假爲竢字而俟之本義廢矣立部曰竢待也廢竢而用俟則竢俟爲古今字矣从人矣聲牀史切一部詩曰伾伾俟俟小雅吉日文今毛詩作儦儦俟俟傳曰趨則儦儦行則俟俟按西京賦李善注馬融傳太子賢注皆引韓詩駓駓騃騃善引薛君韓詩章句曰趨曰駓行曰騃疑今毛傳非舊或用韓改毛也駉傳曰伾伾有力也許從之當是吉日傳有俟俟大也之文而許從之

侗大皃此義未見其證然同義近大則侗得爲大皃矣論語侗而不愿孔注曰侗未成器之人按此大義之引伸猶言渾沌未鑿也从人同聲他紅切九部詩曰神罔時侗大雅思齊文今本作恫傳曰恫痛也按痛者恫之本義許所據本作侗侗之以見毛詩假侗爲恫也

佶正也小雅六月傳曰佶正也箋云佶壯健之皃按鄭以言壯健乃可皃馬但毛言正自可含壯健也从人本言人引伸言馬吉聲巨乙切十二部詩曰既佶且閑

俁　大也　邶風簡兮曰碩人俁俁傳曰俁俁容皃大也　从人吳聲　魚禹切五部　詩曰碩人俁俁　仜　大腹也　與痽音義略同廣韵曰身肥大也廣雅曰仜有也　从人工聲讀若紅　戶工切九部　僤　疾也　速疾　从人單聲　徒案切十四部　周禮曰句兵欲無僤　考工記廬人文今本作欲無彈注曰故書彈或作但鄭司農云但讀爲彈丸之彈謂掉也按經文彈字疑本作僤彈乃先鄭所易字許訓僤爲疾者古說也　健　伉也　伉下曰人名而不言其義以此云伉也證之則知人名二字非許書之舊矣周易曰乾健也　从人建聲　渠建切十四部　倞　彊也　廣雅倞強也按大雅無競維人傳曰無競競也箋云競彊也秉心無競傳曰競彊也周頌無競維人傳曰競彊也執競武王傳曰執競競也箋云競彊也按傳箋皆謂競爲倞之假借字也郊特牲祊之爲言倞也注倞猶索也倞不訓索而與水部之滰音同滰者浚乾漬米也索求神似之　从人京聲　渠竟切古音在十部亦作

傹倨也按此當與下倨不遜也連屬仡篆當與健倞二篆相屬葢此部經傳寫旣久失其舊者多矣古多假敖爲傲女部又出嫯字侮傷也从人敖聲五到切二部

仡勇壯也秦誓曰仡仡勇夫某氏曰仡仡壯勇之夫公羊傳趙盾之車右祁彌明者國之力士也仡然從乎趙盾而入何云仡然壯勇皃若詩崇墉仡仡毛曰高大也引伸之義也土部引作圪圪从人气聲魚訖切十五部今字作仡周書曰仡仡勇夫

倨不遜也遜當是本作孫說詳辵部孫者逡循恭敬之意戰國策曰何前倨而後恭引伸之凡侈曰倨凡歛曰句鏅大戴禮與其倨也寧句樂記倨中矩句中鉤左傳直而不倨曲而不屈淮南子句爪倨牙凡言侈歛之度謂之倨句考工記曰倨句一矩有半又曰倨句磬折鄭謂一矩有半也又曰倨句外博謂侈於一矩而不及一矩有半也又曰句於矩謂歛於一矩也管子弟子職曰倨句如矩謂正方也从人居聲居御切五部

儼昂頭也昂當是本作卬淺人所改也卬者望欲有所庶及也陳風碩大

且儼傳曰儼矜莊皃曲禮注同古借嚴爲之从人嚴聲魚儉切八部一曰好皃

傪好皃未見其證方言曰傪惛也惛惡也此假傪爲慘也从人參聲倉含切七部

俚賴也賴各本作聊此用方言改許書也今依漢書季布傳晉灼注所引正方言俚聊也語之轉字之假借耳漢書曰其畫無俚之至無俚即今所謂無賴亦語之轉古叚理爲之孟子稽大不理於口趙注理賴也大不賴人之口从人里聲良止切一部

伴大皃大雅伴奐爾游矣傳曰伴奐廣大有文章也箋云伴奐自縱弛之意按𠬞部奐下一曰大也故伴奐皆有大義大學注胖猶大也胖不訓大云猶者正謂胖即伴之假借也方言廣雅孟子注皆曰般大也亦謂般即伴廣韵云侶也依也今義也夫部扶下曰讀若伴侶之伴知漢時非無伴侶之語許於俗語不之取耳至聲類乃云伴侶从人半聲薄滿切十四部

俺大也與奄義略同奄大有餘也其音當亦同从人奄聲於業切八部廣韵於驗切

僩武皃衞風淇奧傳瑟矜莊

皃僩寬大也許言僩武皃與毛異者以爾雅及大學皆曰瑟兮僩兮者恂栗也恂或作峻讀如嚴峻之峻言其容皃嚴栗與寬大不相應故易之僩左傳方言廣雅皆作撊左傳撊然授兵登陴服注撊然猛皃也杜注撊然勁忿皃方言撊猛也晉魏之閒曰撊廣雅亦曰撊猛也而荀卿子塞者俄且通也陋者俄且僩也愚者俄且知也則以陋僩與寬大反對與毛合葢大毛公固受詩於孫卿子者**从人閒聲**下簡切十四部**詩曰瑟兮僩兮**

伾有力也魯頌駉曰以車伾伾傳曰伾伾有力也俟下引詩伾伾俟俟**从人**本謂人有力引伸謂馬**丕聲**數悲切古音在一部**詩曰以車伾伾**

偲彊力也齊風盧令曰其人美且偲傳曰偲才也箋云才多才也許云彊力者亦取才之義申之才之本義艸木之初也故用其引伸之義若論語朋友切切偲偲馬曰相切責之皃毛傳作切切節節**从人思聲**倉才切一部**詩曰其人美且偲**

倬箸大也箸大者箸明之大也小雅倬彼甫田傳曰倬明皃大雅棫樸倬彼雲

漢傳曰倬大也許兼取之曰箸大韓詩菿彼甫田音義同也假菿爲倬也从人卓聲竹角切二部詩曰倬彼雲漢

侹長皃與挺音義略同一曰箸地箸直略切一曰代也方言侹代也江淮陳楚之閒曰侹从人廷聲他鼎切十一部

倗輔也周禮士師掌士之八成七曰爲邦朋注曰朋黨相阿使政不平者故書朋作傰鄭司農讀爲朋友之朋按管子亦曰練之以散羣傰署皆卽倗字也鳥部朋下曰鳳飛羣鳥從以萬數故以爲朋黨字葢朋黨字正作倗而朋其假借字然許云讀若陪則似有別矣从人朋聲步崩切六部讀若陪位讀若陪者之蒸合韵冣近也

傓熾盛也小雅十月之交曰豔妻煽方處傳曰豔妻褒姒美色曰豔煽熾也按詩本作傓後人以訓熾之故肊造煽字耳古通作扇魯詩閻妻扇方處方言扇助也廣雅扇疾也从人扇聲式戰切十四部詩曰豔妻傓方處

儆戒也與警音義同孟子引書洚水儆予用儆字左傳國語亦用儆毛詩徒御不

警周禮警戒羣吏皆用警鄭注周禮曰警勑戒之言也韋注國語曰儆戒也从人敬聲居影切十一部春秋傳曰儆宮左傳襄公九年令司宮巷伯儆宮

俶善也按釋詁毛傳皆曰淑善也葢假借之字其正字則俶也淑者水之清湛也自淑行而俶之本義廢矣从人叔聲昌六切三部詩曰令終有俶大雅既醉文按許引此爲善訓之證而今本毛傳作俶始也鄭箋易之云俶猶厚也豈許所據作善不作始與一曰始也釋詁曰俶作也崧高傳曰俶作也大田傳曰俶始也聘禮俶獻注古文俶作淑是此義亦得假淑爲之

傭均也直也各本少上也字今補玉篇廣韵皆曰均也直也所據古本也均之義有未盡故更言直也直謂無枉曲也小雅昊天不傭釋言毛傳皆曰傭均也周禮典同正聲緩先鄭云正者不高不下鐘形上下正傭考工摶身而鴻注云鴻傭也此謂鴻即傭之假借字也若廣雅云傭役也謂役力受直曰傭此今義也从人庸聲余封切九部依廣韵說文當丑凶切

僾仿佛也祭義曰祭

之日入室僾然必有見乎其位正義云僾髣髴見也見如見親之在神位也按僾與爾雅之薆隱也烝民傳之愛隱也竹部之薆蔽不見也義相近若大雅亦孔之僾釋言及傳云僾唈也此謂僾爲㤅之假借字㤅飲食屰气不得息也 **从人愛聲** 烏代切古音在十五部 **詩曰僾而不見** 邶風城隅文今詩作愛非古也僾而猶隱然離騷之薆然也

仿 **仿佛**逗**相佀**句**視不諟也** 仿佛雙聲疊字也各本皆改竄非舊今依甘泉賦景福殿賦李注所引訂諟卽諦言部曰審也長門賦注海賦注亦作諟古是聲帝聲同在十六部故以諟爲諦仿佛或作㑂佛或作髣髴或作拂𢳆或作放悲俗作彷佛仿或又作髣 **从人方聲** 妃罔切十部

㑂 **籀文仿从丙** 丙聲古音丙聲在十部此與周禮柄亦作枋同

佛 **仿佛也** 依玉篇與全書例合按髟部有髴解云髴若似也卽佛之或字 **从人弗聲** 敷勿切十五部

僁 **聲也** 見釋言謂聲之小者也動作屑屑聲也廣韵曰動草聲又鷙鳥之聲又僁僁呻吟也

从人悉聲讀若屑私列切廣韵先結切十三部

僟精謹也僟謹雙聲禀禀庶幾之意也从人幾聲巨衣切十五部廣韵居依切明堂月令數將僟終宋本及集韵作數篇韵作歲月令季冬之月日窮于次月窮于紀星回于天數將幾終歲且更始鄭高皆訓幾爲近許所據作僟

佗負何也負字葢淺人增之耳小雅舍彼有罪予之佗矣傳曰佗加也此佗本義之見於經者也佗之俗字爲駝爲馱𩨍變佗爲他用爲彼之偁古相問無它乎祇作它又君子偕老委委佗佗卽羔羊之委蛇委蛇也傳云委委者行可委曲從迹也佗佗者德平易也羔羊傳云委蛇者行可從迹也語詳略不同从人它聲徒何切十七部

何儋也何俗作荷猶佗之俗作駝儋之俗作擔也商頌百祿是何何天之休何天之龍傳曰何任也箋云謂擔負周易何天之衢虞翻曰何當也何校滅耳王肅云何荷擔也又詩何戈與祋何蓑何笠傳皆云揭也揭者舉也戈祋手舉之蓑笠身舉之皆擔義之引伸也凡經典作荷者皆後人所竄改一曰

誰也誰何孰三字皆問詈**从人可聲**今音擔何則胡可切餘義胡歌切古音平上不甚分也十七部按今義何者辭也問也今義行而古義廢矣亦借爲呵

儋何也儋俗作擔古書或假擔爲之疑又擔之誤耳韋昭齊語注曰背曰負肩曰儋任抱也何揭也按統言之則以肩以手以背以首皆得云儋也**从人詹聲**都甘切八部

供設也設者施陳也釋詁供峙共具也按峙即儲偫字共即供之假借字凡周禮皆以共爲供尚書一經訓奉訓待者皆作共其恭敬字皆作恭衛包乃盡改共爲恭毛詩亦共恭分別總之古經用共爲供之假借不用共爲恭之假借惟左傳三命兹益共其共也如是君命以共則借共爲恭鄭君箋詩所謂古之恭字或作共者乎詳古文尚書撰異**从人共聲**俱容切九部**一曰供給**給者相足也設與給二義相足共部曰龔給也是龔與供音義同尚書共行天罰漢人引皆作龔行天罰謂奉行天罰也

偫待也以疊韵爲訓謂儲物以待用也偫經典或作峙或作庤周頌臣工傳曰庤具也庤儲置屋下也義本同若

段云庭當作廷　案西都賦左右庭中朝堂百寮之位作庭蓋廷庭古或通用　詩陟降庭止箋云匡衡傳作廷又古今人表作廷讀曰庭　左傳張武軍于熒庭又夫差使人立于庭釋文俱云作庭

崧高以峙其粻粊誓峙乃糗糧某氏傳云儲峙則假借峙躇不前字爲之俗乃改从止爲从山作峙訓云山立以附合之矣釋詁云供峙共具也峙在說文爲偫**从人待**此舉會意包形聲也小徐本作从人待聲直里切一部

儲（篆）**偫也**文選注引作蓄也或作具也或作積也又引謂蓄積之以偫無也蓋兼舉演說文語古者太子謂之儲君**从人諸聲**直魚切五部儲偫爲雙聲

𠏍（篆）**愼也**心部曰愼者謹也言部曰謹者愼也得備而三字同訓或疑備訓愼未盡其義不知用部曰葡具也此今之備字備行而葡廢矣葡廢而備訓具匙知其古訓愼者今義行而古義廢矣凡許之書所以存古形古音古義也方言曰備咸也此具之義也又曰藏敕戒備也此愼之義也**从人葡聲**平祕切古音在一部

𠐍（篆）**古文備**

位（篆）**列中庭之左右**當作𠂇又**謂之位**庭當作廷字之誤也廴部曰廷朝中也釋宮曰中庭之左右謂之位郭云羣臣之列位也周語注亦曰中廷之左右曰位按中廷猶言廷中古者朝不屋無堂階故謂之朝廷朝士掌外朝之

位左九棘孤卿大夫位焉右九棘公侯伯子男位焉面三槐三公位焉司士掌治朝之位王南鄉三公北面東上孤東面北上卿大夫西面北上王族故虎士在路門之右南面東上大僕大右大僕從者在路門之左南面西上雖有北面南面之臣皆以左右約舉之左傳云有位于朝是也引伸之凡人所處皆曰位。**从人立。**會意。于備切。十五部。按小宗伯掌神位故書位作立。古文春秋公卽位爲公卽立。古者立位同字。葢古音十五部與八部多合韵。

儐，導也。導者導引也。周禮司儀注曰：出接賓曰擯。聘禮卿爲上擯，大夫爲承擯，士爲紹擯。注曰：擯謂主國之君所使出接賓者也。士冠禮擯者請期。注曰：擯者有司佐禮者。在主人曰擯。按擯經典多作擯。史記作賓。廉藺列傳設九賓於廷是也。○聘禮賓用束錦儐勞者。又儐之如初。又儐之兩馬束錦。又無儐。凡言儐者九。鄭曰：上於下曰禮，敵者曰儐。上於下曰禮，謂如主國之禮聘賓是也。敵者曰儐，謂如儐勞者、儐歸饔餼者等是也。鄭據禮經字作儐。是以周禮司儀賓亦如之。賓使者如初之儀。皆云賓當爲儐。易賓爲儐。取賓禮相待之義。非擯相之義也。然則合二禮訂之擯相字當从手賓禮字當从人許儐擯合而一云導也與二禮及鄭說不合劉昌宗說聘禮儐與擯同雖本許而令學者惑矣今禮經石本版本於此九儐字內錯出擯字非是○又毛詩絲衣釋賓尸也有司徹賓尸經典釋文古本皆作賓又無必刃反之音而唐宋石本版本賓儐錯出要之古無作儐尸者此學者所當知也○小雅儐爾籩豆傳曰儐陳也 **从人賓聲** 必刃切十二部

[擯] **儐或从手** 今經典作擯相字多從此莊子徐無鬼注曰擯棄也此義之窮則變也擯之言屏也

[偓] **偓佺** 逗 **古仙人名也** 偓佺見上林賦韋昭郭璞說略同 **从人屋聲** 於角切郭璞音屋三部篇韵曰偓促今義也

[佺] **偓佺也从人全聲** 此緣切十四部

[㒟] **心服也** 心部懾下一曰心服也然則二字音義同廣韵無㒟 **从人聶聲** 菡涉切八部

[仢] **約也** 疊韵爲訓釋天曰奔星爲仢約舊作彴約佩觿辨證曰字从人不从彳或云許本作仢約也三字爲句 **从人勺聲** 徒歷切古音在二部仢約讀如招搖

儕等輩也等齊儕也故凡齊皆曰等樂記曰先王之喜怒皆得其儕焉喜則天下和之怒則暴亂者畏之注儕猶輩類从人齊聲仕皆切十五部春秋傳曰吾儕小人左傳宣十一年襄十七年文

倫輩也軍發車百兩爲輩引伸之同類之次曰輩鄭注曲禮樂記曰倫猶類也注既夕曰比也注中庸曰猶比也从人侖聲力屯切十三部一曰道也小雅有倫有脊傳曰倫道脊理也論語言中倫包注倫道也理也按粗言之曰道精言之曰理凡注家訓倫爲理者皆與訓道者無二

侔齊等也輪人注曰侔上下等又曰侔等也弓人注曰侔猶均也又曰侔猶等也从人牟聲莫浮切三部

偕彊也小雅北山偕偕士子傳曰偕偕強壯皃从人皆聲古諧切十五部一曰俱也魏風行役夙夜必偕傳曰偕俱也詩曰偕偕士子

俱皆也皆各本作偕字之誤也今正自部曰皆俱詞也與此爲互訓詩有假具爲俱者如大叔于田火烈具舉是也从人具

聲舉朱切古音在四部

儹冣也冣才句切各本誤作最今正廣韵曰儹聚也冣聚古通用木部欑竹部籫義皆相近李善引楊雄覈靈賦曰文王之始起浸仁漸義會賢儹智儹音攢从人贊聲作管切十四部

併竝也十篇曰竝者併也與此爲互訓並古音在十部讀如旁併古音在十一部讀如井竝併義有別許互訓者禮經注曰古文並今文作併是古二字同也从人幷聲此舉形聲包會意卑正切十一部

傅相也左傳鄭伯傳王注曰傳相也賈子曰傅傅之德義古假爲敷字如禹敷土亦作禹傅土是也亦爲今之附近字如凡言附箸是也从人尃聲方遇切五部

侙惕也惕者敬也从人式聲恥力切一部春秋國語曰於其心侙然是也吳語申胥曰夫越王之不忘敗吳於其心也戚然服士以司吾閒韋注曰戚猶惕也按韋本葢亦作侙轉寫譌之耳許云惕韋云猶惕者韋擬此字本義不訓惕也

俌輔也謂人之俌猶車之輔也从人甫聲讀若撫芳武

切五部按俌見釋詁弼棐輔比俌也郭云俌猶輔也廣韵曰俌出埤蒼葢輔專行而俌廢矣

倚依也从人奇聲於綺切古音在十七部

依倚也从人衣聲於稀切十五部

仍因也釋詁曰儴仍因也大雅常武傳曰仍就也就與因義一也周禮故書仍爲乃从人乃聲如乘切六部

佽便利也小雅車攻決拾既佽傳曰佽利也按百官公卿表更名左弋爲佽飛葢取便利之意从人次聲七四切十五部詩曰決拾既佽一曰遞也此與次音義同車攻鄭箋云謂手指相次比也唐風胡不佽焉傳曰佽助也箋云何不相推次而助之皆遞之意也

佴佽也此冢遞訓言司馬遷傳曰僕又佴之蠶室如淳曰佴次也若人相次也一本佴作茸蘇林云茸次也若人相俾次蘇以謂茸當作佴耳佴之蠶室猶云副貳之以蠶室也小顏乃欲讀爲揖云推致蠶室中殊非文義从人耳聲仍吏切一部

倢佽也按上解冢遞訓此解冢便利之訓廣雅曰倢疾也廣韵曰倢斜出也便也

利也玉篇曰詩云征夫倢倢倢樂事也本亦作捷　从人
按倢伃婦官也亦作婕妤蓋言敏捷而又安舒與
疌聲子葉切八部

侍　承也承者奉也受也凡言侍者皆敬恭承奉之義　从人寺聲小徐作从人从寺時吏切一部

傾　仄也仄部曰仄傾也二字互訓古多用頃爲之又按仄當作夨夨下曰傾頭也引申謂凡夨皆曰傾夨與仄義小異　从人頃頃亦聲去營切十一部

側　旁也不正曰仄不中曰側二義有別而經傳多通用如反側當爲反仄仄者未全反也　从人則聲阻力切一部

侒　宴也宀部曰宴安也侒與安音義同　从人安聲烏寒切十四部

侐　靜也靜者審也悉也知審諦也魯頌曰閟宮有侐傳曰侐清淨也淨乃靜之字誤周頌假以溢我傳曰溢愼也許作誐以謐我謐靜語也一曰無聲也左傳作何以恤我尙書惟刑之恤伏生尙書作惟刑之謐史記作惟刑之靜爾雅溢愼謐靜也溢者恤之字誤莊子書云以言其老洫也近死之心莫使復陽也老洫者枯靜之意莊子洫本亦作溢周頌

八篇　七

之恤莊子之洫皆侐之假借侐與謐古音同部从人血聲況逼切古音在十二部詩曰閟宮有侐

付予也予者推予也尚書天既孚命正厥德今文尚書作天既付命正厥德从寸持物吕對人寸者手也方遇切古音在四部

俜俠也丂部曰甹俠也三輔謂輕財者爲甹然則俜甹音義皆同从人甹聲普丁切十一部韵會作从人甹甹亦聲

俠俜也荀悅曰立氣齊作威福結私交以立彊於世者謂之游俠如淳曰相與信爲任同是非爲俠所謂權行州里力折公侯者也或曰任氣力也俠甹也按俠之言夾也夾者持也經傳多假俠爲夾凡夾皆用俠从人夾聲从二人之夾非二入之夾也胡頰切八部

儃何也未聞假令訓爲儋何則又不當廁於此或當作儃回九章曰欲儃佪以干際又曰入漵浦余儃佪王逸曰儃佪猶低佪也洪興祖曰儃知然切从人亶聲徒干切十四部

侁行皃招䰟曰豺狼從目往來侁侁王逸曰侁侁往來聲也詩曰侁侁征夫从人先聲所臻

段云當作儃回是也　案莊子釋文引李注儃儃舒閒之貌　惜誓儃回而不息何回形相涉而誤　玉篇俠也

何也其誤久矣　廣韵訓態也得之

仰　案當作从人卬亦聲

儽　老子儽儽兮若無所歸與史記纍纍若喪家之狗意同玉藻喪容纍纍是也儽儽即纍纍廣雅儽儽疲也即嬾懈之意釋文云儽儽喪也敗也其義略同又云說文音雷則古音平聲河上作乘乘蓋垂垂之誤

切十三部

仰舉也與卬音同義近古卬仰多互用从人卬此舉會意包形聲魚兩切十部

侸立也十篇曰立侸也與此爲互訓今本立下改爲住也則不可通矣侸讀若樹與尌豎音義同不當作住今俗用住字乃駐逗二字之俗非侸字之俗也从人豆聲讀若樹常句切古音在四部按侸玉篇作僖云今作樹廣韵曰僖同尌蓋樹行而侸尌豎廢幷僖亦廢矣

儽𠂹皃老子曰儽儽兮若無所歸王弼陸希聲本同今按此儽儽之誤河上公本作乘乘儽從積絫之絫與乘義相近樂記纍纍乎端如貫珠音義云本又作累郎絫字儽儽爲垂皃則與絫絫義同也从人絫聲各本篆皆作儽解皆作纍聲今正絫者增也从厽从糸厽亦聲在古音十六部纍者綴得理也亦大索也从糸畾聲在古音十五部二字古形古音皆不同而後人亂之人部有儽有儡形音義皆各殊也廣韵六脂曰儽亦作傫傫是儽非累郎絫也集韵脂類篇皆首列儽次列儽知儽爲正體矣惟玉篇廣韵集韵力追力罪切皆不若集韵入五寘力僞一切合於古一曰嬾

儽廣雅曰儽儽疲也是其義也今廣雅字尚从纍不誤史記纍纍若喪家之狗韓詩外傳作羸乎若喪家之狗然則正當作儽也集韻五寘病困謂之儽字體亦誤

侳安也从人坐聲則臥切十七部

偁揚也揚者飛舉也釋言曰偁舉也郭注引尚書偁爾戈玉篇引左傳禹偁善人凡古傳舉偁謂字皆如此作自序云其偁易孟氏書孔氏子纂下云人以爲偁偁自偁行而偁廢矣稱者今之秤字从人爯聲處陵切六部

伍相參伍也參三也伍五也周禮曰五人爲伍凡言參伍者皆謂錯綜以求之易繫辭曰參伍以變荀卿曰窺敵制勝欲伍以參韓非曰省同異之言以知朋黨之分偶參伍之驗以責陳言之實又曰參之以比物伍之以合參史記曰必參而伍之漢書曰參伍其賈以類相準此皆引伸之義也从人五五亦聲也疑古切五部

什相什保也族師職曰五家爲比十家爲聯五人爲伍十人爲聯使之相保相受鄭云保猶任也宮正注五人爲伍二伍爲什雅頌以十篇爲一什按後世曰什物古曰任器古

今語也任急言之曰什如唐人詩十可讀如諶也周禮牛人司隸皆有任器鄭云任猶用也 从人十 此舉
會意包形聲是執切七部 佰 相什佰也 佰汲古閣作伯誤佰連什言者猶伍連參言也佰之言百
也廣韻一百爲一佰過秦論曰俛起什佰之中漢書音義云首出十長百長之中此謂十人之長爲什百人之長爲
佰也食貨志無農夫之苦有仟佰之得師古云仟千錢也佰百錢也佰莫白反今俗猶謂百錢爲一佰按仟字罕見
廣韻集韻類篇皆曰千人之長曰仟毛晃云出文字音義食貨志語意謂兼十倍百倍之利耳顏注非仟疑本作什
顏不音千可證 从人百 博陌切古音在五部 佸 會也 王風君子于役曰曷其有佸傳曰佸會也
此以疊韻爲訓 从人昏聲 古活切十五部 詩曰曷其有佸一曰佸佸力皃
小徐本無此六字篇韻亦皆無 佮 合也从人合聲 古沓切七部 𢼸 眇也 眇各
本作妙今正凡古言𢼸眇者卽今之微妙字眇者小也引伸爲凡細之偁微者隱行也微行而𢼸廢矣玉篇有㣲字

八篇上　七

引書虞舜側微亦敳之俗體也。**从人从攴豈省聲。**鉉等曰豈字从敳省，不應从豈省，疑从耑省。耑物初生之題尚敳也。無非切。十五部。

傆，黠也。黠史記所謂桀黠也。傆蓋謂鄉原。**从人原聲。**魚怨切。十四部。

作，起也。秦風無衣傳曰：作，起也。釋言、穀梁傳曰：作，爲也。魯頌駉傳曰：作，始也。周頌天作傳曰：作，生也。其義別而略同。別者所因之文不同，同者其字義一也。有一句中同字而別之者，如小雅作而作詩，箋云：上作，起也；下作，爲也。辵部曰：迮迮，起也。然則作迮二篆音義同。古文假借乍爲作。**从人乍聲。**則洛切。五部。

假，非真也。又部曰：叚，借也。然則假與叚義略同。六書六曰假借，謂本無其字，依聲託事也。**从人叚聲。**古雅切。古音在五部。**虞書曰：**虞書當作唐書，說見禾部。**假于上下。**堯典文。此引經說假借也。彳部曰：徦，至也。經典多借假爲徦，故偁之。淺人不得其例，乃於虞書曰之上妄加一曰至也四字，又分非真也爲古雅切，至也爲古頟切，而不知古音無此區別也。今刪正。學者苟於全書引經說假借之處皆憭然，則無所惑矣○毛詩雲漢傳泮水傳假至也烝民元鳥長發箋同此皆謂假爲徦之假借字也其楚茨傳格來也抑傳格至也亦謂格爲徦之假借字也又那傳烈祖傳假大也此與賓筵卷阿傳之嘏大也同謂假爲嘏之假借字也又假樂傳維天之命傳假嘉也此謂假爲嘉之假借字也

借 **假也从人昔聲** 資昔切古音在五部按小徐本無此字張次立乃依大徐增之故曰資昔切而不曰資昔反也大徐依注義序例偏旁所有而補正文者十九字借其一也序曰六書六曰假借叉部叚下曰借也此處當有借篆可知矣爾雅音義釋鳥唶唶下曰說文云借字也按云當作之唶乃諎之或體今許書諎下無叚諎之訓豈通作借而遂刪之與闕疑載疑孰理而董之矣古多用藉爲借如言藉令卽假令也

侵 **漸進也** 漸當作趣趣進也侵之言駸駸也水部浸淫隨理也浸淫亦作侵淫又侵陵亦漸逼之意左傳曰無鐘鼓曰侵穀梁傳曰苞人民毆牛馬曰侵公羊傳曰觕者曰侵精者曰伐又穀梁傳曰五穀不升謂之大侵 **从人又持帚** 句 **若埽之進** 釋持帚之意

又逗手也七林切七部

儥見也貝部賣下曰衙也衙者行且賣也賣即周禮之儥字今之鬻字儥訓見即今之覿字也釋詁曰覿見也公羊傳穀梁傳士昏禮聘禮論語鄭注國語韋注皆同按經傳今皆作覿覿行而儥廢矣許書無覿字獨存古形古義於此也以他字例之葢禮經古文作儥今文作覿許從古文不從今文歟大徐本竊取周禮改見爲賣非是周禮儥訓買玉篇作儥買也今又作賣則誤之中又有誤焉从人賣聲余六切按此音非也今音徒歷切古音徒谷切三部

候司望也司各本作伺非今正司者今之伺字也曹風候人傳云候人道路送賓客者周禮候人注云候候迎賓客之來者按凡覷伺皆曰候因之謂時爲候从人侯聲胡遘切四部

償還也廣雅曰復也左傳西鄰責言不可償也杜云不可報償从人賞聲食章切十部亦市亮切

僅材能也材今俗用之纔字也三蒼及漢書作纔鄭注禮記周禮賈逵注國語東觀漢記及諸史並作裁許書水部雨部叀部作財此作材材能言僅能也公羊傳僖十

六年日是月者何僅逮是月也何注在月之幾盡故曰劣及是月定八年日公斂處父帥師而至僅然後得免僅益僅之譌字射義蓋廑有存者言存者甚少廑即僅字广部廑下曰少劣之居也與僅義略同唐人文字僅多訓庶幾之幾如杜詩山城僅百層韓文初守睢陽時士卒僅萬人又家累僅三十口柳文自古賢人才士被謗議不能自明者僅以百數元微之文封章諫草繇委箱笥僅逾百軸此等皆李涪所謂以僅爲近遠者於多見少於僅之本義未隔也今人文字皆訓僅爲但 从人堇聲 渠吝切十三部

代 叓也 叓者改也士喪禮喪大記注同凡以此易彼謂之代次第相易謂之遞代凡以異語相易謂之代語假代字爲世字起於唐人避諱世與代義不同也唐諱言世故有代宗明既有世宗又有代宗斯失之矣 从人弋聲 徒耐切一部

儀 度也 度法制也毛傳曰儀善也又曰儀宜也又曰儀匹也其義相引伸肆師職曰古書儀但爲義今時所謂義古書爲誼按如文王傳曰義善也此與釋詁及我將傳儀善也正同謂此義爲儀之假借字也 从人義聲 魚羈

切古音在十七部**傍近也**古多假並爲之如史記始皇紀並河以東武帝紀並海是也亦假旁爲之見溝洫志食貨志**从人旁聲**此舉形聲包會意也韵會無聲步光切十部按亦讀去聲

佀像也各本作象也小徐作象肖也皆非今正像下曰佀也與此互訓是爲轉注度古本二篆必相屬不知何時轉寫遠隔又皆改其說解耳相像曰相似古今無異言緣俗閒用象爲像乃致妄改許書廣雅曰似類也又曰似象也又曰似若也皆似之本義也詩斯干裳裳者華卷阿江漢傳皆曰似嗣也此謂似爲嗣之假借字也斯干似續妣祖箋云似讀爲巳午之巳巳續妣祖者謂巳成其宮廟也此謂似爲巳之假借字也**从人㠯聲**詳里切一部作似

像佀也各本作象也今依韵會所據本正象者南越大獸之名於義無取雖韓非曰人希見生象也而案其圖以想其生故諸人之所以意想者皆謂之象然韓非以前或祇有象字無像字韓非以後小篆既作像則許斷不以象釋似復以象釋像矣毄辭曰爻也者效此者也象也者像此者也又曰象也者像也爻也者效天下

之動者也。葢象爲古文，聖人以像釋之。雖他本像亦作象，然鄭康成、王輔嗣本非不可信也。凡形像、圖像、想像字皆當从人，而學者多作象，象行而像廢矣。許書二曰象形，度許固必作像形。招蒐云像設君室。**从人象聲。**鍇本云从人从象，象亦聲。此葢用韓非語竄改也。今依韵會所據小徐本。**讀若養字之養。**古音如此。故今云式樣，即像之俗也。或又用樣爲之。今音徐兩切。十部。此篆原在後文儥篆下、倦篆上，今移廁此。

〔便〕**安也。**古與平辨通用，如史記便章百姓，古文尚書作平，今文尚書作辨；毛詩平平左右，左傳作便蕃左右。**人有不便更之，故从人更。**此會意。房連切。亦去聲。古音葢在十一部。

〔任〕**保也。**按上文云保養也，此云任保也，二篆不相屬者，保之本義，尚書所謂保抱；任之訓保，則保引伸之義，如今言保舉是也。周禮五家爲比，使之相保，注云保猶任也。又孝友睦婣任恤，注云任信於友道也。引伸之凡儋何曰任。小雅我任我輦，我車我牛，傳云任者、輦者、車者、牛者，四云者者，皆謂人也。邶風傳任大也，即釋詁之壬大也。**从人壬聲。**

如林切七部

俔　諭也　各本作譬諭今依詩正義訂言部曰譬者諭也則言諭已足矣大雅大明曰俔天之妹傳曰俔磬也此以今語釋古語俔者古語磬者今語二字雙聲是以毛詩作俔韓詩作磬如十七篇之有古今文孔穎達云如今俗語譬喻云磬作然許不依傳云磬而云諭者磬非正字以六書言之乃俔之假借耳不得以假借字釋正字也磬罄古通用爾雅罄盡也猶言竟見是天之妹也　一曰閒見　閒各本作聞今正釋言曰閒俔也正許所本上訓用毛韓說此訓用爾雅說爾雅亦釋詩也閒音諫若言不可多見而閒見之爾雅無見字許益見字者以其篆从見也容爾雅原文今有倒奪矣郭景純以左傳謂之諜釋之恐非　从人从見　此會意包形聲苦甸切十四部　詩曰俔天之妹

優　饒也　食部饒下曰飽也引伸之凡有餘皆曰饒詩瞻卬傳曰優渥也箋云寬也周語注曰優饒也魯語注曰優裕也其義一也引伸之爲優游爲優柔爲俳優商頌布政憂憂小雅既瀀既渥今本皆假優爲之　从人憂聲　於求切三部　一曰倡也　倡者

優　一曰倡也下鍇本有又俳優者疑二徐本皆有
說當云一曰俳優倡也

侻　案今逸周書無此文段引儒行不恩更
王謹為洄字之段借似近之侻与棁皆
胡困切侻之段為洄猶棁之或為梱也

樂也謂作妓者卽所謂俳優也左傳陳氏鮑氏之圉人爲優晉語公之優曰施

僖 樂也 此字之本義少用其隸變爲嬉李注洞簫賦引說文嬉樂也卽謂此也諡法有釐有僖周書二諡並出而春秋三傳僖公史漢皆作釐公殆史漢假釐爲僖乎諡法曰小心畏忌曰僖 从人喜聲 許其切一部

偆 富也 廣韵曰厚也富也若白虎通曰春之爲言偆偆動也春秋繁露曰偆偆者喜樂之貌也蓋皆蠢之假借字 从人萅聲 尺允切十三部

俒 完也 以疊韵爲訓 逸周書曰朕實不明吕俒伯父 逸周書者謂漢志七十一篇之周書也今大戒解有朕實不明句本典解云今朕不知明德所則政教所行字民之道禮樂所生非不念而知故問伯父許所據未知卽此以不也以俒伯父俒當爲溷字之假借經史亦作慁儒行曰不慁君王注慁猶辱也史記酈陸傳無久慁公爲也范雎蔡澤傳是天以寡人慁先生語意皆同此引經說假借之例 从人从完 胡困切按此字本義當讀如完在十四部胡困切者借爲溷字之音也

儉

約也約者纏束也儉者不敢放侈之意古假險爲儉易儉德辟難或作險从人僉聲巨險切七部

偭鄉也鄉今人所用之向字也漢人無作向者少儀尊壺者面其鼻注云鼻在面中言鄉人也按許所據作偭說與鄭同偭訓鄉亦訓背此窮則變變則通之理如廢置徂存苦使之例離騷偭規矩而改錯王逸曰偭背也賈誼弔屈原曰偭蟂獺以隱處應劭曰偭背也項羽傳馬童面之張晏曰背之也張敞傳上具獄事不可卻者爲涕泣面而封之師古曰謂偝之也惠氏定宇左傳補注曰面縛之謂反背而縛之考工記審曲面勢先鄭釋以陰陽之面背許言鄉不言背者述其本義也古通作面从人面聲此舉形聲包會意彌箭切十四部禮少儀曰尊壺者偭其鼻

俗習也以雙聲爲訓習者數飛也引伸之凡相效謂之習周禮大宰禮俗以馭其民注云禮俗昏姻喪紀舊所行也大司徒以俗教安注俗謂土地所生習也曲禮入國而問俗注俗謂常所行與所惡也漢地理志曰凡民函五常之性其剛柔緩急音聲不同繫水土之風氣故謂之風好

惡取舍動靜無常隨君上之情欲謂之俗从人谷聲似足切三部

俾益也俾與埤鞞裨音義皆同今裨行而埤鞞俾皆廢矣經傳之俾皆訓使也無異解葢郎益義之引伸釋詁俾從也釋言俾職也亦皆引伸之義手部挾下曰俾持亦部夾下曰蔽人俾夾古或假卑爲俾从人卑聲并弭切十六部一曰俾門侍人未聞或曰如寢門之內豎是閽寺之屬近得陽湖莊氏述祖說門侍人當是門持人之誤挾下曰俾持也正用此義按此條得此挍正可謂渙然冰釋矣

倪俾也然則倪亦訓益也若孟子反其旄倪借爲嫛婗之婗也爾雅左倪不類右倪不若左傳注城上僻倪借倪爲睥也莊子不知端倪借端爲耑借倪爲題也題者物初生之題也从人兒聲五雞切十六部

億安也晉語億寧百神注億安也吳語億負晉衆庶注曰億安也左傳曰不能供億曰心億則樂曰我盡姑億吾鬼神而寧吾族姓杜注皆曰安也此億字之本義也今則本義廢矣或假爲萬意字諸經所用皆是也或假爲意字如論語不億不信億則屢中是也億則屢中漢

八篇上

書貨殖傳作意毋意毋必諸家偁作億必是可證矣从人意聲於力切一部

使令也大徐令作伶誤令者發號也釋詁使從也其引伸之義也按許書無駛駛字左傳吏走問諸朝本作使走問諸朝古注使速疾之意也又𨸏部𨻰烈也讀若迅蓋此二字即令之駛駛字乎水部泧水吏也吏同使謂水疾从人吏聲疏士切一部

⿰亻癸⿰亻癸此復舉字之未刪僅存者左右兩視兩蓋古本作网目部曰睽目不相聽也⿰亻癸即睽之或字耳从人癸聲其季切十五部

伶弄也徐鍇曰伶人者弄臣也毛詩寺人之令釋文曰令韓詩作伶云使伶古伶人字本作泠泠人樂官也从人令聲郎丁切十一部益州有建伶縣地理志郡國志益州郡皆有建伶縣今雲南雲南府西北有建伶廢縣

儷棽儷也林部棽下曰木枝條棽儷也義已見彼故此但云棽儷也與同部偓下云偓佺仙人也佺下但云偓佺也例同按左傳伉儷杜云儷偶也士冠禮聘禮儷皮鄭云儷猶兩也古文儷爲離月令宿離不貣鄭云離讀爲儷偶之儷許

但取枝條棽儷之訓不及其他於从人之意未合於全書大例未符恐非許書之舊**从人麗聲**呂支切十六部

傳　遽也辵部曰遽傳也與此爲互訓此二篆之本義也周禮行夫掌邦國傳遽注云傳遽若今時乘傳騎驛而使者也玉藻士曰傳遽之臣注云傳遽以車馬給使者也左傳國語皆曰以傳召伯宗注皆云傳驛也漢有置傳馳傳乘傳之不同按傳者如今之驛馬驛必有舍故曰傳舍又文書亦謂之傳司關注云傳如今移過所文書是也引伸傳遽之義則凡展轉引伸之偁皆曰傳而傳注流傳皆是也後儒分別爲知戀直戀直攣三切實一語之轉**从人專聲**直戀切十四部按廣韵傳注直戀切郵馬知戀切

倌　小臣也鄘風定之方中曰命彼倌人傳曰倌人主駕者按許說異毛小臣蓋謂周禮小臣上士四人大僕之佐也一云左傳所謂巾車脂牽也**从人官聲**古患切十四部**詩曰命彼倌人**

价　善也大雅板曰价人維藩釋詁及傳曰价善也箋云价甲也被甲之人謂卿士掌軍事者蓋鄭易价爲介也詩正義引爾雅作价今

爾雅作介善也蓋非善本从人介聲古拜切十六部詩曰价人維藩

仔克也周頌曰佛時仔肩克也箋云仔肩任也按克勝也勝與任義似異而同許云仔克也釋詁云肩克也許云克肩也然則仔肩絫言之耳从人子聲子之切一部

㑞送也㑞今之媵字釋言曰媵將送也周易媵口說也虞曰媵送也燕禮大射媵觚于賓鄭注媵送也九歌曰魚隣隣兮媵予王注媵送也送爲媵之本義以姪娣送女乃其一耑耳公羊傳曰媵者何諸侯娶一國則二國往媵之以姪娣從是也今義則一耑行而全者廢矣从人灷聲今形从女者由一耑之義獨行故也灷許書無此字而送㑞朕皆用爲聲此亦許書奪屚之一也以證切六部朕送二字古音當亦在六部也呂不韋曰有侁氏以伊尹㑞女呂氏春秋孝行覽本味篇曰湯於是請取婦爲婚有侁氏喜以伊尹爲媵送女爲送二字乃後人所妄增許所據不如是凡許引呂氏春秋皆直書呂不韋曰此與嬙下是也惡其人也古文㠯爲訓字訓與㑞音部旣相距

甚遠字形又不相似如疋足中屮丂亏之比今按訓當作揚由揚譌詠由詠復譌訓始則聲誤終則字誤耳檀弓杜蕢洗而揚觶注云舉爵於君也禮揚作媵揚舉也媵送也揚近得之據此知禮經作媵記作揚媵爲古文揚字燕禮媵觚於賓注云讀或爲揚蓋禮家舊讀媵爲揚許亦用禮家舊讀說也若今文禮媵作騰騰正與揚義協

徐 緩也與徐義略同齊世家田常執簡公於徐州索隱曰徐廣音舒其字从人左氏作舒說文作郐按魯世家作徐 从人余聲似魚切五部

偋 僻寠也寠者無禮之居也廣韵曰偋隱僻也無人處引字統云廁也按偋與屛廁義略同 从人屛聲毗正切十一部

伸 屈伸也屈者無尾也伸之反也屈伸謠俗共知之語故以爲訓屈亦作詘所謂隨體詰詘也伸古經傳皆作信周易詘信相感而利生焉又尺蠖之詘以求信也又引而信之韋昭漢書音義云信古伸字謂古文假借字許書冣目曰近而申之以究萬原古本申作信又虫部尺蠖屈申蟲也太平御覽引作曲信蟲 从人申聲疑此字不古古但作詘信或用申爲之本

無伸字以屈伸訓伸篆亦非說解之體宋毛晃曰古惟申字後加立人以别之失人切十二部

伹　拙也　廣韵作拙人當是說文古本拙者不巧也廣雅曰伹鈍也玉篇引之集韵類篇皆引之云千余切今廣雅乃譌爲但度滿切矣按此字千余切與粗同細即今粗笨字也廣韵祇有七余一切玉篇七閭祥閭二切　从人且聲　似魚切五部

㦙　意膬也　意者志也膬者耎易破也意膬謂有此意而不堅玉篇云意急而懼蓋說文之語也或曰當作膬意○通俗文曰痛聲曰痛警聲曰㦙㦙于簡切　从人然聲　人善切十四部

偄　弱也　此與懦儒二字義略同而音形異懦儒皆需聲偄耎聲也二聲轉寫多淆所當覈正矣偄从人亦或从心左傳穀梁傳皆曰宮之奇之爲人也偄注皆云弱也左傳音義曰偄本又作耎乃亂反又乃貨反弱也字林愞音乃亂反懦音讓夫反云弱也按左傳此音義今本譌甚考正之如此古者耎聲本在元寒部而入歌戈部需聲本在侯部而入虞部分别劃然古假耎爲偄考工記馬不契耎鄭云耎讀爲畏偄之偄自唐初耎已譌需　从

人从耎此舉會意包形聲也亣部耎讀若畏偄二字義近音同奴亂切十四部又奴貨切音之轉也○偄亦而流切俗作輭譌作軟王氏念孫曰軟當輭之譌

倍反也此倍之本義中庸爲下不倍緇衣信以結之則民不倍論語斯遠鄙倍皆是也引伸之爲倍文之倍大司樂注曰倍文曰諷不面其文而讀之也又引伸之爲加倍之倍以反者覆也覆之則有二面故二之曰倍俗人鋠析乃謂此專爲加倍字而倍上倍文則皆用背餘義行而本義廢矣倍之或體作偝見坊記投壺荀卿子从人音聲薄亥切一部

傿引爲賈也引猶張大之賈者今之價字引爲價所謂豫價也後漢書崔烈入錢五百萬得爲司徒及拜靈帝顧謂親倖曰悔不小傿可至千萬从人焉聲於建切十四部

僭儗也各本作假也今依玉篇所引正廣韵亦云擬也以僭儗二篆相聯互訓知作假之非矣以下儗上僭之本義也引伸之則訓差大雅不僭不賊傳是也又訓不信小雅覆謂我僭箋是也其小雅巧言傳曰僭數也則謂僭卽譖之假借也詩亦假譖爲僭如大雅桑柔瞻卬

箋是**从人朁聲**子念切七部**儗僭也**以下僭上此儗之本義也如史記說卓王孫田池射獵之樂儗於人君是也與手部擬訓度不同曲禮儗人必於其倫注儗猶比也此引伸之義也漢書食貨志假疑爲儗又假儗爲桼稷薿薿**从人疑聲**依小徐本魚己切一部**一曰相疑**此別一義

偏頗也頗頭偏也引伸爲凡偏之偁故以頗釋偏二字雙聲尚書無偏無頗窾言之也周易翩翩古文作偏偏**从人扁聲**芳連切十二部

倀狂也狂者狾犬也假借爲人狂之偁仲尼燕居曰譬猶瞽之無相倀倀乎其何之廣韵四十三映曰萠倀失道皃**从人長聲**褚羊切十部**一曰仆也**仆葉抄本作什俟攷

儚惛也惛者不憭也釋訓曰儚儚洄洄惛也儚當作儚與夢夢亂也義別**从人夢聲**呼肱切六部

儔翳也翳者華蓋也引伸爲凡覆蔽之偁按玉篇儔直流切侶也又大到切翳隱蔽也廣韵尤韵儔侶也直由切号韵儔隱也徒到切是儔有隱蔽之訓而其音與疇侶絕不同與翿纛音同由

其義相近也翳義廢而侶義獨行矣然自唐以前用儔侶皆作疇絕無作儔者葢由古者一井爲疇並畔爲疇是以釋詁曰疇誰也注易注國策漢書者曰疇類也注國語者曰疇匹也下逮六朝辭賦皆不作儔元應之書曰王逸云二人爲匹四人爲疇疇亦類也今或作儔矣然則用儔者起唐初以至於今 从人壽聲 直由切三部按大徐此音失之不攷

有廱蔽也 廱今之壅字陳風防有鵲巢曰誰侜予美爾雅及傳曰侜張誑也誑亦壅蔽之意耳許不用毛傳者許以侜張乃尚書譸張之假借字非侜之本義故易之 从人舟聲 張流切三部 詩曰誰侜予美

淺也 秦風小戎俴收釋言毛傳皆曰俴淺也 从人戔聲 慈衍切十四部

中也 廣韻曰營田玉篇曰作田今義非古義也許攴部自有畋字不必用佃爲之許所說者相傳古義 从人田聲 堂練切十二部 春秋傳曰乘中佃中佃 二字今補 一轅車也 左傳哀公十七年渾良夫乘衷甸兩牡杜曰衷甸一轅卿車許所據作中佃引

傳而釋之者孔穎達曰甸乘也四丘爲甸出車一乘故以甸爲名葢四馬爲上乘二馬爲中乘容許意同孔一曰一轅兩牡則一轅在兩牡之中是亦中也故絫言之曰中佃

佌 小皃 小雅正月曰佌佌彼有屋傳曰佌佌小也許所據作佌或作[illegible] **从人囟聲** 斯氏切十六部按細字亦囟聲葢取雙聲 **詩曰佌佌彼有屋**

侊 **小皃** 小當作大字之誤也凡光聲之字多訓光大無訓小者越語句踐曰諺有之曰觥飯不及壺飡韋云觥大也大飯謂盛饌盛饌未具不能以虛待之不及壺飡之救飢疾也言己欲滅吳取快意得之而已不能待有餘力韓詩云觥廓也許所據國語作侊侊與觥音義同廣韵十一唐曰侊盛皃用韋注十二庚曰侊小皃用說文葢說文之譌久矣 **从人光聲** 古橫切古音讀如光十部 **國語曰侊飯不及壺飡** 壺飡各本作一食一由壺壹遞譌食奪偏旁今依玉篇廣韵所引說文正飡者食部或餐字也集韵正作餐壺飡猶左傳趙衰之壺飡史記操一豚蹄酒一壺皆謂薄少古壺有大小此非大一石之壺也○又按許所據竟

作一食未可知似不必改

佻　愉也古本皆作愉汲古閣作偷誤也心部曰愉薄也小雅鹿鳴曰視民不恌許所據作恌是毛傳曰恌愉也按釋言佻偷也偷者愉之俗字今人曰偷薄曰偷盜皆从人作偷他侯切而愉字訓爲愉悅羊朱切此今義今音今形非古義古音古形也古無从人之偷愉訓薄音他侯切愉愉者和氣之薄發於色也盜者澆薄之至也偷盜字古只作愉也凡古字之末流鉅析類如是矣周禮曰以俗教安則民不愉注曰愉謂朝不謀夕服注左傳視民不佻云示民不愉薄唐風他人是愉傳曰愉樂也箋云愉讀曰偷偷猶取也此同字而各舉一義釋之愉讀曰偷如注周禮主以利得民云讀如上思利民之利耳然可見漢末巳有从人之偷許不之取**从人兆聲**土彫切二部按佻訓苟且苟且者必輕故離騷注曰佻輕也方言曰佻疾也左傳楚師輕窕窕正佻之假借字**詩曰視民不佻**

僻　辟也辟大徐本作避非是辟者法也引伸爲辟人之辟辟人而人避之亦曰辟若周禮閽人凡外內命婦出入則爲之辟孟子行辟人可也曲禮若主人拜則客還辟辟拜郊

特牲有由辟焉包咸論語注躩盤辟皃也投壺主人盤旋曰辟賓盤旋曰辟大射儀賓辟注曰辟逡遁不敢當盛他書辟人辟邪辟寒辟塵之類語意大略相似自屛之者言則闇人離婁篇郊特牲是也自退者言則曲禮投壺論語注所云是也舟部般辟也即旋辟盤辟之謂辟之言邊也屛於一邊也僻之本義如是廣韵曰誤也邪僻也此引伸之義今義行而古義廢矣詩曰民之多僻 **从人辟聲** 普擊切十六部 **詩曰宛如左僻** 魏風葛屨文此引詩證僻之本義也今詩作辟者俗人不解易字而音避 **一曰從旁牽也** 此義稍別異

伭 很也 心部曰㥦急也義略同 **从人弦省聲** 胡田切十二部

伎 與也 舁部曰與者黨與也此伎之本義也廣韵曰侶也不違本義俗用爲技巧之技○小弁鹿斯之奔維足伎伎傳云伎伎舒皃按此伎伎蓋與徥徥音義皆同 **从人支聲** 渠綺切十六部 **詩曰鞫人伎忒** 大雅瞻卬文今詩伎作忮傳曰忮害也許所據作伎蓋毛詩假伎爲忮故傳與雄雉同毛說其假借許說其本義也今詩則學

者所竄易也。侈，掩脅也。掩者掩蓋其上，脅者脅制其旁。凡自多以陵人曰侈，此侈之本義也。吳語夾溝而㢋我，其字則㢋也，其義則掩脅也。从人多聲。尺氏切。古音在十七部。一曰奢泰也。泰字依韵會本補。奢者張也，泰者滑也。凡傳云汏侈者，卽許書之泰字。小雅曰侈兮哆兮，此與上義別。今上義廢而此義獨行矣。三禮皆假移爲侈。佁，癡皃。大人賦沛艾赳螑仡以佁儗兮，張揖曰佁儗不前也，此癡意也。吕氏春秋出輿入輦命曰佁蹷之機，高誘曰佁至也，此別一義也。从人台聲。讀若騃。夷在切。一部。⿰亻蚤，⿰亻蚤此複舉字之未刪者。驕也。馬高六尺爲驕，借爲倨傲之偁。从人蚤聲。蘇遭切。古音在三部。僞，詐也。詐者欺也。釋詁曰詐僞也。按經傳多假爲爲，僞如詩人之爲言卽僞言，月令作爲淫巧，今月令云詐僞淫巧，古文尚書南僞，史記作南爲，左傳爲讀僞者不一。葢字涉於作爲則曰僞。徐鍇曰僞者人爲之，非天眞也。故人爲爲僞是也。荀卿曰桀紂性也，堯舜僞也。人之性惡，其善者僞也。不可學不可事而在人者謂之性可學而能可事而成之在人者謂之僞又曰生之所以然者謂之性心慮而能爲之動謂之僞慮積焉能習焉而後成謂之僞荀卿之意謂堯舜不能無待於人爲耳玉裁昔爲謝侍郎墉作荀卿補注會言之 从人爲聲 危睡切古音在十七部

㑨 惰也 惰者不敬也醫經解㑨之㑨當作此字 从人只聲 以豉切十六部

佝 佝瞀也 各本作務也二字小徐作覆也皆誤今正佝瞀也三字爲句佝音寇瞀音茂疊韵字二字多有或體子部㝅下作㝅瞀荀卿儒效作溝瞀漢五行志作區霿又作傋霿楚辭九辯作怐愗玉篇引作佝愗應劭注漢書作㲄霿郭景純注山海經作穀瞀其音同其義皆謂愚蒙也山海經注穀字葢有誤 从人句聲 苦候切四部

僄 輕也 方言曰佻僄輕也楚凡相輕薄或謂之佻或謂之僄也班固賦曰雖輕迅與僄狡按古或假剽爲之僄亦作嫖霍嫖姚是也 从人票聲 匹妙切二部

倡 樂也 漢有黃門名倡倡常從倡秦倡皆鄭聲也東方朔傳有幸倡郭舍人則倡即俳也經傳皆用爲唱字周禮樂師凡軍大

獻教豈歌遂倡之故書倡爲昌鄭司農云樂師主倡也昌當爲倡按當云昌當爲唱从人昌聲尺亮切十部按當尺良切

戲也以其戲言之謂之俳以其音樂言之謂之倡亦謂之優其實一物也从人非聲步皆切十五部

作姿也廣雅曰僐態也从人譱聲常演切十四部篆作僐

儳互逗不齊也今人作攙和字當用此周語戎翟冒沒輕儳注云儳進退上下無列也曲禮曰長者不及毋儳言注云儳猶暫也左傳聲盛致志鼓儳可也注云儳巖未整陳皆不齊之意表記儳焉如不終日亦同从人毚聲士咸切八部廣韵入去聲

佚民也三字句論語微子篇逸民伯夷叔齊虞仲夷逸朱張柳下惠少連按許作佚民正字也作逸民者假借字佚从人故爲佚民字也孟子曰遺佚而不怨又以爲勞逸字如以佚道使民是也古失佚逸泆字多通用石經今文尚書毋逸字作劮則許所不取廣雅錄之从人失聲夷質切十二部一曰佚忽也心部曰忽忘也按忘之言亡也

頃也

各本作行頃乃妄加行耳今正玉篇曰俄頃須臾也廣韵曰俄頃速也此今義也尋今義之所由以俄頃皆偏側之意小有偏側爲時幾何故因謂倏忽爲俄頃許說其本義以晐今義凡讀許書當心知其意矣匕部曰頃頭不正也小雅賓之初筵箋云俄傾皃廣雅俄衺也皆本義也若公羊傳曰俄而可以爲其有矣何云俄者謂須臾之閒制得之頃也此今義也有假蛾爲俄者如漢書始爲少使蛾而大幸如淳曰蛾無幾之頃也單言之或曰俄或曰頃絫言之曰俄頃 从人我聲 五何切十七部 詩曰仄弁之俄 鄭云俄傾皃古頃傾通用皆謂仄也今詩仄弁作側弁

㑥 喜也 喜下曰樂也王風君子陶陶傳曰陶陶和樂皃也陶陶卽㑥㑥之假借也凡言遙遙歘歘皆曡字則知可作㑥㑥矣釋詁曰繇喜也繇亦卽㑥郭注以檀弓咏斯猶釋繇殊誤鄭云猶當爲搖謂身動搖也 从人䍃聲 余招切二部凡傜役字卽此字之隸變 自關以西物大小不同謂之㑥 此方言殊語也方言曰陂傜衺也陳楚荆揚曰陂自山而西凡物細大不純者謂之傜郭

五部上脫音切

注言俄傜也

御　徼御受屈也　子虛賦曰徼御受詘郭璞曰御疲極也司馬彪云徼遮也御倦也謂遮其倦者按長卿用假借字作御許用正字作御蘇林注漢曰御音倦御之御當作音倦御之御也方言曰御倦也御同御倦同倦心部御者勞也與御音義同史記匈奴傳漢書趙充國傳皆云徼極與徼御音異義同

从人卻聲　其虐切古音在五部

傞　醉舞皃　小雅賓之初筵曰婁舞傞傞傳曰傞傞不止也　从人差聲　素何切十七部　詩曰屢舞傞傞　屢當作婁

僛　醉舞皃　賓之初筵曰婁舞僛僛傳曰僛僛舞不能自止也　从人欺聲　去其切一部　詩曰屢舞僛僛　屢當作婁

侮　傷也　傷各本作傷誤今正鍇曰傷慢易字也鍇作注時未誤也小雅常棣假務爲侮　从人每聲　五部按每聲在一部合音

㑄　古文从母　母聲猶每聲也漢書五行志慢侮之心生

傷　輕也　此依小徐侮傷相屬蒼頡篇曰傷慢也廣韵曰傷相輕慢也自易專行而傷廢矣禮記易慢之心入之矣

八篇上

注易輕易也國語貴貨而易土注易輕也國策注呂覽注漢書注皆同凡皆傷之假借字也 从人易聲 以豉切十六部 一曰交傷 周易繫辭曰交易而退經傳亦止作易公羊莊十三年冬公會齊侯盟于柯傳曰何以不日易也何云易猶佼易也相親信無後患之辭按何用漢時俗語佼同交

妎也 妎者妒也離騷注害賢曰嫉害色曰妒如曰女無美惡入宮見妒士無賢不肖入朝見嫉是也渾言則不別古亦假疾 从人疾聲 秦悉切十二部 一曰毒也 廣雅曰嫉惡也

㑵或从女 妒也故从女

訟面相是也 謂內爭而外順也皋陶謨所謂面從今俗閒俚語猶有之篇韵皆注云訟也失之遠矣 从人希聲 喜皆切十五部

僵也 引伸之爲凡倒敗之偁大學曰一人僨事注云僨猶覆敗也射義假賁爲僨左傳象有齒以焚其身假焚爲僨 从人賁聲 匹問切十三部

偃也 小徐及爾雅釋文皆作偃大徐作僨非是元應引僵却偃也仆前覆也按僵謂仰倒如莊子推而僵之漢書觸

寶瑟僵皆是今人語言乃謂不動不死爲僵廣韵作殭死不死也。从人畺聲。居良切十部

偃　僵也。小雅或棲遲偃仰論語寢不尸苞注曰不偃臥布展手足似死人左傳偃且射子鉏晉語籧篨不可使俛韋注籧篨偃人參同契曰男生而伏女偃其軀及其死也乃復效之水經注曰徐偃王生而偃故以爲號凡仰仆曰偃引伸爲凡仰之偁。从人匽聲。於幰切十四部依玉篇先偃後仆

仆　頓也。頓者下首也以首叩地謂之頓首引伸爲前覆之辭左氏音義引孫炎曰前覆曰仆元應三引說文仆頓也謂前覆也偃謂卻偃仆謂前覆蓋演說文者語若論語注云偃仆也則渾言不別矣。从人卜聲。芳遇切古音在三部

傷　創也。刅部曰刅傷也二字爲轉注山海經謂木束爲傷。从人煬省聲。各本作殤省聲殤下又云傷省聲二字互先後乎今更正曰煬省與殤觴同式羊切十部

倄　刺也。刺者戾也盧達切。从人肴聲。胡茅切二部。一曰毒之。鍇曰謂疾害也顏氏家訓曰蒼頡篇有倄字訓詁云痛而謼也羽罪

反今北人痛則呼之聲類音于來反今南人痛或呼之按廣韻集韻有羽罪一音無後一音○按元應佛書音義曰痏痏諸書作侑通俗文于罪切痛聲曰痏此條合之字義俗語皆無不合其云諸書作侑葢蒼頡訓詁亦在其中借侑爲痏皆有聲也顏氏家訓之倄當是侑之誤不必與說文牽合大徐說文改毒之爲痛聲恐是竊取黃門語○又搜神記卷十四云聞呻吟之聲曰侑侑宜死侑亦痏之俗字

侉　憊詞也　古本皆作憊詞惟類篇誤作備耳心部曰憊者慤也慤者憊也憊今隸作憊詞者意內而言外也按爾雅毛傳皆曰夸毗體多柔然則侉即夸毗字乎夸毗亦作[身夸][身比]　**从人夸聲**　苦瓜切五部

催　相擣也　猶相迫也邶風北門曰室人交偏摧我傳曰摧沮也音義曰摧或作催據許則催是也不從傳者傳取沮壞之義與摧訓擠訓折義同葢當時字作催而毛釋爲摧之假借許則釋其本義也　**从人崔聲**　倉回切十五部山部無崔偶奪耳大徐據摧催字補　**詩曰室人交徧催我**

俑　痛也　此與心部恫音義同禮記孟子之俑偶人也俑即偶

之假借字如喁亦禺聲而讀魚容切也假借之義行而本義廢矣廣韵引埤蒼說木人送葬設關而能跳踊故名之俑乃不知音理者強爲之說耳 从人甬聲 他紅切九部按玉篇云說文他紅切此蓋出音隱痛義之音如是大徐云又余隴切則木偶之音也

伏 司也 司者臣司事於外者也司今之伺字凡有所司者必專守之伏伺卽服事也引伸之爲俯伏又引伸之爲隱伏 从人犬犬司人也 犬司人也四字小徐本有犬司人人謂犬伺人而吠之說此字之會意也不曰从犬人而曰从人犬入於人部者尊人也伏篆以明人事非說犬也房六切古音在一部

促 迫也 與趣音義皆略同 从人足聲 七玉切三部玉篇促催二文相屬

例 比也 此篆蓋晚出漢人少言例者杜氏說左傳乃云發凡言例例之言迾也迾者遮迾以爲禁經皆作列作厲不作迾周禮司隸注厲遮例也釋文例本作列蓋古比例字祇作列 从人列聲 力制切十五部疑許本無此

係 絜束也 絜者麻一耑也絜束者圍而束之左傳係與人又以朱絲係玉

二穀束之義也束之則縷與物相連故凡相聯屬謂之係周易係遯係丈夫係小子釋詁曰係繼也 **从人系聲** 胡計切十五部按俗通用繫許謂繫繚卽牽離惡絮之名考諸古經若周禮司門校人字皆作毄周易毄辭據釋文本作毄漢書景帝紀亦用毄葢古假毄爲係後人盡改爲繫耳

伐 擊也 詩勿翦勿伐傳鉦人伐鼓傳皆曰伐擊也禮記郊特牲二日伐鼓何居鄭曰伐猶擊也尚書不愆于四伐五伐鄭曰一擊一刺曰伐詩是伐是肆箋云伐謂擊刺之按此伐之本義也引伸之乃爲征伐周禮九伐注云諸侯之於國如樹木之有根是以言伐云 **从人持戈** 戈爲句兵亦曰擊兵左傳擊之以戈是也戍者守也故从人在戈下入戈部伐者外擊也故从人杖戈入人部房越切十五部 **一曰敗也** 此謂引伸之義伐敗疊韵左傳凡師有鍾鼓曰伐穀梁傳斬樹木壞宮室曰伐攴部曰敗者毀也公羊傳曰春秋伐者爲客伐者爲主何云伐人者爲客讀伐長言之見伐者爲主讀伐短言之皆齊人語也按今人讀房越切此短言也劉昌宗周禮大司馬大行人輈人皆房廢切此長言也劉係

古文保字作𠈃篆作保俱与俘形近
經曰穀（左氏）經借保爲寶所遊鑒作俘
而作保寶音讀相近又不敢輒改經
文遂承之

北音周顒沈約韻書皆用南音去入多強爲分別而不合於古矣伐人者有功故左傳諸侯言時記功大夫稱伐史記明其等曰伐積日曰閱又引伸之自功曰伐**亦斫也**大徐無此三字爲長**俘軍所獲也**春秋左氏經齊人來歸衛俘傳作衛寶公羊穀梁經傳皆作衛寶杜曰疑左氏經誤按非誤也俘孚聲寶缶聲古音同在九幽部經用假借字傳用正字又如經曰莒人弒其君密州左氏傳云書曰莒人弒其君買朱鉏買卽密如濆水卽汨水朱鉏卽州如邾婁卽鄒亦是字異實同不得疑經誤亦不得謂傳誤**从人孚聲**芳無切古音在三部**春秋傳曰㠯爲俘馘**成三年左傳文**𠆶裼也**衣部曰裼者但也二篆爲轉注古但裼字如此袒則訓衣縫解今之綻裂字也今之經典凡但裼字皆改爲袒裼矣衣部又曰嬴者但也裎者但也釋訓毛傳皆曰袒裼肉袒也肉袒者肉外見無衣也引伸爲徒也凡曰但曰徒曰唐皆一聲之轉空也今人但謂爲語辭而尟知其本義因以袒爲其本義之字古今字之不同類如此**从人旦聲**徒旱切十四部唐人詩多

八篇上

當作傴

用爲平聲**傴僂也**問喪注曰傴背曲也通俗文曲脊謂之傴僂引伸爲鞠窮恭敬之意又莊子以下傴拊人之民借爲煦嫗字左傳曰一命而僂再命而傴三命而俯析言之實無二義**从人區聲**於武切古音在四部

僂厄也大徐本作尫也非是尫與僂異疾小徐本作厄也近是科厄木節也厄與僂雙聲人背之僂有似木之科厄晉語注曰戚施僂人也左傳昭四年注僂肩傴也穀梁傳跛僂並言管子云苦水所多尫與傴人然僂不得訓尫明矣公羊傳夫人不僂不可使入何云僂疾也齊人語夫人稽留不肎疾順公荀卿書亦兩言僂訓疾按此爲婁之假借字婁卽屢與驟通驟訓數亦訓疾○又按大徐作尫也蓋尫是曲脛之名引伸爲曲脊之名所以尫必釋爲尳曲脛者由其字作尣从大而偏曲其足故二疾不妨同名下文曰周公韈僂蓋尫者亦得謂之僂周公之脛不無少曲疑大徐本爲長甲戌二月重訂**从人婁聲**力主切古音在四部**周公韈僂**韈者足衣韈僂者由足背高隆然如背之僂也未聞出何書**或言背僂**周公背僂見荀卿白虎通

論衡諸書白虎通云傳曰周公背僂是爲強後成就周道輔於幼主僂後主爲韵

僇　癡行僇僇**也**未聞大學借爲戮字荀卿書同**从人翏聲讀若雡**力救切三部**一曰且也**按此卽今所用聊字也聊者耳鳴僇其正字聊其假借字也詩聊與之謀傳曰聊願也

仇　**讎也**讎猶應也左傳曰嘉偶曰妃怨偶曰仇按仇與逑古通用辵部怨匹曰逑卽怨偶曰仇也仇爲怨匹亦爲嘉偶如亂之爲治苦之爲快也周南君子好逑與公侯好仇義同**从人九聲**巨鳩切三部

儡　**相敗也**西征賦注引作壞敗之皃寡婦賦注引作敗也無相字道德經傳奕本儡儡兮其不足以無所歸陸氏釋文曰儽一本作儡敗也欺也說文音雷西征賦曰寮位儡其隆替寡婦賦容貌儡以頓顇注引禮記喪容儡儡今禮記作纍纍非也**从人畾聲讀若雷**魯回切十五部按李善引說文洛罪反

咎　**災也**災當是本作裁天火曰災引伸之凡失意自天而至曰災釋詁曰咎病也小雅伐木傳曰咎過也北山箋云咎猶罪過也西伯戡黎

鄭注咎惡也呂覽移樂篇注咎殃也方言咎謗也从人各會意其久切三部各者相違也說从各之意

仳別也王風中谷有蓷傳云爾从人比聲芳比切十五部詩曰有女仳離

𠈁毁也疑咎字可以包之但廣韵引已如此从人咎聲其久切三部

倠仳倠逗醜面淮南曰粉白黛黑弗能爲美者嫫母仳倠也廣雅曰仳倠醜也四子講德論作倭傀从人隹聲許惟切十五部按仳頻脂切二字皆平聲高誘曰仳讀人得風病之痱倠讀近虺痱舊作靡今正

値持也持各本作措措者置也非其義今依韵會所據正韵會雖譌待然轉刻之失耳陳風値其鷺羽傳曰値持也引伸爲當也凡彼此相遇相當曰値亦持之意也史漢多用直爲之姚察云古字例以直爲値是也價値亦是相當意从人直聲直吏切一部一曰逢遇也小徐有此五字實則持義足晐之疑淺人所增也

侂寄也此與託音義皆同俗作托非也从玉篇引論語可以侂六尺之孤

庑古文宅　小徐無此四字　臣鍇曰庑古宅字　蓋亦大徐本誤竄入說解

張曰桐當作相中庸仁者人也注人也讀如相人偶之人相人偶即此文所謂相人也相像也偶者像人也莊子田子方當是時猶象人也象像古通錢氏坫引淮南子魯以偶人葬注偶人相人也為證致確

人庑聲他各切五部　庑古文宅見宀部　僔聚也小雅十月之交曰噂沓背憎傳曰噂猶噂噂沓猶沓沓箋云噂噂沓沓相對談語許於口部既引之云聚語矣此復引詩字从人云聚也謂聚人非聚語葢三家詩駁文兼引之耳廣雅僔僔衆也叢艸亦曰蕁蕁　从人尊聲慈損切十三部　詩曰僔沓背憎　倦罷也罷者遺有罪也引伸為休息之偁倦與力部券義少別鉉等於券下注曰今俗作倦義同葢不檢人部固有倦耳　从人卷聲渠眷切十四部　傮終也大雅似先公酋矣釋詁毛詩傳皆曰酋終也酋即遒字正義作遒遒訓迫亦訓終如亂亦訓治也傮之古音與遒同亦訓終葢古遒傮通用　从人曹聲作曹切玉篇又祀牢切古音在三部　偶桐人也偶者寓也寓於木之人也字亦作寓亦作禺同音假借耳按木偶之偶與二枱並耕之耦義迥別凡言人耦射耦嘉耦怨耦皆取耦耕之意而無取桐人之意也今皆作偶則失古意矣又俗言偶然者當是俄字之聲誤　从人禺聲五口切四部

弔問終也謂有死喪而問之也禮記曰弔者東面致命曰寡君聞君之喪寡君使某如何不淑曲禮知死者傷鄭注曰說者有弔辭曰皇天降灾子遭罹之如何不淑曾子問父喪稱父母喪稱母鄭注云父使人弔之辭云某子聞某之喪某子使某如何不淑母則若云宋蕩伯姬聞姜氏之喪伯姬使某如何不淑此皆問終之辭淑善也如何不善者欲其善也故引伸之謂善爲弔魯莊公使人弔宋大水云若之何不弔卽如何不淑也左傳哀公誄孔子旻天不弔先鄭注周禮大祝引作昊天不淑此弔淑通用之徵應劭王肅皆訓弔爲善粊誓無敢不弔卽無敢不善也凡書大誥多士君奭詩節南山瞻卬逸周書祭公解左傳莊十一年襄十三年十四年二十三年昭二十六年哀十六年漢書翟義傳所云不弔者皆謂不善大誥君奭之弗弔天三字連讀多士之弗弔昊天四字連讀皆猶小雅之不弔昊天鄭云不善乎昊天也葢弔之爲善今失其傳矣以上王氏引之說玉裁按辵部䢂至也凡經文無䢂但有弔弔或訓至如天保傳弔至也節南山傳云弔至也箋云至猶善也粊誓無敢不弔鄭云弔猶善也至與

善義本相近古非必作遝而後訓至也遝者小篆分別之字从人弓三字今補會意多嘯切二部古之葬者厚衣之㠯薪此偁易毄辭說人持弓會歐禽之故故人持弓會歐禽也故字舊作从今正吳越春秋陳音謂越王曰弩生於弓弓生於彈彈起古之孝子古者人民樸質飢食鳥獸渴飲霧露死則裹以白茅投於中野孝子不忍見父母爲禽獸所食故作彈以守之故歌曰斷竹續竹飛土逐肉按孝子歐禽故人持弓助之此釋弔从人弓之意也倉頡造字當黃帝時旣易之以棺椁矣而葬文猶取衣薪弔文猶依逐肉反始不忘本也禮也者反其所自生弓蓋往復弔問之義小徐有此八字蓋別一說也當有一曰字左傳有相問以弓者故云然

佋廟佋穆父爲佋南面子爲穆北面从人召聲市招切按此篆雖經典釋文時偁之然必晉人所竄入晉人以凡昭字可易爲曜而昭穆不可易也乃讀爲上招切且又製此篆竄入說文使天下皆作此是猶漢人改蘭臺㯃書以合己也且生曰父曰母

死曰考曰妣考妣則字當从鬼从示也从人何居當刪去㑗神也按神當作身聲之誤也廣雅曰孕重妊娠身孈傳也玉篇曰傳妊身也大雅曰大任有身傳曰身重也箋云重謂懷孕也身者古字傳者今字一說許云神也葢許所據古義今不可詳从人身聲此舉形聲包會意失人切十二部

僊長生僊去僊去疑當爲䙴去莊子曰千歲猒世去而上僊小雅婁舞僊僊傳曰婁數也數舞僊僊然按僊僊舞袖飛揚之意正引伸假借之義也从人䙴舉升高也長生者䙴去故从人䙴會意䙴亦聲相然切十四部按上文僊仙人也字作仙葢後人改之釋名曰老而不死曰仙仙遷也遷入山也故其制字人旁作山也成國字體與許不同用此知漢末字體不一許擇善而從也漢碑或从䙴或从山漢郊祀志僊人羨門師古曰古以僊爲仙聲類曰仙今僊字葢仙行而僊廢矣

仚人在山上皃引伸爲高舉皃顏元孫引鮑明遠書勢云鳥企魚躍从人山山亦聲也呼堅切廣韵許延切十四部

僰犍爲蠻夷也犍各本作

犍今依漢碑从木司馬相如傳曰唐蒙使略通夜郎西僰中文穎曰夜郎僰中皆西南夷後以爲牂柯犍爲二郡按犍爲郡有僰道縣卽今四川敘州府治也其人民曰僰王制屛之遠方西方曰僰東方曰寄鄭注僰當爲棘棘之言逼使之逼寄於夷戎按記文僰字鄭不以爲西南夷故易爲棘經傳之棘多訓亟也故曰棘之言逼使與寄字一例釋文云棘又作僰於此知記本作僰鄭易爲棘也唐初本已誤**从人棘聲**蒲北切一部

僥**南方有焦僥人長三尺短之極也**見魯語焦魯語作僬以說文及山海經正之則从人非是人當作民魯語作氏民之誤也據郭注山海經兩引魯語一作民一作人人皆唐避諱改耳韋曰僬僥西南蠻之別名海外南經曰焦僥國在三首東大荒南經曰有小人名曰焦僥之國許系之南方葢本山海經**从人堯聲**五聊切二部

𠐨**市也**汲古閣及集韵類篇皆作市宋刻葉抄及廣韵作帀今按帀爲長其字从對則無口匝意葢卽今之兌換字也**从人對聲**都隊切十五部

俇**遠行也**楚辭曰魂

俇俇而南征注俇俇逞遽貌按王注是也**从人狂聲**居況切十部按許書蓋本終於僰僥二篆斷俇非其次也恐後人益之俇訓遠行亦未確此下大徐補件字訓分也按半下云物中分也从八牛件乃半之誤體今仍刪

文二百四十五去件則二百四十四　**重十四**

匕變也變者㪅也凡變匕當作匕教化當作化許氏之字指也今變匕字盡作化化行而匕廢矣大宗伯以禮樂合天地之化百物之產注曰能生非類曰化生其種曰產按虞荀注易分別天變地化陽變陰化析言之也許以匕釋變者渾言之也**从到人**到者今之倒字人而倒變匕之意也呼跨切十七部**凡匕之屬皆从匕**

𠤕未定也按未衍字也大雅靡所止疑傳云疑定也箋云止息禮十七篇多云疑立鄭於士昏禮云疑止句絕作正者譌立自定之皃於鄉飲酒禮云疑讀如譌作讀爲仡然從於趙孟之仡疑止句立自定之皃於鄉射禮云疑止也有矜莊之色釋言疑休戾也郭云戾止也疑者亦止按已上疑字即說文之𠤕字非說文訓

惑之疑也疑𠤕字相似學者識疑不識𠤕於是經典無𠤕於許書定也之上增之未字矣𠤕从矢聲其字在古音十五部故桑柔以與資維階爲韵鄭注禮讀如仡若疑字古音在一部其字从子从止从𠤕省會意非矢聲也**从匕**變匕而後定也**𠤕聲**按大徐語期切此音誤也當同儀禮魚乙切桑柔與資維階韵則讀如尼釋文音魚陟切非也十五部**𠤕古文矢字**矢篆下不載

眞僊人變形而登天也此眞之本義也經典但言誠實無言眞實者諸子百家乃有眞字耳然其字古矣古文作𠑹非倉頡以前已有眞人乎引伸爲眞誠凡稹鎭瞋謓䐜塡窴闐嗔滇鬒瑱[illegible]愼字皆以眞爲聲多取充實之意其顚槇字以頂爲義者亦充實上升之意也愼字今訓謹古則訓誠小雅愼爾優游予愼無罪傳皆云誠也又愼爾言也大雅考愼其相箋皆云誠也愼訓誠者其字从眞人必誠而後敬不誠未有能敬者也敬者愼之弟二義誠者愼之弟一義學者沿其流而不溯其原矣故若詩傳箋所說諸愼字謂卽眞之假借字可也**从匕目乚**變形故从匕目獨言目者道書

云養生之道耳目爲先耳目爲尋眞之梯級韋昭云偓佺方眼乚匿也讀若隱仙人能隱形也八謂篆體八之下也**所㠯乘載之**八者亓之省下基也抱朴子曰乘蹻可以周流天下蹻道有三一曰龍蹻二曰氣蹻三曰鹿盧蹻蹻去喬切眞从四字會意側鄰切十二部

[古文眞] **古文眞**汗簡作[眞]

[化] **教行也**教行於上則化成於下賈生曰此五學者既成於上則百姓黎民化輯於下矣老子曰我無爲而民自化**从匕人**上匕之而下從匕謂之化化篆不入人部而入匕部者不主謂匕於人者主謂匕人者也今以化爲變匕字矣**匕亦聲**呼跨切十七部

文四　重一

[匕] **相與比敘也**比者密也敘者次弟也以妣籒作𡚱𥘵或作祉秕或作𥝌等求之則比亦可作匕也此製字之本義今則取飯器之義行而本義廢矣**从反人**相與比敘之意也卑履切十五部**匕**

亦所㠯用比取飯㠯者用也用字衍比當作匕漢人曰匕黍稷匕牲體凡用匕曰匕也匕卽今之飯匙也少牢饋食禮注所謂飯橾也少牢饋食禮稟人摡甑甗匕與敦注曰匕所以匕黍稷者也此亦當卽飯匙按禮經匕有二匕飯匕黍稷之匕葢小經不多見其所以別出牲體之匕十七篇中屢見喪用桑爲之祭用棘爲之又有名疏名挑之別葢大於飯匙其形製略如飯匙故亦名匕鄭所云有淺斗狀如飯橾者也以之別出牲體謂之匕載猶取黍稷謂之匕黍稷也匕牲之匕易詩亦皆作匕大東傳震卦王注皆云匕所以載鼎實是也禮記襍記乃作朼本亦作朼鄭注特牲引之而曰朼畢同材曰朼載葢古經作匕漢人或作朼非器名作匕匕載作朼以此分別也若士喪士虞特牲有司篇匕載字皆作朼乃是淺人竄改所爲鄭注易亦云匕牲體薦鬯未嘗作朼牲體也注中容有木旁之朼經中必無劉昌宗分別非是一名柶木部曰禮有柶柶匕也所以取飯凡匕之屬皆从匕匕也方言曰匕謂之匙蘇林注漢書曰北方人名匕曰匙元應曰匕或謂之匙今江

蘇所謂⿰木蔡匙湯匙也亦謂之調羹實則古人取飯載牲之具其首葢鋭而薄故左傳矢族曰匕昭廿六年傳是也劒曰匕首周禮桃氏注是也亦作鍉元應曰方言作⿰木是**从匕是聲**是支切十六部地理志朱提縣讀如此字

𠤏**相次也从匕十**十者數之具也比敘之則必有其次矣博抱切鴇亦作鳵包聲古音在三部則鴇古音亦在三部也**鴇从此**

⿰匕支**頃也**頃者頭不正也小雅大東跂彼織女傳曰跂隅皃按隅者陬隅不正而角織女三星成三角言不正也許所據作跂今本乃改爲俗企字音同而義不同矣**从匕支聲**去智切十六部**匕頭頃也**說从匕之意小徐無此四字**詩曰跂彼織女**

頃**頭不正也**匕頭角而不正方故頭不正从匕曰頃引伸爲凡傾仄不正之偁今則傾行而頃廢專爲俄頃頃畝之用矣謚法敏以敬愼曰頃甄心動懼曰頃祗勤追懼曰頃**从匕頁**頁者頭也匕其頭是不正也義主於不正故入匕部不入頁部去營切十一部

匘**頭髓也**髓者骨中脂也頭髓者頭骨中

脜也左傳晉侯夢與楚子搏楚子伏己而盬其腦服注如俗語相駡云啑汝腦矣服語正謂吸其頭髓也**从匕**句**匕**逗**相匕箸也**匕箸猶比箸箸直略切釋从匕之意**巛㠯象髮**巛卽𩯭也見𦣻字下**囟象囟形**囟形各本作𡿺形今依韵會本正囟者頭之會匘之葢也頭髓在囟中故囟曰匘葢囟字上開象小兒囟不合故曰象形頭髓不可象故言其比箸於髮與囟以三字會意奴晧切古音當在三部考工記作刲乃譌體俗作腦

卬　望也鉉無也非卬與仰義別仰訓舉卬訓望今則仰行而卬廢且多改卬爲仰矣小雅車舝曰高山卬止箋云卬慕過秦論常以十倍之地百萬之衆卬關而攻秦俗本作叩作仰皆字誤聲誤耳晉語如川然有原以御浦而後大孔晁本作卬浦牛亮反言川仰浦而大人仰教而成廣雅仰恃也仰亦卬之誤大雅傳曰顒顒卬卬盛皃引伸之義也釋詁毛傳皆曰卬我也語言之叚借也**欲有所庶及也从匕卪**匕同比庶及意庶及猶庶幾也卪者其欲庶及之所也伍岡切十部亦讀去聲**詩曰高山卬止**

卓高也論語如有所立卓爾凡言卓犖謂殊絕也亦作卓躒按稽部稽特止也辵部逴遠也人部倬箸大也皆一義之引伸覲禮匹馬卓上九馬隨之注卓讀如卓王孫之卓卓猶的也以素的一馬爲上素的一馬謂白馬也鄭意白馬出衆故謂之卓史記多叚逴爲卓早匕爲卓此上當有從匕早三字匕同比早比之則高出於後比之者矣匕卪爲卬皆同意意舊作義今正此與凡云某與某同意同也竹角切古音在二部𠦝古文卓漢隸及今隸从卜用古文而小篆廢矣又疑古文恐是篆文之誤

艮很也很者不聽從也一曰行難也一曰盭也易傳曰艮止也止可兼很三義許不依孔子訓止者止下基也足也孔子取其引伸之義許說字之書嫌云止則義不明審故易之此字書與說經有不同實無二義也方言曰艮堅也釋名曰艮限也从匕目會意古恨切十三部匕目逗猶目相匕目相匕卽目相比謂若怒目相視也不相下也很之意也易曰艮其限艮九三爻辭獨引艮其限者以限與艮音

義皆同也匕目爲艮匕音化目爲眞亦言二字同意

文九惟匙取匕飯之意以下皆取比敘之意　重一

从相聽也聽者聆也引伸爲相許之偁言部曰許聽也按从者今之從字從行而从廢矣周禮司儀客从拜辱於朝陸德明本如此許書凡云从某大徐作从从小徐作從江氏聲曰作从者是也以類相與曰从二人疾容切九部以今音言之从亦可去聲凡从之屬皆从从

從隨行也以从辵故云隨行齊風並驅從兩肩兮傳曰從逐也逐亦隨也釋詁曰從自也其引伸之義也又引伸訓順春秋經從祀先公左傳曰順祀先公是從訓順也左傳使亂大從王肅曰從順也左傳大伯不從是以不嗣謂不肎順其長幼之次也引伸爲主從爲從橫爲操從亦假縱爲之从从辵舊作辵从今正从辵者隨行也主从不主辵故不入辵部从亦聲慈用切九部按大徐以去韵別於平韵非也當疾容切

幷相从也从舊

作從今正合也兼也从从幵聲府盈切十一部一曰从持二干爲幷干舊奪今依韵會本補上言形聲此言會意干經典用爲竿如孑孑干旄是也二人持二竿是人持一竿幷合之意或曰當出幵篆解云幷或从人人持二干爲幷人持二干爲幷者猶又持二禾爲兼也俗幷字之所本也漢隸作幷

文三

比密也今韵平上去入四聲皆錄此字要密義足以括之其本義謂相親密也餘義俌也及也次也校也例也類也頻也擇善而從之也阿黨也皆其所引伸許書無篦字古祇作比見蒼頡篇釋名漢書匈奴傳周禮或叚比爲庀二人爲从反从爲比猶反人爲匕也毗二切按四聲俱收其義本一其音強分耳唐人詩多讀入聲者十五部凡比之屬皆从比夶古文比按蓋从二大也二大者二人也

毖愼也釋詁曰毖愼也大雅爲謀爲毖傳曰毖愼也从比必聲兵媚切古音如必十

案小人比黨周相親以利為閒
即背故不為从而為比

北方州也　小徐無州字　鍇曰
冀州北方之州也　是亦鍇說
竄入

二部

周書曰無毖于卹大誥文某氏傳云無勞於憂

文二　重一

𠦬乖也乖者戾也此於其形得其義也軍奔曰北其引伸之義也謂背而走也韋昭注國語曰北者古之背字又引伸之爲北方尚書大傳白虎通漢律厤志皆言北方伏方也陽氣在下萬物伏藏亦乖之義也从二人相背博墨切一部凡北之屬皆从北

䶂北方州也周禮曰河内曰冀州爾雅曰兩河閒曰冀州據許說是北方名冀而因以名其州也叚借爲望也幸也葢以冀同覬也覬者欲幸也从北異聲几利切古音在一部

文二

丠土之高也大司徒注曰土高曰丘非人所爲也釋丘曰非人爲之丘謂非人力

所爲也从北从一會意去鳩切古音在一部讀如欺漢時讀入今之尤韵故禮記嫌名注曰宇與禹丘與區之類漢時區亦去鳩切也一地也釋从一之意人凥在丠南故从北釋从北之意中邦之凥在昆侖東南昆侖下當有丘字嫌人居不必在丘南故言倉頡造字之初取意於此一曰四方高中央下爲丘淮南墬形訓注曰四方而高曰丘象形與上會意別凡丠之屬皆从丠𡊣古文从土从土猶从一

虛大丠也昆侖丠謂之昆侖虛昆侖丘丘之至大者也釋水曰河出昆侖虛海內西經曰海內昆侖之虛在西北帝之下都卽西山經昆侖之丘實惟帝之下都也水部曰泑津在昆侖虛下按虛者今之墟字猶昆侖今之崐崘字也虛本謂大丘大則空曠故引伸之爲空虛如魯少皞之虛衛顓頊之虛陳大皞之虛鄭祝融之虛皆本帝都故謂之虛又引伸之爲凡不實之稱邶風其虛其邪毛曰虛虛也謂此虛字乃謂空虛非丘虛也一字有數

義數音則訓詁有此例如許書巳巳也謂此辰巳之字其義爲巳甚也虛訓空故丘亦訓空如漢書丘亭是自學者罕能會通乃分用墟虛字別休居邱於二切而虛之本義廢矣**古者九夫爲井四井爲邑四邑爲丘丘謂之虛**此又引小司徒職文言丘亦名虛皆說虛篆从丘之意也丘虛語之轉易升九三升虛邑馬云虛丘也虛猶聚也居也引伸爲虛落今作墟庸風升彼虛矣傳曰虛漕虛也**从丘虍聲**邱如切又朽居切五部

反頂受水丘也釋丘曰水潦所止泥丘釋文曰依字又作屔郭云頂上洿下者孔子世家叔梁紇與顏氏女禱於尼丘得孔子生而首上圩頂故因名曰丘字仲尼按白虎通曰孔子反宇是謂尼丘德澤所興藏元通流葢頂似尼丘故以類命爲象屔是正字泥是古通用字尼是假借字水潦所止是爲泥淖儀禮注曰淖者和也劉㦸述張禹之說仲者中也尼者和也孔子有中和之德故曰仲尼張固從泥淖得解顏氏家訓乃曰至如仲尼居三字之中兩字非體三蒼尼旁益丘說文尸下施几如此之類何由可從玉

八篇上

裁謂若言駭俗則難依若言古義則不可不知也又从北一漢碑有作仲泥者淺人深非之豈知其合古義哉从泥省不但曰尼聲必曰从泥省者說水潦所止之意也泥亦聲奴低切十五部

文三　重一

㐺眾立也玉篇作眾也从三人會意國語曰人三為眾凡㐺之屬皆从㐺讀若欽崟山部曰崟山之岑崟也欽崟蓋即岑崟公羊傳及上林賦又皆有嶔巖字从讀如崟魚音切七部

眾多也从㐺目眾意之仲切九部古平聲

聚會也公羊傳曰會猶冣也注云冣聚也按冖部曰冣積也積以物言聚以人言其義通也古亦叚聖為聚从㐺取聲才句切古音在四部一曰邑落曰聚平帝紀立學官郡國曰學縣道邑侯曰校鄉曰庠聚曰序張晏曰聚邑落名也韋昭曰小鄉曰聚按邑落謂邑中村落

臮眾與詞也與詞各本誤倒今依廣韵正衆與者

多與也所與非一人也詞者意內言外之謂或假洎爲之如鄭詩謚𠈣無逸宊洎小人是也亦假暨爲之如公羊傳及者何與也會及暨皆與也暨猶暨暨也釋詁曰暨與也釋訓曰暨不及也按不及及也卽公羊所謂猶暨暨也

从㐺自聲其冀切按冀當作洎十五部**虞書曰**虞當作唐說見禾部**泉咎繇**堯典文今書作暨

泉 古文泉此篆轉寫既久今不可得其會意形聲姑從宋本作暨

文四　重一

𡈼　善也从人士會意他鼎切十一部**士**逗**事也**說从士之意人各事其事是善也**一曰象物出地挺生也**𡈼挺疊韵此說象形與前說別上象挺出形下當是土字也古土與士不甚可分如此**凡𡈼之屬皆从𡈼**

徵　召也召者評也周禮司市典祀注鄉飲酒禮注鄉射禮注皆曰徵召也按徵者證也驗也有證驗斯有感召有感召而事以成故士昏禮注禮運注又曰徵成

也依文各解義則相通从𡈼从微省會意微卽散也陟陵切六部𡈼微爲徵嫌上文未顯故又明之已上九字各本譌奪不可讀今補正行於微而聞達者卽徵也聞各本作文今依韵會訂又說𡈼微之意言行於隱微而聞達挺著於外是乃感召之意也

𢧁古文朢月滿也此與望各字望从朢省聲今則望專行而朢廢矣與日相望以疊韵爲訓原象曰日兆月而月乃有光入自地視之惟於朢得見其光之盈朔則日之兆月其光嚮日下民不可得見餘以側見而闕佀朝君似各本譌以今正韵會作月望日如臣朝君於廷此釋从臣从𡈼之意也从月从臣从𡈼合三字會意不入月部者古文以从臣𡈼見尊君之義故箸之無放切十部𡈼朝廷也說此𡈼爲廷之叚借字與𡈼本義別

朢古文朢省大[元]⿰言朢作⿰言呈亦古文也

㸒近求也近求浸淫之意也小徐無近字廣韵曰貪也从爪𡈼會意余箴切七部爪𡈼舊奪爪字今補徼幸也

臥　休也御覽引同小徐亦作休　玉篇眠也息也

[illegible]

爪壬言挺其爪妄有所取徼幸之意

文四　重二

重　厚也　厚者㫗也厚斯重矣引伸之爲鄭重重疊古祇平聲無去聲　从壬東聲　柱用切九部

凡重之屬皆从重

量　稱輕重也　稱者銓也漢志曰量者所以量多少也衡權者所以均物平輕重也此訓量爲稱輕重者有多少斯有輕重視其多少可辜搉其重輕也其字之所以从重也引伸之凡料理曰量凡所容受曰量　从重省曏省聲　呂張切十部按亦去聲

量　古文

文二　重一

臥　伏也　伏大徐作休誤臥與寢異寢於牀論語寢不尸是也臥於几孟子隱几而臥是也臥於几故曰伏尸篆下曰象臥之形是也此析言之耳統言之則不別故宀部曰寢者臥也曲禮云寢毋伏則謂寢於牀者毋得

俯伏也引伸爲凡休息之偁从人臣取其伏也臣下曰象屈服之形故以人臣會意吾貨切十七部凡臥之屬皆从臥

監臨下也小雅毛傳監視也許書瞰視也監臨下也古字少而義眩今字多而義別監與鑒互相假从臥䘓省聲古銜切八部監古文監从言會意

臨監也各本作監臨也乃復字未刪而又倒之今正从臥品聲力尋切七部

⿱臥食楚謂小兒嬾⿱臥食玉篇作楚人謂小嬾曰⿱臥食此有兒衍字也从臥食會意尼厄切十六部

文四　重一

身躳也呂部曰躳身也二字爲互訓躳必入呂部者躳謂身之偃主於脊骨也从人申省聲大徐作象人之身从人厂聲按此語先後失倫厂古音在十六部非聲也今依韵會所據小徐本正韵會从人

之上有象人身三字亦非也申籀作㐆故从其省爲聲失人切十二部 凡身之屬皆从身

軀 體也 體者十二屬之總名也可區而別之故曰軀 从身區聲 豈俱切古音在四部

文二

㐆 歸也 疊韵爲訓 从反身 此如反人爲匕反从爲比於機切十五部 凡㐆之屬皆从㐆

殷 作樂之盛偁殷 此殷之本義也如易豫象傳是引伸之爲凡盛之偁又引伸之爲大也又引伸之爲衆也又引伸之爲正也中也 从㐆殳 依廣韵訂樂者樂其所自成故从㐆殳者干戚之類所以舞也不入殳部者義主於㐆也於身切古音十三部廣韵於斤切是也 易曰殷薦之上帝 豫象傳曰雷出地奮豫先王以作樂崇德殷薦之上帝以配祖考鄭注王者功成作樂以文得之者作籥舞以武得之者作萬舞各充其德而爲制祀天地以配祖考者使與天同饗其功也

文二

衣 依也疊韵爲訓依者倚也衣者人所倚以蔽體者也上曰衣下曰常常下帬也象覆二人之形孫氏星衍曰當作二ㄙㄙ古文肱也玉裁謂自人部至此部及下文老部尸部字皆从人衣篆非從人則無由次此故楚金疑義篇作㐆云說文字體與小篆有異今人小篆作㐆乃是變體求工耳下文表襲袲裔四古文皆从㐆則知古文从二人也今人作卒字亦从二人何以云覆二人也云覆二人則貴賤皆覆上下有服而覆同也於稀切十五部凡衣之屬皆从衣

裁 制衣也刀部曰制者裁也二字爲轉注韓非子曰管仲善制割賓胥無善削縫隰朋善純緣制割者前裁之謂也裁者衣之始也引伸爲裁度風裁从衣𢦏聲昨哉切一部

衮 天子亯先王句卷龍繡於下常句周禮司服曰王之吉服享先王則衮冕鄭仲師云衮卷龍衣也豳風衮衣繡裳傳曰衮衣卷龍衣也卷龍謂龍拳

象覆二人之形　按段二說皆不能詳解亦未愜　竊謂人象領　几象兩袖左右衿相掩及裾下垂之形　其次人部　從其衣所以蔽形於人爲急故也

二袞皆當作衮

曲禮記袞衣字皆作卷鄭於王制釋之曰卷俗讀也其通則曰袞葢袞與卷古音同故記假卷爲袞也鄭云周制以日月星辰畫於旌旗而冕服九章初一曰龍次二曰山次三曰華蟲次四曰火次五曰宗彝皆畫於衣次六曰藻次七曰粉米次八曰黼次九曰黻皆繡於裳則袞之衣五章裳四章凡九也許於糸部引書山龍華蟲作繪云會五采繡也此又云繡龍於裳其釋粉則曰畫粉也皆與鄭正相反葢鄭說未出以前許所據之說多不可攷矣

幅一龍蟠阿上鄉鄉今向字小徐作卿誤幅一龍謂每幅一龍也凡裳前三幅後四幅然則繡龍者七與蟠阿曲皃也上鄉所謂升龍也鄭注覲禮云上公袞無陞龍然則惟天子袞有升龍也龍曲體而卬首故曰蟠阿上鄉白虎通引傳云天子升龍諸侯降龍賈公彥云此據衣服言若旌旗則諸侯畫交龍一象其升一象其下復

从衣㕣聲㕣見口部及水部古文沇州字也袞以爲聲故禮記作卷荀卿作裷王純碑以袞爲兖州字各本作公聲篆體作衮公與袞雖雙聲非同部今正按爾雅音義曰袞說文云从衣从㕣㕣羊兖反或云从公衣从㕣當作

合聲或云从公衣五字非許語也許明云天子衣矣十四部

褻 **丹縠衣也** 縠細絹也庸風瑳兮瑳兮其之展也毛詩傳禮有展衣者以丹縠爲衣馬融從之許說同先後鄭注周禮及劉氏釋名皆云展衣白後鄭云展衣以禮見王及賓客之服字當爲襢襢之言亶亶誠也按詩周禮作展叚借字也玉藻襍記作襢後鄭從之許作褻漢禮家文字不同如此 **从衣㠭聲** 知扇切十四部

褕 **褕翟** 逗二字舊刪褕字今依毛詩補 **羽飾衣** 庸風玼兮玼兮其之翟也毛傳曰翟揄狄闕狄羽飾衣也釋文揄字又作褕狄字又作翟依說文則毛傳本作褕作翟也羽部曰翟山雉其衣曰褕翟闕翟故知爲羽飾衣也毛許云羽飾衣未詳其制內司服禕衣揄狄闕狄玉藻之記同鄭仲師云揄狄闕狄畫羽飾則釋爲畫後鄭謂禕揄卽爾雅之翬雉搖雉字狄卽翟字翬衣搖翟皆刻繒爲之形而采畫之箸於衣以爲飾因以爲名闕翟刻而不畫後鄭與毛異亦與大鄭異葢毛許謂禕褕闕爲衣服之名褕闕系以翟故釋爲羽飾褕者正字揄者叚借字也後鄭則謂揄者叚借字搖者正字也許無搖

雉之説鄭不取褕字然搖與翟十四雉中二雉之名經何不言搖衣而偁搖又言翟也其説似尚當審定矣从衣俞聲羊朱切古音在四部一曰直裾謂之襜褕方言襜褕江淮南楚謂之褈褣自關而西謂之襜褕釋名荊州謂禪衣曰布䙝亦曰襜褕言其襜襜宏裕也師古注急就篇及雋不疑傳曰直裾襌衣也史記索隱曰謂非正朝衣如婦人服也

袀元服也各本無此篆而袗篆下云元服也葢誤合二爲一正與鼎部鼏鼏同今依文選閒居賦服以齊元李善注所引説文正左傳卜偃曰童謠云袀服振振服虔曰袀服黑服也吳都賦六軍袀服劉注曰袀皁服也士昏禮女從者畢袀元袀元言衣色月令孟冬乘元路鄭云今月令作袗似當爲袀聲之誤也按今士昏禮月令袀皆譌作袗知其字形相近易誤矣又鄭釋士昏杜釋左傳皆釋袀爲同此謂袀即均之假借字耳从衣勻聲讀若均李善引説文音均葢有讀若均三字也十二部廣韵居勻切

袗襌衣也各本作元服也今按論語當暑紾絺綌陸云本又作袗下曲禮注引論語作袗

孔安國曰暑則單服玉藻振絺綌不入公門鄭云振讀爲袗袗禪也依此二注定其解 一曰盛服 㐱本訓稠髮凡㐱聲字多爲濃重上林賦磐石裖崖孟康曰裖袗致也以石致川之廉也是裖與㐱稹字義同孟子被袗衣袗衣亦當謂盛服趙云畫衣者不得其說姑依皋陶謨作繪言之耳然則袗亦可訓盛服若大徐作元服小徐作袨服引鄒陽上書袨服釋之當是脫誤之後改元爲袨傳會成說武力鼎士袨服叢臺之下服虔以大盛元黃服釋之不知袨本元之異字武士元服卽所謂六軍袀服也 从衣㐱聲 之忍切十三部 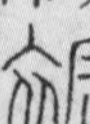 袗或从辰  上衣也 上衣者衣之在外者也論語當暑袗絺綌必表而出之孔曰加上衣也皇云若在家則裘葛之上亦無別加衣若出行接賓客皆加上衣當暑絺綌可單若出不可單則必加上衣也嫌暑熱不加故特明之玉藻表裘不入公門鄭曰表裘外裘也本外作裘外衿褻禪絺綌外裘二者形且褻皆當表之乃出引伸爲凡外箸之稱 从衣毛 會意毛亦聲也陂嬌切二部古者衣裘故目毛爲表說从衣毛之意也古者衣裘謂未有麻絲衣羽皮也衣皮時毛在外故裘之制毛在外以衣毛製爲表字示不忘古古文表从麃聲麃聲衣內也引伸爲凡在內之偁从衣里聲良止切一部負兒衣从衣強聲居兩切按古繈緥字从糸不从衣淺人不得其解而增襁篆於此叚令許有此字當與褓篆爲類矣當刪說詳糸部衣領也領者頸項也因以爲衣在頸之名魏風要之襋之毛傳曰要要也襋領也按裳之上曰要衣之上曰領皆以人體名之也士喪禮云襚者左執領右執要从衣棘聲棘之言亟也領爲衣之亟者故曰襋己力切一部亦作[衤亟]詩曰要之襋之黼領也白與黑相次文謂之黼黼領刺黼文於領也唐風素衣朱襮釋器曰黼領謂之襮毛傳曰襮領也諸侯繡黼丹朱中衣箋云繡當爲綃綃黼丹朱中衣中衣以綃黼爲領丹朱爲純也按或借爲表暴字云表襮从衣暴聲蒲沃切三部詩曰素

衣朱襮（襮）**褗領也**三字句褗領各本譌褔領字之誤也今正方言曰衱謂之褗郭曰即衣領也戴先生云衱即玉藻深衣曲禮之袷字交領也爾雅黼領謂之襮孫炎曰繡刺黼文以褗領也士昏禮注卿大夫之妻刺黼以爲領如今偃領矣偃即褗字褗領古有此語廣韵曰褗衣領也**从衣匽聲**於憾切十四部

（裺）**褗謂之裺**蓋奄覆之義方言曰裺謂之襦又曰懸裺謂之緣又曰繞循謂之襦裺皆不與許同**从衣奄聲**依檢切八部

（衽）**衣裣也**凡朝祭喪服衣與裳殊深衣不殊喪服記曰衽二尺有五寸鄭曰衽所以掩裳際也上正一尺燕尾一尺五寸凡用布三尺五寸玉裁按朝祭服同玉藻注所謂或殺而下屬衣則垂而放之者也玉藻衽當旁鄭曰謂裳幅所交裂也江氏永曰以布四幅正裁爲八幅上下皆廣一尺一寸各邊削幅一寸得七尺二寸既足要中之數矣下齊倍於要又以布二幅斜裁爲四幅狹頭二寸在上寬頭二尺在下各邊削幅一寸亦得七尺二寸共得一丈四尺四寸此四幅連屬於裳之兩旁所謂衽當旁也玉裁按此注所

謂或殺而上屬裳則縫之以合前後者也此二者皆謂之衽凡言衽者皆謂裳之兩旁鄭曰凡衽者或殺而下或殺而上是以小要取名焉小要者喪大記云君蓋用漆三衽三束是也假借爲衽席衽席者今人所謂褥也語之轉

从衣壬聲如甚切七部

衽也方言曰襟謂之衽注衣襟也或曰裳際也又曰褸謂之袩注即衣衽也按郭云衣襟者謂正幅云裳際者謂旁幅謂衽爲正幅者今義非古義也衽者殺而下者也故引伸之衣被醜弊或謂之褸裂或謂之襤褸或謂之緻**从衣婁聲**力主切古音在四部

裣緣也緣衣純也純之允切深衣曰具父母大父母衣純以繢具父母衣純以青如孤子衣純以素純袂緣純邊廣各寸半詩青青子衿毛曰青衿青領也正謂緣以青也蓋古者深衣右自領及衽左自袷亦及衽皆緣之故曰裣緣**从衣逮聲**七入切八部

交衽也釋器曰衣皆謂之襟孫郭皆曰襟交領也鄭風青青子衿毛曰青衿青領也方言衿謂之交按裣之字一變爲衿再變爲襟字一耳而爾雅之襟毛傳方言之衿皆非許所謂

八篇上

裣也。爾雅、詩傳、方言皆自領言之。深衣曲袷如矩以應方注袷交領也。古者方領，如今小兒衣領。玉藻袷二寸注曲領也。曲禮天子視不上於袷。玉藻侍於君視帶以及袷注皆云交領也。袷者交領之正字。其字从合，左傳作襘从會與从合一也。交領宜作袷，而毛詩、爾雅、方言作衿，殆以衿袷爲古今字。與若許云裣交衽也，此則謂掩裳際之衽當前幅後幅相交之處，故曰交衽。裣本衽之偁，因以爲正幅之偁。正幅統於領，因以爲領之偁。此其推移之漸。許必原其本義爲言。凡金聲今聲之字皆有禁制之義。禁制於領與禁制前後之不相屬，不妨同用一字。**从衣金聲**。居音切，七部。漢石經靑靑子裣。

褘，蔽厀也。按蔽厀非韠也。許釋韠市皆云所以蔽前，鄭注禮同。韠以蔽前，而非專蔽厀也。方言曰：蔽厀，江淮之閒謂之褘，或謂之祓。魏宋南楚之閒謂之大巾。自關東西謂之蔽厀。齊魯之郊謂之袡。許不云褘者韠也，則知許不謂一物也。釋名曰：褘所以蔽厀前也。婦人蔽厀亦如之。亦不以爲一物而已，與許異。**从衣韋聲**。許歸切，十五部。**周禮曰：王后之服褘衣，謂畫袍**。

至後鄭注乃後褘讀爲翬
後褘後字誤

緣誤綠

周禮內司服王后之六服褘衣揄狄闕狄鞠衣展衣綠衣許揄作褕展作襄見上文以褘衣系之褘下弟二義者許必有所受矣袍當作衣大鄭曰褘衣畫衣引祭統君袞卷冕夫人副褘此古說也至後鄭注乃後褘讀爲翬

襲袂也前襲袂𧜹古語或曰當作袂逗襲也句廣韵曰袂衣前襟錯曰今俗猶言之少儀劒則啟櫝𧜹襲之加夫襓與劒焉鄭曰夫襓劒衣也夫或爲煩皆發聲按鄭既謂夫襓是劒衣又云夫是發聲𧜹不能定其說也而廣雅曰袂襓絉劒衣也夫加衣旁𠃊許此字亦是韜藏意韋部曰韜劒衣也

从衣夫聲甫無切五部

襲　左衽袍小斂大斂之前衣死者謂之襲士喪禮乃襲三稱注曰遷尸於襲上而衣之凡衣死者左衽不紐按喪大記小斂大斂祭服不倒皆左衽結絞不紐襲亦左衽不紐也袍褻衣也記曰纊爲繭縕爲袍也許曰袍繭也士喪禮襲衣有爵弁服皮弁服褖衣注褖衣所以表袍者子羔之襲繭衣裳與稅衣爲一是也斂始於襲襲始於袍故單言袍也襲字引申爲凡掩襲之用若記曰帛爲褶士喪禮古文作襲襲叚借字也喪大記玉藻用禮今文

作褶注曰褶袷也有表裏而無著許依古文禮故不收褶字凡經典重襲之義如筮襲于夢武王所用祥襲則行不襲則增修德而改卜皆當作褶褶義之引申**从衣龖省聲**似入切七部**[篆文]籒文襲不省**

[篆文]襽也秦風與子同袍釋言毛傳皆曰袍襽也玉藻曰纊爲繭縕爲袍注曰衣有著同褚之異名也記文袍襽有別析言之渾言不別也古者袍必有表後代爲外衣之偁釋名曰袍丈夫箸下至跗者也袍苞也苞內衣也婦人以絳作義亦然也**从衣包聲**薄褒切古音在三部**論語曰衣敝縕袍**敝各本作弊誤論語子罕篇文

[篆文]袍衣也从衣繭聲古典切十二部玉藻作繭者字之段借也絮中往往有小繭故絮得名繭**㠯絮曰襺㠯縕曰袍**既渾言而又析言之也玉藻言纊許言絮者糸部曰纊絮也鄭注玉藻縕謂新綿及舊絮故纊專爲新綿許縕謂紼故纊爲絮不分新舊糸部曰縕紼也紼亂枲也亂枲卽亂麻蒯通傳注及廣韵云亂麻是也孔安國論語縕袍注亦曰枲著孔許與鄭異似孔許爲長

春秋傳曰盛夏重襺襄二十一年左傳曰薳子馮方暑掘地下冰而牀焉重襺衣裘許檃栝其語

褋南楚謂禪衣曰褋九歌曰遺余褋兮醴浦方言曰禪衣江淮南楚之間謂之褋關之東西謂之禪衣按屈原賦當用南楚語王逸云襜襦殆非也从衣枼聲各本作葉而篆體乃作褋是改篆而未改說解也枼者薄也禪衣故从枼方言廣雅玉篇廣韵皆作褋至集韵乃云褋省作褋正誤於已改之說文耳今正徒叶切八部

袤衣帶㠯上此古義也少得其證今則從義行而古義廢矣帶者上衣下常之介也从衣矛聲莫候切四部一曰南北曰袤東西曰廣周髀筭經曰天地之廣袤史記曰蒙恬築長城廣袤萬餘里廣雅袤長也

𧟟籀文袤从楙

襘帶所結也昭十一年左傳叔向曰衣有襘帶有結視不過結襘之中所以道容貌也杜注襘領會結帶結也玉藻曲禮深衣皆謂交領曰袷襘卽袷會合同義且叔向視不過結襘之中卽曲禮視天子不上於袷不下於帶玉藻侍君

視帶以及袷也然則杜注得之許合繪結二者爲一似誤矣杜注當仍賈服之舊 **从衣會聲** 古外切十五部 **春秋傳曰衣有襘**

褧 **檾衣也** 衣字舊無今補檾者枲屬績檾爲衣是爲褧也許意如是若鄭箋衛風云褧禪也不言禪用何物鄭風箋云褧禪也葢以禪縠爲之與許說異縠者細絹也以絲而非以枲矣鄭說本玉藻玉藻中庸作絅禮經作顈皆假借字也 **詩曰衣錦褧衣** 衛碩人鄭丰同 **示反古** 此許釋詩也毛傳曰衣錦錦文衣也夫人德盛而尊嫁則錦衣加褧襜中庸曰衣錦尙絅惡其文之著也鄭以中庸箋詩許云示反古意亦略同古者麻絲之作葢先麻而後絲故衣錦尙褧歸眞反樸之意 **从衣耿聲** 去潁切廣韵口迥切十一部

袛 袛裯 逗 **短衣也** 方言曰汗襦江淮南楚之閒謂之襘自關而西或謂之袛裯自關而東謂之甲襦陳魏宋楚之閒謂之襜襦或謂之禪襦後漢羊續傳其資藏惟有布衾敝袛裯鹽麥數斛 **从衣氐聲** 都衣切十五部

裯 **衣袂袛裯** 依全書之例此當云袛裯

也衣袂二字葢誤衍召南抱衾與裯毛曰裯禪被也从衣周聲都牢切古音在三部讀如周衹裯雙聲字也

襤裯謂之襤褸裯謂衹裯九辨被荷裯之晏晏王曰裯衹裯也方言曰裯謂之襤郭注衹裯敝衣亦謂襤褸按說文褸字疑衍衹裯亦名襤耳不如郭說也襤逗無緣衣也衣字依韵會補方言又曰無緣之衣謂之襤楚謂無緣之衣曰襤故衹裯無緣則謂襤也巾部𢅝下曰楚謂無緣衣也襤與𢅝同从衣監聲魯甘切八部

䙕無袂衣謂之䙕方言文从衣惰省聲徒臥切十七部

䘞衣躳縫躳从吕自後言身也躳與禱雙聲下文曰㡸背縫亦卽此字也方言作襩繞循謂之襩裺郭云衣督脊也莊子作督緣督以爲經李云緣順也督中也衣躳縫者深衣云負繩及踝以應直是也从衣毒聲讀若督冬毒切三部

袪衣袂也鄭風遵大路唐風羔裘傳皆曰袪袂也按袪有與袂析言之者深衣注曰袪袂口也喪服記注曰袪袖口也檀弓注曰袪褎緣口也深衣喪服且袂

與袪並言蓋袂上下徑二尺二寸至袪則上下徑尺二寸其義當分別也若詩之兩言袪則無庸分別定本唐風傳曰袪袂末也此非是傳下文言本末本謂羔裘末謂豹袖非謂袂本袪末也 从衣去聲 去魚切五部

一曰袪褢也褢者裦也 此義未見其證方言曰袿謂之裾郭云裾或作袪按下文云裾衣裦也此云袪裦也則知古有假袪爲裾者矣袪得訓裦故或曰藏去或曰弆或曰袪皆其義也藏物必去此而藏彼故其義亦爲攘却兒寬傳李奇注曰袪開也散也凡褰開曰袪若毛傳云袪袪彊健皃亦於从去得義古無从示之祛至集韵而後有之唐石經以車祛祛从衣不誤 祛尺二寸 喪服記玉藻皆有此句上蓋奪禮記曰三字 春秋傳曰披斬其袪 僖五年左傳文杜注亦曰袪袂也

𧚨 袂也 唐風羔裘傳曰褎猶袪也掌上章言之褎引伸爲盛飾皃邶風傳曰褎如盛服皃董仲舒傳曰褎然爲舉首序傳曰樂安褎褎生民傳曰褎長也箋云枝葉長也皆其義也 从衣𥝌聲 聲蓋衍字𥝌非聲衣之有褎猶禾之有𥝌故曰从衣

段云衣褎猶禾𥝌　𥝌衣褎禾𥝌不相似疑當云从衣从𠂤𠂤手也从秀省聲

褹説褹

采似又切三部袖俗褎从由由聲袂褎也从衣夬聲彌弊切十五部郭景純云褹即袂字褢褎也褎之為言回也袼之高下可以運肘袂之長短反詘之及肘一曰臧也此義與褱近从衣鬼聲戶乖切十五部袌褱也論語子生三年然後免於父母之懷馬融釋以懷抱即褱袌也今字抱行而袌廢矣抱者引堅也从衣包聲此舉形聲包會意薄保切古音在三部褱俠也俠當作夾轉寫之誤亦部曰夾盜竊褱物也从亦有所持俗謂蔽人俾夾是也腋有所持褱藏之義也在衣曰褱在手曰握今人用懷挾字古作褱夾从衣眔聲眔从隶省聲十五部戶乖切一曰槖襜衣蔽前釋器曰衣蔽前謂之襜此謂衣非謂蔽厀也引伸之凡衣或曰襜褕或曰襜襦皆取蔽義又引伸之凡所用蔽謂之襜巾車皆有容蓋大鄭曰容謂幨車山東謂之裳幃或曰潼容幨即襜字也詩毛傳曰帷裳婦人之車帷裳即裳幃也士昏禮婦車有裧襍記其輤有裧裧亦即襜字从衣詹

聲處占切八部袥衣衸廣雅衱衸袥裺膝也玉篇裺膝褻衸也按裺膝者褻衱在正中者也故謂之袥言其開拓也亦謂之衸言其中分也袥之引伸爲推廣之義元瑩曰天地開闢宇宙袥坦廣雅釋詁曰袥大也今字作開拓拓行而袥廢矣庥與袥音義同从衣石聲他各切五部衸袥也廣韵十六怪云補膝裙也乃裺膝裙衸也五字之誤从衣介聲胡介切十五部袉裾也士昏禮主人爵弁纁裳緇袘注曰纁裳者衣緇衣不言衣與帶而言袘者空其文明其與衣皆用緇袘謂緣緣之言施以緇緣裳象陽氣下施按袘即袉之䋣變鄭云裳緣許云裾者許謂衣裦曰袉經言緇袉則緇衣可知也緇衣未有無裦者也从衣它聲唐左切十七部玉篇曰俗作袘論語曰朝服袉紳鄉黨篇文今論語作拕作拕卽手部拕字襍記云申加大帶於上是也許所據作袉假借袉爲拕也此在引經說假借之例裾衣裦也裦各本作袍今依韵會正上文云裦褱也褱物謂之裦因之衣前裣謂之裦方言襌衣有裦者趙魏之間

謂之袪衣郭云前施襃囊也房報切按前施襃囊卽謂右外袪方言無襃者謂之裎衣則今之對袪衣無右外袪者也褻衣無襃禮服必有襃上文之袥衸謂無襃者唐宋人所謂衩衣也公羊傳曰反袂拭面涕沾袍此袍當作襃何注曰衣前襟也釋器衣皆謂之襟衱謂之裾衱同袷謂交領襃連於交領故曰衱謂之裾郭景純曰衣後襟非也釋名裾在後之說非是**从衣居聲讀與居同**从居者中可居物也非謂在後常見踞九魚切五部

衧諸衧也按當云諸衧衣襃也篇韵可證後漢書光武帝紀皆冠幘而服婦人衣諸于繡𧝓注引前書音義曰諸于大掖衣如婦人之袿衣按大掖謂大其襃也方言袿謂之裾于者衧之假借字**从衣亏聲**羽俱切五部

襗絝也絝者脛衣也按周禮玉府注云燕衣服者巾絮寢衣袍襗之屬論語紅紫不以爲褻服鄭注云褻衣袍襗秦風與子同澤傳曰澤潤澤也箋云襗褻衣近汗垢釋名曰汗衣近身受汗垢之衣也詩謂之澤受汗澤廣韵此字三見一曰褻衣一曰袗襗一曰衣襦亦皆不云絝○又按毛云潤澤也箋云襗褻衣此葢

毛作潤襗故箋彖襗而釋之潤襗衣名也从衣睪聲徒各切五部玉篇云說文大各切則大徐用舊音也襗篆舊在衸下袉上今移此與下三篆相屬

褰袴也昭廿五年左傳曰公在乾侯徵褰與襦杜曰褰袴也方言曰袴齊魯之間謂之䙴按今方言作䙴俗字也褰之本義謂袴俗乃假爲騫衣字騫虧也古騫衣字作騫今假褰而褰之本義廢矣从衣寒省聲去虔切十四部字林己偃反春秋傳曰徵褰與襦

襱袴踦也方言曰袴齊魯之間謂之䙴或謂之襱郭注今俗呼袴踦爲襱音鮦魚按袴踦對下文袴上言袴之近足狹處也从衣龍聲丈冢切九部

襩襱或从賣賣聲也三部與九部合音爲近如急就篇華洞樂皇象碑及廣韵作華襩樂

袑袴上也漢朱博傳功曹官屬多褒衣大袑不中節度袴上對上袴踦言股所居也大之則寬緩从衣召聲市沼切二部

襑衣博大也从衣尋聲他感切古音在七部篇韵皆亦似林切

襃衣博裾博裾

謂大其褢囊也漢書褒衣大袑謂大其衣袴之上也引伸之爲凡大之偁爲褒美从衣保省聲博毛切古音在三部隸作褒作裒

𧝭古文保

褅緥也小雅斯干曰載衣之裼傳曰裼緥也此謂裼卽褅之假借字也易聲啻聲古音同在十六部故借但裼字爲褅字釋文曰韓詩作禘禘集韵云或褅字韓詩用正字毛詩用假借字也緥者小兒衣也从衣啻聲他計切十六部詩曰載衣之褅

褍衣正幅凡衣及裳不衺殺之幅曰褍左傳端委杜注禮衣端正無殺故曰端周禮士有元端素端鄭云端者取其正也按褍者正幅之名非衣名巾部幅下曰正褍裂从衣耑聲多官切十四部

重衣皃从衣圍聲羽非切十五部爾雅曰褘褘襩襩今爾雅無此文釋訓洄洄惛也釋文云洄本或作幃引字林幃重衣皃按玉篇作佪佪惛也而潛夫論云佪佪潰潰蓋用爾雅文字林幃卽褘字據潛夫論則爾雅故有潰潰字許所見潰作襩襩字見周禮夏采職故書杜子春易爲緌許不從故書故無襩篆

複　重衣也。也作皃者誤凡古書也皃二字互譌者多矣引伸爲凡重之偁複與復義近故書多用復爲複呂覽水澤復注曰復或作複東重累也詩陶復陶穴鄭注月令曰古者複穴　从衣复聲。方六切三部　一曰褚衣。褚見下文裝衣也

褆　衣厚褆褆。褆褆與媞媞義略同爾雅曰媞媞安也篇韵又曰衣服端正皃　从衣是聲。杜兮切十六部

襛　衣厚皃。凡農聲之字皆訓厚醲酒厚也濃露多也襛衣厚皃也引伸爲凡多厚之偁召南曰何彼襛矣唐棣之華傳曰襛猶戎戎也按韓詩作茙茙郎戎戎之俗字耳戎取同聲得其義　从衣農聲。汝容切九部　詩曰：何彼襛矣。詩俗本作穠誤

裻　新衣聲。此當依玉篇先鵠切子虛賦翕呷萃蔡張揖曰萃蔡衣聲也萃蔡讀如碎粲二音裻亦雙聲字　一曰背縫。此則冬毒切與上禱義同深衣負繩及踝注云謂裻與後幅相當之縫也按後幅當是裳幅之誤衣與裳正中之縫相接也晉語衣之偏裻韋曰裻在中左右異故曰偏引伸爲凡中之偁匠人堂涂十

有二分注曰分其𧚉旁之修以一分爲峻也今本作督五經文字引作𧚉古多假督爲𧚉从衣叔聲三部

袳衣張也張篇韵皆作長非按袳之言侈也經典罕用袳字者多作移作侈表記曰衣服以移之注云讀如禾氾移之移猶廣大也周禮注曰大夫已上移袂少牢饋食禮曰主婦被錫衣移袂注云移者蓋半士妻之袂以益之从衣多聲尺氏切古音在十七部春秋傳曰公會齊侯于袳桓十五年文左氏經作公會宋公衛侯陳侯于袲公羊經作公會齊侯宋公衛侯陳侯于侈穀梁經與左同許偁左也左無齊侯許言齊侯者容今左傳有奪袲與袳同

裔衣裙也裙各本及篇韵皆作裾今正元應書卷十四曰說文云裔衣裙也以子孫爲苗裔者取下垂義也按帔曰裠裳曰下裠此衣裠謂下裠故方言離騷注皆曰裔末也方言又曰裔祖也亦謂其遠也方言又曰裔夷狄之總名郭云邊地爲裔按左傳衞侯卜繇曰裔焉大國言邊於大國也裔之義如此言衣裙得以通之若言衣裾則何以解焉小徐云裾衣邊蓋小徐作注時本作裙从衣

此字衣在上正謂其末下垂冏聲余制切十五部𧘝古文裔几聲

衯長衣皃子虛賦衯衯裶裶郭璞曰皆衣長貌也集韵曰或書作衮疑作衮者是从衣分聲撫文切十三部

裵長衣皃此即子虛賦裶字也若史記子虛賦弭節裵回漢郊祀志神裵回若畱放乃長衣引伸之義後漢書蘇竟傳注云裵回謂縈繞淹畱是也俗乃作徘徊徘徊矣从衣非聲薄回切按當芳非切十五部舊在褺篆之後今移此

袁長衣皃此字之本義今秖謂爲姓而本義廢矣古與爰通用如袁盎漢書作爰盎是也王風有兔爰爰傳曰爰爰緩意遠轅等字以袁爲聲亦取其意也从衣叀省聲葢从古文叀而省羽元切十四部

⿰衤鳥短衣也釋名曰三百斛曰⿰舟周⿰舟周貂也貂短也今俗語尚呼短尾曰貂尾許書無貂當作⿰衤鳥以短衣之義引伸也从衣鳥聲都僚切二部春秋傳曰有空⿰衤鳥曰疑衍空疑當作公郎昭廿五年左傳之季公鳥也

褺重衣也凡古云衣一襲者皆一褺之假

借褻讀如重疊之疊文選王命論思有短褐之襲李注引說文襲重衣也王命論本作褻李注時不誤淺人妄改文選耳漢書敘傳作短褐之褻師古釋以親身之衣不知爲褻字之誤也古書之難讀如此 **从衣執聲** 徒叶切八部

巴郡有褻江縣 今地理志郡國志巴郡下皆作墊江縣葢淺人所改也據孟康曰音重疊之疊知漢書本不作墊江也褻江縣在今四川重慶府合州嘉陵江涪江渠江會於此入大江水如衣之重複然故以褻江名縣

襡 短衣也 篇韵皆襡與襡爲二字義別韵會合而一之非是晉書夏統傳使妓女服袿襡 **从衣蜀聲讀若蜀** 市玉切三部

𧞫 衣至地也从衣斲聲 竹角切三部

襦 短衣也 方言襦西南蜀漢之閒謂之曲領或謂之襦釋名有反閉襦有單襦有要襦顏注急就篇曰短衣曰襦自膝以上按襦若今襖之短者袍若今襖之長者 **从衣需聲** 人朱切古音在四部襦之言濡也猶襗之言澤也 **一曰㬎衣** 一曰與一名同非別一義也日部曰安㬎溫也然則㬎衣猶溫

八篇上

衣也內則衣不帛襦袴注曰不用帛爲襦袴爲大溫傷陰氣也釋名曰襦耎也言溫耎也褊衣小也引伸爲凡小之偁从衣扁聲方沔切十四部袷衣無絮此對以絮曰襺以縕曰袍言也从衣合聲古洽切七部小戴記以爲交領之字襌衣不重此與重衣曰複爲對从衣單聲都寒切十四部襄漢令解衣而耕謂之襄而字依韵會補此襄字所以从衣之本義惟見於漢令也引伸之爲除去爾雅釋言詩牆有茨出車傳皆曰襄除也周書謚法云辟地有德曰襄凡云攘地攘夷狄皆襄之假借字也又引伸之爲反復大東傳云襄反也謂除此而復乎彼也釋言又曰襄駕也此驤之假借字凡云襄上也襄舉也皆同又馬注臯陶謨曰襄因也謚法因事有功曰襄此又攘之假借字有因而盜曰攘故凡因皆曰攘也今人用襄爲輔佐之義古義未嘗有此从衣𤕦聲息良切十部古文襄不能得其會意形聲所在被寑衣長一身有半論語鄉黨篇曰必有寑衣長一

身有半孔安國曰今被也鄭注曰今小臥被是也引伸爲橫被四表之被从衣皮聲皮義切古音在十七部

衾大被釋名曰衾广也其下廣大如广受人也寑衣爲小被則衾是大被从衣今聲去音切七部

襐襐飾也各本作飾也奪襐今補此三字爲句如偓佺離黃之類淺人泛謂爲複字可刪而刪之耳巾部飾字下云襐飾也亦三字爲句廣韵曰襐未笄冠者之首飾也从衣象聲徐兩切十部

衵日日所常衣衵服見宣九年左傳从衣从日日亦聲人質切十二部

褻私服私褻疊韵論語曰紅紫不以爲褻服引伸爲凡昵狎之偁假借爲媟字从衣埶聲私列切十五部詩曰是褻袢也庸風君子偕老文今詩褻作紲按毛傳云是當暑袢延之服當暑二字釋褻也

衷裏褻衣褻衣有在外者衷則在內者也引伸爲折衷假借爲中字从衣中聲陟弓切九部春秋傳曰皆衷其衵服宣九年左傳文

袾好佳也好下奪也

字好者美也佳者善也廣韵曰朱衣也按廣韵蓋用說文古本故其字从朱衣所引詩則假袾爲姝也**从衣朱聲**昌朱切古音在四部**詩曰靜女其袾**邶風靜女文今詩袾作姝女部引詩作𡛷

袓事好也事好猶言學好也黹部引詩衣裳䊥䊥方言曰珇好也珇美也然則袓與䊥珇音義略同**从衣且聲**才與切五部

裨接也此也字依玉篇補手部曰接交也**益也**會部曰朇益也土部曰埤增也皆字異而音義同覲禮侯氏裨冕注曰裨冕者衣裨衣而冠冕也裨之爲言埤也天子六服大裘爲上其餘爲裨按本謂衣也引伸爲凡埤益之偁**从衣卑聲**府移切十六部

袢衣無色也衣字依玉篇補日部曰普日無色也袢讀若普則音義皆同女部曰姅婦人污也義亦相近**从衣半聲**博幔切十四部**一曰**此二字衍文**詩曰是紲袢也**鄘風君子偕老文紲當同褻篆下作褻毛傳曰言是當暑袢延之服也袢延疊韵如方言之襎裷漢時有此語指摩之意外展衣中用縐絺爲衣可以指摩汗澤故

曰褻袢褻袢專謂縐絺也暑天近汗之衣必無色故知一曰爲衍文矣　**讀若普**　毛詩以展袢與顏媛爲韵則知袢當依釋文符袁反延讀如字普音於雙聲得之許讀如此

五采相合也　與辮字義略同所謂五采彰施於五色作服也引伸爲凡參錯之偁亦借爲聚集字詩言襍佩謂集玉與石爲佩也漢書凡言襍治之猶今云會審也　**从衣集聲**　此篆蓋本从衣雥故篆者以木移左衣下作䙫久之改雥爲隹而仍作雜也徂合切七部

衽也　此衽當訓衽席左傳歸國子之元寘之新篋褽之以元纁加組帶焉杜曰褽薦也與許云衽也義同　**从衣尉聲**　聲字今補於胃切十五部

衣物饒也　引伸爲凡寬足之偁方言裕道也東齊曰裕　**从衣谷聲**　羊孺切古音在三部亦作袞　**易曰有孚裕無咎**　晉初六爻辭今經有作罔虞翻王弼同則未知許所據孟易獨異與抑字譌與

韏衣也　韋部曰革中辨謂之韏革中辨者取革中分其廣摺疊之廣雅曰韏曲也又曰韏詘也衣之襵如革之襵故曰韏衣士冠

禮皮弁服素積注曰積猶辟也以素爲裳辟蹙其要中子虛賦襞積褰縐張揖曰襞積簡齰也襞經傳作辟積俗作積簡俗作襉襞亦謂之襵襵之涉反**从衣辟聲**必益切十六部

衦　摩展衣也摩展者摩展其襵縐而展之也石部碾下曰以石衦繒也衦之用與熨略同而異**从衣干聲**古案切篇韵公但切十四部

裂　繒餘也巾部曰帗幓裂也幓殘帛也輸繒端裂也內則曰衣裳綻裂方言曰南楚凡人貧衣被醜敝或謂之褸裂皆繒餘之意引伸爲凡分散殘餘之偁或假烈爲之方言曰烈餘也晉衛之閒曰烈齊語戎車待游車之裂韋注云裂殘也古作裂通作列**从衣列聲**良辥切十五部

䘢　敝衣敝各本作弊誤今正袽者敝衣帤者敝巾絮者敝絮各依所从而解之易既濟六四繻有衣袽虞翻曰袽敗衣也然則袽卽䘢字糸部引易需有衣絮又見䘢與絮可通用也晁說之曰袽又作䘢玉裁謂袽䘢皆䘢之誤字耳**从衣奴聲**女加切古音在五部女居切

袒　衣縫解也許書無綻字此卽綻字也許書但裼字作但不

作袒今人以袒爲袒裼字而但袒二篆本義俱廢矣內則曰衣裳綻裂綻或作䘣鄭曰綻猶解也綻尙未解而近於解故曰猶俗語引伸爲飽滿𢢴裂之偁按袒爲衣縫解故从衣組爲補縫故从糸音同而義相因也**从衣旦聲**丈莧切十四部

補 完衣也既袒則宜補之故次之以補引伸爲凡相益之偁**从衣甫聲**博古切五部

⿰衤黹 紩衣也糸部曰紩者縫也縫者以鍼紩衣也方言曰襜褕其敝者謂之緻注云緻縫納敝故之名也丁履反按緻卽⿰衤黹字黹爲鍼刺⿰衤黹爲縫敝衣與補袒二字義略同**从衣黹**會意**黹亦聲**諸几切十五部

褫 奪衣也奪當作敓許訓奪爲遺失訓敓爲彊取也此等恐非許原文後人以今字改古字耳周易訟上九或錫之鞶帶終朝三褫之侯果曰褫解也鄭元荀爽翟元皆作三拕之荀翟訓拕爲奪淮南書曰秦牛缺遇盜拕其衣高注拕奪也拕者褫之假借字十七十六二部音㝡近也引伸爲凡敓之偁**从衣虒聲讀若池**直离切十六部

但 但也但各本作袒今正左傳欲觀其裸正義曰

裸謂赤體無衣也大戴禮曰倮蟲三百六十聖人爲之長王制嬴股肱注曰捋衣出其臂脛也按人部曰但裼也謂免上衣露裼衣此裸裎皆訓但者裸裎者但之尤甚者也**从衣嬴聲**郎果切十七部**裸嬴或从果**果聲也俗作嬴致爲不通**裎但也**但各本作袒今正裎之言呈也逞也孟子袒裼裸裎亦作程士喪禮注倮程**从衣呈聲**丑郢切十一部**裼但也**但各本作袒今正人部曰但者裼也故此云裼者但也是爲轉注序云五曰轉注建類一首同意相受考老是也老部曰老者考也考者老也是之謂建類一首同意相受凡全書中異部而互訓者視此裼訓但但訓裼其一耑也在許當時確知訓裼之字作但不作袒自許至今經傳子史皆爲袒裼不爲但裼賴許書僅存可識字之本形本義又以今字改之則古形古義不傳且上文云袒衣縫解也裸裎裼下皆云袒也不皆爲衣縫解乎是許之不通甚矣考諸經傳凡中衣之外上衣裘則有裼衣裼衣之外上衣玉藻裘之裼也見美也服之襲也充美也鄭曰裼者免上衣見裼衣凡當盛禮者以充美爲敬非

盛禮者以見美爲敬禮尙相變也按覆裘之衣曰裼行禮袒其上衣見裼衣謂之裼不露裼衣謂之襲鄭注玉藻曰袒而有衣曰裼以別於無衣曰袒也經傳凡單言裼者謂免上衣也凡單言袒者謂免衣肉袒也肉袒或謂之袒裼釋言毛傳皆曰袒裼肉袒也是也許君肉袒字作膻在肉部而袒作但與裼互訓裼爲無上衣之但臝裎爲無衣之但臝裎亦肉膻也字與鄭異而義同裼襲之制詳見聘禮注疏 **从衣易聲** 先擊切十六部禮注曰古文禮裼皆爲賜詩斯干假借爲襭字

衺 **㝹也** 交部曰㝹者衺也二篆爲互訓小徐本作紕也非是衺今字作回衺今字作邪毛詩傳曰回邪也 **从衣牙聲** 似嗟切古音在五部

襭 **㠯衣衽扱物謂之襭** 扱收也周南采采芣苢薄言襭之爾雅曰扱衽謂之襭毛傳同 **从衣頡聲** 胡結切十二部

擷 **襭或从手**

袺 **執衽謂之袺** 周南采采芣苢薄言袺之爾雅曰執衽謂之袺毛傳同 **从衣吉聲** 格八切十二部

䙢 **幭也** 巾部曰幭帬也一曰袚也一曰婦人脅衣 **从**

衣曹聲昨牢切又七刀切三部裝裹也束其外曰裝故著絮於衣亦曰裝从衣壯聲側羊切十部裹纏也纏者繞也从衣果聲古火切十七部裛纏也各本作書囊也今依西都賦琴賦注後漢書班固傳注所引正巾部曰帙書衣也帙亦作袠廣雅裛謂之袠今本殆據廣雅改耳若依今本則當云帙也从衣邑聲於業切七部齌緶也裳下緝各本無裳下緝三字今依韵會補依釋名當作緝下緝下横縫緝其下也緶者緁衣也緝同緁漢時通用論語鄉黨孔注曰衣下曰齊玉藻縫齌倍要正義曰齌謂裳之下畔深衣下齌如權衡以應平注曰齌緝也禮喪服疏衰裳齊疏云衰裳既就乃始緝之故言齊在裳下不比言斬在衰上也按經傳多假齊爲之亦省作齌从衣齊聲即夷切十五部裋豎使布長襦豎與裋疊韵豎使謂僮豎也淮南高注曰豎小使也顏注貢禹傳曰裋褐謂僮豎所著布長襦也方言曰襜褕其短者謂之裋褕韋昭注王命論云裋謂短襦也本方言从衣豆

裛書囊也段改纏也　疑本有二義而字從裹省則纏爲本義書囊其又一義也玉篇裛衣囊也纏也衣帊也廣韵但訓書囊又云香裛人衣香則另又一義

聲常句切古音在四部𧝓編枲衣謂取枲績之麤編之爲衣與艸雨衣相類衣之至賤者也一曰頭𧝓冃下曰小兒蠻夷頭衣也頭𧝓蓋即頭衣僅冒其頭耳一曰次裹衣方言曰緊袼謂之𧝓郭曰即小兒次衣也豳洛嘔三音次裹今俗語尚如此小兒服之衣外以受次者从衣區聲於武切又於侯切四部褐編枲韤取枲績之麤編之爲足衣如今艸鞵之類一曰粗衣文選藉田賦注作麤衣廣韵及孟子正義作短衣誤也趙注孟子曰褐以毳織之若今馬衣者也或曰枲衣也一曰粗布衣按趙云以毳與邠風鄭箋云毛布合馬衣即左傳定八年之馬褐也枲衣亦謂編枲爲衣褐賤者之服也从衣曷聲胡葛切十五部衰艸雨衣雨衣有不艸者左傳成子衣製杖戈杜曰製雨衣按言製則非艸爲若今油布衣秦謂之萆艸部曰萆雨衣一曰衰衣此則著萆爲秦語也小雅何蓑何笠傳曰蓑所以備雨笠所以禦暑公羊傳不蓑城也何云若今以艸衣城齊語注云襏襫蓑襲衣也襲或萆字亦作薜六韜

蓑薜簦笠衰俗从艸作蓑而衰遂專爲等衰衰絰字衰絰本作縗衰其假借字也以艸爲雨衣必層次編之故引伸爲等衰後世異其形異其音古義茲昧矣**从衣象形**謂𦀚也穌禾切十七部**𧘝古文衰**

卒隸人給事者爲卒俗本者下有衣字宋本及御覽韵會玉篇皆無此謂人也非謂衣也方言楚東海之閒亭父謂之亭公卒謂之弩父或謂之褚注曰卒者主擔幔弩導幨因名**古吕染衣題識故从衣一**此十字依韵會所據小徐本衣有題識如左傳云叔孫氏之甲有物杜云物識也微字下云若今救火衣周禮司常注云今亭長著絳衣此亭卒以染衣題識之證也从一者象題識也臧沒切十五部

褚卒也方言云卒或謂之褚是也郭云言衣赤褚音赭**从衣者聲**丑吕切五部**一曰裝也**裝各本作製誤今依玉篇廣韵正左傳鄭賈人將寘荀罃褚中以出此謂衣裝也凡裝綿曰著丑吕切其字當作褚小正七月灌荼灌聚也荼雈葦之秀爲將褚之也褚之者裝衣也將各本作蔣字之誤也

𧚯裁

褚卒也　案卒解云丁衣者題識者　題識若
今士卒(號)號衣　左傳敌赤衣冠而褚ゝ卒衣
今亦謂軍裝

犮誤犮

衣也从衣制聲征例切十五部按此篆處非其次當本在裁篆之下䘽蠻夷衣左衽衣从衣犮聲北末切十五部一曰蔽厀方言曰蔽厀江淮之閒謂之褘或謂之袚郭音沸

襚衣死人也士喪禮君使人襚注襚之言遺也公羊傳曰車馬曰賵貨財曰賻衣被曰襚注襚猶遺也遺是助死之禮知生者賵賻知死者贈襚从衣遂聲徐醉切十五部春秋傳曰楚使公親襚襄二十九年左傳文楚欲使襄公親衣死人故下文魯行君臨臣喪之禮以報之也

⿰衤弔棺中縑裏也喪大記曰君裏棺用朱綠用雜金鐕大夫裏棺用玄綠用牛骨鐕士不綠正義云君用朱繒貼四面綠繒貼四角大夫四面玄四角綠士不綠悉用玄按如其說則當云士玄不當云不綠也且顏師古定本綠皆作琢謂鐕琢繒則著於棺則士不琢尤爲不辭蓋綠與琢皆字之誤古本三綠皆正作⿰衤弔以縑裏棺曰⿰衤弔縑幷絲繒也君朱⿰衤弔以三色金鐕椽著之大夫玄⿰衤弔以牛骨鐕椽著之士賤不⿰衤弔則不用鐕士喪禮纖悉畢載而不言裏棺可

證也鄭曰鐕所以椓著裏金部曰鐕所以綴著物者與鄭合鐕與祔皆據喪大記而言从衣弔聲讀若雕都僚切二部

裞贈終者衣被曰裞从衣兌聲輸芮切十五部按此字僅見漢書朱建傳葢襚之或字淺人所增非許本書所有也

褮鬼衣也鬼衣猶冥衣明器之屬也鬼部曰鬽鬼服也引韓詩傳鄭交甫逢二女鬽服釋器曰袕謂之褮郭云衣開孔非許義也从衣熒省聲讀若詩曰葛藟縈之一曰若靜女其袾之袾之袾當作之靜於營切十一部

䘰車溫也車溫玉篇作車韞䘰廣韵曰帤䘰牛領上衣葢當作車溫䘰如帤幡襎裷詩傳袢延之比皆重疊字也今本奪一字从衣延聲式連切十四部

褭以組帶馬也百官志注曰秦爵二十等三曰簪褭御駟馬者按於本義引伸之因以爲馬名要褭古之駿馬也从衣从馬衣馬以組帶馬之意也奴鳥切二部

文一百一十六今增袀　重十一

裘　皮衣也从衣象形各本作从衣求聲一曰象形淺人妄增之也裘之制毛在外故象毛文與衰同意皆从衣而象其形也巨鳩切古音在一部凡裘之屬皆从裘

求　古文裘此本古文裘字後加衣爲裘而求專爲干請之用亦猶加艸爲蓑而衰爲等差之用也求之加衣蓋不待小篆矣

䙢　裘裏也表其毛而爲之裏附於革也詩曰羔羊之皮素絲五它皮言其表也羔羊之革素絲五緎革言其裏也羔羊之縫素絲五總合言其表裏也其裏之所用未詳从裘鬲聲讀若擊楷革切十六部

文二　重一

老　考也序曰五曰轉注建類一首同意相受考老是也學者多不解戴先生曰老下云考也考下云老

也。此許氏之恉爲異字同義舉例也。一其義類，所謂建類一首也；互其訓詁，所謂同意相受也。考老適於許書同部，凡許書異部而彼此二篆互相釋者視此，如寍窒也，窒寍也，但裼也，裼但也之類。老考以疊韵爲訓。七十曰老。曲禮文。从人毛匕。音化。按此篆葢本从毛匕，長毛之末筆非中有人字也。韵會無人字。言須髮變白也。說會意之恉。盧晧切。古音在三部。凡老之屬皆从老。

耋　年八十曰耋。釋言：耋，老也。毛傳云：耋，老也。八十曰耋。按馬融注易、服虔注左傳皆云七十曰耋。葢耋訓老，故七十八十皆得偁也。从老省。小篆既从老省矣，今人或不省，非也。下同。至聲。古音至讀如銍。徒結切。十二部。

𦒻　年九十曰𦒻。今作耄，从老省毛聲。秏今音讀蒿去聲，葢蒿聲毛聲古可通用也。曲禮：八十九十曰耄。注云：耄，惛忘。引左傳：老將知而耄又及之。按其字亦作眊，亦作旄。从老蒿省聲。从蒿者，取蒿目之意。莫報切。二部。

耆　老也。曲禮：六十曰耆。許不言者，許以耆爲七十已上之通偁也。鄭注䠶義云：耆耊皆老也古多假借爲嗜字又按士喪禮士虞禮魚進鬐注鬐脊也古文鬐爲耆許書髟部無鬐字依古文禮故不錄今文禮之字也徐鉉沾附未識此意許於禮經古文今文之字依一則廢一 **从老省旨聲** 渠脂切十五部

耇 老人面凍黎若垢 釋詁曰耇老壽也小雅毛傳曰耇壽也孫炎曰耇面凍黎色如浮垢老人壽徵也儀禮注曰耇凍梨也方言曰東齊曰眉燕代之北郊曰梨秦晉之郊陳兗之會曰耇鮐按方言又曰麋黎老也麋黎即卷一之眉梨凍黎謂凍而黑色或假梨爲之尚書黎老作犂老亦假借也孫炎注本作面凍梨見南山有臺大雅二正義本無如字釋名及方言注乃云如凍梨非也 **从老省句聲** 古厚切四部

□ 老人面如點處 處謂老人面有黑癥之處也點者小黑也 **从老省占聲** 丁念切古音在七部 **讀若耿介之耿** 雙聲也

□ 老人行才相逮 才僅也今字作纔纔相逮者兩足僅能相及言其行遲步小也 **从老省□象形** 各本作易省行象誤今正此非易省

耇 案許蓋以句垢同音爲說（附會牽強） 鄭注儀禮
亦從爾雅皆同言人文有色赤黑如狗之說
蓋黃耇句病背病曲也背當以

年老背傴僂爲義詩是黃耇台背方言陳
兗之會曰耇鮐是其證也

乃象步小相迫之狀也。讀若樹（與駐聲義略同今俗語尚如此常句切四部）

【壽】久也（久者從後灸之也引伸爲長久此用長久之義也）从老省𠷎聲（𠷎見口部今篆體作𠷎誤殖酉切三部）

【考】老也（凡言壽考者此字之本義也引伸之爲成也考槃江漢載芟絲衣毛傳是也凡禮記皇考春秋考仲子之宮皆是也又假借爲攷字山有樞弗鼓弗考傳曰考擊也是也凡言考挍考問字皆爲攷之假借也）从老省丂聲（苦浩切古音在三部）

【孝】善事父母者（禮記孝者畜也順於道不逆於倫是之謂畜）从老省从子子承老也（說會意之恉呼教切二部）

文十

【毛】眉髮之屬及獸毛也（眉者目上毛也髮者首上毛也而者須也須者臣下之毛也𩓣者頰須也頾口上須也及獸毛者貴人賤畜也）象形（莫袍切古音二部）凡毛之屬皆从

毴　毛盛也。从毛隼聲。而尹切，又人勇切。按而尹即玉篇之而允也。書釋文氄，徐而允反，又如兖反。俗本允兖字皆譌作充，而集韵類篇因有而融如容兩切矣。古音當在十五部，如隼之在十五十三兩部也。虞書曰：虞當作唐，說詳禾部。鳥獸毴髦。堯典文。髦毛古同用。今書毴作氄。馬云：溫柔皃。

⿰倝毛　獸豪也。豪者，豕鬣如筆管者也。引伸爲毛之長者之偁。⿰倝毛，古書多作翰。尚書大傳之西海之濱取白狐青翰。鄭曰：翰，長毛也。長楊賦藉翰林以爲主人。韋昭曰：翰，筆也。善曰：說文云：毛長者曰翰。按翰當作⿰倝毛，蓋說文古本有毛長者曰⿰倝毛五字在獸豪也之下。曲禮雞曰翰音。注：翰猶長也。其引伸之義也。从毛倝聲。侯旰切。十四部。

毨　選也。二字依韵會。仲秋鳥獸毛盛可選取㠯爲器。毨選雙聲。堯典鳥獸毛毨。鄭注：毨，理也。毛更生整理。周禮中秋獻良裘，王乃行羽物。鄭注：良，善也。仲秋鳥獸毛毨，因其良時而用之。按許說兼包鄭二義。从毛先聲。讀若選。穌典切。古音在十三部。

⿰毛㒼　㠯毳

爲罽毳獸細毛也罽西胡毳布也色如虋故謂之𣯽與虋雙聲虋禾之赤苗也詳艸部取其同赤故名略同从毛㒼聲莫奔切古音在十四部詩曰毳衣如璊王風文今詩𣯽作璊毛曰璊赬也按許云毳罽謂之𣯽然則詩作如𣯽爲長作如璊則不可通矣玉部曰璊玉經色也禾之赤苗謂之虋璊玉色如之是則𣯽與璊皆於虋得音義許偁詩證毳衣色赤非證璊篆體也淺人改从玉爲从毛失其指矣抑西胡毳布中國自古有之斷非法服毛傳曰大車大夫之車也天子大夫四命其出封五命如子男之服乘其大車檻檻然服毳冕以決訟是則詩所云毳衣者周禮之毳冕非西胡毳布也許專治毛詩豈容昧此疑此六字乃淺人妄增非許書固有然鄭司農之注周禮曰毳罽衣也至後鄭乃云毳畫虎蜼謂宗彝也是則自康成以前皆謂毳爲罽衣毛公但云毳冕而不言何物許說正同大鄭耳

𣰆撚毛也手部曰撚者蹂也撚毛者蹂毛成氈也周禮掌皮曰共其毳毛爲氈古多假旃字从毛亶聲諸延切十四部

𡰣　疑古殿字當作此

文六

毳　獸細毛也　掌皮注曰毳毛毛細縟者　从三毛　毛細則叢密故从三毛象意也此芮切十五部　凡毳之屬皆从毳

𣯥　毛紛紛也　紛紛者多也非分雙聲毳毳猶紛紛也廣韵曰細毛　从毳非聲　甫微切十五部

文二

尸　陳也　陳當作敶攴部曰敶列也小雅祈父傳曰尸陳也按凡祭祀之尸訓主郊特牲曰尸陳也注曰此尸神象當從主訓之言陳非也玉裁謂祭祀之尸本象神而陳之而祭者因主之二義實相因而生也故許但言陳至於在牀曰屍其字从尸从死別爲一字而經籍多借尸爲之　象臥之形　臥下曰伏也此字象首俯而曲背之形式脂切十五部　凡尸之屬皆从尸

𡰣　偫也　偫者儲偫也大元假爲天

地奠位之奠**从尸奠聲**堂練切古音在十一部

居　蹲也足部曰蹲居也二字爲轉注今足部改居爲踞又妄添踞篆訓云蹲也總由不究許書條理罔知古形古義耳立部竣下亦曰居也亦同義而譌爲偓竣也蓋俗本之紛亂如此說文有凥有居凥處也从尸得几而止凡今人居處字古祇作凥處居蹲也凡今人蹲踞字古祇作居廣雅釋詁二凥也一條釋詁三踞也一條畫然分別曹憲曰按說文今居字乃箕居字近之矣但古人有坐有跪有蹲有箕踞跪與坐皆厀著於席而跪聳其體坐下其脽詩所謂啟處四牡傳曰啟跪也處居也四牡不遑啟處采薇出車作不遑啟居居皆當作凥許凥下云處也正本毛傳引伸之爲凡凥處字也若蹲則足底著地而下其脽聳其厀曰蹲其字亦作竣原壤夷俟謂蹲踞而待不出迎也若箕踞則脽著席而伸其腳於前是曰箕踞趙佗箕踞見陸賈聞賈言乃蹷然起坐是也箕踞爲大不敬三代所無居篆正謂蹲也今字用蹲居字爲凥處字而凥字廢矣又別製踞字爲蹲居字而居之本義廢矣**从尸古聲**各本作古者居从古乖於全書之例淺人

因下云俗居从足而竄改譌謬耳今正九魚切五部⿸尸足俗居从足小徐本如此不誤大徐本篆作踞非也小徐云⿸尸足一本从居則小徐時固有兩本屓臥息也西京賦吳都賦皆用㠭眉字說者謂作力之皃也㠭見大部㠭俗譌贔眉俗譌屓又譌屭今學者罕知其本字矣眉之本義爲臥息鼻部所謂鼾也用力者必皷其息故引伸之爲作力之皃呬息也音義略同从尸自徐鍇曰自鼻也小徐作自聲許介切按本虛器切十五部屑動作切切也方言曰屑屑不安也秦晉謂之屑屑又曰屑勞也屑猶也邶風不我屑以毛傳曰屑潔也从尸肖聲私列切十二部按俗从肖非展轉也展者未轉而將轉也陸德明云字林作輾然則周南作輾轉非古也毛傳曰展誠也方言曰展信也此因展與𧶠音近假借从尸展布四體之意𧝓省聲知衍切十四部屆行不便也此與艐義相近艐船著沙不行也一曰極也釋言曰屆極也蕩閟宮毛傳同釋詁方言皆曰艐至也郭云艐古屆字按謂古用艐今用

屈也般屈雙聲从尸凷聲古拜切十五部尻脽也按釋名以尻與臀別爲二漢書結股腳連脽尻每句皆合二物也尻今俗云溝子是也脽今俗云屁股是也析言是二統言是一故許云尻脽也通俗文埤蒼皆云尻骨謂之八髎釋名曰尻廖也所在廖牢深也从尸九聲苦刀切古音在三部𡱂髀也髀者股外也此云髀者專言股後从尸下丌凥几凥各本作居誤今正丌下基也凥者人之下基凥几者猶言坐於牀木部曰牀安身之几坐也凥下曰从尸得几而止皆謂牀也徒魂切十三部脽𡱂或从肉隼隼聲也與肉部脽字義同字異臀𡱂或从骨殿聲今周易春秋考工記皆作臋从肉軍後曰殿卽臋之假借字也𡰪尻也从尸旨聲詰利切十五部尼從後近之尼訓近故古以爲親暱字高宗肜日曰典祀無豐于尼釋文尼女乙反尸子云不避遠尼尼近也正義釋詁云卽尼也孫炎云卽猶今也尼近也郭璞引尸子悅尼而來遠自天寶閒衞包改經尼爲昵開寶閒陳鄂又

改釋文尼爲昵而賈氏羣經音辨所載猶未誤也尼之本義從後近之若尼山乃取於圩頂水潦所止昵之假借字也孟子止或尼之尼止也與致遠恐泥同泥濘之假借字也 **从尸匕聲** 女夷切古音蓋在十五部

屆 屆层 二字各本無今依全書通例補 **從後相躡也** 躡各本作甶今依玉篇訂以後次前積疊之謂之屆层吳都賦作𡍤㙞楚立除立二切善曰枝柯相重疊皃廣韵曰重累土也廣韵亦單用屆字訓楔非此義也 **从尸甶聲** 楚洽切八部廣韵云初戢切

层 屆层也从尸乏聲 直立切七部

㞋 柔皮也 周禮所謂攻皮也函人職曰革欲其柔滑而腥脂之則耎廣雅曰㞋弱也是與耎音義同 **从尸又** 會意 **又申尸之後也** 从尸謂皮也从又謂申其後也申者引伸之意此九字大小徐本皆不完今補大徐作㞋而曰或从又小徐作㞋而曰或从又疑从又爲是人善切十五部

屒 伏皃 未聞 **一曰屋宇也** 與宀部宸音義同尸象屋形 **从尸辰聲** 珍忍切十三部

屖　屖遲也三字爲句玉篇曰屖今作栖然則屖遲卽陳風之棲遲也毛傳曰棲遲遊息也从尸辛聲先稽切古音在十二部

屝　履屬履者屨也足所依也云屬者屨之麤者曰屝也方言曰屝麤履也釋名曰齊人謂草履曰屝按喪服傳菅屨者菅菲也杜注左傳曰屝草屨也菲者屝之假借字从尸非聲扶沸切十五部

屍　終主也終主者方死無所主以是爲主也曲禮曰在牀曰屍今經傳字多作尸同音假借也亦尚有作屍者从尸死死者終也尸者主也故曰終主式脂切十五部

屠　刳也刳判也从尸者聲同都切五部

屟　履之荐也之各本作中今依元應所引訂此藉於履下非同履中苴也荐者藉也吳宮有響屟廊東宮舊事有絳地文履屟百副卽今婦女鞵下所施高底其字本音他頰切轉爲他計切今籤匱有抽屜本卽屟字从尸枼聲穌叶切八部

屋　凥也凥各本作居誤今正凡凥凥處於尸得几之字引伸不當用蹲居字也屋者室之覆也引申之凡覆於上者皆曰屋天

子車有黃屋詩箋屋小帳也从尸句尸遐所主也凡尸皆得訓主屋从尸者人爲屋主也一曰尸象屋形此从尸之又一說也上象覆旁象壁从至句至句所止也屋室皆从至室下亦曰至所止也烏谷切三部㞒籒文屋从厂厂呼旱切屋古文屋按此字葢即手部古文握字見於淮南書淺人補入此耳屛屛此複舉字之未刪者蔽也小雅萬邦之屛傳曰屛蔽也引伸爲屛除按古無平仄之分从尸幷聲必郢切十一部層重屋也曾之言重也曾祖曾孫皆是也故从曾之層爲重屋考工記四阿重屋注曰重屋複笮也後人因之作樓木部曰樓重屋也引伸爲凡重疊之偁古亦假增爲之从尸曾聲昨棱切六部

文二十三　重五

說文解字第八篇上

桐城章甫校字

說文解字第八篇下

金壇段玉裁注

尺十寸也寸十分也禾部曰十髮爲程一程爲分十分爲寸又曰律數十二十二禾秒而當一分十分而寸漢志曰九十分黃鐘之長一爲一分十分爲寸十寸爲尺十尺爲丈十丈爲引而五度審矣人手卻十分動脈爲寸口寸部下亦曰人手卻一寸動𧖴謂之寸口鄭注周禮曰脈之大候要在陽明寸口疏云陽明在大拇指本骨之高處與弟二指間寸口者大拇指本高骨後一寸是也按大拇指本高骨後一寸許所謂人手卻十分也卻者㡿也㡿者拓也人手覓又開拓十分得動脈之處是曰寸口凡寸之度取象於此十寸爲尺十其長是爲尺尺逗所㠯指尺規榘事也指尺當作指㡿聲之誤也指㡿猶標目也用規榘之事非尺不足以爲程度尺居中下可晐寸分上可包丈引也漢志曰寸者忖也尺者蒦也尺㡿

蔓三字同韵从尸主也从乙會意昌石切古音在五部古書亦借赤爲之毛晃曰宋時案牘如此乙逗所識也漢武帝讀東方朔上書未盡輒乙其處題識之意也以榘尺記識所度故從乙周制寸尺咫尋常仞諸度量皆㠯人之體爲法寸法人寸口尺起於寸咫法中婦人手尋八尺也法人兩臂之長常倍尋或曰常當作丈周制八寸爲尺十尺爲丈人長八尺故曰丈夫人部曰仞伸臂一尋也是仞尋無二而此尋仞並舉疑許主七尺曰仞之說人部之解出後人改竄非許原文說詳人部凡尺之屬皆从尺

中婦人手長八寸謂之咫賈逵韋昭注國語杜預注左傳說皆同案咫之言猶近也晉語吾不能行也咫楚語是知天咫周書大子晉視道如咫周尺也通典引白虎通曰夏法日日數十也日無不照尺所度無不極故以十寸爲尺殷法十二月言一歲之中無所不成故以十二寸爲尺周據地而生地者陰也以婦人爲法婦人大率奄八寸故以八寸爲尺按奄字未詳疑是手之誤字上

文曰十寸爲尺此及夫字下云周制八寸爲尺別周制之異乎古也王制曰古者以周尺八尺爲步今以周尺六尺四寸爲步鄭注曰周尺之數未之詳聞案禮制周猶以十寸爲尺蓋六國時多變亂法度或言周尺八寸以步更爲八八八六十四寸鄭意八寸爲尺周末始有之與許說異然許亦曰諸侯力政分爲七國田疇異畮車涂異軌律令異法則其說亦未嘗不合也左傳天威不違顏咫尺咫尺並言不云二尺也國語列子皆言其長尺有咫亦不言其長二尺也是可證周未嘗八寸爲尺矣　从尺只聲　諸氏切十六部

文二

尾　微也　微當作㣲㣲細也此以疊韵爲訓如門捫也戶護也之例方言曰尾盡也尾梢也引伸訓爲後如晉語歲之二七其靡有微兮古亦叚微爲尾　从到毛在尸後　到者今之倒字無斐切十五部今隸變作尾　古人或飾系尾　未聞鄭說韍曰古者佃漁而食之衣其皮先知蔽前後知蔽後後王易之

以布帛而獨存其蔽前者不忘本也按蔽後卽或飾系尾之說也**西南夷皆然**後漢書西南夷列傳曰槃瓠之後好五色衣服製裁皆有尾形按尾爲禽獸之尾此甚易解耳而許必以尾系之人者以其字從尸人可言尸禽獸不得言尸也凡全書內嚴人物之辨每如此人飾系尾而禽獸似之許意如是**凡尾之屬皆从尾**

屬　連也連者負車也今字以爲聯字屬今韵分之欲市玉二切其義實通也凡異而同者曰屬鄭注司徒序官云州黨族閭比者鄉之屬別注司市云介次市亭之屬別小者也凡言屬而別在其中如秔曰稻屬秏曰稻屬是也言別而屬在其中如稗曰禾別是也**从尾**取尾之連於體也**蜀聲**之欲切三部今作屬

屈　無尾也韓非子曰鳥有翢翢者重首而屈尾高注淮南云屈讀如秋雞無尾屈之屈鄭注方言隆屈云屈尾淮南屈奇之服許注云屈短也奇長也凡短尾曰屈玉篇巨律切元應書廣韵衢勿切今俗語尚如是引伸爲凡短之偁山短高曰崛其類也今人屈伸字古作詘申不用屈字此古今字之異也鈍筆曰掘筆短頭船

曰撅頭皆字之假借也　从尾出聲　九勿切十五部按九勿當作衢勿乃合俗分屈屈爲二字不知屈乃屈之隸變

尿　人小便也从尾水　會意古書多假溺爲之奴弔切二部

文四

履　足所依也　履依疊韵古曰屨今曰履古曰履今曰鞵名之隨時不同者也引伸之訓踐如君子所履是也又引伸之訓祿詩福履綏之毛傳曰履祿也又引伸之訓禮序卦傳詩長發傳是也履禮爲疊韵履祿爲雙聲　从尸服履者也从彳夊　夊楚危切彳夊皆行也　从舟象履形　合四字會意艮止切按艮止誤也當依篇韵力几切十五部　一曰尸聲　別一說也　凡履之屬皆从履

䪨　古文履从頁从足　履重首故从頁

屨　履也　晉蔡謨曰今時所謂屨者自漢以前皆名屨左傳踊貴屨賤不言履賤禮記戶外有二屨不言二履賈誼曰冠雖敝不以苴履亦不言苴屨詩

曰糾糾葛屨可以履霜屨舄者一物之別名履者足踐之通稱按蔡說極精易詩三禮春秋傳孟子皆言屨不言履周末諸子漢人書乃言履詩易凡三履皆謂踐也然則履本訓踐後以爲屨名古今語異耳許以今釋古故云古之屨即今之履也周禮屨人掌爲舄屨鄭云複下曰舄襌下曰屨古人言屨以通於複今世言履以通於襌俗易語反與方言屝屨麤履也屨其通語也 **从履省婁聲** 九遇切古音在四部 **一曰鞮也** 革部鞮下曰屨也二字爲轉注方言曰襌者謂之鞮

𡳐 **履下也** 謂履之之底也行地經歷者今人言履歷當用此字 **从履省歷聲** 郎擊切十六部

𡳓 **履屬从履省予聲** 徐呂切五部廣韵徐預切

屩 **屨也** 屩大徐作屐非也今依小徐史記孟嘗君傳躡屩虞卿傳及漢書王褒傳作蹻假借字也釋名曰屩蹻也出行著之蹻蹻輕便因以爲名應劭曰木蹻臣瓚曰以繩爲屩徐廣曰蹻草履也按屩蓋輕便可遠行之履非法服之履也臣瓚徐廣說是 **从履省喬聲** 居勺切古音在二部平聲

屐 **屩也**

从屨省支聲奇逆反古音在十六部按釋名云屐搘也爲兩足搘以踐泥也又云屩不可踐泥也屐踐泥者也然則屐與屩有別

文六　重一

舟船也邶風方之舟之傳曰舟船也古人言舟漢人言船毛以今語釋古故云舟卽今之船也不傳於柏舟而傳於此者以見方之爲泭而非船也古者共鼓貨狄刳木爲舟剡木爲楫以濟不通郭注山海經曰世本云共鼓貨狄作舟易毄辭曰刳木爲舟剡木爲楫舟楫之利以濟不通致遠以利天下蓋取諸渙共鼓貨狄黃帝堯舜閒人貨狄疑卽化益化益卽伯益也考工記故書舟作周象形職流切三部凡舟之屬皆从舟

俞空中木爲舟也淮南氾論訓古者爲窬木方版以爲舟航高曰窬空也方並也舟相連爲航也按窬同俞空中木者舟之始並板者航之始如椎輪

爲大路之始其始見本空之木用爲舟其後因刳木以爲舟凡穿窬廁牏皆取義於兪中孚傳曰利涉大川乘木舟虛从亼从舟从巜合三字會意羊朱切古音在四部巜水也巜下曰水流澮澮也說从巜之意

船　舟也二篆爲轉注古言舟今言船如古言屨今言鞵舟之言周旋也船之言沿也从舟㕣聲各本作鉛省聲非是口部有㕣字水部有沿字㕣聲今正食川切十四部

肜　船行也夏曰復胙商曰肜周曰繹即此字取舟行延長之意也其音以戎切其字毛詩箋作融从舟彡聲丑林切七部

舳　舳艫也各本艫上刪舳字今補此三字爲句非以艫釋舳也韵會所據本不誤从舟由聲直六切三部漢律名船方長爲舳艫長當作丈史漢貨殖傳皆曰船長千丈注者謂總積其丈數蓋漢時計船以丈每方丈爲一舳艫也此釋舳艫之謂二字不分析者也下文分釋舳謂船頭艫謂船尾此分析者也一曰船尾船舊作舟今正此單謂舳字也方言曰舟後曰舳舳所以制水也郭

舠

篆去刖存刀孰知其爲从刖省者玉篇舠播也兀篆形作兀與刀相近爛文遂誤舠爲舠緣後人所竄廣韵又以𦨶也舠爲俗以刖省聲五字

云今江東呼柁爲舳按釋名船其尾曰柁仲長統郭璞皆用柁字而淮南子作杕船之有舳如車之有軸主乎運轉

艫　舳艫也此二字不分析之說也从舟盧聲洛乎切五部一曰船頭此單謂艫字也方言曰舟首謂之閤閭郭云今江東呼船頭屋謂之飛閭是也釋名曰舟其上屋曰廬象廬舍也其上重室曰飛廬在上故曰飛也按此皆許所謂船頭曰艫艫閭古音同耳李斐注武帝紀亦云舳船後持柁處艫船頭刺櫂處說與許同而小爾雅艫船後也舳船前也吳都賦劉注本之與許異蓋小爾雅呼設柁處爲船頭也

𦨶　船行不安也方言說舟曰僞謂之扤扤不安也郭云僞音訛船動搖之皃也扤吾敎反按𦨶者正字扤者假借字也書阢隉易䑵𦨶皆不安也从舟刖省聲聲字舊奪今補讀若兀五忽切十五部廣韵曰俗作舤

艐　船著沙不行也沙字各本奪今依廣韵一東三十三箇所引補大人賦張揖注曰艐著也尸部屆行不便也郭注方言云艐古屆字按釋詁方言皆曰艐至也不行之義之引伸也从舟

㚇聲子紅切九部讀若⿱艹學此音與子紅爲雙聲與屆亦雙聲漢時語如是朕我也闕此說解既闕而妄人補我也二字未知許說字之例也按朕在舟部其解當曰舟縫也从舟𠔉聲何以知爲舟縫也考工記函人曰視其朕欲其直也戴先生曰舟之縫理曰朕故札續之縫亦謂之朕所以補許書之佚文也本訓舟縫引伸爲凡縫之偁凡言朕兆者謂其幾甚微如舟之縫如龜之坼也目部瞽字下云目但有朕也謂目但有縫也釋詁曰朕我也此如卬吾台余之爲我皆取其音不取其義趙高之於二世乃曰天子所以貴者但以聞聲羣臣莫得見其面故號曰朕比傅朕字本義而言之遂以亡國凡說文字不得其理者害必及於天下趙高王安石是也云从舟𠔉聲者人部佚字亦云𠔉聲今說文雖無𠔉字然論例當有之凡勝縢滕騰䲢皆以朕爲聲則朕古音當在六部矣今音直禁切六部與七部合韵冣近也

舫船也各本作船師也今依韵會所據本舫祇訓船舫人乃訓習水者觀張揖之訓榜人可得其理矣篇韵皆曰舫並兩船是認船爲方也舫行而方之本義廢矣舫之本義

亦廢矣爾雅釋言曰舫舟也其字作舫不誤又曰舫泭也其字當作方俗本作舫釋水大夫方舟亦或作舫則與毛詩方泭也不相應愚嘗謂爾雅一書多俗字與古經不相應由習之者多率肊改之也　**明堂月令曰**

舫人　月令六月命漁師伐蛟鄭注今月令漁師爲榜人按榜人即舫人舫正字榜假借字許所據即鄭所謂今月令也子虛賦榜人歌張揖注曰榜船也　月令命榜人榜人船長也張所據亦作榜人　**舫人**　二字舊奪今補　**習水者**　張揖所謂船長杜詩所謂長年吳都賦曰檣工楫師選自閩禺　**从舟方聲**　甫妄切十部

般　辟也　人部僻下曰辟也此辟字義同投壺曰賓再拜受主人般旋曰辟主人阼階上拜送賓般旋曰辟般步干反還音旋辟徐扶亦反論語包氏注足躩如盤辟皃也盤當作般般辟漢人語謂退縮旋轉之皃也大射儀賓辟注曰辟逡遁不敢當盛釋言曰般還也還者今之環字旋也荀爽注易曰盤桓者動而退也般之本義如是引伸爲般遊般樂　**象舟之旋**　說从舟之意　**从舟从殳**　會意　**殳令舟旋者也**

令韵會作命說從殳之意殳謂所以刺船者也北潘切按當云薄官切十四部

般 古文般从支各本作从支誤今正从攴猶从殳也

服 用也關雎箋曰服事也一曰車右騑所吕舟旋騑毛刻作騎誤馬部曰騑驂也旁馬也古者夾轅曰服馬其旁曰驂馬此析言之許意謂渾言皆得名服馬也獨言右騑者謂將右旋則必策冣右之馬先向右左旋亦同舉右以晐左也舟當作周馬之周旋如舟之旋故其字从舟从舟及聲房六切古音在一部

服 古文服从人从舟从人者凡事如舟之於人冣切用也凡事皆當如人之操舟也○

𦨈 小船也从舟周聲各本無此字衞風曾不容刀釋文曰說文作𦨈小船也正義曰說文作𦨈小船也今據補於末其形从正義

文十二補𦨈則十三　重二

方 併船也周南不可方思邶風方之舟之釋言及毛傳皆曰方泭也今爾雅改方爲舫非其義矣併

船者並兩船爲一釋水曰大夫方舟謂併兩船也泭者編木以爲渡與併船異事何以毛公釋方不曰併船而曰泭也曰併船編木其用略同故俱得名方方舟爲大夫之禮詩所言不必大夫則釋以泭可矣若許說字則見下从舟省而上有竝頭之象故知併船爲本義編木爲引伸之義又引伸之爲比方子貢方人是也秦風百夫之防毛曰防比也謂防卽方之假借也又引伸之爲方圓爲方正爲方向又假借爲旁上部曰旁溥也凡今文尙書作旁者古文尙書作方爲大也生民實方實苞毛曰方極畝也極畝大之意也又假借爲甫召南維鳩方之毛曰方之方有之也方有之猶甫有之也**象兩舟省總頭形**兩當作网下象兩舟併爲一上象兩船頭總於一處也府良切十部通俗文連舟曰舫與許說字不同葢方正字俗用舫**凡方之屬皆从方**

汸　方或从水

斻　方舟也舟字葢衍衞風一葦杭之毛曰杭渡也杭卽斻字詩謂一葦可以爲之舟也舟所以渡故謂渡爲斻始皇臨浙江水波惡乃西百二十里從狹中渡其地因有餘杭縣杜篤論都賦造舟於渭

北杭涇流章懷後漢書作北沆注云說文沆字在方部今流俗不解遂與杭字相亂者誤也是說誠然然沆之作杭久矣章懷偶一正之而不能盡正也李南傳向度宛陵浦里沆馬踠足亦係章懷改杭爲沆而地理郡國二志餘杭縣未之或改也沆亦作航方言曰舟或謂之航杭者說文或抗字 **从方亢聲** 胡郎切十部 **禮天子造舟諸侯維舟大夫方舟士特舟** 大雅詩傳及釋水同李巡曰比其舟而渡曰造舟中央左右相維持曰維舟併兩船曰方舟一舟曰特舟孫炎曰造舟比舟爲梁也維舟連四舟也釋水及公羊傳注此下又有庶人乘泭句

文二　重一

儿　古文奇字人也 此冡人部而言人者天地之性㝡貴者也此籀文象臂脛之形其作儿者則古文奇字之人也如大下曰天大地大人亦大故大象人形古文大也亣下曰籀文大則例正同亣與儿之義巳

見於大與几之下故皆不必叓言其義今俗本古文奇字之上妄添仁人也三字是爲蛇足同字而必異部者異其从之之字也**象形孔子曰儿在下故詰詘**儿在各本作在人今依玉篇詘各本作屈誤今正舉孔子說證象形也籀文兼象䏶脛古文奇字則惟象股脚詰詘猶今云屈曲也如鄰切十二部**凡儿之屬皆从儿**

高而上平也从一在儿上儿各本作人今正一在儿上高而平之意也凡从兀聲之字多取孤高之意**讀若敻**敻今韵在四十四諍古音在元寒部今韵十月者元之入也兀音同月是以跀亦作䟰其平聲讀如涓在十四部今音五忽切**茂陵有兀桑里**地理志右扶風有茂陵縣郡國志同許多言鄉言亭此言里者葢周秦舊名

孺子也子部曰孺乳子也乳子乳下子也襍記謂之嬰兒女部謂之嫛婗兒孺雙聲引伸爲凡幼小之偁**从儿象小兒頭囟未合**謂篆體囟也囟者頭會匘蓋也小兒初生匘蓋未合故象其形汝移切十六部

信也

釋詁毛傳皆曰允信也詩仲允漢表作中術**从吕儿**大徐作从儿吕聲吕非聲也今依韵會所據小徐本吕用也任賢勿貳是曰允此會意字余準切十三部

兌說也說者今之悅字其義見易大雅行道兌矣傳曰兌成蹊也松柏斯兌傳曰兌易直也此引伸之義老子塞其兌閉其門借爲閱字閱同穴**从儿㕣聲**㕣與沇古同字同音兌爲㕣聲者古合音也大外切十五部

充長也高也廣韵曰美也塞也行也滿也**从儿育省聲**三部與九部合音也昌終切九部

○**亮明也从儿高省**各本無此依六書故所據唐本補葢卽晁氏以道所見唐本也古人名亮者字明人處高則明故其字从儿高明者可以佐人故釋詁曰亮相導也典謨多用亮字大雅涼彼武王傳曰涼佐也此假涼爲亮也韓詩正作亮孟子曰君子不亮惡乎執此假亮爲諒也力讓切十部

文六今增亮則文七

兄　長也　古長不分平上其音義一也長短滋長長幼皆無二義兄之爲長以曡韵爲訓也小雅兄也永歎傳曰兄茲也大雅倉兄塡兮傳曰兄滋也職兄斯引職兄斯宏傳曰兄茲也又小雅僕夫兄瘁箋云兄茲也又大雅亂兄斯削箋云而亂茲甚茲與滋義同茲者草木多益也滋者益也凡此等毛詩本皆作兄俗人乃改作从水之況又譌作况陸氏音義不能諟正畫一正僞錯出且於常棣云作兄者非由未知茲益乃兄之本義故耳兄之本義訓益許所謂長也許不云茲者許意言長則可晐長幼之義也矢部矤下曰兄詞也謂加益之詞此滋長之義也無逸無皇曰今文尚書作毋兄曰王肅本皇作況注曰況滋韋昭注國語云況益也皆兄訓益之證引伸之則爾雅曰男子先生爲兄後生爲弟先生之年自多於後生者故以兄名之猶弟本義爲韋束之次弟以之名男子後生者也莫重於君父故有正字兄弟之字則依聲託事古兄長與兄益無二音也淺人謂兄之本義爲男子先生則主從倒置豈弟之本義爲男子後生乎世之言小學者知此而後可與言說文可與言經義顧希馮玉篇不知此則直云男

子先生爲兄男子後生爲弟而已以兄弟二部次於男部女部閒觀其列部之次第可以知其不識字義**从儿从口**口之言無盡也故以儿口爲滋長之意今音許榮切古音在十部讀如荒轉爲去聲許訪切今人評兄爲況老乃古語也用況者於古爲假借皃況皆俗字皃以意製左國多用之況乃況之變冣爲後出**凡兄之屬皆从兄**

競 **競也**競者彊語也小雅無羊傳曰矜矜兢兢以言堅彊也釋文此義其冰反**从二兄**會意**二兄競意**說從二兄之意**从丰聲**丰讀若介此取雙聲也二丰皆聲也**讀若矜**居陵切六部漢時矜讀如今韵矣**一曰兢**此復舉兢字各本譌作競今依葉抄本集韵類篇無此字**敬也**小雅戰戰兢兢傳曰戰戰恐也兢兢戒也小徐本無此五字玉篇引亦無

文二

兂 **首笄也**竹部曰笄簪也二字爲轉注古言笄漢言兂此謂今之兂即古之笄也古經無簪字惟易

豫九四朋盍簪鄭云速也實寁之假借字張揖古今字詁㨗作撍埤蒼云撍疾也寁㨗撍同字京作撍經文之簪古無釋爲笄者又士喪禮復者一人以爵弁服簪衣于裳注云簪連也然則此實鐕之假借字金部曰鐕可以衣箸物者凡經典此二簪字外無言簪者**从儿匚象形**此非相與比敘之匕乃象兂之形也兂必有岐故又曰叉俗作釵釋名曰叉枝也因形名之也篆右象其叉左象其所抵以固弁者側琴切七部**凡兂之屬皆从兂**

簪俗兂今俗行而正廢矣**从竹从朁**朁聲

兟兟兟銳意也各本譌替替今依玉篇集韵正兂主入故兩兂爲銳之意兟兟其言所謂意內而言外也凡俗用鑯尖字卽兟字之俗**从二兂**子林切七部

文二　重一

皃頌儀也頁部曰頌皃也此曰皃頌儀也是爲轉注頌者今之容字必言儀者謂頌之儀度可皃象

也凡容言其內皃言其外引伸之凡得其狀曰皃析言則容皃各有當如叔向曰貌不道容是也絫言則曰容貌如動容貌斯遠暴慢是也　**从儿白象面形**　上非黑白字乃象人面也莫教切二部　**凡皃之屬皆从皃**

皃或从頁豹省聲　按此蓋易籒文之皃爲頁　**籒文皃从豸**　大徐本作从豹省今字皆用籒文

覍也　按當云覍覍屬轉寫奪屬字耳冠下云弁冕之總名也云總名則弁與覍固有分矣覍下云大夫以上冠也云大夫以上冠則士無覍可知士有爵弁非覍也依禮器則夏殷之士有覍周之士爵弁亦覍之亞也周禮掌弁覍之官但曰弁師　**周曰覍殷曰吁夏曰收**　吁宋本及五音韻譜如此此古本也五經文字曰字林作冔經典相承隸省作冔然則冔字又出字林後許書安得有冔白虎通作謣吁謣皆大義士冠禮記曰周弁殷冔夏收鄭曰弁名出於槃槃大也言所以自光大也冔名出於幠幠覆言所以自覆飾也收言所以收斂髮也郊特牲亦曰周弁殷冔夏收弁者爵弁非覍也而王制有

虞氏皇而祭夏后氏收而祭殷人冔而祭周人冕而祭不言弁言冕鄭曰皇冕屬則收冔皆冕屬可知大雅厥作祼將常服黼冔傳曰冔殷冠也夏后氏曰收周曰冕亦不以周弁配夏收殷冔而言周冕故知士冠禮郊特牲之周弁非不可云周冕葢周之爵弁卽夏殷之收冔收冔卽夏殷之冕周禮司服弁師二職皆不言爵弁其諸爵弁包於冕與鄭曰爵弁制如冕黑色但無繅耳玉裁謂周覍殷吁夏收皆冕也爵弁卽夏殷之冕則韋弁皮弁亦冕屬也故許以冕屬釋之**从皃象形**謂篆體小也葢象皮弁之會鄭曰會縫中也皮變切十四部按弁古音同盤其引伸之義爲法如顧命率循大弁是也亦爲大如鄭云所以自光大是又假借爲昪樂字如詩小弁傳曰弁樂也卽衛風傳之盤樂也弁樂之反爲弁急如左傳邾莊公卞急是也**弁或覍字**今則或字行而正字廢矣

㒵爲籒文則覍本古文也人象上覆之形弁之譌俗爲卞由隸書而訛謬也**㒵籒文覍从廾上象形**从廾者敬以承之也

文二　重四

兜 廱蔽也廱當作邕俗作壅此字經傳罕見音與蠱同則亦蠱惑之意也晉語曰在列者獻詩使勿兜疑兜或當爲兆韋曰兜惑也从儿象左右皆蔽形左右當作ナ又謂口也凡兜之屬皆从兜讀若瞽公戶切五部

兜 兜鍪逗首鎧也鎧者甲也鍑屬曰鍪首鎧曰兜鍪謂其形似鍪也冃部曰冑兜鍪也古謂之冑漢謂之兜鍪長楊賦鞮鍪生蟣蝨李善曰鞮鍪即兜鍪也玉裁謂鞮屨也鍪兜鍪也从兜从皃省會意當侯切四部皃象人頭形也說从皃省之意皃之上體象人面

文二

先 前進也前當作歬不行而進曰歬凡言歬者緩詞凡言先者急詞也其爲進一也从儿之

之者出也引伸爲往也穌前切古音在十三部讀若先聲之詵

凡先之屬皆从先

兟　進也

五經文字儿部曰兟色巾反見詩按此謂大雅甡甡其鹿也今大雅作甡傳曰甡甡衆多也但玉篇云兟多也亦作詵駪𩣱兟甡字同是衆多之義可作兟據五經文字則張參所據大雅作兟蓋並先爲衆進之意今石刻五經文字此字已泐而馬刻本乃誤爲兟蓋因宋榻模糊而譌耳

从二先贊从此闕

闕謂闕其讀若也今所臻切十三部

文二

秃　無髮也

喪服四制曰秃者不髽明堂位注曰齊人謂無髮爲秃楬周禮醫師注曰庀頭瘍亦謂秃也引伸之凡不銳者曰秃釋名曰沐秃皆無上見之稱沐者管子云沐涂樹之枝謂刊落之也

从儿上象禾粟之形取其聲

按粟當作秀以避諱改之也𥝌下云禾成秀也然則秀𥝌爲轉注象禾秀之形

秃者秀之反禾穗割則上髡然古語之秃其聲从之故云取其聲人伏禾中之說鑿甚又轉秃上从禾不从禾

又𥝌字从科省从杌左元窮說四土不和木科𥝌集韻引宋雅疏說云科𥝌木首杌也

者謂禾秀之穎屈曲下㬎莖屈處圓轉光潤如折釵股秃者全無髮首光潤似之故曰象禾秀之形秀與秃古音皆在三部故云秃取秀之聲爲聲也許書兩言取其聲世下曰从丗而曳長之亦取其聲謂取曳聲也此云象禾秀之形取其聲謂取秀聲也皆會意兼形聲也其實秀與秃古無二字殆小篆始分之今人秃頂亦曰秀頂是古遺語凡物老而椎鈍皆曰秀如鐵生衣曰銹他谷切

凡秃之屬皆从秃。王育說。謂以上爲王育說也

倉頡出見秃人伏禾中。因吕制字。未知其審。因一時之偶見遂定千古之書契秃人不必皆伏禾中此說殆未然矣廣韵秃下曰說文云無髮也从儿上象禾粟之形文字音義云倉頡出見秃人伏於禾中因以制字廣韵不以倉頡云云爲說文語則知古本無倉頡以下十七字而王育說三字爲結上之辭全書例固如此文字音義者唐書藝文志有元宗開元文字音義三十卷是也

穨　秃皃。周南曰我馬虺頹釋詁及毛傳曰虺頹病也秃者病之狀也此與𠂤部之隤迴別今毛詩作隤誤字也又小雅維風及頹

毛傳曰頹風之焚輪者也與釋天同**从秃貴聲**此从𩓝聲今俗字作頹失其聲矣杜回切十五部

文二

見視也析言之有視而不見者聽而不聞者渾言之則視與見聞與聽一也耳部曰聽聆也聞知聲也此析言之**从目儿**用目之人也會意古甸切十四部**凡見之屬皆从見**

視瞻也目部曰瞻臨視也視不必皆臨則瞻與視小別矣渾言不別也引伸之義凡我所爲使人見之亦曰視士昏禮視諸衿鞶注曰視乃正字今文作示俗誤行之曲禮童子常視毋誑注曰視今之示字小雅視民不恌箋云視古示字也按此三注一也古作視漢人作示是爲古今字示下曰天垂象見吉凶所以示人也許書當本作視人以疊韵爲訓經淺人改之耳**从見示聲**大徐無聲字神至切十五部

眎古文視眡亦古文視此氐聲與目部眂氏聲迥別氐聲古音在十五部氏聲在十六部自唐宋至今多亂之眡見周禮

䚕求視也視字各本奪今補求視者求索之視也李善注吳都賦引倉頡篇曰䚕索視之皃也亦作矖从見麗聲讀若池郎計切十六部

覣好視也和好之視也从見委聲取委順之意於爲切十六部

䚒旁視也目部曰睨衺視也二字音義皆同从見兒聲五計切十六部

覶好視也女部曰嫷順也覶與嫷義近玉篇曰覶縷委曲也古書亦作覼縷詳言之意从見𤔔聲洛戈切古音當在十四部

䙴笑視也嬉笑之視也目部曰睩目睞謹也廣韵曰䙴眼曲䙴也从見彔聲力玉切三部

䚋大視也目部曰睅大目也故䚋爲大視从見爰聲況晚切十四部

覝察視也密察之視也高帝紀廉問師古注曰廉察也字本作覝其音同耳按史所謂廉察皆當作覝廉行而覝廢矣从見𤇾聲𤇾見火部从入二爲羊之羊爲聲非从入一爲干也篆體沿誤今皆正之讀若鎌力鹽切七部

覭外博衆視也舊視

㝵　案取与㝵義有先後渾言之㝵亦取也取亦㝵也序云視而可識察而可㝵之爛文存見

上有多字今依廣韵删衆多之視所視者衆也負物數也䚷物數紛䚷亂也覞同音而義近搏大通也外大通而多所視也**从見員聲讀若運**王問切十三部**觀諦視也**宷諦之視也穀梁傳曰常事曰視非常曰觀凡以我諦視物曰觀使人得以諦視我亦曰觀猶之以我見人使人見我皆曰視一義之轉移本無二音也而學者強爲分別乃使周易一卦而平去錯出支離殆不可讀不亦固哉小雅采綠傳曰觀多也此亦引伸之義物多而後可觀故曰觀多也猶灌木之爲藂木也**从見雚聲**古玩切按玩當作完十四部**𥉍古文觀从囧㝵取也从見寸**會意多則切一部**寸度之亦手也**說从寸兼此二解按彳部㝵爲古文得此爲小篆義不同者古今字之說也在古文則同得在小篆則訓取也說詳女部之嬻**覽觀也**以我觀物曰覽引伸之使物觀我亦曰覽史記孟荀列傳爲開第康莊之衢高門大屋尊寵之覽天下諸侯賓客言齊能致天下賢士也此覽字無讀去聲者則觀字何必鈲析其音乎**从**

八篇下

見監會意監亦聲盧敢切八部䚂內視也史記趙良曰內視之謂明於从來取意从見來聲洛代切一部䚋顯也顯當作㬎㬎顯古今字㬎者衆明也从日中見絲然則䚋之爲言亦察及微杪也小雅題彼脊令傳曰題視也題者䚋之假借字毛云視許云㬎者此葢轉寫奪字當云㬎視如觀下求視亦奪視字察及飛鳥是爲明㬎之視鄭箋云題之爲言睇也則謂題同睇非許意睇者小邪視也與題音義皆不同从見是聲杜兮切玉篇亦達麗切十六篇䚦目有察省見也目偶有所見也伺者有意䚦者無心今俗語尚云䚦與目部之瞟音義皆同从見票聲方小切二部方係類隔䚇䚇覰逗雙聲字也闚觀也闚者閃也閃者闚頭於門中也易觀六二曰闚觀利女貞虞翻曰竊觀爲闚从見朿聲七四切十五部玉篇此吝切小徐本及廣韵集韵類篇皆譌作束非是覰䚇覰也三字依全書通例補淺人刪之耳覰古多假狙爲之周禮蜡氏注曰蜡讀如狙司之狙狙

司卽覰伺也史漢狙擊秦皇帝應劭云狙伏伺也方言自關而西曰素或曰狙三倉狙伺也通俗文伏伺曰狙是則覰狙古今字如今本少此三字則覰之本義隱也**一曰**二字今補**拘覰**逗此亦漢時語**未致密也**致今之緻字許書無緻謂粗疏**从見虘聲**七句切按當依廣韵七慮切五部

覭小見也如溟之爲小雨皆於冥取意釋言曰冥幼也**从見冥聲**莫經切十一部**爾雅曰覭髳弗離**釋詁文今本弗作茀茀非古也郭云孫叔然字別爲義按許單出覭字而釋之則孫與合

䙺內視也隸釋張壽碑覞覤虎視不折其節覞與眈音義皆同眈下曰視近此曰內視**从見甚聲**丁含切古音在七部

覯遇見也覯與遇疊韵辵部曰遘遇也覯从見則爲逢遇之見召南草蟲曰亦既見止亦既覯止傳曰覯遇也此謂覯同遘鄭箋云既覯謂已昏也引易男女覯精萬物化生鄭意以覯卽見無俟重言毛云遇也實含會合之義故引而伸之必俟脫纓燭出昏禮既成乃自信可以寧父母心此申毛非異毛也鄭所據

易作覯精今皆作構葢失之矣从見冓聲古后切四部𧢺注目視也專注之視也於从歸取義从見歸聲渠追切十五部覘闚視也闚各本作窺今依廣韵訂左傳公使覘之杜曰覘視也檀弓晉人之覘宋者鄭曰覘闚視也國語公使覘之韋曰覘微視也檀弓我喪也斯沾假沾爲覘从見占聲敕豔切釋文勑廉反七部春秋傳曰公使覘之信左傳成十七年覹司也司者今之伺字許書無伺司下當有視字廣韵曰覹伺視也於从微取意覹同覹从見微聲無非切十五部覢暫見也猝作之見也倉頡篇云覢覢視皃按與目部之睒音義皆同从見炎聲失冉切八部春秋公羊傳曰覢然公子陽生言公羊者以別於左氏謂之春秋傳也此哀公六年公羊傳文何本覢作闖注云闖出頭皃許所據不同也覾覾覾各本佚此二字今依全書通例補集韵十七眞曰覾覾暫見暫見也从見賓聲必刃切十二部按覾覾異

部而疊韵覼當依集韵紕民切覼𧢄也从見樊聲讀若幡附袁切十四部小徐本篆作覵

病人視也从見民聲讀若迷按各本篆作覵解作氏聲氏聲則應讀若低與讀若迷不協攷廣韵十二齊曰覭病人視兒集韵曰覭覭二同類篇曰覭覭二同集韵類篇覭又民堅切訓病視蓋古本作覭民聲讀若眠者其音變讀若迷者雙聲合音也唐人諱民偏旁省一畫多似氏字始作覭繼又譌作覭乃至正譌並存矣今改从正體莫兮切古音在十一部

下視突也曲禮曰凡視下於帶則憂左傳曰單子視下言徐按云下視㴱者謂下視㴱窈之處从見鹵聲讀若攸以周切三部

私出頭視也闖下曰闖頭門中也闖下曰馬出門皃也音義皆略同从見彤聲讀若郴丑林切七部

突前也前當作歬與冡音義略同冡重冃故入冃部此重突前故入見部从見冃莫紅莫沃二切古音當在二部三部閒按鍇本冃部又有覓字鉉本及廣韵有覓無覓集

韵二字兼有覬欽幸也欠部欽下曰欽幸也覬欽疊韵古多作幾漢人或作驥亦作冀於从豈取
意豈下曰欲也从見豈聲几利切十五部覦欲也覦欲疊韵廣韵曰覬覦欲得也从見
俞聲羊朱切古音在四部⿱舂見視不明也此與心部惷愚也音義同从見春聲丑龙
切九部一曰直視別一義於从春取義⿰龠見視誤也从見龠聲弋笑切二部
覺悟也悟各本作寤今正心部曰悟者覺也二字爲轉注㝱部曰寐覺而有言曰寤非其義也何注公
羊趙注孟子皆曰覺悟也左傳以覺報宴杜曰覺明也引伸之抑傳曰覺直也此因覺與斠梭疊韵雙聲而言又引
伸之斯干傳曰有覺言高大也从見學省聲古岳切三部一曰發也此義亦見廣雅卽警
覺人之意䚂目赤也从見智省聲智毛刻作智誤今依宋本才的切十六部靚
召也廣雅釋言曰令召靚也曹憲云聰敬反亦爲靚妝之靚似政反聰敬則召靚之靚也今多云靚師僧則其

字矣廣韵曰古奉朝請亦作此字按史記漢書皆作朝請徐廣云律諸侯春朝曰朝秋曰請郭注上林賦云靚糚粉白黛黑也从見青聲疾正切按當依曹憲恥敬切十一部

親至也至部曰到者至也到其地曰至情意懇到曰至父母者情之冣至者也故謂之親从見亲聲七人切十二部李斯刻石文作親左省一畫

覲諸侯秋朝曰覲勤勞王事也勤也二字舊奪今補大宗伯以賓禮親邦國春見曰朝秋見曰覲鄭曰覲之言勤也欲其勤王之事按鄭與許合疊韵爲訓異義朝名公羊說諸侯四時見天子及相聘皆曰朝以朝時行禮卒而相逢於路曰遇古周禮說春曰朝夏曰宗秋曰覲冬曰遇謹案禮有覲經詩曰韓侯入覲書曰江漢朝宗于海知其朝覲宗遇之禮從周禮說鄭駮曰此皆有似不爲古昔覲禮諸侯前朝皆受舍於朝朝通名也秋之言覲據時所用按此條許鄭本無異不得云駮也鄭目錄云朝宗禮備覲遇禮省是以享獻不見焉是鄭謂周禮四者名殊禮異也从見堇聲渠吝切十三部

覜諸侯三年大

相聘曰頫王制曰諸矦之於天子也比年一小聘三年一大聘五年一朝鄭曰此大聘與朝晉文霸時所制也異義云公羊說諸矦比年一小聘三年一大聘五年一朝天子左氏說十二年之閒八聘四朝再會一盟許慎謹案公羊說夏制左氏說周禮傳曰三代不同物明古今異說鄭駁之云三年聘五年朝文襄之霸制周禮大行人各以服數來朝其諸矦歲聘閒朝之屬說無所出晉文公強盛諸矦耳非所謂三代異物也按大宗伯時聘曰問殷頫曰視鄭注殷頫謂一服朝之歲以朝者少諸矦乃使卿以大禮衆聘焉一服朝在元年七年十一年鄭說殷頫不用三年大聘之說許則以周禮之頫卽三年大聘故大行人曰王之所以撫邦國諸矦者歲徧存三歲徧頫五歲徧省省與頫同閒歲而舉所謂三年大聘下於上上於下皆得曰頫故曰相許說與周禮不相違也**頫視也**釋詁文頫訓視故从見小行人曰存頫省聘問臣之禮也按五者皆得訓視**从見兆聲**他弔切　二部

覒擇也玉篇引詩左右覒之按毛詩作芼擇也葢三家詩有作覒者廣韵邪視也**从見毛聲**

覞　衆經視者旁視也旁徧也廣韵覞普視也普本以經義相合覵則竊也義別段以許書無覵欲以覞當之恐非

讀若苗莫袍切二部廣韵莫報切 覕 蔽不相見也覕之言閟也祕也蔽覕雙聲 从見必聲莫結切十二部 覗 司人也司者今之伺字釋訓曰戚施面柔也郭云戚施之疾不能仰面柔之人常俯似之亦以名云釋文云戚施字書作䙆䙆同按面柔之人不敢專輒必伺人顏色故云爾但許無䙆字許義不必同爾雅 从見它聲讀若馳式支切古音在十七部 𧡞 目蔽垢也目部所謂䁘兜也兜卽𧡞字 从見𥄎聲讀若兜當侯切四部

文四十五　重三

覞 竝視也廣韵曰普視此今義也 从二見弋笑切按祭義見以蕭光見閒以俠甒注云見及見閒皆當爲覵字之誤也覵不見於許書蓋卽覞字謂蕭光與燔燎並見俠甒與肝肺首心並見也見者視也覞應古莧切十四部 凡覞之屬皆从覞 覼 很視也很者不聽從也 从覞肩

[illegible]

聲苦閑切十四部齊景公之勇臣有成覷者孟子滕文公篇作成覷趙注曰成覷勇果者也廣韵曰覷人名出孟子按成覷淮南齊俗訓作成荆覷爲荆猶攷工記故書顧或作牼也

𩏂見雨而比息比下曰密也密息者謂鼻息數速也道途遇雨急行則息必頻喘矣此字讀如欷正與齂爲臥息眉爲臥息咽爲息吅爲呻皆讀虛器切同各本比作止篇韵同或又作上似不若宋刊葉抄二本作比爲長从覞雨从覞雨者莫衆多於雨也讀若欷虛器切十五部

文三

㒫張口气悟也悟覺也引伸爲解散之意口部嚏下曰悟解气也鄭注周易草木皆甲宅曰皆讀如人倦解之解人倦解所謂張口气悟也謂之欠亦謂之嚏曲禮君子欠伸正義云志疲則欠體疲則伸通俗文曰張口運氣謂之欠㰦按詩願言則嚏傳曰嚏劫也孫毓同崔靈恩集注云毛訓嚏爲㰦今俗人云欠欠㰦㰦是也

气

蛩人倦則欠伸欲寤臥及丐覺也。亦欠伸而起。此主覺而欠伸。杜云張口气悟。悟即寤也覺也。悟寤皆訓覺。張口气。三字連文。歙字从此。俗失常自擊。引急情。杜爲歙。

不作劫字人體倦則伸志倦則㰦玉裁謂許說多宗毛許釋嚏爲悟解气蓋用毛說也㰦音邱據切欠㰦古有此語今俗曰呵欠又欠者气不足也故引伸爲欠少字**象气从儿上出之形**彡與彡同李陽冰改篆作⺄乃是古文先耳云上象人開口下象气出非也去劒切八部**凡欠之屬皆从欠**

欽欠皃凡气不足而後欠欽者倦而張口之皃也引伸之乃欿然如不足謂之欽欽詩晨風憂心欽欽傳曰思望之心中欽欽然小雅鼓鐘欽欽傳曰欽欽言使人樂進也皆言沖虛之意尚書欽哉皆令其惟恐失之也釋詁曰欽敬也攷虞夏商書言欽周書則言敬虞夏商書皆欽敬錯見上曰欽若昊天下曰敬授民時又欽哉不曰敬哉蓋欽與敬意略同而訔有別也周書言敬哉不言欽哉惟多方曰有夏之民叨懫日欽劓割夏邑立政帝欽罰之欽字兩見某氏傳皆訓爲敬未知合書意否**从欠金聲**去音切七部欽歎歆歎皆雙聲疊韵字皆謂虛而能受也

⿰䜌欠欠皃廣韵曰迷惑不解理此今義也**从欠䜌聲**洛官切十四部

欯喜也廣韵

曰笑也。从欠吉聲。許吉切十二部

吹　出气也。从欠从口。昌垂切古音在十七部按吹巳見口部宜刪此

欨　吹也。一曰笑意。从欠句聲。況于切古音在四部

歑　溫吹也。與呼音同義異　从欠虖聲。虎烏切五部

㰲　吹气也。从欠或聲。於六切古音在一部玉篇火麥切是也

歟　安气也。如趣爲安行鸒爲馬行疾而徐音同義相近也今用爲語末之辭亦取安舒之意通作與論語與與如也　从欠與聲。以諸切五部

歙　翕气也。翕合也廣韵作歙氣　从欠脅聲。虛業切八部

歕　吹气也。歕歎與口部之吸噴義相似而異　从欠賁聲。普魂切十三部

歇　息也。息者鼻息也息之義引伸爲休息故歇之義引伸爲止歇　一曰气越泄。泄當作渫此別一義越渫猶漏溢也七發曰精神越渫百病咸生李引高注呂氏春秋曰越散也引鄭元毛詩箋曰渫發也　从欠曷聲。讀若香臭盡歇。許謁

切十五部

歡　喜樂也。从欠雚聲。呼官切十四部。孟子借驩爲歡。

欣　笑喜也。言部訢下曰喜也。義略同。按萬石君傳僮僕訢訢如也。晉灼云訢許愼曰古欣字。晉所據說文似與今本不同。从欠斤聲。許斤切十三部。

弞　笑不壞顏曰弞。各本篆作弞。今正。考廣韵弞式忍切。笑不壞顏也。集韵類篇同。今按曲禮笑不至矧。注云齒本曰矧。大笑則見。此然則笑見齒本曰矧。大笑也。不壞顏曰弞。小笑也。二義不當同音。淺人因己與弓略相似。妄合之耳。玉篇於弞欣二文下曰弞。呼來切。笑不壞顏也。此希馮時所據說文也。於歙歛二文之閒曰弞。式忍切。笑不壞顏也。此孫強陳彭年所據誤本說文也。學者可以悟矣。廣雅弞笑也。楚辭吳都賦作哈。○齒本曰矧。謂矧卽齗之叚借也。大戴高柴執親之喪未嘗見齒。盧注曰哂則齒見。笑則矧見。按論語夫子哂之。馬曰哂笑也。蓋哂卽矧。盧語未覈。說文無哂。後人因哂矧造弞耳。从欠已聲。各本作引省聲。式忍切。今正。呼來切一部。

款　意有所欲也。屈原賦曰悃悃款款。王注心志純也。按古款與窾通用窾者空也款亦訓空空中則有所欲也釋器款足者謂之鬲小司馬引舊說款足謂空足也又引申子款言無成 从欠𥨊省 臣鉉等曰𥨊塞也意有所欲而猶未塞款款然也按空則宜窒苦管切十四部

⿰柰欠 款或从柰 取柰何之意

⿰气欠 㚔也 㚔者吉而免凶也覬下曰⿰气欠㚔也⿰气欠與覬音義皆同今字作冀古音不同 从欠气聲 居气切十五部 一曰口不便言 此謂與吃同也口部曰吃言蹇難也

欲 貪欲也 欲者衍字貝部貪下云欲也二篆爲轉注今貪下作欲物也亦是淺人增字凡此書經後人妄竄蓋不可數計獨其義例精密迄今將二千年猶可推尋以復其舊是以冣目云後有達者理而董之也感於物而動性之欲也欲而當於理則爲天理欲而不當於理則爲人欲欲求適可斯已矣非欲之外有理也古有欲字無慾字後人分別之製慾字殊乖古義論語申棖之欲克伐怨欲之欲一从心一不从心可徵改古者之未能畫一矣欲从欠者取慕液之意从谷者取虛受之意易曰君子以徵忿窒欲陸德明曰欲孟作谷晁說之曰谷古文

欲字晁氏所據釋文不誤今本改爲孟作浴非也**从欠谷聲**余蜀切三部

歌　詠也言部曰詠歌也二字爲轉注**从欠哥聲**古俄切十七部

謌　歌或从言歌永言故从言可部曰哥聲也古文以爲謌字

歂　口气引也廣韻引字林同左傳多有名歂者**从欠耑聲讀若輇**車部曰有輻曰輪無輻曰輇市緣切十四部

歍　心有所惡若吐也心有所惡若欲吐而實非吐也山海經曰其所歍所尼郭曰歍嘔猶噴吒范注太玄曰歐歍逆吐之聲也按此所謂喑噁噁即歍之或字也喑於鴆切噁烏路切喑噁言其未發也叱吒言其已發也太玄則歐歍之歐謂吐歍謂欲吐未吐**从欠烏聲**哀都切五部**一曰歍𣤊**二字舊奪今依廣韵一屋蹴字下補**口相就也**謂口與口相就也

𣤊　歍𣤊也其義已在上文故但曰歍𣤊而已此全書之通例**从欠鼀聲**才六切廣韻子六切三部

噈　俗𣤊从口从就會意兼形聲

𣢞　惄然也

此以疊韵爲訓心部曰愁憂　从欠尗聲　才六切三部　孟子曰曾西𣢑然　見公孫丑篇今作蹵趙注蹵然猶蹵踖也蹵踖同踧踖

欦　含笑也　欦含疊韵　从欠今聲　巨嚴切廣韵許兼切七部

歋　人相笑相歋瘉　後漢書王霸傳市人皆大笑舉手邪揄之李注說文曰歋歈手相笑也歋音弋支反歈音踰或音由按據此注似許書本有歈篆然許本無歈則無从欠歈聲之字可知方言本無正字不妨下字作瘉瘉之或从歈或作廞或作揄或作擨猶歋之或作擨或作邪或作揶或作搋耳此謂人相笑故字从欠李注引手相笑恐是因正文而誤　从欠虒聲　以支切十六部

歊　歊歊　錯本祇一歊複舉字之未删者耳　气上出皃　上字依李善兩都賦注補楊雄解嘲曰泰山之高不嶕嶢則不能浡滃雲而散歊烝亦作歊漢書敘傳曲陽歊歊師古曰氣盛也按今本作歊非祭義假蒿字爲之鄭曰蒿謂氣烝出貌也　从欠高高亦聲　許嬌切二部

欻　有所吹起

从欠炎聲。讀若忽。西京賦欻從背見，薛注：欻之言忽也。按此篆久譌从炎，非聲，蓋本从粦聲，譌而爲炎，莫能諟正。倘去聲字說以从炎會意，亦恐非也。許勿切。十五部。

⿰蚩欠　⿰蚩欠⿰蚩欠，戲笑皃。此今之嗤笑字也。廣韵畫⿰蚩欠嗤爲二字，殊誤。其云嗤又作歖，不知皆⿰蚩欠之俗耳。文賦曰：雖濬發於巧心，或受⿰蚩欠於拙目。李善曰：⿰蚩欠，笑也，與嗤同。今本轉寫乖謬。从欠㞢聲。許其切。按當赤之切。一部。蚩亦从虫㞢聲。

⿰䍃欠　⿰䍃欠⿰䍃欠，气出皃。按詩君子陶陶，傳曰：陶陶，和樂皃。疑正字當作⿰䍃欠。又鬱陶字亦當作此。从欠䍃聲。余招切。古音二部。三部皆可。

歗　吹也。吹，大徐作吟。从欠肅聲。穌弔切。古音在三部。口部以歗爲籒文嘯矣，此重出者，蓋小篆亦从欠作也。詩曰：其歗也謌。今召南其嘯也歌，小雅白華歗歌傷懷，本亦作嘯。

歎　吟也。謂情有所悅，吟歎而歌詠。悅當作說。謂情已下十字各本無，今依李善注盧諶覽古詩所引補，蓋演說文語也。古歎與嘆義別。歎與喜樂爲類，嘆與怒哀爲類。如樂記云一唱而三歎有遺音者矣又云長言之不足故嗟歎之嗟歎之不足故不知手之舞之足之蹈之論語喟然歎曰皆是此歎字檀弓曰戚斯歎歎斯擗詩云而無永嘆嘅其嘆矣愾我寤嘆皆是嘆字**从欠鷜省聲**他案切十四部

籒文歎不省

卒喜也卒疑當作猝**从欠从喜**許其切一部喜部曰歖古文喜此重出未聞葢如女部孌之例

訾也按訾者訾之字誤訾者思稱意也訾者訶也分見言部口部玉篇欸者訾也可正訾字之譌廣韵十六怪曰怒聲十六咍曰歎也玉篇曰恚聲正與訶義合口部有唉字譍也與欸義别項羽本紀亞父受玉斗拔劒撞而破之曰唉孺子不足與謀此正怒聲字當作欸方言欸然也南楚凡言然者曰欸或曰譬此正訓譍字當作唉**从欠矣聲**烏戒切又烏開切一部

歐也从欠此聲前智切十五十六部

吐也海外經歐絲之野一女子跪據樹歐絲**从欠區聲**烏后切四部

欷也二字雙聲**从欠虛聲**朽居切五部

一曰出气也與口部噓略同欷歔也欷亦作唏史記紂爲象箸而箕子唏从欠希聲香衣切十五部歜盛气怒也引伸爲凡氣盛之偁左傳饗有昌歜杜注曰昌歜昌蒲葅也孔氏沖遠云相傳昌歜之音爲在感反徧檢書傳昌蒲之草無此別名玉裁謂此非草名也乃葅名也周禮昌本言取其根左傳昌歜言昌陽氣辛香以爲葅其氣觸鼻故名昌歜歜之讀在敢反者語之轉也歜與歜同在三部音轉皆可入八部是以玉篇云歜亦徂感切昌蒲葅也葢古本左傳有作昌歜者二字可相假借皆可讀屋沃本韵之音非必定當在敢反也从欠蜀聲尺玉切三部⿰𠧪欠言意也有所言之意也意內言外之意从欠从𠧪𠧪氣行皃𠧪亦聲讀若酉與久切三部㵣欲歠歠从欠渴聲此舉形聲包會意渴者水盡也音同竭水渴則欲水人㵣則欲飲其意一也今則用竭爲水渴字用渴爲飢㵣字而㵣字廢矣渴之本義廢矣晉語忨日而㵣歲心部引春秋忨歲而㵣日韋昭曰㵣遲也遲讀爲遲久之遲

急待之意也苦葛切十五部⿰敫欠所歌也廣韵無所字所歌也當作⿰敫欠楚歌也四字上林賦激楚結風郭璞曰激楚歌曲也文穎曰楚地風氣本自漂疾歌樂者猶復依激結之急風爲節其樂促迅哀切也按激楚古蓋作⿰敫欠楚楚作所者聲之誤淺人又刪去⿰敫欠字耳从欠噭省聲噭當作敫讀若噭呼口部曰噭呼也呼當作嘑此謂⿰敫欠音同噭也古弔切二部古亦讀如激玉篇公的切⿰嗇欠悲意意內言外之意元應書云通俗文小怖曰⿰嗇欠公羊傳⿰嗇欠然而駭是也按今公羊作色然从欠嗇聲所力切一部合諸書攷之⿰嗇欠下當云小怖也从欠嗇聲引公羊傳⿰嗇欠然而駭又出⿰奭欠篆下當云悲意从欠奭聲今本舛奪故廣韵集韵仍之⿰嗇欠注悲意火弔切非也類篇⿰奭欠注馨叫切悲意是也⿰醮欠盡酒也此與酉部釂音義皆同从欠醮聲子肖切二部⿰緘欠堅持意堅各本作監今依篇韵正从緘者三緘其口之意口閉也从欠緘聲口閉說从欠緘之意當云从欠緘緘亦聲此舉形聲包會意耳古咸切七部

㰮指而笑也呂覽舜爲天子轉轉㰮㰮莫不載悅高注曰㰮㰮動而喜也又作陳陳殷殷無二切皆譌字耳㰮蓋卽欣字轉寫从攵吳都賦東吳王孫囅然而咍劉注云囅大笑皃引莊周齊桓公囅然而笑囅卽欣字之異者俗譌作囅从欠辰聲讀若蜃時忍切十三部

⿰鰥欠鱳干逗不可知也鱳干各本作昆干今依篇韵正鱳干蓋古語讀如寬寒二音不可知之意也若云汗曼从欠鰥聲古渾切十三部

歃歠也歠者歙也凡盟者歃血从欠臿聲山洽切八部春秋傳曰歃而忘隱七年左傳歃如忘服虔曰如而也臨歃而忘其盟載之辭言不精也許作而者古如而通用許所據與服異

欶吮也口部曰吮欶也二篆爲轉注通俗文含吸曰欶从欠束聲所角切三部

歁食不滿也从欠甚聲讀若坎苦感切七部

欿欲得也孟子附之以韓魏之家如其自視欿然則過人遠矣張鎰曰欿音坎內顧不足而有所欲也玉裁按孟子假欿爲坎

謂視盈若虛也大元雷推欲竄卽欿窞也今本大元欿字譌不可識從欠臽聲讀若貪他含切七部

歠也欲與吸意相近與歕爲反對東都賦曰欲野歕山從欠合聲呼合切七部

歉食不滿也歉疑當作嗛謂口銜食不滿也引伸爲凡未滿之偁穀梁傳曰一穀不升謂之歉古多假嗛爲歉從欠兼聲苦簟切七部

咽中息不利也元應本作气息不利多气字咽者嗌也咽中息不利若骾而非骾也通俗文大咽曰歠咽讀去聲與許義不合從欠骨聲烏八切十五部

嚘也口部曰嚘者語未定皃欭嚘爲雙聲王風中心如噎傳曰噎謂噎憂不能息也娷[illegible]噎憂卽欭嚘之假借字不能息謂气息不利也鄭風傳曰不能息憂不能息也憂亦卽嚘字老子終日號而不嗄玉篇作不嚘云嚘气屰也大元柔兒于號三歲不嚘皆謂气窒塞不利廣韵喑欭歎也從欠因聲乙冀切古音在十二部

屰气也嗽周禮疾醫冬時有嗽上氣疾注曰嗽欬也上氣逆喘也按嗽本亦作

欬欬者含吸也含吸之欲其下而气乃逆上是曰欬許書以欶包嗽口部無嗽俗又作瘶倉頡篇齊部謂瘶曰欬
从欠亥聲苦蓋切一部
⿰毄欠且唾聲且唾者聊唾也一曰小笑此與字林之謚音義同集韵類篇皆作小皃蓋奪笑字
从欠毄聲許壁切十六部
歙縮鼻也系部曰縮者蹴也歙之言攝也
从欠翕聲許及切十六部
丹陽有歙縣陽當作楊字之誤也地理志郡國志丹楊郡歙縣今江南徽州府歙縣休寧縣皆其地也今徽人讀式涉切
⿰咎欠蹴鼻也蹴鼻即縮鼻也廣雅曰⿰咎欠吐也此謂⿰咎欠即歐之假借字左傳吾伏弢嘔血杜曰嘔吐也本又作喀按嘔喀即歐⿰咎欠字
从欠咎聲於糾切三部
讀若爾雅曰麔豭短脰見釋獸篇豭今本作麚非麔豭一獸名非上文之麋牡麔鹿牡麚也欲讀如此麔
⿰幼欠愁皃从欠幼聲於虯切三部按口部云呦之或字篇韵此義上聲於糾切
欪咄欪逗此疊韵古語也
無慙一曰無腸意無腸猶無

心也按廣韵云訶也葢謂同咄从欠出聲讀若屮丑律切五部欥詮詞也詮具也淮南詮言訓高注曰詮就也就萬物之指以言其徵事之所謂道之所依也詮言者凡詮解以爲言如欥求厥寧欥中和爲庶幾是也釋言遹述也毛詩悉蟀傳曰聿遂也文王傳曰聿述也古聿遹同字述遂同字爾雅言述而遂在其中毛公或言遂或言述因文分別也毛詩多言聿獨文王有聲四言遹而毛無傳毛意遹卽聿聿訓遂故鄭箋以述別之遂者因事之詞亦專詞韓詩及曹大家注幽通賦及杜注左傳皆云聿惟也此專詞也欥其正字聿遹曰皆其假借字也因詞專詞皆詮詞也从欠曰會意气悟而出詞也曰亦聲余律切十五部詩曰欥求厥寧今大雅欥作遹班固幽通賦欥中龢爲庶幾兮文選作聿詩曰喪厥國見晛曰消見晛曰流韓詩皆作聿次不前不精也前當作歬不歬不精皆居次之意也从欠二聲當作从二从欠从二故爲次七四切古音在十二部讀如漆是以魯漆室之女或作次室周禮巾車軟字杜子春讀爲桼也

古文次 蓋象相次形

㱂 飢虛也 飢者餓也 漮者水之虛 康者屋之虛 㱂者餓腹之虛 从欠康聲 苦岡切 十部

欺 詐也 大徐作詐欺也 今依韵會正 言部曰詐者欺也 此曰欺者詐也 是爲轉注 从欠者猶从言之意 从欠其聲 去其切 一部

歆 神食气也 大雅曰履帝武敏歆 傳曰歆饗也 許用毛義而不云饗也者 嫌食部以鄉飲酒釋饗 故䙴其文 神食气 故其字从欠也 引伸爲憙悅之意 皇矣無然歆羨 傳釋爲貪羨 楚語曰楚必歆之 賈逵曰歆貪也 韋曰歆猶貪也 周語民歆而德之 韋曰歆猶欣欣喜服也 按鄭箋生民首章云心體歆歆然 亦是以欣釋歆 从欠音聲 許今切 七部

文六十五　重五 小徐重四

㱃 歠也 易蒙卦虞注曰水流入口爲飲 引伸之可飲之物謂之飲 如周禮四飲是也 與人飲之謂之飲 俗讀去聲 如左傳飲之酒是也 又消納無迹謂之飲 漢書朱家傳飲其德 猶隱其德也 从欠酓聲 酓从

酉今聲見酉部於錦切七部𩚾作飲凡㱃之屬皆从㱃𩚜古文㱃从今水从水今聲也𩚛古文㱃从今食从食今聲也𩚾用此歠㱃也二篆爲轉注與口部吸義異从㱃省不立歠部則歠字無所附倘云从欠从酒省則所歠不獨酒也叕聲昌說切十五部吷歠或从口从夬夬聲也莊子吹劍首者吷之而已矣用此字許劣切

文二　重三

㳄慕欲口液也有所慕欲而口生液也故其字从欠水从欠水會意敘連切十四部俗作涎郭注爾雅作唌凡㳄之屬皆从㳄𣴽㳄或从侃侃聲也𣵽籒文㳄如𣛦𣛦皆籒文羨貪欲也大雅無然歆羨毛傳云無是貪羨此羨之本義也假借爲衍字如大雅及爾游羨傳曰羨溢也周禮以其餘爲羨鄭司農云羨饒也皆是亦假借爲延字典瑞璧羨注云長也

玉人注云徑也皆由延訓長假此爲延也墓中道曰羨道音延亦取羨長之義若江夏郡沙羨縣音夷則係方語

从次羑省按羑當作羑似面切十四部**羑呼之羑文王所拘羑里**此釋从羑會意之恉而轉寫奪誤不完當云羑者羑評之羑文王所拘羑里作羑共十四字別羑羑二文也羑里之羑進善也見羊部羑相訹評也見厶部有所羨者必好惡無節於內知誘於外故从羑省然羑之古文作羑則云从羑爲是十四字蓋庾儼輩爲之

[illegible]**歠也从次厂聲**厂抴也明也見十二篇**讀若移**以支切按凡厂聲之字皆在古音十六部

盜**厶利物也**周公曰竊賄爲盜盜器爲姦米部曰盜自中出曰竊**从次皿**會意**次欲也欲皿爲盜**依韵會本說从次之意徒到切二部

文四　重二

旡**㱃食屰气不得息曰旡**屰气各本作气屰今依篇韵正不得息者咽中息不利毛

傳於王鄭皆曰㥹不得息是也屰气故从反欠旡之字經傳無徵大雅桑柔曰如彼遡風亦恐之僾傳曰僾唈也釋言同箋云使人唈然如鄉疾風不能息也今觀許書則知旡乃正字僾乃假借字凡云不得息者如歆字欭字㥹字噎字唈字皆雙聲像意然則旡必讀於未切也僾之訓仿佛見也毛鄭何從知其訓唈然不能息則以有旡字在也僾从愛聲愛从㤅聲㤅从旡聲可得其同音假借之理矣凡古文字之可考者如此或問釋言毛詩傳唈字當作何字曰此即旡字也於唈古多作邑如史記商君傳漢書杜鄴師丹傳可證古音七八部與十五部關通相假之理也毛謂僾旡也此即壺瓠也之例謂壺即瓠之假借也**从反欠**居未切十五部按居未當作於未**凡旡之屬皆从旡**

[illegible] **古文旡** 觀此則知小徐欠作[illegible]與此爲一正一反正是古文欠也蓋今本欠有小篆而失古文矣既从小篆者也㤅者从古文者也今隸旡作先从古文而小譌也

[illegible] **屰惡鷩詈也** 玉篇無惡字誤遌惡鷩駭之詈曰禍猶見鬼鷩駭之詈曰魖也假借爲禍字史記漢書多假歄爲禍

⿰咼旡即媧也从旡咼聲讀若楚人名多夥多部曰齊謂多爲夥葢齊楚皆有此語也陳勝世家曰楚人謂多爲夥故天下傳之乎果切十七部

⿰京旡事有不善言⿰京旡也故从旡按水部曰涼薄也細繹上下文乃周禮六飲之涼當作薄酒也⿰京旡則爲事有不善之言若亮則爲明也諒則爲信也四字在說文義別而古經傳多相假爾雅⿰京旡薄也按爾雅無此文爾雅二字淺人所增耳⿰京旡薄也許以足上文意有未盡之語桑柔毛傳杜注左傳小爾雅皆云涼薄也涼卽⿰京旡字廣雅釋詁曰⿰京旡禣也禣卽薄字从旡京聲力讓切按篇韵皆力章力尙二切十部

文三　重一

三十七部　文六百一十一今人部去件舟部補⿰舟周儿部補亮

重六十三　凡八千五百三十九字